Kenia

Ediciones Gaesa

Antonio Maura, 18. 28014 MADRID
Correo electrónico: edgaesa@teleline.es

ISBN: 84-8023-406-7
Depósito Legal: M-15125-2002

Esta guía ha sido elaborada por:

GUÍAS AZULES DE ESPAÑA

Texto:

JAVIER SANZ
LUIS MAZARRASA actualizó la introducción general, Nairobi, Mombasa, la costa, el Archipiélago Lamu y los parques Amboseli y Masai Mara.

Cartografía:

Joaquín González
Fernando Gamero

Maquetación:

Fernando Gamero

INTRODUCCIÓN

Kenia es un paraíso para los viajeros, pues ofrece, como muy pocos países, una asombrosa cantidad de posibilidades para disfrutar de la naturaleza.

Sus parques y reservas nacionales, su abundancia de fauna y la amplísima diversidad de sus entornos naturales constituyen el principal aliciente de este país que recibe cada año unos 400.000 visitantes dispuestos a integrarse plenamente en la naturaleza, generalmente a través de un safari, palabra mágica para cualquier trotamundos que se precie.

El safari no sólo permite disfrutar del maravilloso espectáculo que supone la contemplación de la vida salvaje en su medio ambiente, sino que invita al visitante a integrarse en el mismo entorno y le hace cómplice, a la vez que observador, de una de las experiencias más bellas que se puedan vivir.

Otro de los indudables atractivos de Kenia es la rica herencia cultural de sus gentes, pues a lo largo de su geografía se aglutinan gran cantidad de pueblos nativos, muchos de los cuales aún perpetúan sus ritos y tradiciones ancestrales. El contacto con estas tribus y la convivencia con algunos de sus miembros durante el viaje permiten conocer de cerca modos de vida y costumbres genuinas y originales, cuyas raíces se pierden de vista en la noche de los tiempos.

Le geografía de Kenia es tan variada como sus pueblos y muestra una serie de diversos accidentes a lo largo de su extensión, tan espectaculares como bellos. Desde los parajes semidesérticos del norte, hasta la elevada meseta central en el corazón del país, pasando por los impresionantes lagos y depresiones producidas por el Rift Valley, los altos macizos montañosos, como el Monte Kenia; las paradisíacas playas del litoral costero en el este, las onduladas colinas cercanas al lago Victoria, o las inmensas sabanas al sur de Nairobi, la diversidad paisajística de Kenia es insuperable, y difícil será para el visitante no encontrar un entorno de su agrado. Además, la espléndida infraestructura turística del país ha diseñado una serie de actividades para su absoluto disfrute.

Así, no sólo pueden hacerse safaris en vehículos todo terreno por las grandes llanuras cubiertas de matorral, sino que, por ejemplo, también puede cruzarse en camello la árida región norteña hasta orillas del lago Turkana.

Igualmente, puede bucearse entre increíbles formaciones de coral frente a la costa de Mombasa, en Malindi o Watamu, o visitar la mítica isla de Lamu, donde aún pervive el más puro ambiente suajili; se puede sobrevolar enormes lagos entre formaciones volcánicas y teñidos de rosa por la proliferación de flamencos e, incluso, si se prefieren actividades más movidas, existe la oportunidad de ascender a la segunda montaña más alta de África, el Monte Kenia.

Pero quizá el rasgo más impresionante de Kenia sea la naturalidad con que yuxtapone su idiosincrasia pura africana con el acelerado ritmo de vida propio de los países occidentales. La capital de la nación, Nairobi, es la máxima exponente de este fenómeno. Sin perder su identidad autóctona, Nairobi es una ciudad moderna y eficiente, donde los negocios, los trámites y los servicios funcionan con rapidez y normalidad. Esto la convierte no sólo en el centro neurálgico de su país, sino de todo África Oriental, pues en el resto de las naciones colindantes la más mínima actividad –excepto en Tanzania- requiere un gran ejercicio de burocracia, a menudo inútil.

Por esta razón, Nairobi recibe casi la totalidad de los vuelos procedentes de Asia y Europa, y puede considerarse, pues, como la auténtica puerta de entrada al continente, desde donde se ofrecen todas las facilidades necesarias para emprender el viaje a cualquier otro destino en África.

Han sido necesarios muchos años para que Kenia lograse este equilibrio insuperable entre su tradición particular y la de Occidente, lo que, sumado a sus restantes atractivos naturales, hacen de este país una meta maravillosa e ineludible para cualquier avezado viajero.

ANTES DEL VIAJE

CÓMO IR

EN AVIÓN

DESDE ESPAÑA Y EUROPA

Desde España no hay en estos momentos vuelo alguno directo a Kenia y en todos los casos hay que hacer escala en alguna capital europea.

KENYA AIRWAYS Y KLM. ☎ 902 222 747. http://spain.vil.com Vuelan entre Madrid o Barcelona y la capital keniana vía Amsterdam, en un vuelo compartido varias veces a la semana.

BRITISH AIRWAYS. ☎ 902 111 333. www.britishairways.com/regional/spain Vuela también varias veces a la semana vía Londres desde España a Nairobi.

SWISS AIRLINES. ☎ 901 11 67 06. www.swissairlines.com La antigua Swissair vuela tres días a la semana vía Zúrich desde varios puntos de España a Nairobi.

En temporada media (en el 2002) los vuelos más económicos eran los de British Airways (578 €, más tasas), mientras que KLM, Kenian Airways y Swiss Airlines tenían unas tarifas muy similares alrededor de los 632 € más tasas. Pero las tarifas cambian en función de la época (la más alta es julio y agosto) y de las ofertas, así que siempre hay que acudir a una agencia especializada y comparar los precios del momento.

Desde cualquier país europeo los principales puertos de embarque son Londres, París, Zúrich y Ámsterdam.

DESDE ÁFRICA

Las principales capitales africanas tienen conexiones aéreas con Nairobi, y algunas con Mombasa. Así, hay vuelos casi diarios desde Abidjan, Addis Abeba, El Cairo, Lagos, Jartum (Sudán), Johanesburgo,

Dar es Salam y Zanzíbar, Lusaka (Zambia), Harare (Zimbabue) Entebbe (Uganda), Windhoek (Namibia), Madagascar, Mauricio o Kigali (Ruanda).

Desde Tanzania. Desde Dar es Salam hay vuelos diarios a Nairobi con Kenya Airways y Air Tanzania; un par de ellos semanales con otras compañías más pequeñas desde Mwanza; cinco a la semana con las compañías nacionales de ambos países desde Zanzíbar y, de vez en cuando, hay vuelos en compañías pequeñas entre Nairobi y Arusha, ciudad cercana a la frontera con Kenia y puerta de entrada a los grandes parques nacionales y áreas de conservación tanzanos: Ngorongoro, Serengeti y Monte Kilimanjaro.

Desde Etiopía. Kenya Airways y las líneas aéreas etiopes tienen varios vuelos entre Addis Abeba y Nairobi. Muchos viajeros cruzan la frontera entre Etiopía y Kenia hasta Moyale, donde un pequeño reactor vuela cada día a Nairobi, para evitar el arriesgado viaje por tierra.

DESDE ASIA

Mumbai (Bombay) tiene las conexiones más frecuentes con Nairobi, mientras que desde Singapur o Emiratos Árabes Unidos también hay vuelos casi diarios a la capital keniana.

DESDE AMÉRICA

Todos los vuelos entre el continente americano y Kenia deben hacerse vía Europa. Casi siempre es a través de Londres como se consiguen los vuelos más económicos.

DESDE AUSTRALIA Y NUEVA ZELANDA

La compañía aérea australiana Quantas vuela a Johanesburgo y Harare (Zimbabue), desde donde se puede enlazar con Nairobi. Es un trayecto muy caro.

EN VIAJE ORGANIZADO

Varios mayoristas, turoperadores y agencias de viajes y aventuras con sede en España organizan recorridos de varias semanas por Kenia y varios organizan el viaje en combinación con la visita a zonas de Tanzania, como los parques nacionales del norte o la isla de Zanzíbar.

La ventaja de acudir al viaje en grupo es la despreocupación en todo lo referente a billetes de viajes interiores por el país, hoteles, etcétera, pero el inconveniente reside en la pérdida de una considerable dosis de aventura, en someterse a un itinerario marcado y en la obligación de ir con unos cuantos compañeros de viaje. Pero es una opción que a muchos les satisface.

Algunas agencias en España que incluyen paquetes a Kenia son:

CATAITOURS. O'Donnel 43, Madrid, ☎ 91 574 28 62, tiene varios paquetes organizados de unas dos semanas que cubren la capital y la visita a varios parques nacionales. Los puntos de salida son Barcelona y Madrid. Web: www.catai.es

NOBEL TOURS. ☎ 902 130 902, www.nobel-tours.com/, organiza un buen número de circuitos por Kenia y lo más práctico es visitar su página web, donde están todos muy bien especificados. Para contratar estos paquetes se debe hacer en una agencia de viajes que trabaje con Nobel.

ULTRAMAR EXPRESS. Claudio Coello 73, 28001 Madrid, ☎ 91 435 97 65 y Ramblas 109, Barcelona, ☎ 93 301 12 12. Tiene varios circuitos, con un precio mínimo de unos 1.807 €.

AÑOS LUZ. San Bernardo 97-99, 28015 Madrid. ☎ 91 445 11 45; Ronda de Sant Pere 26, 08010 Barcelona. ☎ 93 310 18 28; Berastegi 4 Bajo Izq, 48001 Bilbao, ☎ 94 424 22 15; Imagen 6 4º, 41003 Sevilla. ☎ 95 421 00 62. www.aluz.com Años Luz organiza un circuito de doce días, *Los parques nacionales,* que visita las zonas protegidas de Samburu, Aberdares, Lago Nakuru, Masai Mara y Amboseli, con pensión completa y alojamiento en hoteles y *lodges* de primera categoría. El precio es de unos 2.078 €.

VIAJES ORIXÀ. Gaztambide 31, 28015 Madrid. ☎ 91 550 01 86, madrid@orixa.com; Aragó 227, 08007 Barcelona. ☎ 93 487 00 22; orixa@orixa.com Web: www.orixa.com. Esta agencia de viajes de aventura en pequeños grupos tiene programados varios circuitos en Kenia. Uno de ellos es el *Kenia en cámping*, de quince días, alojamiento en campamentos y un precio de unos 1.963 €. Se visita Nairobi y los parques nacionales de Masai Mara, Lago Nakuru, Amboseli y Tsavo West y la ciudad costera de Mombasa. Los vuelos salen de Madrid y Barcelona. En temporada las tarifas suben unos 90 €, y en todo caso no se incluye el precio del visado ni de las tasas de aeropuerto, pero sí el hotel de Mombasa y del Lago Nakuru (en Nairobi no se pernocta). Además, Orixa también programa el *Safari Kongoni*, de ocho días y unos 1.626 €, y que visita algunos parques nacionales, como el Masai Mara y el alojamiento es en *lodges* de primera categoría.

CLUB MARCO POLO. ☎ 902 101 200; Plaza Nueva, 10 - 1º, 48005 Bilbao, ☎ 944 169 016; Plaza Mayor, 1 - 2º. 28012 Madrid, ☎ 91 364 11 46; Via Laietana, 59 - 4º 2ª. 08003 Barcelona, ☎ 93 412 25 50. www.clubmarcopolo.es, mad@clubmarcopolo.es. Tiene paquetes de hasta quince días con visitas a los principales parques y extensión a la isla de Lamu o a Mombasa, en los meses entre junio y noviembre.

TREKKING Y AVENTURA. Pez 12, 28004 Madrid. ☎ 91 522 86 81. www.trekkingviajes.com; mad@trekkingviajes.com; Gran Vía 523 08011, Bcna. ☎ 93 454 37 02; Herradores 7, La Laguna, Tenerife. ☎ 922 63 37 77.

KANANGA. Guillem 1, 08003 Barcelona. ☎ 93 268 77 95. www.kananga.com. Suele organizar circuitos de aventura por los parques nacionales en acampada durante 15 días a un precio de unos 1.807 €, más caro en temporada alta.

INTERMUNDOS. Fuencarral 9, 28004 Madrid. ☎ 91 522 12 41; Ronda Universidad, 31. 08007 Barcelona. www.intermun.com. Safaris sólo en *lodges*.

NUBA EXPEDICIONES. María de Molina 46, 28006 Madrid. ☎ 91 745 47 47. www.nuba.net Organiza expediciones de 15 días a caballo por un precio de 3.191 € y otro de la misma duración, con visitas a Masai Mara y varios días de *trekking* por unos 2.025 €.

Hay que tener cuidado con agencias como Nuevas Fronteras, que si bien disponen de precios económicos, no se responsabilizan en caso de incumplimiento de la línea aérea, a pesar de haberse contratado el viaje a través de ellos. Y lo decimos por experiencia, avisados estáis.

EL VIAJE POR TIERRA

Las fronteras terrestres de Kenia están abiertas para llegar desde Etiopía, Uganda y Tanzania y están cerradas para los turistas, o son absolutamente desaconsejables por su peligrosidad, las rutas que vienen de Somalia y Sudán.

DESDE TANZANIA

Los puestos fronterizos abiertos terrestres son Namanga, en la ruta entre Nairobi y Arusha; Horohoro –al norte de Tanga-, Taveta, al este de Moshi; Illassit, al nordeste de Moshi; Bologonya, al norte del Serengeti, e Isebania, al norte de Musoma, en el Lago Victoria.

Desde Arusha y los parques nacionales del norte (vía Namanga). Desde Arusha y Moshi el modo más práctico para ir hacia Nairobi es subirse al *shuttle* que viaja todos los días. El precio, en el 2002, era de 20 dólares dese Arusha y 35 desde Moshi. Se trata de minibuses de unas veinte plazas que hacen el trayecto en unas cinco horas. En la frontera se suelen detener unos treinta minutos y si no lleváis vuestro visado de Kenia, tendréis que obtenerlo aquí.

Las principales agencias de *shuttles* son:

En Arusha

RIVERSIDE SHUTTLE. Sokoine road. ☎ 250 26 39. Minibús rápido a Nairobi diario. En teoría cuesta 20 dólares, pero si se va personalmente a la oficina se puede conseguir la tarifa de residente (10.000 chelines tanzanos en el 2001).

DAVANU SHUTTLE. Golliondoi Road, ☎ 254 81 42.

En Moshi

DAVANU SHUTTLE. Kahawa House, ☎ 275 34 16.

Además, un *shuttle* turístico también viaja tres veces a la semana desde Moshi y Arusha a Mombasa vía Taveta y Voi.

Una opción más económica, pero menos recomendable, pues es bastante más lenta, es el autobús que también une cada día Arusha con Nairobi.

Desde Tanga. Desde el puerto de Tanga salen autobuses a diario que tardan unas seis horas a Mombasa, dependiendo un poco de lo que se demoren los trámites de la frontera.

Desde el Serengeti. Desde el Parque Serengeti, unido al Masai Mara, se puede entrar en Kenia en vehículo privado y provistos del visado.

DESDE UGANDA

Los principales puestos fronterizos abiertos entre Uganda y Kenia se encuentran en las cercanías de la localidad de Tororo, en el sur de Uganda, y con acceso a las poblaciones kenianas de Malaba y Busia.

El tren que unía Kampala y Nairobi ha sido suprimido sin que haya noticias de momento de su reanudación. La mayoría de los viajeros individuales utilizan hoy los autobuses que enlazan ambas capitales en un trayecto que se cubre en unas trece horas. Hay varias compañías que fletan varios servicios diarios, como Akamba (con la oficina en Lagos Road), que tiene cada día un autobús de lujo con mejores asientos y menos paradas.

Otras empresas más baratas, como Takwa o Coastline, son menos confortables y más lentas, pues pueden tardar hasta quince horas.

Además, también hay un servicio de *shuttles* que funciona un par de veces a la semana y parten de Kampala a las 8 horas, en compañías como Jaguar Tours o Camping Safaris.

Hasta la frontera o hasta Malaba se puede ir también desde Kampala en *matatu,* los populares minibuses de Kenia que suelen ir atiborrados y a toda pastilla. Se tarda unas tres horas por una carretera en muy buen estado. La frontera se cruza a pie y al otro lado se encuentran autobuses y minibuses que se internan en Kenia.

DESDE ETIOPÍA

La frontera está abierta en el pueblo de Moyale, dividido entre los dos países. La única manera para llegar por tierra a Nairobi desde aquí es contactando con los convoyes de camiones que parten a primeras horas de la mañana. Viajan varios vehículos juntos, pues es una zona en la que se no son infrecuentes los asaltos de bandidos, por lo que el viaje no está exento de riesgos. Es conveniente asesorarse sobre la seguridad en un momento dado en Moyale antes de partir. Muchos viajeros se inclinan por abordar aquí el pequeño reactor que vuela todos los días a Nairobi.

El viaje en camión dura casi dos días, parando a dormir por el camino, y os cobrarán un precio barato, pero contratad directamente con los conductores y evitad los intermediarios, que os cobrarán una buena comisión. Se va vía Isiolo y el camión os dejará en Nairobi,

Situación en el mundo

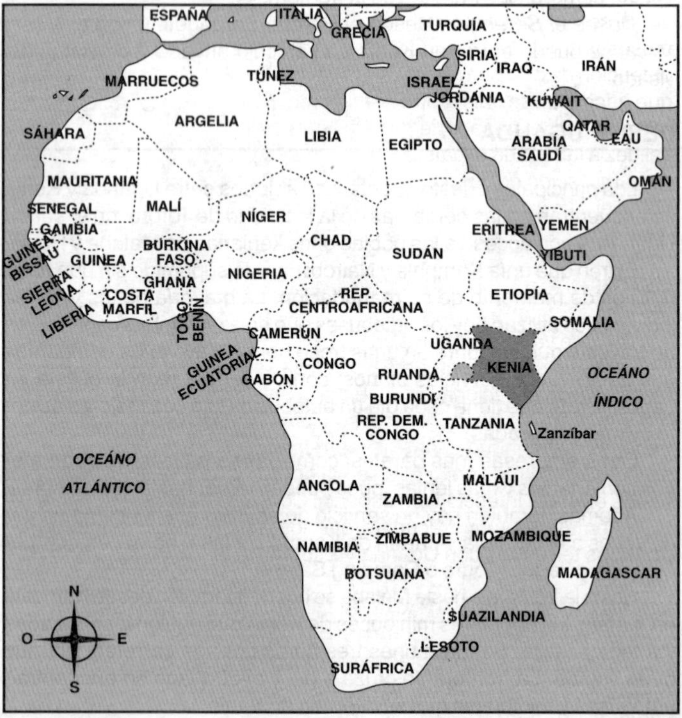

aunque si ya vais cansados por la incomodidad, en Isiolo podéis subiros en un autobús hacia la capital.

POR MAR O LAGO

Aunque es posible que en los próximos años vuelvan a reanudarse, en estos momentos no existe servicio de transporte público entre los países ribereños y Kenia en barcos que naveguen por el Lago Victoria, ni tampoco funcionan los ferrys de pasajeros que unían Mombasa con los puertos tanzanos, incluido Zanzíbar.

REQUISITOS DE ENTRADA

PASAPORTE Y VISADO

Los ciudadanos de nacionalidad española necesitan desde el año 2000 un visado para acceder a Kenia, que se obtiene en el mismo aeropuerto o frontera terrestre de llegada, por un precio de 50 dólares. No se necesita fotografía alguna.

Si se viaja por el período de tres meses que cubre el visado por los países vecinos de Uganda y Tanzania, no es necesario pagar por la obtención de otro permiso de entrada al retornar a Kenia, pero sí habrá que hacerlo si se sale a otro país, como Ruanda.

Además, el pasaporte deberá tener como mínimo seis meses de validez a la llegada al país.

Ampliación del visado. Si queréis ampliar vuestro visado de estancia en el país, podéis solicitarlo en las oficinas de Inmigración de Nairobi -en el edificio Nyayo House de Kenyatta Avenue-, Mombasa y Kisumu.

CERTIFICADO INTERNACIONAL DE VACUNACIÓN

Aunque ya no constituye un requisito imprescindible para entrar en Kenia desde un país europeo, por propia seguridad se debe aportar el Certificado Internacional de Vacunación, en el que se constate el nombre y número de pasaporte de su titular, además del justificante de haber sido vacunado contra la fiebre amarilla. El Certificado se exige siempre a la entrada en Kenia si el viajero ha visitado cualquier otro país donde exista la infección, en especial Congo y Ruanda.

Además, es muy frecuente que los aduaneros lo exijan en las fronteras terrestres con Uganda y Etiopía.

LA ADUANA. DECLARACIÓN DE BIENES Y DIVISAS

En la actualidad no es necesario rellenar algún formulario de declaración de divisas en Kenia ni tampoco hay que declarar el ingreso de cámaras de vídeo.

Está permitido la introducción en el país libre de impuestos de un cartón de cigarrillos o 250 gramos de tabaco, un litro de alcohol y aparatos electrónicos de uso personal, como un ordenador.

A la hora de salir del país, está estrictamente prohibida la exportación de productos elaborados con pieles, huesos o colmillos de la fauna salvaje protegida: elefantes, rinocerontes o tortugas, así como tampoco puede sacarse coral.

DATOS GEOGRÁFICOS

Kenia se encuentra en el extremo más oriental de los países de África del Este y se extendiende a ambos lados del Ecuador con una superficie de 582.600 Km^2.

Limita al norte con Etiopía y Sudán, al este con Somalia y el Océano Índico; al oeste con Uganda y el lago Victoria y al sur, con Tanzania.

Geográficamente, el país está dividido en cuatro zonas:

- *El Rift Valley y la meseta central*
- *Oeste de Kenia (La meseta occidental)*
- *El cinturón litoral*
- *El Norte y Este de Kenia*

Cada una de estas regiones tiene unas características geográficas propias, que dotan al país de una diversidad asombrosa de ambientes y paisajes.

CLIMA

La situación geográfica de Kenia propicia un clima húmedo tropical con un régimen de lluvias muy regular que se alterna con periodos de sequía. Las temperaturas son desde suaves –con diez grados de mínima en las zonas altas en invierno- a muy elevadas, pudiéndose alcanzar los 40 grados en verano en las tierras bajas, pero, en general, son templadas, debido a la altura media del país.

Fundamentalmente hay dos estaciones: húmeda y seca.

Estación húmeda. Durante los meses de lluvia se producen abundantes precipitaciones en la mayor parte del país. La estación húmeda se divide, a su vez, en dos periodos:

Las *Lluvias largas.* Se dan en primavera, entre los meses de marzo y mayo. Las precipitaciones torrenciales alcanzan cotas de hasta 3.000 mm. por año en algunas zonas.

Las *Lluvias cortas.* Tienen lugar en otoño, entre los meses de octubre y diciembre. La pluviosidad se mantiene entre 300 y 500 mm, según la zona.

Estación seca. Comprende los meses intermedios entre los períodos con más precipitaciones. Enero y febrero suelen contabilizar precipitaciones mínimas (20-60 mm). Los meses del verano europeo son los de mayor sequía en Kenia. En septiembre comienza a cambiar el clima para dar paso a las lluvias.

PRECIPITACIONES EN LAS ZONAS GEOGRÁFICAS

ZONA	Tª máx.	Tª mín.	Pluv.máx.	Pluv.mín.	Pluv.media
Rift Valley y m. central	24ºC	12ºC	200mm(abril)	20mm(julio)	2.500mm
Meseta occidental	32ºC	16ºC	200mm(abril)	60mm(junio)	1.000mm.
Cinturón litoral	30ºC	22ºC	240mm(mayo)	20mm(febr.)	1.100mm.
Nordeste de Kenia	40ºC	20ºC	250mm(nov.)	10mm(julio)	350mm.

CUÁNDO IR

El clima y principalmente las lluvias son el principal condicionante a la hora de visitar África. La industria turística keniana varía sus tarifas ateniéndose a la temporada alta o temporada baja, que vienen determinadas por las épocas de lluvias o sequía.

Temporada alta. Se da en enero, febrero, julio, agosto y septiembre.

- *Ventajas*. En los meses de enero y febrero es cuando Kenia está más bella. Sus sabanas están verdes y la vegetación es exuberante, con grandes concentraciones de animales. Julio, agosto y septiembre ofrecen un paisaje muy árido y polvoriento, con pastos secos. Los desplazamientos por los parques o carreteras no presentan dificultades.
- Inconvenientes. Las excelentes condiciones para los safaris hacen que los precios sean más elevados. Enero y febrero son los meses más caros del año. Julio, agosto y septiembre son ligeramente más económicos, pero durante los desplazamientos se suele tragar mucho polvo en algunos parques.

Temporada baja. En marzo, abril, mayo, octubre y noviembre.

- Ventajas. La oferta hotelera rebaja sus precios en ocasiones hasta en un 50%, lo mismo que las compañías de safaris. Es impresionante estar en la sabana bajo una tormenta tropical.

- Inconvenientes. Muchos caminos y visitas a parques se tornan imposibles por las condiciones del terreno, totalmente embarrado. Determinadas áreas sólo pueden visitarse durante la estación seca. Los safaris y desplazamientos son muy ingratos.

Para ir a las playas de la costa, conviene evitar los meses comprendidos entre marzo y diciembre, cuando las algas invaden la mayoría.

LA SALUD

Para viajar muy sanos por Kenia existen, como en la mayoría de los países subsaharianos cinco reglas de oro: no beber nunca agua que no sea embotellada, no tomar vegetales crudos ni frutas sin pelar -se puede hacer alguna excepción en algún restaurante lujoso-, protegerse contra la malaria, vacunarse contra la fiebre amarilla y lavarse las manos antes de comer.

Malaria. La malaria, causada por un parásito transmitido por el mosquito anofeles, es endémica en Kenia y en general en el este de África, donde causa miles de muertes cada año. De hecho, es la enfermedad infecciosa que más víctimas causa en el mundo. Tomad el tratamiento preventivo que os receten en vuestro consultorio del Insalud (ver el siguiente apartado) y usad en las noches líquidos repelentes de mosquitos y procurad llevar mangas y pantalones largos cuando estéis en zonas rurales donde exista la infección. Así os protegeréis también contra otras enfermedades provocadas por la picadura de insectos, como el dengue o la enfermedad del sueño (ésta, mucho más rara).

El tratamiento profiláctico no evita que los parásitos entren en la sangre, pero los mata en cuanto empiezan a desarrollarse, por lo que reduce muchísimo el riesgo de enfermar, y todavía disminuye más la gravedad de la infección si ésta se manifiesta.

Tampoco está de más que encendáis en vuestra habitación esas espirales cuyo humo espanta a los mosquitos, las venden en algunos mercados.

Diarrea. La mayoría de los viajeros que enferma en Kenia sufre diarreas generalmente de poca importancia y que se pasan en cuanto se someten un par de días a una dieta de arroz blanco, té y yogur. En caso de persistencia, medicaos con algún antibiótico que os haya recomendado un doctor antes de salir, y en casos graves: con fiebre, fuertes retortijones que duran varios días o aparición de sangre o mucosidad en las heces, acudid inmediatamente a un consultorio médico o preguntad en el hotel por un médico. En Nairobi y Mombasa hay unos cuantos acostumbrados a tratar con las típicas infecciones que nos pillamos allí los occidentales.

Tifus y cólera. Ahora bien, si se ha bebido agua o comido alimentos crudos en peores condiciones, hay riesgo de infecciones bacterianas y parasitarias de importancia, como amebas, gardia o tifus. O incluso cólera. Así, la vacuna contra el tifus –dos tomas en pastillas- es bastante eficiente, no así la del cólera, que no protege mucho. Para reconocer la gardiasis y la amebiasis hay que hacerse un análisis de heces y seguir luego el tratamiento antibiótico recetado.

Para evitar todas estas infecciones intestinales, aparte de tomar las precauciones con el agua y los alimentos crudos que ya hemos mencionado, evitad comer almejas, mejillones, ostras y, en general, moluscos.

Fiebre amarilla. La fiebre amarilla está causada por un virus transmitido por los mosquitos. Es endémica en esta zona de África y puede ser mortal, así que vacunaos antes de ir a Kenia. Además, no os dejarán entrar por una frontera terrestre si no mostráis vuestra cartilla amarilla con el sello de la vacuna.

Dengue. Está causado por un virus transmitido también por los mosquitos, pero, al contrario que la malaria, éstos actúan para contagiarlo sobre todo de día. Sólo hay una variedad de la enfermedad que puede ser mortal, el dengue hemorrágico, y no existe vacuna. Para prevenirlo, evitad las picaduras de mosquito también de día con repelentes y mangas largas. Si sospecháis que podéis estar infectados, lo primero que hay que hacerse es un análisis para descartar que se trate de malaria y luego seguir el tratamiento que nos receten.

Mal de altura. Cuando se hace un *trekking* hay que aclimatarse gradualmente a la altitud, para evitar el llamado mal de altura, que generalmente se manifiesta con dolores de cabeza leves, mareo, cansancio y dificultad para respirar, pero que también puede ser fatal. Hay que tomar precauciones cuando se alcanzan los 2.500 metros de altura y a partir de entonces ascender más lentamente. Tened en cuenta que el Monte Kenia supera los 5.000 metros de altura.
Lo mejor es planificar bien las etapas y pasar dos noches en algún lugar cercano al punto de ascensión que suponga 1.000 metros respecto del día anterior, para ir habituando el organismo. En caso de encontrarse realmente mal, hay que tratar de descender al menos unos 500 metros.

Hepatitis. La hepatitis A, muy común en Kenia, puede adquirirse en los alimentos manipulados con las manos sucias o al beber agua contaminada. La vacuna –en una primera toma y otra entre seis meses y un año más tarde- es efectiva prácticamente al 100% en este caso. En cuanto a la hepatitis B, también se combate de modo óptimo con la vacuna, tres inyecciones en un período de varios meses. Se contagia por vía intravenosa o, más difícil, por vía sexual. Tened en cuenta que para que la vacuna sea efectiva tenéis que recibir al menos dos dosis en el plazo de un mes.

El modo de transmisión de la hepatitis C es todavía un misterio, pero se sospecha que es más parecido al de la B que al contagio de la A. Por desgracia, no hay vacuna contra esta seria infección del hígado.

Tétanos. El tétanos es una enfermedad que todo viajero debe prevenir, pues tiene consecuencias fatales y su profilaxis es bien sencilla: una vacuna que hay que repetir al cabo de un año y luego al cabo de cinco o diez.

Bilarziosis. La esquistosomiasis o bilarziosis es una infección bacteriana presente en toda África y que puede adquirirse al bañarse en ríos, lagos y, sobre todo, presas contaminadas por diminutas larvas que se introducen en el cuerpo humano a través de la piel. Nunca hay que bañarse en estos lugares sin informarse antes de su condición, pues es una enfermedad bastante seria. En Kenia está muy presente en algunas áreas del Victoria. En general, no os bañéis en lago alguno. Si por un casual os mojáis en estas aguas, secaos lo antes posible y secad vuestras ropas antes de lavarlas de nuevo.

Sarna. Esta infección de muy leves consecuencias, aunque muy molestas, está presente en la ropa de cama de muchos hoteles baratos de los países en vías de desarrollo, por lo que si vais a utilizarlos, llevaos unas sábanas cosidas o un saco. Si así todo os infectáis, es importante reconocer en seguida la enfermedad, pues en la mayoría de los casos se confunde con picaduras de insectos o con una alergia. Pero los síntomas definitivos son: unas pequeñas ronchitas que pican mucho sobre todo de noche, que cambian de lugar en pocas horas y que, típicamente, algunas se sitúan en las articulaciones y en las marcas que dejan en el cuerpo el cinturón o los elásticos de calcetines y calzoncillos. Si se deja pasar un tiempo, pronto aparecen granitos entre los dedos y luego por toda la piel. En cuanto os deis cuenta del problema, tomad una ducha, lavaos bien y aplicaos luego una loción de Yacutín –o de un líquido que compréis en una farmacia para tratar *scabies*- por todo el cuerpo desde el empeine hasta el cuello (no os toquéis los ojos, boca ni nariz con la mano impregnada) y poneos ropa limpia y que hayáis planchado muy bien por dentro, para eliminar con mayor seguridad los huevos que estos ácaros dejan en los tejidos. Igualmente, debéis usar ropa de cama limpia. Si tomáis estas medidas estaréis curados en una o dos aplicaciones, pero tened cuidado de no reinfectaros al usar camisas, calzoncillos o calcetines que no hayáis desinfectado como hemos indicado.

Las serpientes. Respecto a las picaduras de serpientes, hay que decir que no es un problema que afecte comúnmente al viajero, aunque en Kenia viven algunas de las más peligrosas del mundo, como la mamba negra. Parece fácil evitarlas si caminamos bien calzados por zonas rurales, ya sean boscosas, rocosas o selváticas, y también debemos procurar no introducir las manos en matojos o debajo de piedras sin precauciones. En el caso de que se produzca una picadura, no queda más remedio que hacerse un torniquete y acudir a toda mecha a un consultorio médico.

Rabia. Un riesgo para la salud que no es tan raro que afecte a los viajeros en Kenia es la mordedura de un animal que pueda contagiar la rabia, como los perros, gatos, monos, murciélagos, zorros y otros cánidos. Si os muerde uno de estos bichos deberéis ir rápido a un hospital, donde os inyectarán una antirrábica. Es mejor que llevéis vuestra propia hipodérmica que habréis comprado previamente en una farmacia que se vea limpia. Y hacedlo rápidamente. La rabia es una enfermedad terrible que no perdona, pero totalmente curable si se aplica el suero en un tiempo prudente.

Enfermedad del sueño. La tripanosomiasis está causada por un parásito transmitido por la picadura de la mosca tsé tsé. Es una enfermedad que afecta sobre todo al ganado vacuno y que no suele atacar a los viajeros. Una vez más, protegeos contra las picaduras. No hay vacuna, aunque sí tratamiento efectivo en los primeros estadios de la enfermedad. La infección está presente en áreas del Victoria y de la frontera con Uganda por Busia y el riesgo es mayor después de las lluvias de julio.

Enfermedades de transmisión sexual. Kenia tiene una alta tasa de población infectada con el virus del VIH, que causa el SIDA si no se toma medicación, además de que existen otras muchas enfermedades de transmisión sexual de bastante prevalencia, por lo que es esencial utilizar preservativos si se mantienen relaciones íntimas. En Kenia se lleva a cabo uno de los principales programas mundiales de experimentación con una posible vacuna contra el VIH y se estudia al mismo tiempo las causas por las que un amplio grupo de población de riesgo, en concreto de prostitutas, no se contagia del virus a pesar de no tomar precauciones. Se cree que en alguna defensa natural de estas mujeres –por ejemplo algún defecto genético, en este caso beneficioso- podría hallarse una de las claves para el logro de la ansiada vacuna.

Insolación. Por último, tened cuidado en las horas en las que el sol pega más, para evitar los nocivos efectos de una sobreexposición a sus rayos. Protegeos bien con cremas, gorros y gafas oscuras, para evitar quemaduras, y bebed mucho líquido para no sufrir deshidrataciones.

CENTROS DE VACUNACIÓN INTERNACIONAL

Podéis acudir a estos centros del Insalud de vuestra comunidad para todo tipo de asesoramiento médico antes de vuestro viaje:

Albacete. C/ Dionisio Guardiola, 32. ☎ 967 22 43 62.
Alicante, C/ Muelle Poniente, s/n. ☎ 96 592 65 88.
Algeciras. Pº de la Conferencia, s/n. ☎ 956 57 32 42.
Almería, C/ Marqués de Comillas, 8. ☎ 950 01 36 58.
Badajoz, Ronda del Pilar, 22. ☎ 924 21 54 90.

Barcelona, C/ Vergara, 12. ☎ 93 302 11 56.
Bilbao, Gran Vía, 62. Tfno 94 441 48 00.
Burgos, Pº Sierra de Atapuerca, 4. Tfno 947 28 01 07.
Cádiz. C/ Ciudad de Vigo, s/n. ☎ 956 25 34 37.
Cartagena. C/ Pez Volador, 2. ☎ 968 50 15 47.
Castellón. Muelle Serrano Lloberes, s/n. ☎ 964 28 51 52.
Ceuta. Muelle Cañonero Dato. ☎ 956 50 94 41.
Gerona. Plaza Hospitalet, 5. ☎ 972 18 26 00.
Gijón, C/ Almirante Claudio Alvargonzález, 30. ☎ 985 34 33 43.
Huelva. C/ Sanlúcar de Barrameda, 7. ☎ 959 24 75 44.
Ibiza. Vía Romana, 81. ☎ 971 30 67 64.
La Coruña. C/ Durán Lóriga, 3. ☎ 981 22 96 70.
Lanzarote, Blas Cabrera Felipe, 6 (Arrecife). ☎ 928 81 00 10.
Las Palmas de Gran Canaria. C/ Juan M. Domínguez Pérez. ☎ 928 46 43 32.
León. Avda. de Peregrinos, s/n. ☎ 987 29 62 55.
Lérida. C/ Rovira Roure, 2. ☎ 973 70 16 00.
Logroño, C/ Pérez Galdós, 29. ☎ 941 28 81 75.
Madrid, C/ Francisco Silvela, 57. ☎ 91 401 68 39.
Mahón. Avda. José Mª Cuadrado, 17. ☎ 971 36 04 26.
Málaga. Pº Marítimo Pablo Ruíz Picasso, 43. ☎ 952 21 72 61.
Melilla. C/ Cardenal Cisneros, 2. ☎ 95 268 19 58.
Murcia. C/ Andrés Vaquero, 10. ☎ 968 22 12 65.
Palma de Mallorca, C/ Muelle Viejo, 7. ☎ 971 71 13 37.
Pamplona, C/ Cortes de Navarra, 5. ☎ 948 22 16 55.
Salamanca. Avda. de Portugal, 83. ☎ 923 29 60 22.
San Sebastián, Pza. de Lasala, 2. ☎ 943 42 49 41.
Sta Cruz de Tenerife, Rambla General Franco, 169. ☎ 922 27 32 33.
Santander, C/ Antonio López, 3. ☎ 942 21 01 74.
Sevilla, Avda. de la Raza, 2. ☎ 95 423 01 52.
Tarragona, Muelle de Levante (Puerto). ☎ 977 24 01 99.
Valencia, Muelle de Aduanas, Puerto Autónomo. ☎ 96 367 65 13.
Valladolid. Avda. Ramón y Cajal, 6. ☎ 983 41 37 60.
Vigo. Estación Marítima del Puerto. ☎ 986 43 41 33.
Vitoria. Avda. de Santiago, 11. ☎ 945 28 94 33.
Zaragoza. C/ Ramón y Cajal, 68; ☎ 976 71 41 02.

EMERGENCIAS

Si caeis enfermos de algo muy grave o sufrís un accidente, en Mombasa, pero sobre todo en Nairobi, hay hospitales de un buen nivel y alguna clínica privada donde os pueden tratar. Para todo esto es esencial que tengáis un seguro de viaje que os puede acelerar los trámites una vez que llaméis a su agente en la región y que os abonará las facturas de todo a la vuelta.

FARMACIAS

En las poblaciones más importantes del país encontraréis farmacias bien provistas de los medicamentos más comunes, pero si tomáis algunos muy específicos, que no se os olvide traerlos de casa, como es lógico.

GUÍAS DE SALUD

Si se quiere tener una visión más amplia sobre las enfermedades tropicales, sus síntomas y tratamientos, hay un excelente libro que nos informa al respecto: *Normas sanitarias para viajeros a países tropicales*, por el Dr. José Luis Bada Ainsa (Ed. Laboratorios del Dr. Andreu).

SEGUROS

Varias compañías con sede en España ofrecen coberturas de seguro de robo, asistencia médica o repatriación en caso de enfermedad o accidente grave por tarifas muy baratas, que hacen que merezca la pena subscribirse a sus pólizas. Algunas son:

Mondial Assistance, ☎ 91 325 54 40.
Europe Assistance, ☎ 91 597 21 25 y 93 280 38 34.
Royal Assistance, ☎ 91 564 17 28.

QUÉ LLEVAR

ROPA

Las indicaciones que hemos dado en el apartado anterior dedicado al clima deben marcaros la pauta a la hora de hacer vuestra mochila o maleta en una determinada época del año.

Si vais en la estación seca llevad abundante ropa de algodón para soportar los calores del día: pantalones cortos, camisetas –aunque éstas podéis comprarlas muy baratas en el país, así como casi toda la ropa de "verano"-, pero tened en cuenta que si vais a ir a las montañas o a Nairobi, que está a 1.820 metros de altitud, siempre puede hacer frío de noche. Por las noches vais a necesitar un buen jersey o una cazadora ligera en las zonas altas en cualquier lugar del país. Si vais ascender el Monte Kenia necesitaréis ropa de mucho abrigo: en las noches de invierno, que coincide con nuestro verano, la temperatura puede descender hasta los -15ºC. En la misma época, en los *lodges* y campings de las tierras altas las noches pueden ser bastante frías.

La ropa vaquera está contraindicada en la estación calurosa y en las zonas húmedas, como las islas y la costa, pues la verdad es que da mucho calor y no es cómoda.

Durante las lluvias es imprescindible un buen chubasquero y un paraguas, además de calzado adecuado.

Si vais a hacer un *trekking* largo es mejor que llevéis vuestro equipo de casa, lo que debe incluir ropa de abrigo.

Para dormir en la mayoría de los hoteles baratos es mejor que os llevéis vuestro propio saco o unas sábanas cosidas, pues la sarna es una infección frecuente en la ropa de cama mal lavada de los países del Tercer Mundo.

BOTIQUÍN

Se aconseja llevar unos antibióticos de amplio espectro para casos de infecciones bacterianas estomacales y una medicación más suave para casos de diarrea común, tiritas, vendas y un frasco de plástico con agua oxigenada o yodo. También, por supuesto, la medicación antimalaria que os receten en vuestro consultorio de salud del viajero, repelente de insectos, cremas protectoras solar y labial y analgésicos. No está de más llevarse también una aguja hipodérmica, por si os tenéis que poner una inyección.

VARIOS

Es imprescindible que llevéis gafas de sol, casi como una necesidad de botiquín. Los carretes de fotos, la película de vídeo y las pilas de la cámara pueden ser difíciles de encontrar de buena calidad. También son imprescindibles unos prismáticos para observar la fauna en los parques naturales y los que piensen acampar en los mismos deben llevar su tienda y el saco de dormir, además de una buena linterna.

Llevaos también fotografías de carné por si necesitáis visados para algún país vecino

En todo caso, casi todo lo básico que se os haya olvidado en España podréis encontrarlo en Nairobi o Mombasa.

HISTORIA

EL AMANECER DEL HOMBRE

Durante largo tiempo se creyó que los primeros antepasados del hombre se habían desarrollado en las recónditas tierras de Asia. Sin embargo, a partir del primer cuarto del siglo XX, las excavaciones paleontológicas en África demostraron que los orígenes del *homo sapiens* podrían muy bien situarse en determinadas zonas de la parte oriental del continente. Esta afirmación es hoy día un hecho contrastado. El Valle del Rift, la gran falla tectónica que atraviesa Kenia de norte a sur, ha sido bautizada con el sobrenombre de *Cuna de la Humanidad*, pues a lo largo de este accidente geográfico se han encontrado alguno de los restos más antiguos de los que fueron nuestros más primitivos ancestros.

Estos hallazgos se llevaron a cabo sobre todo en la parte tanzana del Rift (Cuenca del Olduvai) y en las áridas tierras del norte de Kenia, en torno al lago Turkana. Fue en este enclave donde **Richard Leakey**, hijo del famoso antropólogo **Louis Leakey**, encontró vestigios de homínidos que fueron datados en nada menos que 2,5 millones de años de antigüedad.

Los ya conocidos *Australopitecus africanus y Australopitecus robustus*, que hasta entonces habían sido tomados por las dos únicas especies anteriores al hombre y que, debido a su antigüedad, se creía que podían haber evolucionado hasta convertirse en *homo sapiens*, se encontraron con un nuevo espécimen, que les desbancó de su lugar de privilegio: el *homo habilis*. Sus restos, descubiertos en Turkana, le convirtieron de inmediato en un antepasado mucho más directo del hombre, un antepasado que debió sobrevivir a las dos especies de *australopitecus* y cuyas características se fueron modificando con el paso del tiempo hasta desembocar en lo que hoy es el hombre moderno.

Por todo ello, podemos mirar a Kenia como el punto de partida, la *Cuna de la Humanidad*, de la que todos descendemos.

LAS MIGRACIONES DE LA ANTIGÜEDAD

Los cambios climáticos que se produjeron en África hace unos 4.000 años obligaron a diversas etnias nativas dedicadas al pastoreo a emigrar de las tierras norteñas del continente -que ocupaban hasta entonces- hacia el sur, en busca de mejores pastos con que alimentar a su ganado.

Los primeros en emprender estas migraciones fueron pueblos nómadas procedentes de Etiopía, de lengua cusítica, que comenzaron sus desplazamientos alrededor del año 2000 antes de nuestra Era. Casi un milenio después, otros pueblos cusitas se sumaron al éxodo y se asentaron en las ricas tierras de la meseta central de Kenia.

En el año 500 a.de C. nuevos emigrantes procedentes del oeste africano, los bantúes, hicieron su entrada en la región y, con ellos, oleadas de nómadas y pastores de todo el continente se internaron y asentaron en diversos territorios de Kenia. Este proceso duró hasta cerca del año 500 de nuestra Era.

Aquellos pueblos emigrantes fueron los antepasados de todas las tribus que hoy subsisten en el país. El que en la actualidad Kenia albergue hablantes de la práctica totalidad de las lenguas existentes en

África, atestigua el protagonismo del país en el pasado, como lugar de acogida de las oleadas migratorias.

LOS COMERCIANTES ÁRABES Y LA LLEGADA DE LOS PORTUGUESES

A partir del siglo VIII las migraciones internas fueron disminuyendo y grupos de comerciantes y marinos árabes y persas comenzaron a arribar en las costas orientales de África, para cambiar los productos de sus tierras por las distintas riquezas autóctonas.

Con la llegada de los árabes también tuvo lugar el inicio del comercio de esclavos. Las prósperas tierras africanas se convirtieron en residencia de muchos mercaderes, con lo que contribuyeron al desarrollo de florecientes ciudades de arraigada tradición islámica que empezaron a surgir a lo largo de la costa y se convirtieron en puertos comerciales para las cada vez más prósperas rutas marítimas que a través del Océano Índico unían el este de Kenia con países tan alejados como la India o China.

El dominio árabe de estas rutas mercantiles perduró hasta bien entrado el siglo XVI, momento en que hicieron su aparición los marinos portugueses.

El interés de la corona portuguesa se centraba en el control de comercio de especias en Oriente, que en aquel entonces estaba en manos de los turcos y árabes. El navegante **Vasco de Gama** dobló el cabo de Buena Esperanza en 1498 y fue el primero en recalar en Malindi, donde, gracias a la ayuda del sultán local, incorporó el Imperio Portugués a las rutas mercantiles que surcaban el océano con rumbo a la India.

La empresa resultó un éxito, por lo que los portugueses decidieron acaparar para sí el monopolio comercial. En 1505 **Francisco de Almeida**, al frente de una gran armada, tomó Mombasa al asalto. Años después, en 1528, **Nuño da Cunha** se hizo definitivamente con el control de la ciudad y con el comercio de las rutas oceánicas a través del Índico. Los árabes se marcharon derrotados.

Durante dos siglos los portugueses dominaron el este africano, aunque tuvieron que sofocar continuamente revueltas entre los distintos sultanes locales. Poco a poco, la resistencia de Portugal fue menguando. Como nación no era lo suficientemente poderosa para mantener un vasto imperio a casi medio mundo de distancia de su país. Los funcionarios coloniales comenzaron a enriquecerse a título particular y la burocracia empezó a desmoronarse.

Los árabes del emergente Sultanato de Omán aprovecharon estos síntomas de debilidad y Mombasa volvió a caer en sus manos en 1698. Veinticinco años más tarde, los portugueses abandonaban definitivamente la costa de Kenia.

LA DOMINACIÓN POR LOS OMANÍES

Aunque los árabes volvieron a controlar la costa oriental africana hasta el siglo XIX, en ningún momento se recuperó el esplendor que sus rutas mercantiles tuvieron en el pasado.

Durante el siglo XVIII varias de las dinastías omaníes que se habían instalado en la franja litoral de Kenia comenzaron a independizarse de la autoridad que les sometía al control del sultán de Omán. Pero cuando el trono del país árabe fue ocupado por **Seyyid Said** en 1805, éste decidió que debía zanjar la autonomía de las dinastías de la costa. Para ello envió una poderosa flota en 1822 con la intención de someter a los caudillos rebeldes de Mombasa y Pemba. Los líderes locales, al ver amenazada su independencia, pidieron ayuda a Gran Bretaña, cuyos navíos de guerra arribaron un año más tarde a Mombasa, adueñándose de la ciudad y declarándola protectorado de la Corona británica.

Aunque en 1826 Seyyid Said asumió definitivamente el control del litoral y los británicos se retiraron, acababa de abrirse el camino para que los ingleses dirigieran sus intereses coloniales hacia esta zona de África, que se incrementaron cuando el sultán omaní se estableció en la isla de Zanzíbar y abandonó Mombasa.

LA ÉPOCA COLONIAL

Al igual que Gran Bretaña, Alemania empezó a interesarse por la colonización del este africano. Ambas naciones firmaron en 1890 una serie de pactos que delimitaban su radio de acción en África Oriental. Entre ellos, acordaron mutuamente ceder al sultán de Zanzíbar una franja de 16 kilómetros a lo largo de la costa de Kenia, que sin embargo sería controlada bajo el protectorado inglés. Dicha franja se reintegró a la totalidad del país cuando éste obtuvo su independencia. El territorio actual de Tanzania quedaba bajo dominio alemán, mientras que Kenia y Zanzíbar pasaban a control británico. La reina **Victoria** regaló por su cumpleaños al Káiser **Guillermo** el Kilimanjaro, la montaña más alta de África y que quedaba justo en el límite de las dos zonas.

Una vez repartidos los territorios y las áreas de influencia dieron comienzo las grandes exploraciones hacia el corazón del continente. Por aquel entonces, los guerreros masai, pobladores y señores absolutos de las tierras interiores de Kenia, impidieron el avance de los aventureros europeos y masacraron varias expediciones que trataron de adentrarse en el país.

El alemán **Gustav Fisher** y el escocés **Joseph Thomson** fueron algunos de los arriesgados aventureros que lograron regresar con vida. A partir de 1880, las disputas internas entre los propios masais, unidas a epidemias de cólera y viruela, provocaron estragos entre los guerreros, lo que permitió a los británicos alcanzar un tratado de paz con el jefe espiritual de los masais, **Olonana**.

Gracias al pacto, los británicos iniciaron la construcción de la línea de ferrocarril Mombasa-Uganda, indispensable para dotar a Kenia de una vía rápida de comunicación.

La administración colonial se trasladó a un emplazamiento nuevo, poco más de una polvorienta aldea situada más o menos en el punto medio de esta línea de ferrocarril: Nairobi.

Al mismo tiempo comenzó el asentamiento de los colonos en las ricas tierras que rodeaban la nueva capital y que pronto comenzaron a incumplir los tratados con los nativos. Por todos lados comenzaban a surgir más plantaciones. La necesidad de acaparar cada vez más tierras por parte de los colonos obligó a los doblegados masai a perder la mayor parte de sus territorios y en 1910 fueron relegados a pequeñas reservas localizadas al sur del país. Se había desvanecido su independencia. Algo similar ocurrió con otra poderosa tribu de agricultores bantúes, los kikuyu, que fue desalojada por los extranjeros de sus fértiles tierras ancestrales en los alrededores del Monte Kenia.

La colonización era un hecho. Granjas y extensas plantaciones de café florecían en los territorios ocupados. Una de ellas, a las afueras de Nairobi, pertenecía a la danesa **Karen von Blixen**, que con el seudónimo de **Isak Dinesen** relató sus experiencias en Kenia en el archiconocido libro *Memorias de África (Out of Africa)*.

LA PRIMERA GUERRA MUNDIAL

La vertiginosa carrera colonial se detuvo al estallar la Primera Guerra Mundial en 1914. Los británicos residentes en Kenia se enfrentaron con los alemanes colonizadores de Tanganica, hoy Tanzania, con lo que la productividad de sus plantaciones decreció durante este periodo. Las escaramuzas entre ambos bandos fueron leves en Kenia, casi inexistentes, no así en Tanzania, donde el general **Von Lettow** con unos pocos efectivos mantuvo en jaque a los aliados mediante una inteligente guerra de guerrillas.

Al finalizar la guerra con su derrota, Alemania perdió Tanganica por el Tratado de Versalles, y todos los territorios colonizados fueron puestos bajo control británico por mandato de la Liga de las Naciones.

Con la llegada de la paz, el resurgimiento de la colonización fue impresionante, pues muchos ingleses pudieron acceder a grandes territorios de Kenia por precios irrisorios.

Mientras que los guerreros masais se resignaron a permanecer en sus reservas al sur del país, los nativos kikuyu comenzaron a asociarse, con el fin de recuperar las tierras que los colonos blancos les habían arrebatado. Eran los prolegómenos del nacionalismo africano.

EL NACIMIENTO DEL NACIONALISMO AFRICANO. JOMO KENYATTA

Los kikuyu emprendieron diversas actividades de protesta y oposición contra los europeos. Uno de sus líderes históricos, **Harry Thuku**, protagonizó un episodio determinante que convirtió a estas asociaciones en grupos politizados. Thuku fue detenido y encarcelado en Nairobi por las autoridades coloniales en 1922. Sus correligionarios se manifestaron a las puertas de la cárcel exigiendo su libertad, y la manifestación no tardó en convertirse en una batalla campal en la que perdieron la vida cerca de 100 personas. Thuku siguió encarcelado hasta 1930, fecha en que abandonó el presidio al aceptar colaborar con las autoridades británicas. Esta capitulación le costó el liderazgo de los kikuyu, pero durante sus años de cárcel las asociaciones nacionalistas tomaron forma y llevaron a cabo una continuada campaña a favor de los derechos de los nativos, que se perpetuaría hasta alcanzar la independencia de su país.

Para semejante cometido hacía falta un hombre enérgico y decidido, capaz de hacer frente a las situaciones adversas y con la suficiente formación como para garantizar el cumplimiento de las peticiones de los africanos. Este hombre era **Jomo Kenyatta**.

Su verdadero nombre era Johnstone Kamau. Nació en 1892, hijo de campesinos. Se educó en escuelas misionales y a los 29 años se marchó a trabajar a Nairobi como traductor. Su locuacidad le animó a ingresar en la East Africa Association, agrupación para la defensa de los derechos de los africanos, en la que se inició en las labores reivindicatorias nacionalistas. Poco después, su trabajo le permitió alcanzar el puesto de secretario general en la histórica Kikuyu Central Association.

En 1929 Kenyatta decidió defender sus reivindicaciones ante la dirección colonial británica en Londres. Sus primeros pasos no fueron efectivos, pero Kenyatta inició un largo peregrinaje por Europa, donde aprendió tácticas revolucionarias y sistemas de gobierno que pudiera aplicar en su país en favor de sus compatriotas.

Cuando regresó a Kenia en 1946, ya era reconocido como el líder indiscutible del movimiento de liberación keniano.

LA SEGUNDA GUERRA MUNIDAL

El reclutamiento de tropas africanas durante la Segunda Guerra Mundial (1939-1945) permitió comprobar a los nativos que también los europeos podían ser derrotados. Al finalizar el conflicto bélico, la más importante asociación nacionalista africana, la Kenya African Union (KAU), liderada por Jomo Kenyatta, emprendió duros enfrentamientos directos contra las autoridades coloniales.

Las protestas de los nativos, ahora que debido a la guerra habían recibido instrucción en el manejo de las armas, empezaron a ser más violentas. Se estaba fraguando la rebelión.

LA REBELIÓN MAU-MAU

Algunas de la tribus más importantes de Kenia (kikuyu, luo o masai) se unieron mediante juramentos de cooperación para expulsar a los colonos blancos; así nacieron los mau-mau. Sus procedimientos no excluían el asesinato de europeos o de colaboracionistas africanos.

A partir de 1953 comenzaron las matanzas y la destrucción de plantaciones y granjas. Muchos nativos leales al gobierno colonial fueron asesinados. Se declaró el estado de excepción y se reclutó una guardia nacional que protegiera a los poblados de los violentos atentados producidos por la agrupación Mau-Mau. Ello no evitó que al finalizar la revuelta, en 1959, cerca de 14.000 africanos -entre rebeldes y civiles- y alrededor de cien europeos hubieran perdido la vida.

Pero la rebelión había dado su fruto y una desbandada de colonos abandonó Kenia para regresar a Europa o establecerse en otros países africanos. Se había iniciado el principio del fin. El gobierno colonial contempló la posibilidad de convocar elecciones democráticas para constituir un legítimo gobierno africano. Esta resolución se admitió definitivamente en la Conferencia de Lancaster, celebrada en Londres en 1960, donde también se fijó la fecha de la independencia de Kenia para finales de 1963.

Kenyatta, que había sido detenido como sospechoso de haber instigado la rebelión Mau-Mau al poco de iniciarse, fue puesto en libertad. Ante la llegada de la independencia, los integrantes de la KAU se dividieron en dos partidos: el KANU (Kenya African National Union), partidario de un gobierno único y centralizado en Nairobi, y la KADU (Kenya African Democratic Union), que prefería un sistema federal para evitar el dominio de los kikuyu.

Kenyatta asumió la presidencia del KANU en 1961. Una vez más, su locuacidad sorprendió a todo el mundo, al pedir a los colonos blancos que no se marcharan de Kenia. Lo más importante, que el país estuviera en manos de africanos, ya estaba conseguido. Ahora, Kenyatta sabía que los europeos eran los únicos que poseían suficiente experiencia en la explotación de las granjas y los recursos agrícolas. La productividad de la tierra estaba por encima de quien la hicera posible y era muy necesaria para el país. Muchos colonos aceptaron su ofrecimiento.

LA INDEPENDENCIA

Kenyatta y el KANU derrotaron al KADU en las elecciones de mayo de 1963. El 12 de diciembre de ese mismo año se declaró la independencia de Kenia, con Jomo Kenyatta como primer presidente de la nación. El KADU se disolvió en 1964, por lo que Kenia se convirtió en un estado de partido único.

Kenyatta no abandonó el poder hasta su muerte, en 1978. Hizo de Kenia una nación estable y prolífica, radicalmente distinta a otros países africanos, caracterizados por su tendencia a los golpes de estado, las dictaduras y la corrupción más absoluta. Su inestimable labor logró concienciar a sus sucesores de la importancia que tenía para Kenia la progresión de sus recursos, que sólo podían conseguirse si se mantenía estabilidad política y social.

A pesar de todo ello, Kenyatta no fue capaz de evitar un evidente trato de favor hacia los integrantes de su propia tribu, los kikuyu, a los que favoreció en todo lo que pudo durante su largo mandato. Hoy en día, el control gubernamental y de los más amplios sectores económicos siguen en manos de los kikuyu, que evitan por todos los medios que otras etnias se interfieran en sus intereses.

Este favoritismo partidista y tribal fue el causante de represalias contra aquellos que osaron perturbar el orden. **Oginga Odinga**, un luo que formó en 1966 un partido de oposición al Gobierno, el Kenya People's Union, fue encarcelado y apartado de los cargos públicos hasta 1977. Su partido fue prohibido. **Tom Mboya**, otro luo revolucionario aspirante a la presidencia del Gobierno, fue asesinado por un kikuyu en 1969 y **J.M. Kariuki**, un kikuyu contestatario a los poderosos estamentos gubernamentales, también fue asesinado en 1975. En menor medida, arrestos y detenciones se produjeron entre todos aquellos que criticaban a Kenyatta.

Su sucesor, en 1978, fue el actual presidente **Daniel Arap Moi**, perteneciente a la tribu tugen, pero considerado por los kikuyu como el hombre ideal para desarrollar las tareas de gobierno.

LA DECADENCIA POLÍTICA Y LA GENERALIZACIÓN DE LA CORRUPCIÓN

Moi se mostró desde un principio aún más radical que su predecesor en las críticas con su Gobierno, arrestando a cualquiera que pusiera en tela de juicio su política. Soportó como presidente un intento de golpe de estado en 1982 por parte de la fuerza aérea y logró sofocar la rebelión con un balance de 120 muertos en combates, 12 ejecuciones sumariales y 900 condenados a prisión.

Posteriormente se produjeron diversas y menores conspiraciones contra su aparato de gobierno.

Moi fue reelegido como presidente en unas elecciones generales celebradas en marzo de 1987 y marcadas por el fraude, ya que el sistema de votación empleado benefició de modo fraudulento a los adeptos al presidente. La sombra del *pucherazo* electoral se cernió sobre los comicios. La abrumadora victoria de Moi se acrecentó cuando el mismo año fueron cambiadas ciertas disposiciones en la Constitución que conferían un poder aún más amplio al presidente. La reforma más significativa era la que derogaba la independencia del poder judicial. El presidente quedaba capacitado para nombrar y destituir jueces según su conveniencia. El KANU se alzaba con un poder absoluto sin ningún tipo de oposición parlamentaria.

La rama juvenil de KANU fue alentada desde el Gobierno para que atacara las manifestaciones de disidentes y se les considera culpables de muchas *desapariciones*.

Fue el comienzo de una corrupción masiva, de un empobrecimiento general de la inmensa mayoría del pueblo en beneficio de unos pocos corruptos y afines al Gobierno y del aumento de la inestabilidad y la pobreza, con sus consecuencias de incremento de la inseguridad ciudadana y descenso radical del turismo, industria de la que depende en gran medida la economía del país.

En 1990 fue asesinado el intelectual **Robert Ouko**, ex ministro de Asuntos Exteriores, y a lo largo de estos años han ido desapareciendo numerosas pruebas y testimonios de su caso, sin que se haya cerrado aún la investigación.

Casi todos los países europeos suspendieron su ayuda a Kenia en 1992 –cuando la deuda del país superaba los 9.000 millones de dólares-, en protesta por la situación de falta de libertad y derechos humanos. Esta medida forzó a Moi a reformar la Constitución y permitir el multipartidismo.

Ese mismo año se celebraron elecciones –esta vez con otros partidos legalizados-, en las que, como es habitual, Arap Moi y su partido volvieron a arrasar. El Fondo Monetario Internacional y el Banco Mundial volvieron a considerar las elecciones fraudulentas y se demostró la compra de votos.

En las siguientes elecciones, en 1997, la KANU obtuvo 113 escaños, por 109 de los partidos opositores. Pero Moi ofreció cooperar a los dos principales partidos de la oposición, el Partido Democrático, de los kikuyus y que había obtenido 39 escaños, y el Partido Democrático Nacional, de los luo y con 21 escaños.

En esas elecciones, **Richard Leakey**, descendiente del ilustre antropólogo, obtuvo tres escaños con su partido, el Safina, que pretendía unir a toda la oposición. La tremenda violencia desatada sobre todo en la costa durante estos comicios provocó una nueva crisis turística, con un gran descenso en el número de visitantes.

EL MOMENTO ACTUAL

A la espera de las elecciones de principios del 2003, es casi imposible encontrar algún keniano que no eche pestes de Moi. Este antiguo maestro de familia humilde es hoy uno de los hombres más ricos de África y el quinto presidente más rico del mundo. Su megalomanía le hace aparecer en los billetes, en los rótulos de las principales avenidas de cada ciudad, en los nombres de los cuarteles, hospitales, etcétera. Prácticamente cada keniano con el que se charla un rato empieza a despotricar y a lanzar acusaciones de corrupción contra Moi y sus allegados. Así, no se entiende –si no es mediante pucherazo- cómo puede ganar todas las elecciones.

Según la Constitución, Moi no puede presentarse de nuevo, pero en el 2001 se oían muchos rumores sobre una posible modificación de la ley para permitir un nuevo fraude electoral.

La corrupción sigue avanzando, en paralelo con el empobrecimiento de un país que en los tiempos no tan lejanos de Kenyatta llegó a ser uno de los más prósperos y estables de África.

El norte del país se resiente de los conflictos en Somalia y Sudán y casi ningún extranjero occidental se aventura a viajar por la zona.

Desde 1996 el turismo ha sufrido un descenso del 50% en Kenia debido a la inseguridad, situación que se agravó a partir de agosto de 1998, cuando una célula terrorista a las órdenes de **Osama Bin Laden** hizo volar por los aires las embajadas norteamericanas en Nairobi y Dar es Salam, con el resultado de más de 200 muertos –la mayoría kenianos- sólo en la primera y centenares de heridos. Algunos de los cómplices tanzanos y saudíes de los atentados fueron extraditados y condenados en EE UU a cadena perpetua en octubre del 2001, un mes después del atentado contra las Torres Gemelas de Nueva York.

GOBIERNO

Kenia es hoy, pues, un estado multipartidista con el KANU en el poder. El poder ejecutivo está en manos del presidente y el legislativo es unicameral, reside en un Parlamento de 210 miembros elegidos en sufragio y otros 12 nombrados por los partidos con mayor representación.

La Constitución establece que el presidente no puede mantenerse más de dos mandatos (de cinco años) consecutivos.

ECONOMÍA

Kenia sufre en los últimos años una grave recesión económica, causada en gran parte por la ineficiencia, corrupción y latrocinio de sus dirigentes. La mayor parte de su población trata de subsistir honradamente con sueldos ínfimos mientras los mandatarios esquilman el país.

La economía sólo creció un 1,5% anual entre 1997 y el 2000, mientras que en los primeros años de los noventa lo hacía a un ritmo del 5%. Las sequías sufridas en 1999 y en el 2000 provocaron un racionamiento de energía y un descenso importante en la producción agrícola, pilar de la economía de Kenia. Además, aproximadamente la mitad de la población está desempleada.

La inflación se acerca al 13% anual, el PIB per cápita era de unos 370 dólares en 1999 y el país se sitúa en el número 22 entre los más pobres del mundo. La deuda externa es de 6.200 millones de dólares en el 2000 y la ayuda internacional decrece cada año a causa de la poca confianza de los países donantes en los dirigentes del país.

En el 2000 Kenia exportó bienes por un valor de 1.700 millones de dólares, principalmente a Uganda, Tanzania y Pakistán, mientras que importó productos por un precio global de 3.000 millones de dólares, sobre todo de países como Reino Unido, Emiratos Árabes, Estados Unidos o Japón.

AGRICULTURA

La mayor parte de la economía keniana depende del sector agrícola, que emplea a un 80% de la población y supone el 30% del Producto Interior Bruto.

Igualmente, algo más del 50% de los ingresos del país se debe a la exportación de sus productos.

Entre los cultivos industriales destacan el café, té, tabaco, sésamo y algodón. El café y el té suponen los mayores ingresos gracias a la exportación, si bien las restricciones internacionales en el caso del café, respecto a la exportación de excedentes, han provocado la disminución de los beneficios obtenidos por este producto.

Entre los cultivos de subsistencia hay que citar el maíz, la mandioca, las alubias, el sorgo y la fruta.

TURISMO

El sector turístico proporciona a Kenia mayores beneficios que las exportaciones de café, a pesar de que desde los años noventa la cifra de visitantes ha descendido desde más de un millón por año a unos 400.000. Éstos aportan unos 200 millones de dólares anuales.

El mayor interés de las autoridades radica en recuperar la antigua alfuencia anual de viajeros, para lo cual han desarrollado importantes planes para la conservación de la naturaleza, ya que el peligro potencial de la disminución de la fauna en los parques naturales, debido al furtivismo y al tráfico de animales, ha amenazado con desviar la atención de los turistas hacia otros países africanos. Pero mientras no se arregle la tremenda corrupción y la inseguridad, poco contribuirán al desarrollo del turismo los planes ambientales.

INDUSTRIA

Localizado principalmente en Nairobi y Mombasa, el sector industrial aporta tan sólo alrededor del 16% del Producto Interior Bruto. Entre sus manufacturas se cuentan las alimenticias, los productos químicos, materiales de construcción, vehículos, etc. Kenia posee una buena implantación industrial, pero la corrupción y los elevadísimos impuestos desbaratan cualquier posibilidad en este campo.

MINERÍA

Su aportación al PIB es mínima. Se centra en la extracción y exportación de flúor y sosa. La obtención de otros minerales, como plata, oro o plomo, aún no se lleva a cabo con carácter comercial.

GEOGRAFÍA

Nombre oficial: Djumhuri ya Kenia
Superficie: 582.650 km^2
Superficie territorial sobre el lago Victoria: 13.600 km^2.

Kenia puede dividirse en varias regiones geográficas.

El Rift Valley y la Meseta Central. El Rift Valley es parte de una cicatriz que atraviesa la mayor parte de África hasta Oriente Medio y en Kenia surca el país de norte a sur desde el lago Turkana al lago Magadi. Todo su recorrido muestra restos de conos volcánicos extinguidos y lagos salinos. Son las Tierras Altas, situadas entre 1.000 y 2.000 metros sobre el nivel del mar y donde los inviernos se caracterizan por bajas temperaturas en cuanto anochece. Al oeste se une con las zonas boscosas conocidas como Aberdares y al este, con el fértil macizo montañoso del Monte Kenia. Al sur de esta meseta central se encuentra Nairobi.

El Oeste. La Meseta Occidental. El oeste de Kenia se caracteriza por una larga meseta ondulada que cruza de norte a sur el país. Aquí se halla el lago Victoria y el Monte Elgon, la segunda cumbre más alta de Kenia, en la frontera con Uganda. El sur de esta meseta se convierte en sabana y es donde están ubicados los más importantes parques y reservas naturales del país, como el Masai Mara, el Tsavo y el Amboseli.

El cinturón litoral. Esta franja costera se extiende a lo largo de 536 kilómetros del Océano Índico. En ella se incluyen Mombasa y sus playas, la desembocadura del río Tana y el archipiélago de Lamu.

El norte y este de Kenia. Los territorios más norteños son semidesérticos, en los alrededores del lago Turkana, mientras que el área más oriental está formada por monte bajo y matorral, con una

Kenia

SUDÁN
UGANDA
TANZANIA
Lago Chew Bahir
Fort Banya
Ileret
Lokichokio
A1
Kalekol
Lago Turkana
North Horr
Lodwar
C77
Maikona
Lorukumu
Loyangalani
Moroto
Lokichar
South Horr
Lokori
Baragoi
Sigor
A104
C77
Kapenguria
Tot
Kapedo
A2
Mbale
B4
Kitale
Maralal
Wamba
Malaba
Soy
Loruk
A109
Webuye
Iteh
Lago Baringo
Busia
Eldoret
Marigat
C77
Isiolo
Butere
Kakamega
Rumuruti
Nyahururu
B1
Kisumu
A2
Nanyuki
Golfo de Winam
Ahero
Nakuru
B5
B6
C19
Mbita
Kericho
Nveri
Kisii
Lago Naivasha
Lago Victoria
Sotik
Naivasha
Muranga
A1
B3
Narok
Migori
B3
Thika
Isebania
Ewaso Ngiro
Lolgorien
Ngong
NAIROBI
C12
Athi River
Machak
Lago Magadi
Magadi
Kajiado
B6
Lago Nutron
Namanga
Kibwe
B144
A104
Monte Kilimanjaro (5.895 m.)
Arusha
Lago Eyasi
Lago Manyara
Makuyuni
Moshi
Lago Pangani
Same
Lago Kitangiri
Babati

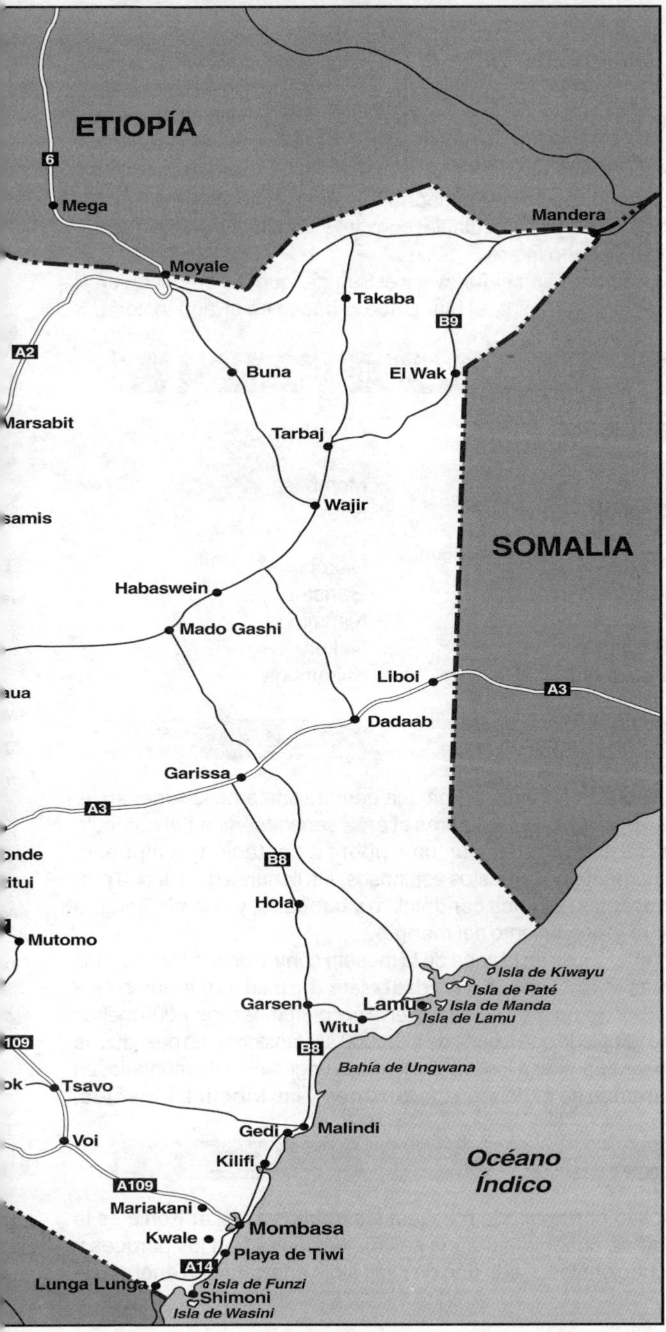
ETIOPÍA
6
Mega
Moyale
Mandera
Takaba
B9
A2
Buna
El Wak
Marsabit
Tarbaj
Wajir
samis
SOMALIA
Habaswein
Mado Gashi
Liboi
A3
aua
Dadaab
Garissa
A3
onde
itui
B8
Hola
Mutomo
Isla de Kiwayu
Isla de Paté
Garsen
Lamu
Isla de Manda
Isla de Lamu
Witu
109
B8
Bahía de Ungwana
ok
Tsavo
Gedi
Malindi
Voi
Kilifi
Océano
Índico
A109
Mariakani
Mombasa
Kwale
Playa de Tiwi
A14
Lunga Lunga
Isla de Funzi
Shimoni
Isla de Wasini

tierra no apta para el cultivo. Es la zona más árida, seca y despoblada del país.

Las principales **montañas** de Kenia son el Monte Kenia (5.199 m.), el Monte Elgon (4.321 m.), el Monte Satimma (3.994 m.), el Cherangani (3.418 m.), el Kachagalau (2.712 m.) y el Bojol (2.534 m.).

Por su parte, los **ríos** más importantes son el Tana, con una longitud de 804 kilometros, y el Athi/Galaa, con 644 kilómetros. Ambos desembocan en el Océano Índico.

Otros caudales son el Turkwel y el Sugata, que desembocan en el lago Turkana, y el Nzoia y el Mara, que lo hacen en el lago Victoria.

DIVISIÓN ADMINISTRATIVA

REGIONES	CAPITAL
Costa	Mombasa
Central	Nyeri
Oriental	Embu
Nairobi	Nairobi
Nordeste	Garissa
Nyanza	Kisumu
Rift Valley	Nakuru
Occidental	Kakamega

FLORA

La diversidad geográfica keniana permite una amplia variedad de especies vegetales. Así, mientras el área semidesértica del nordeste del país se caracteriza por una pobre vegetación compuesta mayoritariamente por arbustos espinosos, las llanuras del sur son prolíficas en **acacias**, **árboles candelabro** y **baobabs**, y la franja litoral es idónea para el crecimiento del **mangle**.

Sin embargo, es en la zona de la meseta central donde las cadenas montañosas revelan mejor su variedad botánica, a medida que aumenta la altitud. Así por ejemplo, en el Monte Kenia encontramos a los 1.000 metros un bosque templado que a partir de los 2.000 se transforma en bosques de bambú, para aparecer a los 3.000 metros la vegetación de montaña, en cuyos páramos se extienden los **zuzones** y las **lobelias gigantes**.

FAUNA

El motivo principal que mueve a los turistas a visitar Kenia es la posibilidad de observar la fauna salvaje en libertad en los parques y reservas nacionales. Cada uno de ellos aloja una cantidad enorme de especies, entre las que siempre destaca alguna demasiado rara, o estríctamente autóctona, que en algunos casos ha justificado por sí misma la creación del parque (como el **sitatunga** en el Parque Nacional Saiwa Swamp).

Otras reservas, por el contrario, se han convertido por desgracia en santuarios donde subsisten escasos ejemplares de animales cuyo número se ha visto reducido debido a la caza furtiva (como el **rinoceronte negro**, en el Parque Nacional Nairobi, donde quedan unos 50).

A casi nadie le defrauda un safari, pues rara vez se vuelve sin haber visto un variado número de animales genuinamente africanos.

Para los apasionados de la ornitología, la variedad de aves en Kenia es tanto o más extensa que la de los mamíferos y su contemplación resulta igual de apasionante. En un capítulo final hemos descrito los principales animales de la fauna africana que pueden verse en Kenia.

PARQUES NACIONALES Y RESERVAS

Los entornos naturales de Kenia se encuentran entre los mejores de África y del mundo, tanto para observar la fauna autóctona, como por la variedad y belleza de paisajes que muestran.

La conservación de las áreas naturales es una prioridad absoluta del Gobierno de Kenia, pues los 400.000 turistas que anualmente visitan el país –y el millón anual de mejores tiempos que se quiere recuperar-, para principalmente disfrutar de su naturaleza, aportan unos altísimos ingresos a las arcas del Estado.

Diferencias entre *Parque Nacional y Reserva.* Aunque de modo coloquial ambas expresiones se utilizan indistintamente al referirse a un entorno natural protegido, en Kenia existen *parques y reservas*. En éstas pueden apacentarse los rebaños de los pastores locales y los habitantes o nativos de las reservas pueden matar animales en defensa propia.

Toda la superficie de los parques, en cambio, está reservada sin excepción a la fauna y su entorno natural. Ni los habitantes locales, ni mucho menos su ganado, pueden entrar en ellos.

En Kenia existe un gran número de estas zonas protegidas y más de quince se encuentran entre los objetivos principales de turistas y viajeros, siendo la joya del país la Reserva de Masai Mara, al suroeste de Nairobi, y, en menor medida, el Parque Amboseli, al sureste de la capital y desde el que puede observarse el Kilimanjaro, en Tanzania.

La mejor manera de visitar un parque o reserva es en un safari de varios días organizado por alguna agencia fiable de Nairobi o Mombasa. Se puede elegir entre dormir en tiendas de campaña, una experiencia realmente africana, y con un precio de unos 50 dólares diarios con todo incluido, o en *lodges*, a menudo lujosos, y con un precio a partir de 180 dólares diarios.

Parques y Reservas Nacionales de Kenia

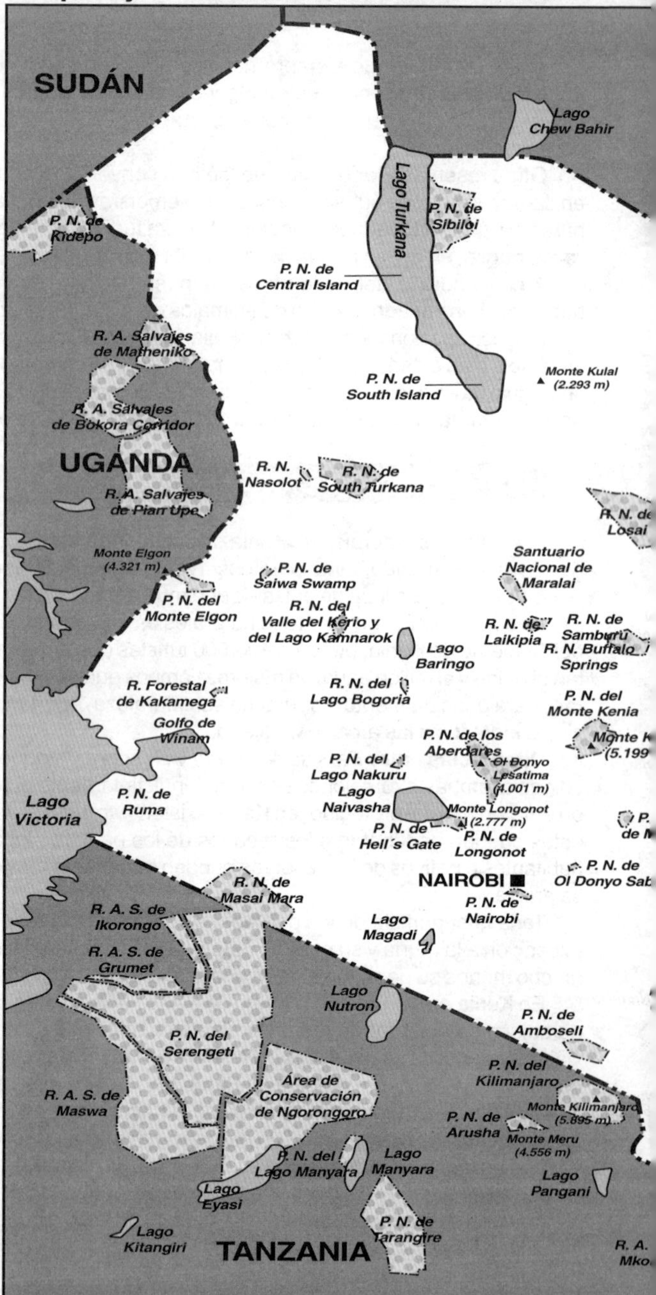

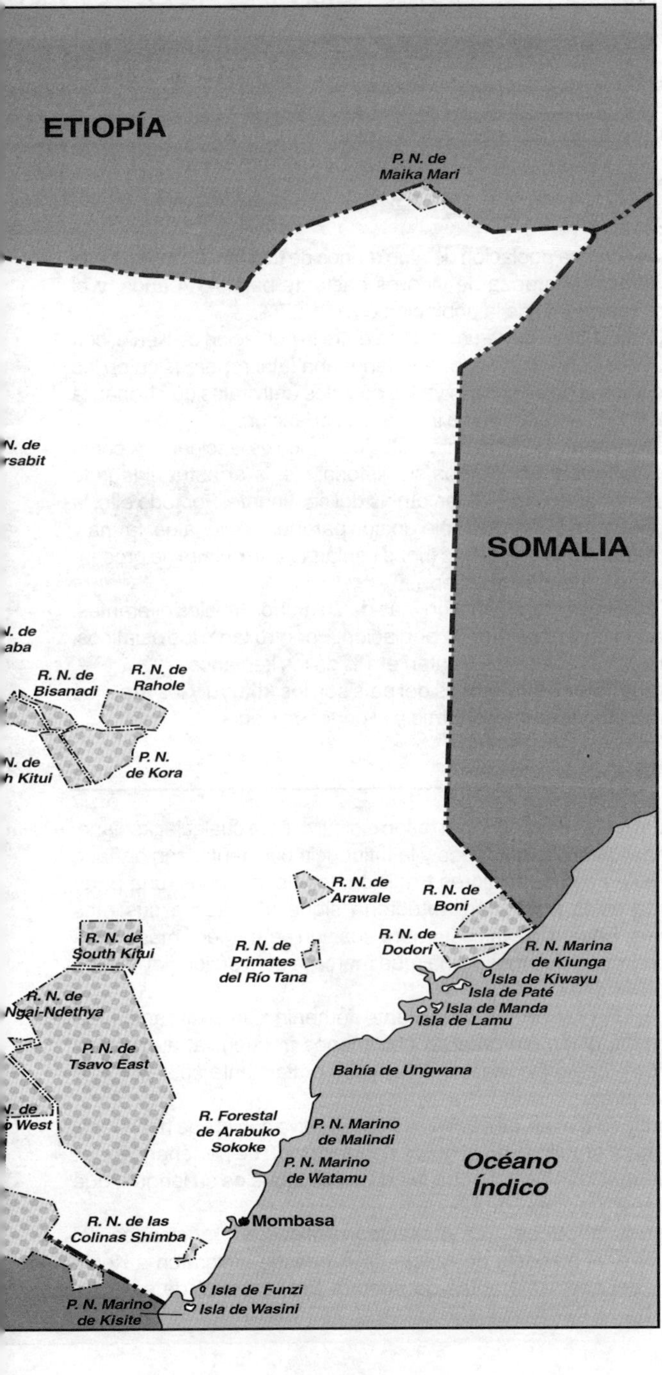

ETIOPÍA
P. N. de
Maika Mari
SOMALIA
N. de
rsabit
N. de
aba
R. N. de
Bisanadi
R. N. de
Rahole
N. de
h Kitui
P. N.
de Kora
R. N. de
Arawale
R. N. de
Boni
R. N. de
South Kitui
R. N. de
Primates
del Río Tana
R. N. de
Dodori
R. N. Marina
de Kiunga
Isla de Kiwayu
Isla de Paté
Isla de Manda
Isla de Lamu
R. N. de
Ngai-Ndethya
P. N. de
Tsavo East
Bahía de Ungwana
N. de
o West
R. Forestal
de Arabuko
Sokoke
P. N. Marino
de Malindi
P. N. Marino
de Watamu
Océano
Índico
Mombasa
R. N. de las
Colinas Shimba
Isla de Funzi
Isla de Wasini
P. N. Marino
de Kisite

Si se visitan por cuenta propia hay que acudir con un vehículo alquilado, pagar la entrada y los gastos de alojamiento. Sólo en el Hell's Gate está permitido algunos safaris a pie.

POBLACIÓN

Kenia tiene una población de algo menos de treinta y un millones de habitantes. La esperanza de vida es bastante baja: 47,4 años, y el índice de crecimiento de la población es de 1.27%.

La alta incidencia del virus del Sida entre la población de Kenia, con casi un 14% de prevalencia, puede tener una fatal repercusión en los próximos años si no se utilizan ya los cócteles antivirales que frenan la progresión de la enfermedad o impiden su aparición.

Desde un punto de vista antropológico, África es fascinante y, como podemos comprobar si leemos su historia, Kenia arrastra el legado cultural de la mayor parte de las etnias del continente. Por todo ello, la riqueza del país no consiste sólo en sus parques nacionales, fauna y bellezas naturales, sino que las tribus kenianas y su cultura se presentan también al alcance del viajero.

En Kenia se contabilizan algo más de 70 grupos tribales diferentes, que suponen casi el 95% de la población. Por otro lado, los asiáticos, occidentales y árabes representan el 1% de los kenianos.

Los grupos más numerosos del país son los **kikuyu** y los **luo**, que son quienes dominan la economía y el poder en Kenia.

LAS TRIBUS

La tribu nativa es el principal rasgo distintivo para cualquier keniano. Aunque la vida en las ciudades y la influencia occidental han dañado considerablemente los valores tradicionales de las tribus, una parte importante de la población autóctona sigue aferrada a sus ritos ancestrales. Entre ellos, la costumbre que aún permanece más extendida es la circuncisión masculina, que marca la conversión del niño en adulto.

Por fortuna, el brutal equivalente femenino, la extirpación del clítoris en las niñas, se practica con menos frecuencia, aunque algunas tribus, como los masais, lo ejercen brutalmente sobre el 75% de sus mujeres.

Al contrario que en Tanzania, cualquier nativo con el que hablemos, nos informará orgulloso en seguida sobre su tribu de pertenencia.

La diferencia principal entre las diversas tribus es su lengua, que las clasifica en distintos grupos:

Lenguas nilóticas. Los hablantes nilóticos son originarios del valle del Nilo, al nordeste de África, desde donde emigraron a Kenia alrededor del año 1000 antes de nuestra Era. Algunos de sus grupos tribales son los masai, los luo, los samburu, los kalenjin y los turkana.

Lenguas bantúes. Los bantúes proceden de África occidental y se establecieron en Kenia 500 años después que los pueblos nilóticos. Entre sus tribus destacan los kikuyu, los meru, los akamba y los gusii.

Lenguas cushitas. Procedentes de Etiopía, fueron los primeros en emigrar a Kenia, cerca del año 2000 antes de Cristo. Algunas tribus descendientes de aquellos pobladores son los somalí, los rendille, los galla o los el-molo.

Lenguas suajili. Los suajili, al igual que el idioma, son producto de una mezcolanza entre diversas tribus africanas y comerciantes que recalaban en la costa marítima de Kenia, sobre todo árabes. Comparten, naturalmente, la lengua suajili.

PUEBLOS DE HABLA NILÓTICA

Los masais. Los orgullosos masais son la tribu más emblemática de Kenia y una de las más representativas de todo África. Son originarios de Sudán, desde donde llegaron al país para asentarse a lo largo de toda la meseta central. Su dominio territorial acabó a mediados del siglo XIX, debido a las luchas intestinas, las enfermedades, el hambre y la colonización del hombre blanco, que poco a poco les despojó de sus territorios. Sin embargo, hasta entonces mantuvieron su fama legendaria de guerreros indomables e invencibles, tanto entre las otras tribus como entre los hombre blancos.

Los masais han sabido mantenerse ajenos al modo de vida occidental y en la actualidad continúan pastoreando sus rebaños en la zona sur del país y más allá de la frontera, en Tanzania.

Masais

Según su creencia, su dios *Ngai*, residente en el Kilimanjaro, creó primero al hombre y luego el ganado, para que él lo cuidara. Por eso piensan que todo el ganado del mundo les pertenece por derecho divino y no dudan en adueñarse de cualquier vaca que esté a su alcance, lo que les ha proporcionado en más de una ocasión la oportunidad de demostrar su ganada fama de feroces guerreros y de cuatreros.

La peor ofensa para un masai es robarle el ganado, pues representa su riqueza y su fuente de alimentos, ya que su dieta se compone de leche fementada con orines, algunas hierbas amargas y sangre cruda que extraen de la yugular de la res. Casi nunca comen carne; no cultivan la tierra y no conocen la propiedad de la misma. Por ello, al ser recluidos en la Reserva Masai Mara y en torno al Parque Amboseli, la falta de espacio vital ha repercutido en el decaimiento de muchas de sus tradiciones, como la conversión de un hombre en joven guerrero tras la circuncisión, que implicaba la creación de un nuevo poblado, a pesar de lo cual, sus reivindicaciones no han sido escuchadas por las autoridades gubernamentales.

Sin embargo, la circuncisión sigue siendo uno de los hechos fundamentales en la vida de un masai. Los muchachos circuncidados al mismo tiempo crean un vínculo fraternal para toda la vida. Durante los seis meses posteriores a la operación se visten de negro, con la cara pintada de blanco –un aspecto verdaderamente espectral- y a veces llevan plumas también oscuras en la cabeza. Al cabo de este tiempo, se tiñen el pelo de rojo y ya son guerreros.

Los masais visten casi exclusivamente con telas o mantas rojizas y, excepto los jóvenes guerreros, hombres y mujeres suelen llevar el cráneo afeitado.

Todos los turistas tienen oportunidad de relacionarse con masais e incluso de visitar sus poblados (*manyattas* o *kraals)* en las cercanías del Amboseli. Algunas mujeres masais comercian con baratijas en ciudades y poblados próximos a este parque, aunque los mayores beneficios que obtienen del turismo son los chelines que exigen a los viajeros por dejarse fotografiar o por visitar el poblado. Una recomendación: **nunca** hay que fotografiarlos sin su consentimiento o pueden reaccionar violentamente.

Una forma de distinguir a los miembros de las tribus nilóticas es que su mandíbula inferior suele carecer de algunos incisivos centrales, arrancados durante la infancia para poder alimentar al individuo en el caso de que la mandíbula se le quedase agarrotada debido al tétanos, enfermedad muy frecuente en África.

Los Luo. Su origen se sitúa en el valle del Nilo a su paso por Sudán. Se establecieron desde su llegada a Kenia en la parte occidental del país, junto al lago Victoria, donde mantuvieron contactos consanguíneos con otros pueblos bantúes. Al revés que los masais, supieron adaptar las pesca y la agricultura a su costumbres, que en un principio sólo estaban abocadas al pastoreo. Sin embargo, sus creencias siguen fielmente aferradas al mundo de los espíritus.

Los luo no han practicado nunca, curiosamente, la circuncisión. La estructura social de los luo es muy compleja y su estamento más alto es el *ogandi* (agrupación de grupos de familias por vínculo geográfico). La suma de todos los *ogandi* forma la tribu luo.

Los Samburu. En realidad, los samburu son una escisión de los emigrantes masais que al llegar a Kenia se establecieron en la zona este del país. De hecho, masais y samburus hablan la misma lengua. Hoy día habitan una calurosa región que se extiende entre el Monte Kenia y el área semidesértica de la zona de Turkana y se dedican principalmente al pastoreo. Al igual que los masais, el proceso de conversión de un joven samburu en guerrero es muy largo y no puede casarse hasta el final de esta etapa, que a veces dura hasta 15 años.

Esta tribu también practica la circuncisión ritual, masculina y fememina.

Los Kalenjin. Los kalenjin se adentraron en Kenia procedentes del sur de Sudán hace unos 2.000 años. Establecidos primeramente al oeste del lago Turkana, terminaron por asentarse mucho más al sur, pero siempre en la llanura occidental, hasta ocupar su emplazamiento actual, en un área que va desde el lago Baringo hasta la frontera con Uganda. Los kalenjin no son un solo pueblo, sino un grupo de pueblos que en el pasado se denominaban *nandi,* por hablar de un modo común esta lengua, como los kipsigis, pokot o los tugen. Dedicados ancestralmente al pastoreo, adoptaron con posterioridad la agricultura, mientras otros grupos kalenjin se especializaban en la caza y la recolección de frutos en el interior de las selvas. Como tantas otras tribus, practican la circuncisión como rito espaciador entre dos de las más diferenciadas etapas de la vida de sus miembros.

La mayoría de los curanderos kalenjin del pasado eran mujeres, que se ocupaban con sus filtros y emplastos de la salud de su pueblo y de alejar a los malos espíritus.

Los Turkana. Los turkana ocupan una de las zonas más despobladas y agrestes de todo el país: los territorios semidesérticos del noroeste de Kenia. Se instalaron allí procedentes de las tierras nororientales de la vecina Uganda. El aislamiento de su enclave ha beneficiado a los turkana y en la actualidad son una de las tribus menos influenciadas por la vida de las ciudades y la presión occidental.

Como otros pueblos de estirpe ganadera, han adoptado la pesca y el cultivo de subsistencia a su modo de vida. Sin embargo, han abandonado la circuncisión como rito primordial. Si se visita la franja noroccidental del país nos será sencillo identificar a un individuo turkana, debido principalmente a su peinado hecho con barro y a la gruesa manta con que se cubren el cuerpo, a pesar del tremendo calor que hace en la zona. Muchos nativos lucen aún una clavija de madera que les atraviesa el labio y otros tantos -sobre todo varones- llevan sobre la piel diversos tatuajes que les distinguen como guerreros. Su modo de vestir, fiel a sus tradiciones y distintivo de su condición tribal, deja entrever de manera evidente que son uno de los pueblos de Kenia más aferrados a sus costumbres.

PUEBLOS DE HABLA BANTÚ

Los kikuyu. Los kikuyu emigraron a Kenia desde el nordeste de África y ocuparon los territorios circundantes al macizo del Monte Kenia que arrebataron a otros pueblos, como los athi. Según los kikuyu, su dios **Ngai** -el mismo que el de los masai- mora en el Kirinyaga (Monte Kenia), la «montaña de la luz». Ganaderos en un principio, el sur de su territorio limitaba con el de los masais, con los que, según la épocas, lucharon, cooperaron e incluso se entremezclaron.

Los kikuyu, como pueblo, engloban una serie de subgrupos menores, como los ndia, embu y mbeere. En todos ellos, un consejo de ancianos regulaba los *mwaki*, o clanes tribales, ocupándose de todos los pormenores sociales de su poblado. En el pasado practicaban la circuncisión en hombres y mujeres como el más importante rito de iniciación. Por fortuna, la práctica de la ceremonia femenina ha decrecido bastante.

Hoy día, los kikuyu son la etnia más numerosas de Kenia y suponen un 22% de la población total del país. Controlan los órganos de poder y son, por tanto, una clase influyente. La mayoría de los nativos que conoceremos en Kenia serán kikuyu, sobre todo porque están establecidos en las grandes ciudades, como Nairobi, y buena parte de ellos trabaja en el sector turístico. Podemos dar por seguro que, como mínimo, el conductor, el cocinero o el guía de nuestro safari será kikuyu, si no lo son los tres.

Los Meru. Como los kikuyu, los meru se establecieron junto al Monte Kenia, en su vertiente nororiental. De hecho, ambas tribus formaban parte un mismo grupo procedente del norte de África, conocido precisamente como *meru*. Reverencian al monte junto al que se instalaron y a esta montaña ofrecen a sus recién nacidos para su bendición. Esta tribu mantuvo su estructura tribal intacta hasta 1974, momento en que el jefe tradicional o *mogwe, el njuuri* (consejo de ancianos) y el hechicero dejaron de regir los destinos de su pueblo administrando arbitrariamente el poder. Los meru hubieron, por fin, de adaptarse a los requerimientos de una sociedad moderna. Algunos de los subgrupos pertenecientes a la tribu meru son los igembe, los chuka, los igoji, los tharaka y los muthambi.

Los Akamba. Son uno de los pocos pueblos importantes que llegaron a Kenia procedentes del sur. Se asentaron en una área cercana al actual Parque Nacional de Tsavo, al este de Nairobi. Además de ganaderos, eran excelentes comerciantes que llegaban a recorrer todo el país a través de rutas que les llevaban hasta el lago Victoria o a la región de Turkana, en el norte, tratando con marfil, objetos de hierro o cerveza, que cambiaban por alimentos, escasos en las tierras poco fértiles que habían ocupado. Como la mayoría de los pueblos africanos, sus miembros efectúan a los largo de su vida distintos ritos iniciáticos que les posibilitan el paso a los sucesivos grupos generacionales que marca su tradición (*anciano joven; anciano medio; anciano viejo)* y dotan a cada individuo de una mayor responsabilidad y autoridad sobre su poblado. Durante la época colonial los británicos alistaron a los akamba forzosamente al ejército, debido a su capacidad en la lucha, de modo que miles de nativos perecieron en la Primera Guerra Mundial. Quizá debido a ello, los akamba han sido una de las pocas tribus que obtuvieron un resultado positivo de sus reivindicaciones ante las autoridades coloniales cuando, años más tarde, los británicos les despojaron de buena parte de sus territorios (*Ukambani*) y redujeron sus cabezas de ganado. Las protestas de los nativos fueron escuchadas y recuperaron sus antiguas posesiones.

Algunos subgrupos de los akamba son los masaku, los kitui y los mumoni.

Los Gusii. Originarios del oeste africano, los gusii se asentaron en la montañosa región al este del lago Victoria tras un azaroso peregrinaje por la franja occidental de Kenia. Siendo los únicos pueblos de ascendencia bantú en un territorio ocupado por tribus nilóticas, mantuvieron conflictos frecuentes con los luo, que les obligaron a desplazarse en sucesivas ocasiones hacia el sur, hasta la zona que ocupan en la actualidad. Hoy siguen estando rodeados por pueblos como los propios luo o los kalenjin.

Inicialmente ganaderos, poco a poco comenzaron a cultivar la tierra. Pronto la cerveza de mijo se convirtió en un producto importante para la tribu. Su estructura social no variaba en exceso de los demás pueblos africanos: familias numerosas agrupadas en clanes. También realizaban diversos rituales y ceremonias de iniciación. Especialmente importante en el poblado era la figura del *abanyamorigo* o curandero que, además de las labores propias de su rango, estaba especializado en efectuar trepanaciones para evitar molestos dolores a sus pacientes. El éxito habitual de sus intervenciones continúa vigente hoy en día.

Como les ocurrió a los akamba, los británicos alistaron a muchos gusii en el ejército, en este caso como represalia por haberse negado a admitir las duras restricciones coloniales. Sin embargo, los gusii nunca fueron resarcidos por ello. Hoy en día, son un pueblo bastante numeroso, que rebasa el millón de habitantes.

PUEBLOS DE HABLA SUAJILI

Al contrario que los grupos tribales anteriores, los pueblos de habla suajili que habitan la costa de Kenia no poseen un ascendente cultural común unido a una lengua. Así pues, los suajili no descienden de un entronque heredado de antiguas etnias de nómadas emigrantes. Están agrupados específicamente por la lengua en la que se expresan: el *kisuajili* (nombre real del idioma).

Entre los hablantes suajili encontramos los subgrupos de los bajun, los pate, los mvita, los vumba, los ozi, los fundi, los siyu, los shela y los amu.

Aunque la base de esta lengua es bantú, fue modificándose con el tiempo debido a la asimilación de una mayoría de términos árabes, indios y, en menor medida, portugueses e incluso ingleses, como resultado del trato entre los africanos autóctonos y los comerciantes árabes que recalaron en el litoral keniano a partir del siglo VII. El suajili, en virtud de esta influencia, se convirtió en el medio de comunicación utilizado para los negocios mercantiles que se efectuaban en la franja costera. De hecho, el propio término *suajili* proviene de la palabra árabe *sahel*, que significa «costa».

Al mismo tiempo que la influencia lingüística, los tratantes árabes llevaron consigo al litoral su fé religiosa, el Islam, que se fue extendiendo entre los pueblos suajili a raíz del asentamiento definitivo de muchos de estos comerciantes en las ricas y prósperas ciudades que iban florenciendo a orillas del Índico. Debido a ello, la costa de Kenia es mayoritariamente musulmana, con una concepción religiosa poco radical.

El suajili, que nació como un elemento práctico de comunicación, se halla hoy en día extendido por la mayor parte de África oriental (Uganda, Ruanda, Burundi o Congo) y es el idioma oficial en Kenia y Tanzania.

LAS MINORÍAS

Asiáticos. La mayor parte de la población asiática de Kenia está integrada por individuos de origen indio y, en menor medida, pakistaníes. La importante presencia india en el país es resultado de la construcción a principios del siglo XX de la línea de ferrocarril Mombasa-Uganda, cuando los británicos contrataron en sus colonias de la India a más de 30.000 trabajadores de las regiones de Gujarat y Punjab para hacer frente a la obra. Cuando terminaron las obras, muchos indios decidieron permanecer en el país y, haciendo alarde de su reconocida capacidad comercial, comenzaron a acaparar multitud de negocios que florecieron rápidamente en sus manos. Su agresividad empresarial les convirtió en poco tiempo en un grupo económicamente fuerte, que permanece hasta nuestros días, pues al revés que en otros países africanos –como Uganda-, el gobierno de Kenia nunca ha forzado a los indios a abandonar la nación o les ha expropiado sus propiedades. Las autoridades saben muy bien que, al menos hoy por hoy, su contribución económica al país es necesaria, debido a su capacidad profesional y su experiencia.

Los indios monopolizan el sector de servicios -sobre todo los transportes y el turismo-, el textil y la industria editorial. Del mismo modo, muchas de las oficinas de cambio de moneda y agencias bancarias del país les pertenecen.

Árabes y europeos. Constituyen una minoría mucho más modesta, dedicada sobre todo a la hostelería y a los pequeños negocios, muchos de ellos de índole turística. En ambos casos, todavía subsisten algunos aparceros. En el caso de los europeos, su presencia destaca principalmente debido a las cadenas hoteleras internacionales que ofrecen sus servicios en las grandes ciudades. En lo correspondiente a sanidad y educación, sería injusto no mencionar la proliferación de misiones religiosas que prestan su ayuda a la comunidad a lo largo de todo el país.

SOCIEDAD

Kenia posee el dudoso honor de mantener un elevado índice de mendicidad en sus ciudades. Los vagabundos y las clases más deprimidas de la población se hacinan principalmente en Nairobi, Mombasa y en torno a ciertos centros turísticos. Buena parte de ellos son el resultado de la destrucción de las antiguas comunidades tradicionales, que se han ido desmoronando a partir de la época colonial.

Como cualquier otra nación moderna, Kenia propugna una economía capitalista y muchos habitantes han abandonado su vida sin futuro en los poblados con destino a las grandes ciudades, donde tampoco había nada que les esperase. Estos indigentes, sin trabajo ni hogar, van degenerándose por las vías más comunes que producen tales situaciones: alcoholismo, delincuencia, prostitución... Como siempre, los más afectados son los niños y las personas jóvenes, que se ven abocados a realizar cualquier actividad para poder seguir adelante.

Por otro lado, la relativa estabilidad económica y social de Kenia en comparación con otros países colindantes, la convierten en el blanco predilecto para los refugiados que huyen de los conflictos internos, las guerras o la pobreza de sus países. Además, como Kenia es un importante enclave turístico, todos estos inmigrantes tienen la esperanza de alcanzar, como mínimo, algún trabajo temporal que les permita subsistir. En el peor de los casos, recurren a la mendicidad, para obtener de la caridad de los visitantes el sustento diario que les mantenga o a la delincuencia.

Al igual que ocurre con las clases kenianas más bajas, niños, jóvenes y personas de toda condición buscan en Kenia un remedio a sus males. Del mismo modo, recurren para alcanzarlo a los extremos que sean necesarios, aunque sean denigrantes o estén fuera de la ley. El Gobierno trata de controlar la afluencia de los expatriados, pero es una ardua tarea, sobre todo cuando proceden de países arrasados por la guerra. Por ejemplo, grupos armados con rifles automáticos dispuestos a disparar contra todo aquel que intente detenerles cruzan a menudo la franja fronteriza con Somalia. Estos grupos terminan por emboscarse en carreteras o incluso parques nacionales, donde viven del pillaje y llegan a asesinar para obtener su botín.

Aunque mejor que otros muchos países, la situación global de Kenia tampoco puede calificarse de excelente, por lo que no se prevé en un futuro próximo una solución viable para acabar con las enormes diferencias sociales o el control de refugiados. De momento, bastante tiene el Gobierno con solventar otros muchos problemas de primera necesidad, como la sanidad, el Sida, la educación, el índice de natalidad o el pago de la deuda externa.

RELIGIÓN

Como era de esperar, las reminiscencias coloniales y la variada población de Kenia provocan que en el país coexistan una amplia variedad de cultos, si bien en términos generales puede decirse que la mayor parte de los kenianos son cristianos, a excepción de los habitantes de la costa, que profesan el islamismo. Una mínima parte aún perpetúa sus ancestrales creencias tribales.

Cristianismo. El cristianismo llegó a Kenia de mano de los misioneros que establecieron un buen número de misiones a mediados del siglo XIX.

Más de la mitad de la población es cristiana y los luteranos protestantes superan ligeramente a los católicos.

Hay una enorme proliferación de sectas cristianas a lo largo del país, que se han visto favorecidas por el hecho de que sus misiones han encontrado adeptos entre los nativos al ofrecerles de modo paralelo la única posibilidad sanitaria y educativa que podían recibir. Católicos, luteranos, adventistas, testigos de Jehová, entre otros muchos, predican su doctrina en Kenia. De todos modos, la concepción nativa de la religión cristiana es muy distinta a como se observa en Occidente, pues la evangelización de los kenianos se ha logrado a base de aunar santos autóctonos y creencias locales con los preceptos católicos, formando una vistosa expresión religiosa. Muchas de las enérgicas protestas reivindicativas que se llevan a cabo contra el Gobierno parten de ciertas sectas cristianas, que se han ganado la antipatía de las autoridades al efectuar algunas de sus peticiones de un modo radical.

Creencias tribales. Apenas subsisten como una mínima expresión en algunas tribus de zonas aisladas. En todo caso, suelen darse principalmente a nivel individual o familiar, más que como manifestaciones en grupo. Al exigir muchas ceremonias iniciáticas insalvables para sus ejecutantes, como tener que levantar un nuevo poblado o hacer largos viajes, que la política territorial no permite, poco a poco las costumbres y las creencias que las secundaban han ido cayendo en el olvido. La presión social y cultural y la migración a las ciudades se han ocupado de hacer el resto. En cualquier caso, la mayor parte de los kenianos que aún perpetúan cultos tribales han incluido en casi todos ellos algún componente religioso externo, preferentemente cristiano.

Islamismo. Los musulmanes constituyen cerca del 30% de la población local. Casi todos se encuentran localizados en la franja litoral del Océano Índico y en Lamu.

La doctrina de Alá fue revelada a Mahoma en Arabia en el 610 d.de C. y llegó a la costa oriental africana a partir del siglo XI en los barcos de los comerciantes árabes, persas y omaníes. Desde entonces ha sido la religión predominante en la costa.

La religión musulmana se sustenta sobre cinco pilares: la *Shahada* o profesión de fe impone la obligación de aceptar que Alá es el único Dios y Mahoma, su profeta; el *Salah* o llamada a la oración, debe observarse cinco veces al día, con la llamada del muecín, y se reza sobre una alfombrilla mirando a La Meca. El *Zakat* es el deber de destinar un 5% de los ingresos para los más pobres; el *Ramadán* es el mes de ayuno y abstinencia sexual hasta la caída de la noche, y el *Hajj* es el acto de peregrinación a los Santos Lugares de La Meca que todo musulmán debe hacer al menos una vez en su vida (si puede).

Las mezquitas kenianas pueden visitarse siempre y sólo hay alguna restricción en momentos de la oración, o por ejemplo, a veces los turistas varones no pueden entrar en el espacio reservado a las mujeres. Hay que descalzarse y llevar los hombros o muslos cubiertos.

La mayor parte de los musulmanes kenianos pertenecen a la rama suní, aunque también existe una minoría shií integrada principalmente por asiáticos, sobre todo indios. Ninguna de las dos ramas es tan estricta en sus creencias como lo son los musulmanes árabes de Oriente Medio, ni siquiera los shiíes, cuyo establecimiento en Kenia se ha debido más a intereses económicos que propagadores de fé.

Otra minoría islámica influyente la constituyen los ismaelitas, que ha arraigado con fuerza en el país debido, sin duda a la equiparación entre hombre y la mujer musulmana que permite esta rama del islam liderada por el **Aga Khan** y por sus ingentes obras sociales: hospitales, escuelas, universidades, etcétera.

Hinduismo. Hay muchas sectas hinduistas diseminadas a lo largo de Kenia. Ninguna ciudad o núcleo urbano importante carece de su templo. Los hindúes viven de manera sosegada e independiente su fe, pues su religión no es proselitista. La poderosa minoría hindú practica sus ritos de idéntica forma a como se celebran en el subcontinente indio.

Aunque muchos puedan pensar que los hindúes profesan un politeísmo absolutamente desmadrado, lo cierto es que creen en un único principio divino con tres manifestaciones principales -Brahma, Shiva y Vishnú- y millones de encarnaciones de esta *trimurti*.

El hinduismo hunde sus raíces hace más de 3.000 años y probablemente fue llevado por los arios a la India, donde se fundió con los cultos locales. A Kenia llegó con los grupos de trabajadores que importaron los británicos desde la India para, sobre todo, trabajar en los trazados de las líneas férreas.

Los principios esenciales del hinduismo son el *dharma* y el *karma*. El *dharma* es el equilibrio divino del Cosmos al que todos nuestros actos, buenos o malos, afectan, por nimios que sean. El *karma* es el destino con el que cargamos, fruto de nuestras malas acciones en vidas anteriores.

Los hinduistas contemplan la vida como *maya,* ilusión distorsionada de la realidad, pero también como una pesada carga de la que hay que liberarse para alcanzar el *Nirvana*, el paraíso al que se llega una vez roto el ciclo de las reencarnaciones.

Brahma es el dios creador del Universo, el padre de todos los dioses, y su esposa es Sarasvati, diosa de la sabiduría y la ciencia; Vishnú es el dios preservador del mundo y en nueve ocasiones se ha reencarnado para luchar contra el mal. Rama y Krishna son dos de sus personalidades. Lakhsmi, la mujer de Vihsnú, es la diosa de la belleza y la prosperidad.

Shiva, la tercera personalidad de la *trimurti*, es la deidad de la destrucción y la regeneración. Su esposa es Parvati y su hijo es uno de los dioses más populares del panteón hindú: Ganesh, con cabeza de elefante y deidad del éxito y la buena suerte.

Los Sikhs. El sikhismo fue fundado en el siglo XV por el Gurú Nanak y hoy predomina en el Punjab indio. A Kenia llegó también entre los trabajadores traídos por los británicos. Los sikhs suponen una pequeñísima minoría dedicada al comercio. En todo el mundo son unos 15 millones que practican una especie de síntesis entre hinduismo e islam. Reconoceréis a los sikhs por sus barbas, que no deben afeitarse, y sus turbantes para cubrir sus largas melenas.

Son muy hospitalarios en sus templos, con cuatro puertas que significan que están abiertos para todos, y siempre ofrecen algo de comer. Su centro más sagrado es el Templo Dorado de Amritsar, en el Punjab indio.

INFORMACIÓN PRÁCTICA

DIRECCIONES ÚTILES EN EUROPA

OFICINA DE TURISMO. Calle Tuset 10, 3º, 4º. ☎ 93 292 06 55. Fax 93 417 45 77; e-mail: kenya@ketal.com

En España no hay embajada de Kenia. Para cualquier información, la embajada más próxima está en Francia: 3 Rue Freycinet, 75116 París, ☎ 01 56 62 25 25.

DIRECCIONES ÚTILES EN KENIA

EMBAJADA DE ESPAÑA. Bruce House, Standar Street, 5º. Nairobi. ☎ 22 65 68 y 33 57 11.

CONSULADO DE ESPAÑA EN MOMBASA. ☎ 22 83 21.

OFICINAS DE TURISMO. Aunque parezca mentira, en el 2002 no había Oficina de Turismo en Nairobi, sino en Mombasa, en Moi Avenue, muy cerca de los grandes colmillos que forman un arco sobre la calle. ☎ 22 82 08, y en Malindi, en Lamu Road, junto a Kenya Airways.

La oficina de Mombasa abre de lunes a viernes, de 9.00 a 12.00 horas y de 14.00 a 16.30 h. Sábados de 9.00 a 12.00 h.

EMBAJADAS DE OTROS PAÍSES

Para quienes deseen visitar otros países limítrofes partiendo desde Kenia, podrán obtener información y visados en las siguientes embajadas y comisionados de Nairobi:

BURUNDI. Development House, piso 14, Moi Avenue. ☎ 72 83 40.

ETIOPÍA. State House Road. ☎ 72 30 27.

REP.DEM.CONGO. Electricity House, Harambee Ave.

RUANDA. International House, 12ª Plta., Mama Ngina St. ☎ 33 43 41.

SUDÁN. Minet ICDC House, 7ª Plta., Mamlaka Rd. ☎ 72 08 53.

TANZANIA. Reinsurance Plaza, 9ª Plta., junto al Hotel Hilton. ☎ 33 10 56.

UGANDA. Uganda House, 5ª Plta., Kenyatta Ave. ☎ 33 09 75.

ZAMBIA. Nyerere Rd., junto aL YWCA. ☎ 72 47 96.

MONEDA Y CAMBIO

La unidad monetaria de Kenia es el **chelín keniano** (Sch.K.). Cada chelín se divide en 100 centavos. Se utilizan sobre todo billetes y los hay de 1.000, 500, 200, 100, 50 y 20 chelines. Hay monedas nuevas de cobre de 20, 10, 5 y 1 chelín, y antiguas, plateadas, de 5 y 1 chelín. Aunque raras, también pueden encontrarse monedas de 50, 10 y 5 centavos.

FLUCTUACIÓN DE LA MONEDA

En comparación con otras monedas africanas, el chelín keniano mantiene una cotización bastante regular, aunque a finales de 1999 sufrió una fuerte depreciación frente al dólar. A principios del 2002 se cotizaba a unos 79 chelines por dólar y 71,5 por euro.

Las monedas más apropiadas para cambiar en Kenia son el dólar y el euro.

En el aeropuerto internacional Jomo Kenyatta de Nairobi es posible convertir moneda local en divisa, en el momento de la partida. Conviene guardar algún justificante bancario de cambio por si nos lo exigen a la hora de cambiar los chelines que nos sobran cuando dejemos el país.

EL CAMBIO

Desde que se ha liberalizado el cambio en Kenia, lo mejor es hacerlo en las oficinas destinadas a este fin, que suelen cobrar menos comisión que los bancos.

Las oficinas tienen horarios mucho más flexibles que los bancos. Éstos abren de lunes a viernes de 9.00 a 14.00 horas y algunos sábados de 9.00 a 11.00.

Los bancos de los aeropuertos de Nairobi y Mombasa permanecen abiertos las 24 horas.

Los principales bancos son el **Barclays Bank,** el **National Bank of Kenya,** el **Kenya Commercial Bank** y el **Standard Chartered Bank**. El más efectivo, sin duda, es el primero, con una red de cajeros automáticos muy extendida por todo el país.

Cheques de viaje, tarjetas de créditos y cajeros automáticos. Los cheques de viaje se aceptan en casi todos los bancos y oficinas de cambio, pero suelen cargar una comisión de entre el 2% y el 4%.

Las tarjetas de crédito más conocidas también se aceptan en los bancos y en los hoteles, restaurantes y tiendas de alto nivel.

Por último, en la actualidad hay un buen número de cajeros automáticos en las principales localidades que funcionan correctamente.

Transferencias. En el supuesto de que nos hallamos quedado sin dinero, es posible recibir una transferencia desde nuestro país de origen en cualquier sucursal del **Barclays Bank**. Debemos asegurarnos de aportar los datos correctos para recibir el dinero sin problemas. Por télex, la transferencia puede tardar alrededor de una semana; si se pide por correo, la operación se retrasará mucho más, hasta quince días.

Una vez haya llegado el dinero podremos reclamarlo en moneda local o en divisa. Si se hace de la segunda manera, el cambio nos será desfavorable, pues el banco transfiere la moneda original a chelines y posteriormente a moneda extranjera, guardándose la comisión. Si el tiempo que nos queda de estancia en Kenia es amplio, es recomendable pedir el dinero en moneda local.

Mercado negro. El mercado negro en Kenia no ofrece ya ventaja alguna para el viajero, habida cuenta de que la oferta de los cambistas ilegales y la de las oficinas es prácticamente la misma.

Por todo ello, los cambistas ambulantes casi han desaparecido de las calles. Esta práctica ilegal casi ha quedado reducida a los comercios, que en un momento determinado pueden ofrecer cambio a sus clientes siempre y cuando efectúen alguna compra.

De todos modos, se trata de una actividad prohibida por el Gobierno.

PRECIOS

El coste de la vida en Kenia es barato si lo comparamos con los estándares europeos, pero bastante caro si tomamos como referencia otros países favoritos de los trotamundos con servicios de mucha mejor calidad. Así, hoteles, restaurantes y transporte tienen unas tarifas en Kenia bastante más elevadas que las que podemos encontrar en Malasia, Tailandia o Indonesia, e incluso Suráfrica, países en los que dichos servicios son bastante más baratos y mejores.

Así todo, hay que aclarar que el alojamiento es mucho más caro en Nairobi que en el resto del país, incluida Mombasa.

En la capital, una habitación doble decente cuesta un mínimo de 8,4 € sin baño y un cuarto algo mejor se sitúa alrededor de los 18 €.

La comida es más barata si acudimos a los restaurantes de cocina local, donde se puede comer por unos 200 chelines.

Una cerveza cuesta unos 50 chelines en una tienda y alrededor de 100 en un bar o restaurante.

En cuanto al transporte, los autobuses y el tren Nairobi-Mombasa (el único en funcionamiento) tienen precios bastante razonables. Así, una litera en segunda en este tren, con la cena y el desayuno incluidos, cuesta 2.100 chelines (29 €), mientras que un trayecto en autobús entre ambas ciudades cuesta alrededor de 500 chelines.

Los billetes de avión, sin embargo, mantienen tarifas similares a las que encontramos en Europa.

En una discoteca de Nairobi o Mombasa, la entrada cuesta unos 300 chelines y las copas son económicas.

Los safaris organizados por los parques nacionales cuestan un mínimo de 50 dólares diarios con todo incluido, siempre que se duerma en tienda de campaña, y un mínimo de 180 por día y persona si nos alojamos en *lodges*.

REGATEO

Los amantes del regateo se encontrarán en su salsa en Kenia. A excepción de los precios de los hoteles y los restaurantes en las grandes ciudades, donde las tarifas siempre se muestran al público, en Kenia hay que regatear por todo. Otra excepción la constituye, naturalmente, la entrada a los parques nacionales.

La hostelería en las pequeñas poblaciones suele ser propensa a gravar a los turistas con una tarifa extra distinta a la que emplean con un compatriota. Para alojarse en esos establecimientos es necesario llegar a un acuerdo antes de ocupar la habitación. Las compañías de safaris suelen tener precios fijos para sus excursiones, aunque dependiendo del grupo que contrate un safari, del recorrido y del alojamiento, puede ajustarse un poco el precio.

Pero en lo que hay un regateo sin discusión es en todo lo relativo a las compras. Las tiendas, los tenderetes callejeros y los puestos ambulantes de artesanía, ropa o curiosidades son los lugares idóneos donde mostrar nuestras artes negociadoras. Siempre, por encima de todo, hay que regatear, pues el primer precio que se nos pide puede ser de hasta cuatro o cinco veces el valor final. El regateo, pues, forma parte del juego.

A la hora de regatear en una compra es recomendable no mostrar demasiado interés; conviene reprimir el entusiasmo. Hay que mantener *cara de póker* ante la verborrea, las exclamaciones y las alusiones del comerciante: todo es puro teatro. No debemos olvidar que el vendedor, sabedor de que va a existir un tira y afloja, empezará pidiendo por su mercancía al menos un 100% más de lo que piensa aceptar. Por ello, debemos iniciar la negociación cómo mínimo entre un 100% y un 50% por debajo de lo que estamos dispuestos a pagar. Y así, lentamente y sin prisas, ir consiguiendo el equilibrio más favorable para ambos. Adquirir varios objetos suele ser beneficioso en estas ocasiones. A veces, ante una negativa del vendedor, una retirada a tiempo les hace cambiar de opinión. Pero se las saben todas. Si están ubicados en un lugar frecuentado por muchos turistas, no se esforzarán demasiado en el regateo, pues saben que tarde o temprano picará alguien.

Naturalmente, el regateo en Nairobi no es tan feroz como en poblaciones más pequeñas. Los comerciantes de la capital son más reacios a las negociaciones y, aunque siempre hay que regatear, los precios de partida siempre son más altos y el límite de rebaja por parte del comerciante queda por lo general muy por encima de lo que sería en otra parte del país.

PROPINAS

Todos los centros turísticos del mundo con un pasado colonial en su historia tienen verdadera obsesión por las propinas. Kenia no podía ser menos. Las riadas de turistas que visitan el país mantienen con sus propinas a un buen número de trabajadores que complementan sus bajísimos sueldos con los chelines que les regalan los viajeros.

En los hoteles de alta categoría sólo se da propina a los maleteros. En los transportes públicos no se da propina, ni siquiera a los taxistas, pues se suele pactar con ellos el precio de las carreras por anticipado. En los restaurantes caros es habitual dejar alrededor de un 10% del total de la nota.

Los profesionales de los safaris (conductores, cocineros y guías) siempre esperan una atención del cliente al finalizar el recorrido. Esta propina es un requisito ineludible, aunque se debe a la caradura de las compañías, que pagan poco a sus empleados con el argumento de que los turistas les redondearán el sueldo.

No hay acuerdo sobre cuánto se les debe dar y depende un poco de lo satisfactorio que haya sido su servicio. Las agencias suelen sugerir que se les pague el importe de un día extra por cada cinco días de safari, pero a nosotros nos parece un poco exagerado. Nuestro criterio es que entre 20 y 30 dólares en total de propina por un safari de cuatro o cinco días debería ser suficiente.

VÍDEO Y FOTOGRAFÍA

VÍDEO

El uso de una cámara de vídeo en Kenia depende directamente del tipo de safari que uno vaya a hacer. Mientras que en la ciudad no existe ningún problema para recargar las baterías de la videocámara, en el interior de los parques sólo será posible hacerlo si nos alojamos en los lujosos *lodges* o refugios de las grandes cadenas hoteleras. El safari de cámping no permite el uso del vídeo, aunque en ocasiones es posible convencer a algún conductor para que nos deje recargar las baterías en su vehículo, para lo que habremos de disponer del adaptador correspondiente.

Cintas vírgenes de vídeo, de VHS, VHS compacto (para handycam) y super 8 electrónico, pueden encontrarse en las tiendas que hay a lo largo de **Kenyatta Ave., Moi Ave., Muindi Mbingu St., y Mama Ngina St.**, en Nairobi. De todos modos es preferible llevar película de sobra.

FOTOGRAFÍA

Una estancia en Kenia no parece la misma sin una cámara fotográfica al cuello que nos permita retratar alguno de los paisajes y animales más bellos del mundo. De hecho, el fin último de un viaje a este país es hacer un safari fotográfico. Por ello, es conveniente saber algunas consideraciones acerca de la fotografía en Kenia.

Cámaras y lentes. Para obtener buenas fotografías es necesario utilizar una cámara del tipo reflex, entre otras cosas porque permite la posibilidad de adaptar distintos objetivos acorde a nuestras necesidades de encuadre.

Como la mayor parte de las fotografías se toman durante los safaris y los animales están a menudo a bastante distancia, las pequeñas cámaras automáticas, autofocus, o *instamatic*, no resultan muy apropiadas para obtener un resultado óptimo.

Lo ideal es la utilización de un *zoom*, que permite un fácil y cómodo encuadre. El *zoom* recomendado para un safari fotográfico es el que va de 70 a 210 mm. Los teleobjetivos son excelentes, pero su inconveniente es tener que cargar con varios para cada distancia focal (200mm; 400mm; 500mm; etc). Un buen complemento es el uso de un duplicador o teleconvertidor (2x), que adaptado a la cámara dobla la distancia focal de la lente (p.e., zoom 70-210 mm + 2x= 140-420 mm).

Al utilizar objetivos de largo alcance es casi imposible enfocar. Para facilitar la labor es recomendable el uso de minúsculos trípodes en los que apoyar la cámara para obtener una imagen nítida. En Nairobi también es posible adquirirlos.

Película. Conviene llevar carretes de distinta sensibilidad, debido a la utilización de lentes gruesas en la cámara que absorben mucha luz (tipo zoom), o al momento del día en que se tomen fotografías en los parques (sobre todo al amanecer y al caer la tarde).

Al mediodía, con mucha luminosidad en el ambiente, el carrete convencional de 100 ASA debe ser suficiente. Al utilizar una lente focal gruesa, la pérdida de luz se soluciona con un carrete de 200 ASA, que se puede aumentar a 400 ASA para tomar instantáneas en las horas del día en que la luz es más tenue, al amanecer o al anochecer (la mejor para retratar animales). Para tomar fotografías de noche en los alrededores de los *lodges* o los campamentos es conveniente utilizar un carrete de 800 ó 1.600 ASA (sin flash).

Compra de película y accesorios. Película de 100, 200 y 400 ASA para fotografía en papel y diapositivas está disponible en las tiendas de Nairobi y Mombasa. Carretes más sensibles de 800, 1000 ó 1600 ASA es conveniente llevarlos desde casa, pues no se encuentran fácilmente. Objetivos, mini trípodes, accesorios, e incluso cámaras pueden encontrarse en

CAMERA EXPERTS. Mama Ngina Street; Nairobi.
ELITE CAMERA HOUSE. Kimathi Street; Nairobi.
EXPO CAMERAS. Mama Ngina Street; Nairobi.

FOTOGRAFÍA DE PERSONAS

Los kenianos son muy reacios a ser fotografiados. El acoso continuo a que les han sometido los turistas les ha llevado a tomar determinaciones drásticas a este respecto. Hay que tener mucho cuidado al tomar fotografías en las ciudades, Nairobi incluido. Si un habitante local sospecha que se le está retratando, protestará al momento. En los parques o en los poblados no hay que fotografiar a un nativo sin pedir antes permiso. Los más iracundos son los masais, que forman broncas fenomenales a todo aquel que pretende plasmarles en su cámara. En muchos casos piden dinero o regalos a cambio de una foto. Cada cual que obre según su conciencia. Hacer fotos a hurtadillas es una pérdida de tiempo, pues generalmente salen desenfocadas o mal hechas. Llegado el caso, siempre hay que pedir permiso a todo nativo que queramos fotografiar (mucho cuidado con fotografiar a niños que aparentemente están solos). Quizá con la petición sea suficiente, y si no, por unos cuantos chelines es posible obtener un buen retrato.

Los masais, sin embargo, pueden pedir hasta 200 chelines por una foto.

PUBLICACIONES ESPECIALIZADAS

MAPAS

Son fundamentales para hacerse una idea total de qué es lo que vamos a ver en Kenia, dónde está y cómo podemos llegar.

Michelín, África Central y del Sur (Núm. 955), fiable pero demasiado extenso.

Macmillan, Kenia's Traveller's map, ofrece cinco en uno: mapa de Nairobi, de Mombasa, de la costa, del Nairobi N.P, y del país en general. Bastante bueno.

Hallwag, Kenia & Tanzania, completo, su cartografía llega hasta la República Democrática del Congo.

Freytag & Berndt, África del Este, muy cómodo, con información de todo el África Oriental.

City of Nairobi, Map & Guide, de *Survey of Kenia,* el mejor sobre Nairobi.

National Parks, de *Survey of Kenia* (SK), tienen mapas muy exactos de todos los parques y reservas del país.

Sapra Safari Maps, de *Mount Kenia Sundries.* También con planos de todos los parques nacionales de Kenia, muy aparentes y en papel plastificado, idóneos para resistir el polvo y la humedad.

GUÍAS DE SAFARI

El complemento ideal para disfrutar de las excursiones por los parques nacionales.

Guía de campo de los mamíferos de África, de Jean Dorst y Pierre Dandelot (Ed. Omega)

Guía de campo de las aves de África del Este, de J.G. Williams y N. Arlott (Ed. Omega)

Ambas en castellano, aunque algo antiguas, son las guías más prácticas y más utilizadas por los turistas durante los safaris.

GUÍAS DE CONVERSACIÓN

El suajili es un idioma accesible para cualquiera, y no está de más conocer algunos rudimentos de cortesía para emplearlos en Kenia.

Language Survival Kit, Suajili Phrase book, Ed. Lonely Planet (Inglés-suajili)

Suajili for travellers, Berlitz Guides, Ed. Berlitz (Inglés-suajili)

Suajili Phrase book, de Gilmore & Kwasa, Ed. Hippocrene Books (Inglés-suajili)

Suajili, Guía de conversación; de editorial SUA Edizioak. Muy completa, es la única hasta ahora Castellano-Suajili

IDIOMA

El inglés *y el* suajili (su nombre real es kisuajili) son las lenguas oficiales del país. Aunque el inglés está muy extendido por todo Kenia, en las poblaciones pequeñas y apartadas de las grandes ciudades tan sólo se habla suajili.

El suajili es una lengua de origen bantú desarrollada al utilizarse como medio de comunicación entre los habitantes locales africanos y los comerciantes árabes, persas y portugueses que recalaban en la fanja litoral de Kenia. Parte de su vocabulario se ha adoptado del árabe, el hindi, el portugués y, en menor medida, el inglés.

También subsisten un buen número de dialectos y lenguas tribales, como *el masai, el luo, o el kikuyu.* Los conocimientos básicos de algunos giros en suajili son muy socorridos en determinadas ocasiones, no sólo por cortesía, sino porque los nativos de diversas tribus que no hablan inglés suelen comunicarse entre ellos en este idioma.

LIBRERÍAS EN KENIA

Si por algún motivo emprendemos viaje sin una bibliografía adecuada, no tenemos por qué preocuparnos. En Kenia y sobre todo en Nairobi *(ver Nairobi)* se encuentra un buen número de librerías con todas las publicaciones necesarias acerca de la historia del país, las tribus nativas, los parques nacionales, métodos de conversación, mapas, etc., que podamos necesitar. Hay libros para todos los gustos.

Las publicaciones pueden encontrarse en varios idiomas, incluído el castellano, pero la selección más amplia está publicada en inglés.

FIESTAS NACIONALES

Enero.
1 de enero. *(Año Nuevo)*
Marzo-Abril (fechas variables, según la Luna)
Viernes Santo
Lunes de Pascua
Fin del Ramadán *(Id-ul-Fitr)*
Mayo.
1 de mayo. *(Fiesta del Trabajo)*
Junio.
1 de junio. *(Día de Madaraka)*
Octubre.
20 de octubre. *(Día de Jomo Kenyatta)*
Diciembre.
12 de diciembre. *(Conmemoración de la Independencia)*
25 de diciembre. *(Navidad)*
26 de diciembre. *(San Esteban)*

ELECTRICIDAD

El sistema eléctrico en Kenia es de *240* voltios. El suministro es continuo y fiable en las grandes ciudades.

ENCHUFES

Pueden ser normales (para dos clavijas redondas, como los españoles), para clavijas planas (americanas), o de tres entradas (ingleses), por lo que conviene llevar un pequeño adaptador.

HORA LOCAL

En Kenia rige el horario *GMT+3* durante todo el año, por lo que con respecto a España nos llevan 2 horas de retraso en invierno y 1 hora en verano.

Es importante saber que la hora suajili difiere de la hora convencional occidental. Como Kenia está situada a caballo sobre el Ecuador, las horas de sol prácticamente no varían durante todo el año, por lo que los kenianos consideran que el mediodía es a las 6.00 de la mañana, y la medianoche a las 18.00. O lo que es igual, su día o noche difiere en seis horas de nuestro horario.

CORREOS

El sistema de correos keniano es bastante seguro. Casi todo lo que enviemos desde allí llegará a su destino sin problemas. Las cartas y postales tardan en llegar a Europa alrededor de 10 días. Los paquetes tardan cerca de un mes. Las oficinas abren de lunes a viernes de 8.30 a 13.00 horas y de 14.00 a 17.00. Los sábados, de 9.00 a 12.00 horas.

TARIFAS. (ENVÍOS A EUROPA)

postal	45 chelines
carta	47 chelines
telegrama	34 chelines

Los paquetes que se envían desde Kenia deben ser revisados por los funcionarios de correos antes de su admisión, pero pueden tardar hasta cuatro meses en llegar a Europa.

LISTA DE CORREOS

La recepción de correspondencia es tan fiable como el envío. Previamente hay que reservar un P.O.BOX para recibir las cartas y advertir a quien nos escriba que ponga nuestros datos muy claramente. Sin embargo, desde la aparición de numerosos cibercafés en todas las ciudades de Kenia, casi nadie utiliza la lista de correos.

INTERNET

Por todo el país han aparecido numerosos cibercafés, con precios razonables.

En cuanto a la información de Kenia en internet, destacamos las siguientes direcciones:

Un portal de información general: www.kenyaweb.com

Información sobre hoteles y servicios turísticos en las playas: www.kenyabeach.com/

Kenya Wildlife: www.kenya-wildlife-service.org/

Parques Nacionales y Reservas: www.gorp.com/gorp/location/africa/kenya/parkindx.htm

Una interesante guía on line: www.bwanazulia.com/

Una guía sobre aves del país: www.kenyabirds.org.uk/

Diario The Nation: www.nationaudio.com/News/DailyNation/Today/

TELÉFONOS

Como el correo, la red teléfonica funciona sin ningún problema.

Llamadas urbanas. En las ciudades, tanto en la calle como en muchos hoteles, hay muchas cabinas para hacer llamadas. Sólo admiten monedas nuevas y cuestan unos tres chelines por minuto.

Llamadas internacionales. Nairobi y Mombasa son los lugares más idóneos para llamar al exterior. Lo mejor es acudir a la Oficina de Teléfonos o a un locutorio. La tarifa es de unos tres dólares por minuto. Hay que marcar el 000 y a continuación el código del país (España es el 34). De momento no existe el servicio *España Directo*, ni se puede llamar a cobro revertido. Si llamamos desde una cabina con tarjeta, las hay de 300, 500 y 1.000 chelines y se adquieren en las oficinas de correos.

Ni que decir tiene que no se os ocurra poner una conferencia desde un hotel, pues os pegarán un palo tremendo.

RADIO

La Corporación de Radiodifusión de Kenia emite en inglés, suajili y diversas lenguas africanas o asiáticas, como el hindi.

TELEVISIÓN

Hay varios canales de televisión privados y estatales. Desde los hoteles caros se puede ver la CNN o la BBC.

SEGURIDAD

Desgraciadamente, en los últimos años la inseguridad ha aumentado mucho en Kenia, lo que ha revertido en un apreciable descenso del turismo.

En cuanto a las ciudades, realmente la única que es peligrosa es Nairobi, *Nairóberi*, como se la ha bautizado.

Desde luego, en Nairobi hay que tomar muchas precauciones: En primer lugar, de noche no se debe caminar ni por las zonas del centro. Hay que ir siempre en taxi y éstos son siempre seguros, aunque se cojan en plena calle en vez de llamarlos desde el hotel.

Además, ni siquiera de día se debe caminar con mucho dinero encima, joyas o documentos, que deben dejarse en la caja de seguridad del hotel. Y es que se ven muy pocos blancos por la calle y los pocos constituyen un blanco fácil para los atracadores. La gente de Nairobi no tiene una especial malicia, pero la tremenda situación de pobreza y corrupción ha convertido a muchos en delincuentes desesperados. No son raros los casos de turistas que han sufrido un atraco en Nairobi en pleno día y en el centro. En este caso, lo único que hay que hacer es entregar el dinero que llevemos encima con calma.

Además, hay zonas de Nairobi que conviene evitar a cualquier hora (ver Seguridad en el capítulo de Nairobi).

En el resto de poblaciones sólo hay que tener cuidado de noche y en zonas en las que no haya iluminación ni transeúntes. Incluso el centro de Mombasa es bastante seguro por la noche.

Pero también la situación de revuelta de algunas tribus y de bandidaje ha empeorado en zonas remotas del país. En prácticamente toda la franja que limita con Somalia, la porción de terreno entre Lamu y Travo hacia el norte, el Gobierno de Kenia ha perdido el control y el viaje por estas regiones es muy desaconsejable por los peligros que implican las guerrillas y los bandidos, muchos de ellos huidos o rebotados de la guerra de Somalia.

Lo mismo ocurre en las fronteras con Etiopía, si exceptuamos el trayecto entre Moyale e Isiolo cuando se hace en un convoy.

El terreno cercano a Sudán y al norte de Uganda también está fuera de límites para los turistas, pero al Lago Turkana se puede ir siempre en un viaje organizado por alguna agencia de safaris, pues algunas tribus de la zona andan a la gresca.

Los peligros potenciales son:

ROBOS

Hay que extremar las precauciones en las estaciones de trenes, autobuses o aeropuertos, lugares en los que hay que mantener el equipaje a mano y vigilado. La carga y descarga de bultos a la puerta de los hoteles también es un momento delicado. Sin embargo, es raro que ocurran hurtos en el interior de estos establecimientos. De todos modos es aconsejable que los documentos de valor (pasaporte, certificado de vacunación, documentación propia, billetes de avión, etc.), así como el grueso del dinero, ya sean cheques o efectivo, se guarden en una caja de seguridad. Los hoteles suelen ofrecerlas sin ningún cargo. Cuando llevemos estos documentos o todo el dinero encima nunca hay que dejarlo a la vista, hay que esconderlo, a ser posible en contacto con nuestra piel. Los carteristas son muy eficaces. Lo habitual es guardarlo en una bolsa alrededor de nuestro cuello o atado a la cintura, bajo el pantalón. Si salimos de safari desde una ciudad, hay que vigilar constantemente el vehículo hasta nuestra partida. Del mismo modo, durante las paradas en pequeños poblados o misiones, es recomendable permanecer atento a que ningún extraño se acerque al coche o podría desaparecernos algo.

ATRACOS

Mientras que un robo ocasiona como mínimo un serio contratiempo al perder algún objeto que nos es de utilidad, los atracos implican el lamentable añadido de que podemos sufrir alguna agresión. Los atracos son poco frecuentes y la mayoría de ellos sucede en ciertos barrios de Nairobi y Mombasa. Como en cualquier lado, pasear de noche por parques, callejones o lugares poco iluminados son invitaciones para ser asaltados. En locales públicos no es conveniente exhibir grandes fajos de billetes. Alguien puede vernos aunque nosotros no lo creamos así. Objetos de valor, como joyas, cámaras de vídeo o fotográficas también pueden dar lugar a asaltos. Los delincuentes de Nairobi son despiadados y a base de desvalijar a turistas han adquirido el hábito de desnudarles para encontrar el escondrijo donde guardan su dinero. Plantarles cara suele ser peligroso, puesto que es raro que actúen en solitario. La mejor solución es desplazarse en taxi en cuanto caiga la noche, o dentro de un grupo numeroso si vamos caminando. Con esta última precaución es poco menos que imposible que suframos algún sobresalto.

ESTAFAS

En las grandes ciudades o en torno a los centros turísticos deambulan un buen número de pícaros a la espera de una víctima a la que poder timar. Los procedimientos son innumerables y muchos de ellos tienen un corte casi infantil. La mayoría de estos truhanes sólo tienen intenciones lucrativas, por lo que no suelen ser peligrosos. En todos los timos, la víctima debe colaborar para permitir su propia estafa. Entre los engaños más comunes destacan los que llevan a cabo supuestos refugiados políticos de países adyacentes, que piden dinero para una noble causa; algunos *estudiantes* piden una donación para su escuela valiéndose de un documento falso en el que ya han firmado importantes prebostes; otro procedimiento habitual es el que utilizan ciertos vendedores ambulantes, dándonos un *cambiazo* de moneda falsa por nuestros billetes de curso legal.

ALOJAMIENTO

Todas las localidades con mínima importancia turística en Kenia cuentan con un número suficiente de alojamientos de precios muy variados. Debido a la crisis turística que el país vive en los últimos años, no es necesario reservar con antelación ni en temporada alta. Sin embargo, si vais a llegar a Nairobi una vez oscurecido y no conocéis la ciudad, sí es conveniente que reservéis el alojamiento para el primer día antes de salir de viaje.

Ya hemos comentado que, aunque abundan los alojamientos económicos, éstos no tienen la misma calidad que en otros países en vías de desarrollo frecuentado por los viajeros individuales, como Malasia o Tailandia, e incluso de su propio entorno, como Suráfrica.

En el resto del país los precios son más bajos, pero en Nairobi, una habitación doble decente y con baño se acerca bastante a los 18 €. Hay algún hotelito de mochileros limpio y seguro más barato, pero los baños serán compartidos y el cuarto, un poco cutre.

Los distintos tipos de alojamiento son:

Cámping. Viajar con una tienda de campaña es una buena idea en Kenia, pues en muchos parques nacionales se permite su instalación en los campamentos que, todo hay que decirlo, suelen tener unos servicios muy deficientes.

En las ciudades apenas existen, aunque en Nairobi sí hay un par de campings que cobran unos 200 chelines por día y persona y 150 por la tienda. Por otro lado, es desaconsejable por su inseguridad hacer acampada libre, ni siquiera en una playa más o menos turística.

Bandas. Las bandas son cabañas muy básicas y que constituyen una buena alternativa a la acampada en los parques y reservas naturales. La mayoría sólo tiene una cama, colchón y mosquitera, por lo que necesitaréis vuestro saco de dormir, pero hay algunas que tienen hasta cocina. Suelen cobrar unos diez dólares por persona.

Albergues. En Kenia sólo hay albergues de juventud en Nairobi y en Malindi. De los tres que se encuentran en la capital un par de ellos han decaído mucho en los últimos años y se han quedado algo cutres. Tampoco son mucho más económicos que los hoteles baratos y las literas en dormitorio se acercan a los 400 chelines.

Hoteles. Los hoteles pueden ser desde muy básicos y algo cutres hasta establecimientos de lujo en los grandes centros urbanos o turísticos. Excepto en Nairobi, en todas partes podréis encontrar una habitación doble con baño por unos 600 chelines, pero en la capital cuesta unos 1.300. Casi todos los hoteles facilitan jabón y toallas. Observaréis que muchas veces no merece la pena alojarse en un hotel medio-caro, pues sus precios no son mucho más económicos que en España y la calidad es muchísimo peor.

En Nairobi y las tierras altas hasta los hoteles más económicos tienen agua caliente, pero en la costa y lugares calurosos muchos de los establecimientos, incluso si son de precio medio, no cuentan con ello. La verdad es que en estos sitios sólo haría falta para afeitarse, por lo que siempre podréis pedir que os la calienten en un recipiente.

A partir de una categoría media muchos hoteles tienen bar o un pequeño restaurante, mientras que los más caros suelen tener piscina y restaurantes al aire libre.

Los hoteles caros y de lujo suben considerablemente sus tarifas durante la temporada alta (16 de diciembre-31 de marzo y del 1 de julio al 31 de agosto). En Navidad y Semana Santa las tarifas suben todavía un poco más.

Los hoteles que recomendamos en esta guía son seguros, aunque siempre es aconsejable que vuestro dinero y pasaporte os lo guarden en la caja de seguridad de recepción, previa entrega de recibo. Una precaución adicional, para evitar el hipotético caso de que algún empleado nos dé un cambiazo, es apuntar los números de serie de los billetes, aparte de entregarlos en un sobre bien cerrado.

Lodges. En todos los parques y reservas naturales existen estos alojamientos de lujo, generalmente muy bien integrados en el entorno natural y que ofrecen, aparte de las delicias típicas de su categoría: piscina, bufé de desayuno, aire acondicionado, servicio de habitaciones, etcétera, otros placeres más exóticos y refinados, como la oportunidad de observar la fauna desde el porche del bungalow o desde el comedor al aire libre. Son una maravilla, pero el precio por habitación puede superar los 300 dólares por noche, a no ser que se tenga incluido en un paquete de viaje.

Según los precios de las habitaciones dobles hemos establecido este baremo en nuestra clasificación de hoteles:

B BARATOS	Menos de 800 chelines. (11 €).
M MEDIOS	Entre 800 y 1.800 chelines (11 y 25 €).
C CAROS	Entre 1.800 y 7.000 chelines (25 y 97 €).
L LUJO	A partir de 7.000 chelines (97 €).

GASTRONOMÍA

La mayor parte de los platos de cocina keniana incluyen la carne y la especialidad fundamental es el *nyama choma*, una barbacoa de carne de vaca, aves, cabrito y hasta animales propios de la fauna africana, si se trata de un restaurante de lujo.

En muchos restaurantes modestos, e incluso en parrillas improvisadas en plena calle o en mercados, veréis los trozos de pollo o de vaca asándose al carbón.

Otros platos omnipresentes en los restaurantes nacionales son los elaborados a base de maíz, alubias negras muy sabrosas y arroz blanco.

La única oferta culinaria estríctamente africana se da en la costa, donde se ha desarrollado la cocina suajili, pródiga en especias y sabores exóticos, en la que se aúnan platos originarios de Asia y países árabes adaptados a las necesidades y materias primas existentes en Kenia. La cocina suajili utiliza de un modo admirable la salsa de coco, que adereza tanto platos de carne, como –sobre todo- de pescado y marisco.

En la mayoría de los núcleos urbanos o pueblos turísticos se encuentran restaurantes indios, en los que generalmente la comida no está tan buena como en su madre patria, y chinos. Ambas gastronomías pueden representar un descanso vegetariano a la insistente dieta de carne que se da en la mayor parte de los restaurantes.

En Nairobi y Mombasa abundan los restaurantes de cocina internacional y ambas cuentan con algún establecimiento de cocina local considerados entre los mejores de África.

PLATOS NACIONALES

Carne. La carne suele servirse guisada o asada a la brasa, el *nyama choma.* Sobre todo se consume buey, ternera, cabra y cordero. Cerdo y pollo en menor medida, y en lugares autorizados, caza mayor. Los platos de carne siempre se acompañan con una guarnición de verduras (en ocasiones amargas), patatas, o arroz aromatizado con jengibre.

Kebabs. Los conocidos kebabs también se consumen en Kenia. Al fin y al cabo, no es más que otro tipo de carne asada en un espetón. También se sirven con guarnición.

Salchichas. Son muy sabrosas, elaboradas con carne de ternera en lugar de cerdo.

Ugali. Es el plato nacional por excelencia. Es una especie de bola de maíz cocido, con consistencia de miga de pan, que se toma muy, muy caliente. Aunque insípido, en ocasiones se aromatiza al hacer la masa con leche, mantequilla o queso. Llena una barbaridad. Se debe comer con los dedos, y se acompaña con trozos de carne (¡cómo no!) y algunas verduras.

Pescado. En el interior se consume poco pescado, si bien es un plato muy común en el litoral y en las localidades próximas al lago Victoria. No debemos desaprovechar la oportunidad de probar perca del Nilo o tilapia, que asada a la brasa resulta deliciosa. En la costa, la cocina suajili utiliza abundante pescado y marisco en sus platos.

Sambusas. Son una variedad local de las deliciosas samosas indias, venidas de su lugar de origen en los petates de los miles de inmigrantes indostanis llegados a Kenia en los siglos XIX y XX. Son unas pequeñas empanadillas rellenas de verdura o carne especiada fritas en aceite muy caliente. Constituyen un apetitoso tentempié si están recien hechas y se les añade unas gotas de lima.

Chapatis. Importados también de la India, los chapatis son pequeñas tortitas de harina de trigo que acompañan a modo de pan la comida. También pueden tomarse para desayunar.

Mandazi. Se trata de un bollo algo dulce, que suele tomarse en el desayuno. Lo ofrecen con el café en todos los restaurantes.

FRUTAS

Kenia posee una enorme variedad de frutas tropicales y también de las propias de climas fríos o templados. En los mercados y puestos callejeros se venden muy baratos distintos tipos de plátanos –los rojos son deliciosos-, papayas, mangos, fruta de la pasión, piñas, chirimoyas, cocos, guayabas, naranjas, limas, sandías, etcétera. En muchos locales sirven ensalada de frutas como plato entrante o como postre, aliñada con azúcar y algún zumo o sirope, al estilo de las macedonias.

BEBIDAS

Agua. En las ciudades y centros turísticos siempre hay agua embotellada. Conviene comprobar que el recinto está intacto antes de comprarla.

Zumos. En los puestos callejeros se sirven jugos de naranja, caña de azúcar, lima y, sobre todo, fruta de la pasión. Están muy buenos pero hay que controlar que no añadan hielo de dudosa procedencia.

Té. El *chai* o té resulta muy bueno, y un buen aliado, tomado recién hecho, para evitar el calor. En Kenia se prepara al estilo de India, mezclando desde un principio té, leche y azúcar y a veces algo de cardamomo. Si se quiere tomar té solo o con leche aparte, hay que especificarlo previamente. El agua del té siempre está hervida, por lo que se puede consumir hasta en los puestos callejeros.

Café. A pesar de que Kenia es un gran productor de café de gran calidad, hay muy pocos lugares en los que no sirvan sólo un espantoso instantáneo. El café se denomina *kahawa* y en Nairobi, Mombasa y algún que otro lugar se puede encontrar expreso.

Refrescos. Las botellas de Fanta, Pepsi o Coca-Cola se encuentran por todas partes en Kenia. Reciben el nombre genérico de *soda*, por lo que hay que especificar qué tipo de soda se prefiere e inquirir si está fría.

Cerveza. Los kenianos consumen muchísima cerveza y hay tres marcas nacionales bastante aceptables: *Pilsner, White Cap y Tusker.* Recientemente se ha empezado a producir también la surafricana *Castle* con sus filiales *Lion* y *Ranger.* Todas se comercializan en botellas con capacidad de 500 mm, pero alguna vez se puede encontrar de 300 mm. Al igual que con los refrescos, lo mejor es cerciorarse de que un establecimiento tiene cerveza fría antes de pedirla, pues muchos bares y restaurantes sólo la tienen caliente. En una tienda una cerveza cuesta unos 50 chelines; 90 en un bar o restaurante y bastante más en un hotel de lujo.

Vino. El vino de Kenia no es muy bueno, aunque la denominación *Naivasha Colombard* roza la decencia. Sin embargo, en algunos restaurantes tienen vino de importación de Suráfrica a un precio más elevado que la cerveza, pero así todo nada caro.

Licores. Su elaboración artesanal está prohibida por el gobierno, pero es fácil encontrar *pombe* (cerveza de plátano) y *changa* (nombre genérico de los destilados). Se fabrican sin control sanitario y con métodos y materias primas sospechosas. Probarlos es jugarse, cuando menos, un agudo dolor de estómago y con peor suerte una ceguera irreversible –causada por la utilización de alcohol metílico- e incluso la muerte.

Por último, en discotecas, bares y hoteles se encuentra ginebra, ron, vodka o whisky.

Los restaurantes. Sobre todo en las ciudades importantes abundan no sólo los restaurantes locales, sino también los de cocina china, india y algunos internacionales. Pueden ser desde pequeños bares que sirven tentempiés locales –*nyama choma, ugali*, arroz y frijoles- hasta restaurantes magníficos especializados en cocina india, china, tailandesa, italiana, etcétera, pasando por los establecimientos de comida rápida, donde sirven hamburguesas, salchichas, ensaladas, patatas fritas, pollo asado y hasta *fish & chips*.

En Kenia abundan también los locales especializados en bufés, sobre todo los de especialidades indias. Por unos 400 chelines se puede comer aceptablemente todo lo que se quiera en estos establecimientos.

En Nairobi y Mombasa hay algunos restaurantes locales que se cuentan entre los mejores de África.

Según los precios por una comida o cena con cerveza, hemos establecido el siguiente baremo:

B **BARATOS**	Menos de 400 chelines (5,5 €).
M **MEDIOS**	Entre 400 y 850 chelines (5,5 y 12 €).
C **CAROS**	A partir de chelines 850 chelines (12 €).

Tened en cuenta que en la mayoría de los lugares se puede comer entre medio y caro, según lo que pidáis, y que en los restaurantes caros y en algunos de precio medio se carga un 25% de impuestos en la cuenta, lo que la encarece sensiblemente.

MEDIOS DE TRANSPORTE

AUTOBUSES

En Kenia existen los autobuses de línea regular y los populares *matatus* o minibuses.

Los **autobuses regulares** constituyen el medio de transporte más económico. Sólo hay una compañía pública, la KBS Stagecoach y las privadas más conocidas son *Tana River Bus Company, Goldline, Coastline Safari* y *Akamba*, que es la que mejor reputación tiene en cuanto a servicio y seguridad. Además de ser los autobuses más económicos que los *matatus*, tienen una estadística mucho menor de siniestralidad y tampoco son mucho más lentos.

En las grandes ciudades suele haber una estación de autobuses, pero en la mayoría de las poblaciones no es más que un solar. Normalmente no hace falta sacar el billete con antelación, pero no está de más telefonear a la estación o pedir en la recepción del hotel si se pueden enterar de los horarios, pues en muchos casos no hay más de tres o cuatro servicios diarios, es decir, no sucede como en muchos países en los que simplemente se acude a la estación, se espera un rato y se pilla en seguida un bus.

Los ***matatus*** son la competencia a las líneas regulares de autobuses. Se trata de minibuses que siempre van atestados de pasajeros y cubren casi todos los trayectos. Salen casi continuamente, en cuanto se llenan, y su estación suele ser la misma que la de los autobuses. Sus tarifas son algo más caras que las de las autobuses. Son convenientes para hacer un trayecto de dos o tres horas, pero para viajes más largos pueden resultar muy incómodos, aparte de que ya hemos dicho que sufren bastantes accidentes.

TAXIS

Los taxis convencionales pueden alquilarse para hacer cualquier trayecto por el país, pero sus tarifas siempre son caras. Siempre hay que pactar el precio del viaje por anticipado.

TAXIS COMPARTIDOS

Los taxis compartidos son más utilizados en el oeste de Kenia. Suele tratarse de viejos Peugeot 505 familiares en los que se suben hasta nueve pasajeros. Son más rápidos y mucho más cómodos que los *matatus*, pero también más caros.

TREN

En el 2002 la única línea de ferrocarril dedicada al transporte de pasajeros es la que cubre el trayecto entre Nairobi y Mombasa, aunque en los periódicos circulaban de vez en cuando noticias –o rumores– sobre la reanudación de la línea entre la capital y Kisumu, a orillas del Victoria, y entre Taveta y Voi. La línea a Kisumu se interrumpió después del choque de Lela en el 2000, en el que se produjeron 14 muertos.

El viaje entre Nairobi y Mombasa hay que hacerlo en este histórico ferrocarril cuya construcción a principios del siglo XX fue todo una odisea, sobre todo para las decenas de trabajadores indios que fueron devorados por los leones que atacaban los campamentos en la oscuridad.

La compañía nacional es *Kenyan Railways* y el tren parte de Nairobi los lunes, miércoles y viernes a las 18 horas, para llegar a Mombasa hacia las 8 de la mañana. Desde la ciudad costera sale los martes, jueves y domingos a la misma hora. Aunque el viaje en autobús es más barato y rápido, merece la pena hacerlo en tren, pues es mucho más cómodo. Una litera en segunda es bastante económica y el precio incluye la cena y el desayuno. Es un viaje muy relajado y los compartimentos son limpios y seguros.

En todo caso hay tres categorías: primera clase es un compartimento con dos literas y un lavabo. En segunda son cuatro literas y por su precio (unos 28 €) y calidad nos pareció la mejor opción. En tercera sólo hay asientos y es, claro, más económico.

En primera (3.000 chelines) y segunda se separan los compartimentos para hombres y mujeres, salvo que se reserve entero. En general, basta con hacer las reservas con un día o dos de antelación, pero en los últimos tiempos y hasta que el nivel de turismo se recupere en Kenia, incluso se puede sacar el billete poco antes de la salida.

AVIÓN

Kenya Airways. Es la compañía aérea nacional y enlaza con vuelos regulares las principales ciudades del país: Nairobi, Mombasa, Eldoret, Malindi, Lamu y Kisumu. Sin embargo, en el 2002 no volaba entre Mombasa y Lamu, sino que había que ir a Malindi. Deben reservarse por anticipado los billetes y confirmarlos antes de la salida. Generalmente tiene mejores tarifas que la privada Air Kenya (en el caso del trayecto Malindi-Lamu es mucho más económica), pero siempre podéis preguntar en las mismas oficinas o en una agencia de viajes por el precio de un determinado trayecto. También se dan circunstancias algo extrañas en el asunto de los precios con esta compañía, como por ejemplo que sea más barato sacar un billete Malindi-Lamu y el de vuelta en la isla, en vez de sacar conjuntamente ambos trayectos, por lo que insistimos en que preguntéis por todas las posibilidades.

Las direcciones de Kenya Airways son:
En Nairobi: Barclays Plaza, Loita St, piso 5º. ☎ 21 07 71.
En Mombasa: Nkrumah Road. ☎ 22 12 51.
En Malindi: Harambee Road. ☎ 20 237.
En Kisumu: Odinga Road. ☎ 44 055.
En Lamu: Harambee Avenue, frente al embarcadero.

Compañías privadas. La principal es **Air Kenya Aviation** (☎ 50 16 01). Su flota se compone de aviones de hélice que conectan Nairobi, Mombasa, Lamu, Kiwayu, Malindi, Nanyuki y los parques y reservas de Masai Mara, Samburu, Tsavo y Lewa Downs. En Nairobi utiliza el aeropuerto Wilson. Las tarifas son normalmente más elevadas que con Kenya Airways.

Otra línea privada es **African Express Airways** (☎ 82 34 97), que vuela entre el aeropuerto internacional Jomo Kenyatta de Nairobi y Eldoret y entre la capital y Mombasa.

Existen además unas compañías más pequeñas que fletan avionetas para ir a los parques nacionales, como Excel Aviation o Boskovic Air. Son vuelos chárter de precio muy elevado.

Vehículos de alquiler. Alquilar un coche en Kenia por cuenta propia resulta muy caro; de hecho, es uno de los países del mundo con la tarifa más elevada. El precio por día, una vez sumado la tarifa básica, el doble IVA que se aplica de un modo abusivo, el seguro, etcétera, es elevadísimo.

Debido a su herencia colonial británica, en Kenia se circula por la izquierda. Para conducir en Kenia se necesita tener en regla la licencia internacional y conviene tener buenos conocimientos de mecánica. Este sistema permite absoluta libertad de movimientos, pero a cambio, su precio suele ser desorbitado. En el capítulo dedicado al safari se ofrece toda la información necesaria para quien esté interesado en desplazarse por Kenia de este modo. En cualquier caso, y si a llegada al país tenemos la necesidad de disponer inmediatamente de un vehículo, las dos compañías internacionales más importantes de *rent a car,* **Hertz** y **Avis**, poseen una sucursal en el aeropuerto Jomo Kenyatta de Nairobi. Otra compañía fiable es **Central Rent a Car** (☎ 22 28 88 de Nairobi; web: www.carhireKenya.com).

EL AEROPUERTO

La llegada al aeropuerto internacional Jomo Kenyatta

La práctica totalidad de los vuelos europeos que se dirigen a Kenia tienen por destino Nairobi y su aeropuerto internacional Jomo Kenyatta (☎ 82 21 11), que está a 15 kilómetros de la ciudad.

Lo más probable es que en el avión nos hayan entregado el formulario de entrada que hay que rellenar y entregar en el momento de sellar el pasaporte y pagar los 50 dólares que cuesta el visado de estancia por tres meses.

En teoría el funcionario policial puede exigirnos que le mostremos el billete de vuelta o el dinero del que disponemos, pero sólo sucede si se mosquea por algún motivo o sospecha que somos inmigrantes ilegales, lo cual es muy poco frecuente si se tiene un pasaporte europeo.

El formulario de entrada hay que guardarlo en el pasaporte hasta la salida del país y en el caso de extraviarlo hay que acudir a una Oficina de Inmigración.

Siempre conviene llevar el certificado internacional de vacunación contra la fiebre amarilla, pues existe el riesgo de que se vete a la entrada al país a quien no lo posea.

Es recomendable guardar las mismas medidas de seguridad que en cualquier otro aeropuerto africano: mantener constantemente vigilado el equipaje, guardar a buen recaudo nuestro pasaporte y, si cambiamos dinero, no sacar a la luz grandes fajos de billetes.

Cambio de moneda

En el aeropuerto hay unas pocas sucursales bancarias abiertas siempre a la llegada de los vuelos, como la del Barclays Bank, que abre todos los días las 24 horas. No cambiéis aquí una cantidad muy alta, pues la tasa suele ser inferior a la de las oficinas de cambio de la ciudad.

Reservas de hoteles y safaris

Es posible reservar el alojamiento y el safari –aunque en este último caso es más recomendable acudir a alguna agencia de la ciudad y comparar los precios y condiciones- desde el aeropuerto en alguno de los mostradores de las principales cadenas hoteleras que hay frente a los bancos.

También hay mostradores para alquilar vehículo.

Transporte a Nairobi

Autobús. El autobús número 34 comunica el aeropuerto con el centro de Nairobi, pero no es recomendable cogerlo a la llegada y mucho menos si es de noche, pues suelen viajar carteristas y descuideros a la caza del turista recién llegado. El trayecto desde el centro al aeropuerto ya es otra cosa, después de haber cogido el punto al país y cuando nos vamos, normalmente con mucho menos dinero y más habituados a las precauciones que hay que tomar.

Taxi. Así que parece que la única opción a la llegada para ir a la ciudad es el taxi. Os abordarán muchos taxistas en la misma terminal. Hay que regatear pues piden un precio mucho más elevado.

Trámites de salida

Las tasas de salida por vía aérea de Kenia son de 40 dólares, pero en la mayoría de los supuestos van incluidas en el precio del billete.

Conviene llegar al aeropuerto con unas dos horas de antelación y normalmente hay que reconfirmar el billete en las 72 horas precedentes al vuelo.

Los chelines que nos sobren pueden cambiarse en dólares o € en una sucursal del aeropuerto. Conviene haber guardado algún justificante bancario de un cambio que hayamos hecho.

LAS CARRETERAS

El estado de las carreteras en Kenia varía mucho según la zona. Las principales están asfaltadas, pero en muchos tramos están llenas de baches y socavones.

En todo caso, Kenia posee una de las mejores redes de carreteras de todo África.

En la zona norte y nordeste del país, debido a su rigor climático y a sus grandes áreas despobladas, el asfalto da paso a las pistas de grava que, sin embargo, suelen estar en aceptables condiciones. Durante la estación de las lluvias las precipitaciones torrenciales producen corrimientos de tierra en estas pistas, por lo que conviene circular por ellas con precaución. Así y todo, muchas de las rutas el norte pueden quedar cerradas durante la estación húmeda.

La zona desértica del norte de Kenia comprendida al este del lago Turkana se convierte en un cenagal con las lluvias. Allí tampoco existen carreteras asfaltadas, sino pistas de tierra, algunas de ellas marcadas tan sólo por las rodadas de otros vehículos. Muchos de los recorridos por aquella zona se hacen en convoyes que cruzan a un tiempo esos parajes. Aunque en la estación seca sólo son pistas desagradables, llenas de baches y polvorientas, son transitables. En cuanto empieza la estación húmeda, las pistas quedan inutilizadas por el barro.

En los parques nacionales, el acceso a los principales está asfaltado, pero una vez nos encontremos en las cercanías de las reservas, las carreteras se transforman en pistas de grava o tierra. En principio, todas están muy bien cuidadas y su transitabilidad, como todo en este país, depende directamente de la llegada de las lluvias.

Los datos prácticos para circular por los parques nacionales se incluyen en los capítulos El Safari y Parques Nacionales.

AUTOESTOP

El autoestop está muy difundido en Kenia en las carreteras principales. Los conductores locales acostumbran a pedir como mínimo una propina al autoestopista que recogen. En las inmediaciones de un parque nacional es difícil conseguir que un coche nos recoja, pues los vehículos que circulan con destino a los parques suelen ir repletos al máximo de su capacidad para los safaris, aparte de que no es práctico llegar a una reserva natural de este modo, ya que no podremos movernos dentro del parque.

En todo caso, no es un modo de transporte que podamos recomendar, ya que siempre implica un riesgo de seguridad.

BARCO

En la actualidad no funciona servicio alguno de ferrys entre las localidades ribereñas del Lago Victoria, ni tampoco hay transporte de pasajeros a otros países que comparten esta aguas con Kenia, como Uganda o Tanzania.

Para desplazarse a las islas kenianas del lago hay que utilizar unas lanchas que funcionan como taxis compartidos.

En todo caso, el transporte en ferrys podría reanudarse en el futuro con los barcos MV Reli y MV Alertes.

En ocasiones es posible contratar un periplo en *dhow* –esos barcos de vela latina, cruciales en la civilización suajili- para navegar entre Mombasa, Lamu, Malindi o Watamu. Tendréis que regatear directamente con el capitán en el puerto. Navegar en estas embarcaciones es una experiencia inolvidable para la mayoría que lo ha disfrutado, aunque hay que advertir que no está exenta de riesgos si es un viaje de largo recorrido, ya que los naufragios no son excepcionales.

DESPLAZAMIENTOS POR LOS PARQUES NACIONALES

Todos los desplazamientos por el interior de los parques nacionales de Kenia deben hacerse en vehículo, excepto en el Hell's Gate, donde algunas zonas pueden recorrerse a pie. Pero incluso en este caso, el acceso a los límites del parque debe hacerse en vehículo. Por ello, las únicas opciones para poder formalizar un safari son el alquiler de un turismo, la concertación del safari con otros turistas en un coche compartido, o la contratación de un viaje organizado, ya sea mediante una agencia local o con una agencia de viajes de nuestro país.

Debido a que la visita a los parques nacionales constituye el motivo principal de un viaje a Kenia, un capítulo entero de esta guía está dedicado exclusivamente al safari. En él encontraremos todas las posibilidades, opciones, variantes, precios, e información práctica que necesitamos para planificar una buena visita a los entornos nacionales.

ACTIVIDADES

Además de la principal actividad que se puede hacer en Kenia, los safaris, un país con tantas riquezas naturales ofrece otras muchas posibilidades para practicarlas al aire libre.

Playas. Para los amantes del sol, la arena y las aguas cristalinas, los alrededores de Mombasa y las islas del archipiélago de Lamu cuentan con excelentes playas. La mejor época para disfrutarlas es en pleno verano, entre diciembre y marzo. Más adelante las temperaturas pueden no ser tan benignas o las algas invaden las orillas, con lo que el baño no es tan placentero.

Windsurf. En todos los enclaves turísticos de la costa norte de Mombasa se pueden alquilar tablas de windsurf y tomar clases para aprender a dominar este deporte.

Submarinismo. Watamu y Malindi son los principales centros donde se puede practicar o hacer los cursillos de buceo con botellas. La época idónea para este deporte es entre octubre y marzo. En los meses del verano europeo es casi imposible debido al estado del mar.

Trekking. Los montes Kenia (el segundo más alto de África tras el Kilimanjaro) y Elgon son óptimos para la práctica del senderismo o *trekking*, aunque a sus cumbres más altas sólo podrán llegar los alpinistas con experiencia y equipo de cordadas adecuado. Sin embargo, el resto de viajeros que estén en una aceptable forma física puede emprender con guías la caminata hasta las proximidades de las cimas. El *trekking* puede emprenderse por cuenta propia o acompañado de guías y porteadores. En los capítulos referentes a estas montañas se ofrece una explicación más detallada.

En el **Mountain Club of Kenya (MCK)** se puede obtener más información. Su dirección en Nairobi es PO Box 45741, ☎ 50 17 47. Los miembros de este club mantienen reuniones abiertas a los extranjeros los martes a las 20 horas en el aeropuerto Wilson de la capital keniana.

Safaris en camello. Los alrededores del lago Turkana, al norte del país, ofrecen excelentes posibilidades para emprender recorridos a lomos de camellos. Siempre hay que informarse previamente de las condiciones de seguridad de la zona, en la que en los últimos años se han producido algunas revueltas.

Vuelos en globo. Por un precio bastante elevado (unos 385 dólares por una hora y media) se pueden hacer safaris aéreos en globo aerostático sobre algunos parques o reservas nacionales. El más popular es que tiene como escenario la reserva Masai Mara. El espectáculo es sorprendente y supone una vivencia increíble.

Las principales empresas que organizan estos safaris aerostáticos son:

ADVENTURES ALOFT. Eagle House, Kimathi St. Nairobi. ☎ 22 14 39.

BALLON SAFARIS. Wilson Airport, Nairobi. ☎ 50 28 50. También admiten reservas en Block Hotels, Nairobi. ☎ 54 07 80.

RAFTING. El descenso en aguas rápidas se está empezando a practicar en Kenia en el río Athi y su continuación, el Galana. Lo organiza *Marc Savage*, PO Box 44827 Nairobi, ☎ 52 15 90.

VUELO SIN MOTOR. El club Gliding de Kenia, en su base de Mweiga organiza vuelos todos los días excepto los lunes (Gliding Club of Kenia, PO Box 926. ☎ 0171 55 261. www.innowebtive.de/Kenya.htm. Además, en el aeropuerto Wilson de Nairobi se puede contactar con el Aero Club of East Africa (☎ 02 50 06 93) o el Ninety Nines Flying Club (☎ 02 50 02 77) para recibir lecciones de vuelo sin motor a precios económicos.

COMPRAS

Hay una gran variedad de recuerdos que pueden traerse de Kenia. Al contrario que en otros países limítrofes, en Kenia es posible pensárselo dos veces antes de adquirir algo, ya que si dejamos pasar la oportunidad de comprar una talla, un abalorio o cualquier objeto en alguna parte del país, siempre será posible volverlo a encontrar en las inmensas tiendas de *souvenirs* de Nairobi o Mombasa, eso sí, a un precio algo más elevado.

La precaución fundamental a la hora de comprar radica en que muchos productos son manufacturas hechas ex profeso para los turistas. Los objetos originales de artesanía siempre provienen de pequeños talleres y su diferencia es notoria ante los *souvenirs* elaborados en serie. Conviene ser cauto y cerciorarse de lo que se está comprando antes de soltar el dinero. De todas formas, en las ciudades existen grandes tiendas de artesanía totalmente fiables que exhiben auténticas obras de arte.

Junto a aquéllas, comercios más modestos nutren a la masa de viajeros de los recuerdos más convencionales, muchos de ellos también de gran calidad.

Por último, tenderetes callejeros y vendedores ambulantes ofrecen baratijas de dudosa procedencia, aunque en muchos casos son simpáticas y originales. En Nairobi también es posible encontrar arte tribal de otros países africanos, como Tanzania, Uganda, Ruanda, Congo, Zimbabue o Zambia.

TALLAS DE MADERA

Las tallas en madera son los objetos que más compran los turistas. Las piezas se modelan en distintos tipo de materia primas y ofrecen una variadísima cantidad de motivos. Casi todos los animales salvajes de Kenia poseen su reproducción en madera.

Otro campo muy recurrido es el de las tipologías tribales, generalmente con representaciones de labores cotidianas.

Pero de todas las tallas en madera, hay una especialidad que destaca con luz propia: el arte *makonde*. Originario del norte de Mozambique y el sur de Tanzania –las tierras de los makondes-, este arte se distingue por elaborar sus figuras en la negra, dura y pesada madera de ébano. El resultado suele ser prodigioso. La mayoría tiene un acabado perfecto y sus precios son muy variables. También hay muchas tallas esculpidas en otras materias que luego se tiñen con betún para simular que son de ébano. El procedimiento para descubrir el engaño, tal y como lo hacen los vendedores, es rascar con un punzón la base de la escultura. Las muescas deben mostrar el negro corazón del ébano para probar su autenticidad. A su vez, el makonde se esculpe en dos formas: a la manera tradicional, con motivos clásicos tribales, figuras humanas, etc, o en estilo moderno. Estas últimas suelen representar imágenes estilizadas de difícil interpretación, pero de una belleza sorprendente. Son dignas de ser exhibidas en cualquier galería de arte moderno. Una última diferenciación entre las tallas es si están, o no, pulidas. Si se quieren sin brillo, hay gran cantidad de figuras de tosco acabado en madera de genuino sabor tradicional, pero siempre hay que asegurarse de que al menos sean artesanales.

TALLAS DE ESTEATITA

Autóctonas del oeste de Kenia, las tallas en este pesado mineral son muy interesantes y resultan vistosas, debido a las vetas que a menudo recorren la escultura. Motivos animales o pequeños objetos domésticos son los ejemplos más usuales. Su mayor pega es que pesan mucho si se compran de gran tamaño.

FIGURAS EN BARRO

Ciertas tiendas, sobre todo en Nairobi, exhiben bustos a pequeña escala de nativos y jefes tribales. La mayoría son preciosos. Fabricados con barro o arcilla, algunos son auténticos retratos copiados del natural. Una variante más mundana la constituyen modelos muy curiosos de objetos modernos (coches; trenes; aviones), creados con unas líneas sumamente originales y graciosas. En este caso, la arcilla suele estar cubierta de capas de pintura o barnices para lograr un mayor efecto.

CESTOS

Los *kiondos* o cestos de pita son muy apreciados por los viajeros, sobre todo porque se utilizan como contenedor para las restantes compras. Los hay de mil tamaños y formas, con o sin tapadera. Los más exclusivos están tejidos con corteza de baobab, ese impresionante árbol que crece en la sabana africana y que parece tener una forma inversa, con sus raíces en la copa.

BATIKS

Son pinturas sobre telas. Las más económicas y monocromas se plasman sobre algodón. Una vez más, los motivos tradicionales tribales y animales son los más representados. Normalmente se venden sin marco, lo que facilita su transporte. Los batiks más caros y hermosos se pintan sobre papel de seda. Sus colores son bellísimos y su composición, mucho más delicada. Además, sus temas son más variados y ofrece, como el makonde, pinturas de estilo modernista en algunos casos.

CALABAZAS

Al igual que los *kiondos*, existe una variadísima cantidad de modelos de calabaza a disposición de los turistas. Las calabazas, endurecidas y secas, son utilizadas por los conocidos guerreros masais para transportar en su interior la mezcla de leche y sangre de la que se alimentan. Se han convertido en un objeto muy codiciado por los extranjeros y es posible encontrarlas en todas partes. Algunas están cuidadosamente pintadas, mientras que otras ofrecen un acabado más rústico y genuino, más del tipo de las que las mujeres nativas todavía utilizan hoy en día.

TEJIDOS

Hay dos tipos de tejidos fundamentales utilizados por las mujeres: los *kangas* y los *kikois*. Los *kangas* se componen de dos piezas. Una se ajusta a la cintura y la otra cubre la espalda. Para hacerse una idea, son como los *sarongs o saris* indios, pero en dos piezas. Lucen diversos estampados junto a un proverbio suajili y se confeccionan en algodón. Los más espectaculares se venden en Mombasa. Los *kikois*, de una sola pieza, son algo más bastos y se decoración es más sencilla. Los mejores modelos son originarios de Lamu.

En los puestos callejeros se pueden adquirir por algo menos de seis € al cambio.

ABALORIOS

Pulseras, brazaletes, collares, pendientes, anillos, tocados, cinturones, cintas para el pelo y otros muchos abalorios se venden por todas partes. Son la mercancía preferida por los vendedores ambulantes. La mayor parte de ellos, o al menos los más vistosos, pertenecen (cómo no) a la tribu masai. Pero no nos equivoquemos. Se trata de reproducciones. Los collares y los pendientes se confeccionan con cuentas multicolores y son muy bonitos. Las pulseras de cobre también son curiosas y pueden encontrarse pulidas o forradas con cuentas y alambres de color. En todo el territorio masai (al sur del país, junto a los parques de Amboseli y Masai Mara) son los propios guerreros, sobre todo las mujeres nativas, quienes ofrecen su mercancía a los turistas.

OBJETOS TRIBALES

Utensilios o pequeños muebles de origen tribal se venden en casi todos los establecimientos. Aunque muy pintorescos, se puede asegurar que casi todos son reproducciones. Lanzas, espadas, machetes y escudos hacen parecer a quien los compra un aprendiz de guerrero. También están disponibles mazas de madera de la tribu masai.

PULSERAS DE PELO DE ELEFANTE

Allá donde vaya un turista en Kenia habrá un buhonero detrás tratando de venderle una genuina pulsera trenzada con pelo de elefante. Todas, sin excepción, son falsas. Normalmente, se fabrican con paja teñida para dar el pego. El procedimiento para demostrar que la pulsera es una estafa es arrimar ésta a una llama: arderá como la yesca. Por eso, los vendedores más avezados comercian con pulseras hechas a base de astillas de cuerno de vaca, que convenientemente trenzadas y pintadas de negro tienen un aspecto más real y, además, resisten al fuego. Lo primero que hará un vendedor al ofrecernos este tipo de pulsera es colocar debajo de ella un mechero para *demostrar* su autenticidad.

MARFIL Y PIELES DE ANIMALES

Desgraciadamente, es posible encontrar tallas en marfil en algunos establecimientos, a pesar de estar prohibido su comercio. Cerca de los centros turísticos algunos vendedores ambulantes ofrecen a los viajeros piezas de este material, totalmente ilegales. El comercio del marfil está prohibido, y por muy buenas razones. Si uno se empeña en encontrar marfil auténtico, sin duda podrá hacerlo, pero con su compra contribuirá a la matanza inútil de animales y al enriquecimiento de los grandes comerciantes y cazadores furtivos de colmillos de elefante. Está en la conciencia de cada cual aportar su grano de arena a las masacres que los cazadores furtivos llevan a cabo año tras año en las reservas de África. Porque aunque las piezas se adquieran en un establecimiento autorizado, no hay que olvidar que el procedimiento para obtener los colmillos es siempre el mismo: debe matarse el animal. La única solución para acabar con la matanza de elefantes es no comprar marfil.

Con las pieles de animales sucede otro tanto. Aunque se trata de un negocio más controlado, depende de cada cual creer que es de buen gusto tener la piel de un animal sobre el suelo o la pared.

LO IMPRESCINDIBLE

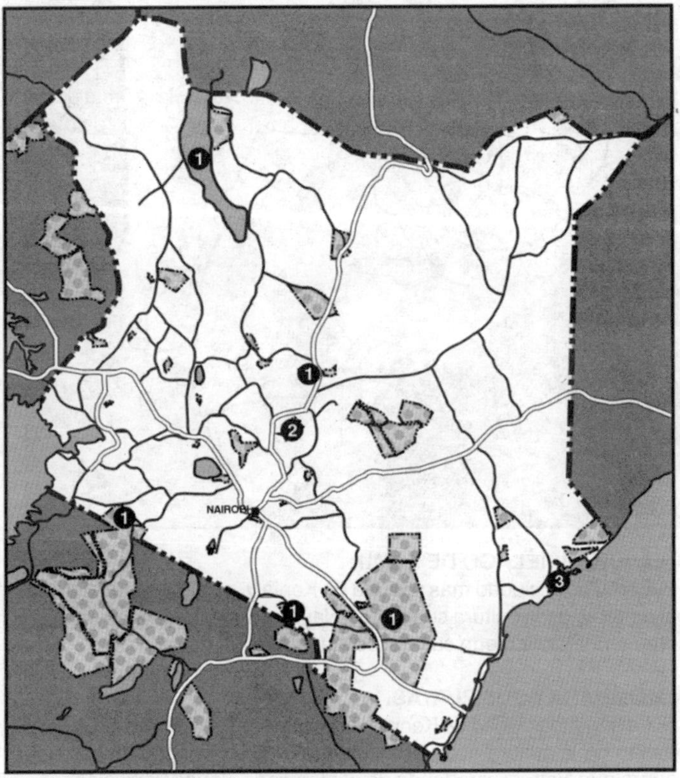

1. LOS PARQUES Y RESERVAS NACIONALES.

Ya hemos comentado que un safari por Amboseli, Masai Mara, el Lago Turkana, la Reserva Samburu, el Parque Tsavo o el Bosque de Kakamega constituye una experiencia inolvidable y lo mejor que se puede hacer para disfrutar de Kenia.

2. UN *TREKKING* POR EL MONTE KENYA.

La ascensión a la segunda cumbre más alta de África es imprescindible para todo buen montañero, y para ello no se necesita ser un alpinista, sino simplemente estar en buena forma física.

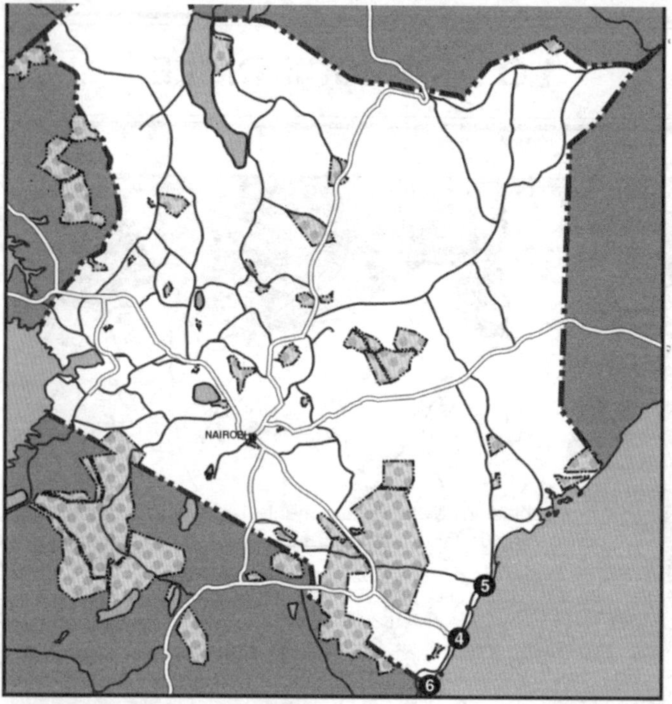

3. EL ARCHIPIÉLAGO DE LAMU.

Lamu es la ciudad más antigua de Kenia y, con Zanzíbar, el principal símbolo de la cultura suajili. Las playas y las excursiones en *dhow* complementan la oferta cultural de estas islas.

4. MOMBASA Y SUS PLAYAS.

La segunda ciudad de Kenia, y el principal puerto de la zona, es otro bastión de la cultura suajili, una ciudad muy agradable, mucho más segura que Nairobi, y rodeada de espléndidas playas tropicales.

5. LAS RUINAS DE GEDI.

Muy cerca de Malindi, en la costa, son los restos árabes más importantes de Kenia. Datan del siglo XIII y muestran un buen estado de conservación.

6. EL PARQUE MARINO KISITE-MPUNGUTI.

En el extremo sur de la costa, esta reserva marina es un lugar ideal para practicar el buceo con tubo o con botellas entre fantásticos escenarios de coral y peces multicolores.

NAIROBI

INTRODUCCIÓN

Nairobi es una de las ciudades más importantes del continente africano y, desde luego, en el principal centro administrativo y nudo de comunicaciones de África Oriental.

Sin embargo, hay que decir que en estos momentos sufre la mayor crisis desde el punto de vista turístico desde sus inicios como destino viajero y probablemente también la peor situación de su historia en cuanto a corrupción e inseguridad ciudadana.

Con una población de aproximadamente 1.500.000 habitantes, entre los que se encuentran un buen número de asiáticos, árabes y occidentales, en Nairobi se aprecia en seguida el contraste entre las modernas avenidas del centro con sus rascacielos acristalados y los paupérrimos barrios colindantes y otros casi en el centro que están sufriendo una gran decadencia, como River Road.

En estos tiempos apenas se ven extranjeros deambulando por las calles, a pesar de que la gran mayoría de los 400.000 visitantes anuales de Kenia entra al país por Nairobi.

Pero la verdad es que casi todos se quedan sólo un par de días, lo suficiente para reservar un safari, pasear un poco por el centro moderno y cenar en alguno de la gran variedad de restaurantes africanos e internacionales que hay en Nairobi.

En su favor hay que decir que es una ciudad muy vital y dotada de los mejores servicios de esta zona de África. El lugar ideal para organizar un safari o un recorrido no sólo por Kenia, sino por toda la región,

Nairobi

Nairobi

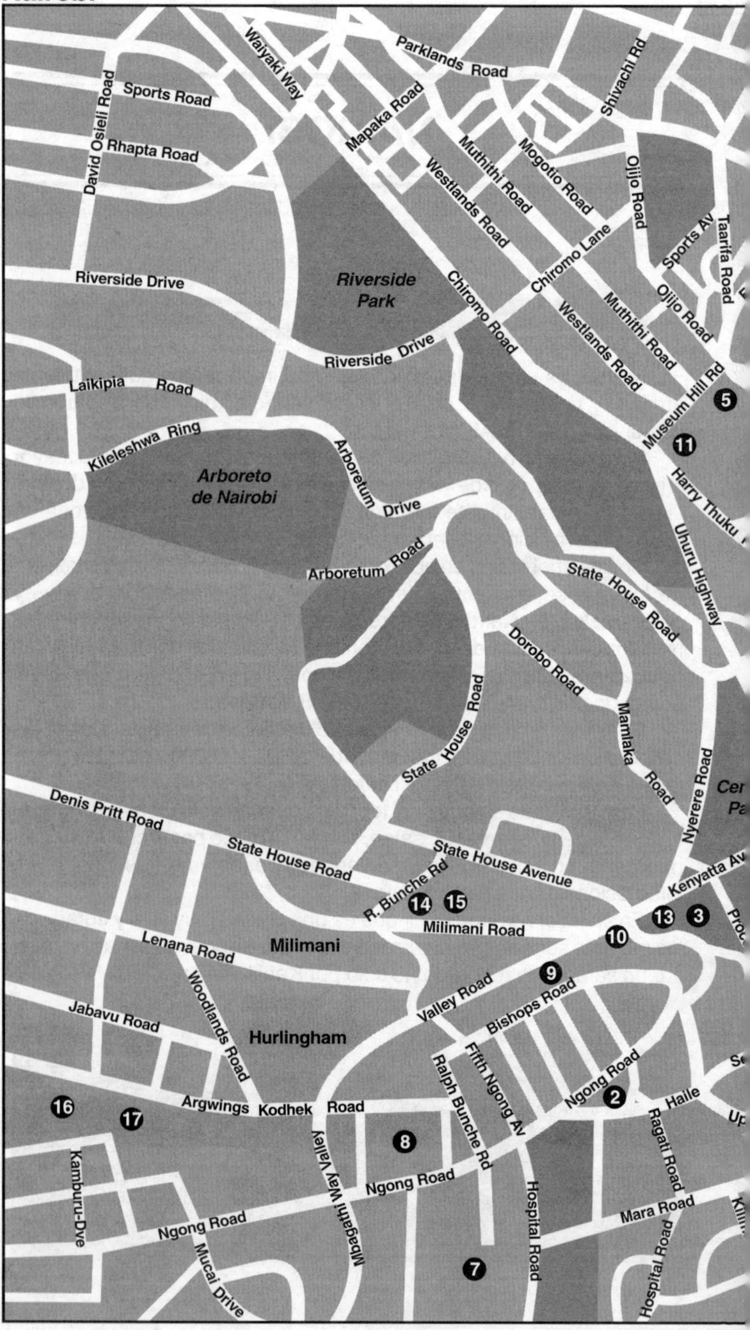

Waiyaki Way
Parklands Road
Shivachi Rd
Sports Road
David Osieli Road
Rhapta Road
Mapaka Road
Muthithi Road
Mogotio Road
Westlands Road
Ojijo Road
Sports Av
Taarifa Road
Riverside Drive
Riverside Park
Chiromo Lane
Chiromo Road
Laikipia Road
Museum Hill Rd
Kileleshwa Ring
Arboreto de Nairobi
Arboretum Drive
Harry Thuku
Arboretum Road
Uhuru Highway
State House Road
Dorobo Road
Mamlaka Road
State House Road
Nyerere Road
Denis Pritt Road
State House Road
State House Avenue
Kenyatta Av
R. Bunche Rd
Milimani Road
Lenana Road
Milimani
Woodlands Road
Valley Road
Bishops Road
Jabavu Road
Hurlingham
Fifth Ngong Av
Ralph Bunche Rd
Ngong Road
Argwings Kodhek Road
Halle
Ragati Road
Mbagathi Way Valley
Ngong Road
Kamburu-Dve
Ngong Road
Mucai Drive
Hospital Road
Mara Road
Hospital Road

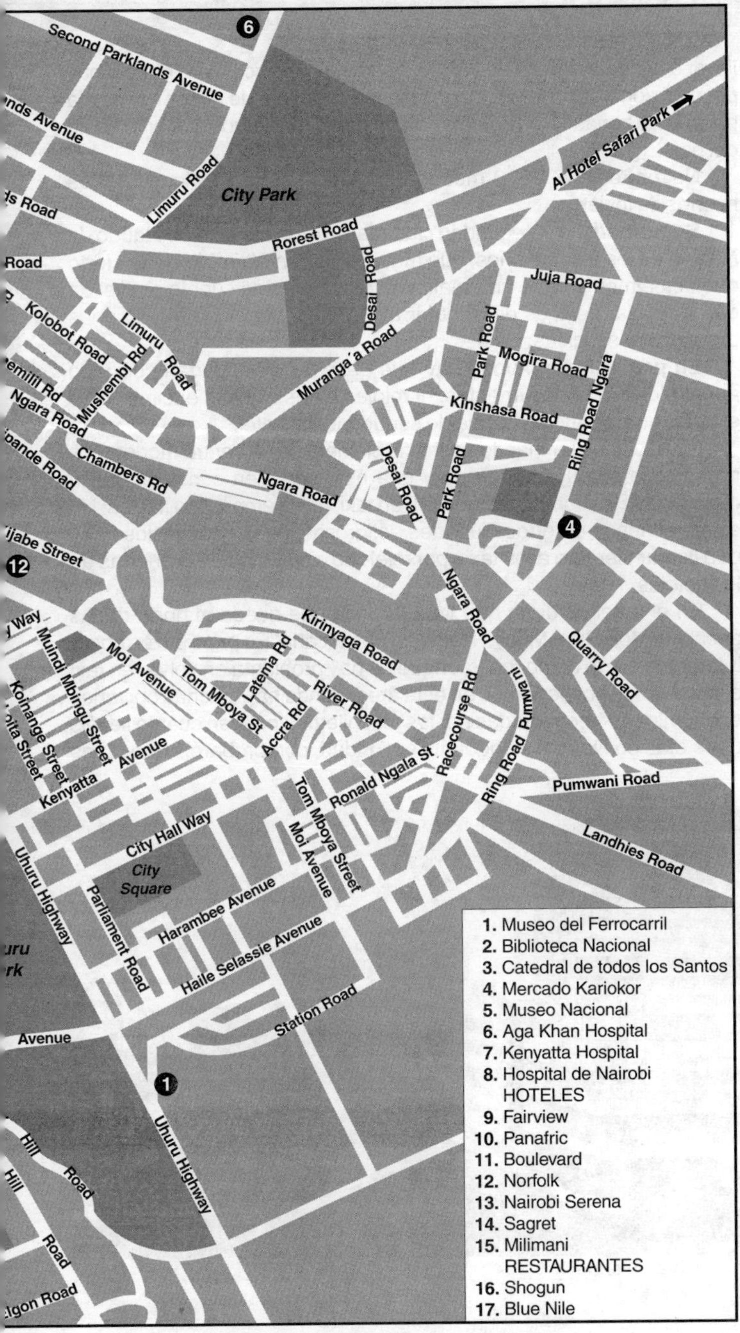

Second Parklands Avenue
nds Avenue
ds Road
Road
Limuru Road
City Park
Rorest Road
Al Hotel Safari Park
Desai Road
Juja Road
Kolobot Road
Limuru Road
Mushembi Rd
emilil Rd
Ngara Road
Muranga'a Road
Park Road
Mogira Road
Kinshasa Road
Ring Road Ngara
ande Road
Chambers Rd
Ngara Road
Desai Road
Park Road
ijabe Street
Way
Muindi Mbingu Street
Moi Avenue
Tom Mboya St
Latema Rd
Kirinyaga Road
River Road
Accra Rd
Ngara Road
Quarry Road
Koinange Street
oita Street
Kenyatta
Avenue
Racecourse Rd
Ring Road Pumwani
Ronald Ngala St
Tom Mboya Street
Moi Avenue
Pumwani Road
City Hall Way
City Square
Landhies Road
Uhuru Highway
Parliament Road
Harambee Avenue
Haile Selassie Avenue
uru
rk
Station Road
Avenue
Uhuru Highway
Hill
Road
Hill
Road
lgon Road
1. Museo del Ferrocarril
2. Biblioteca Nacional
3. Catedral de todos los Santos
4. Mercado Kariokor
5. Museo Nacional
6. Aga Khan Hospital
7. Kenyatta Hospital
8. Hospital de Nairobi
HOTELES
9. Fairview
10. Panafric
11. Boulevard
12. Norfolk
13. Nairobi Serena
14. Sagret
15. Milimani
RESTAURANTES
16. Shogun
17. Blue Nile

llevar a cabo un trámite de correo, bancario o médico. Pero ofrece muy poco en concreto que visitar, no se puede caminar de noche –ni de día por ciertas zonas- y los hoteles son bastante más caros que en el resto del país.

Nairobi está a 1.820 metros de altura, así que abrigaos en las noches de invierno.

Seguridad. La inseguridad ciudadana es un aspecto peliagudo de Nairobi en los últimos años, que muchos llaman *Nairobbery.* Es cierto que actualmente tiene una malísima reputación en cuanto a nivel de delincuencia, pero es difícil sufrir algún percance si se toman unas precauciones lógicas:

En primer lugar, nunca hay que pasear por la ciudad con todo nuestro dinero ni documentos, ni relojes caros ni joyas encima. Todo ello hay que dejarlo en la caja de seguridad del hotel.

No hay que caminar de noche, ni siquiera por el centro moderno, a no ser que se vaya en grupo y que éste sea bien consistente. En cuanto caen las sombras hay que ir en taxi, que siempre son fiables. No existe el riesgo de otras ciudades peligrosas, en las que incluso hay que llamar siempre a los taxis por teléfono o cogerlos a las puertas de los hoteles.

En el hotel os dirán que toda la zona que queda al norte de las avenidas Moi y Tom Mboya no hay ni que tocarla. En principio es absolutamente cierto de noche –aunque no hay problema en volver en taxi al hotel si nos hospedamos en esta área, donde hay muchas opciones económicas y frecuentadas por los mochileros-, pero en cuanto llevéis unos días en Nairobi y adquiráis seguridad, comprobaréis que no es

Kennyata Avenue

para tanto y que es una pena no darse una vuelta a plena luz del día por calles como River Road, algo peligrosillas pero con una indudable personalidad africana que falta en la parte moderna, o dejar de ir a comer a lugares de sabor tan local como Malindi Dishes.

Por el centro hay varias discotecas con un ritmazo alucinante y muy divertidas para ir por la noche, así como algunos bares agradables con música en vivo. Estos lugares son muy seguros y el taxista que os lleve se prestará amablemente –sufren una gran escasez de clientes- a esperaros hasta que queráis volver al hotel sin cobraros por el tiempo.

Por el parque Uhuru es mejor no adentrarse en estos tiempos. Se ha puesto de moda atracar al turista.

Si aún siguiendo estas precauciones se sufre un atraco, hay que intentar mantener la calma y entregar lo que se tenga. Normalmente no se produce una agresión física –la gran mayoría de la gente en Nairobi es buena, incluso los delincuentes suelen moverse simplemente por una gran necesidad, pero no tienen una especial malicia como para dañar a la víctima-, aunque una forma no infrecuente de actuación consiste en que tres o cuatro jóvenes inmovilizan a la víctima en el suelo y otro le rebusca los bolsillos. Pero será raro que os suceda si vais siempre por lugares donde haya gente.

HISTORIA

La historia de Nairobi se remonta a poco más de un siglo. En un principio, la ciudad no era sino un campamento instalado en mitad de una zona pantanosa que se encontraba prácticamente a mitad de camino de la línea ferroviaria Mombasa-Uganda que estaban construyendo las autoridades coloniales británicas. A partir de ese punto el terreno comenzaba a elevarse, a medida que el tendido ferroviario se adentraba en la alta meseta central del país. Era por lo tanto, un lugar idóneo para detenerse a descansar, antes de continuar el camino.

Poco a poco, algunos colonos comenzaron a instalarse en los alrededores del pantano y los nativos masai que deambulaban por la zona tuvieron que emprender un nuevo peregrinaje hacia las tierras del sur. La fauna salvaje también empezó a retirarse de lo que ya se iba transformando en un núcleo urbano. Pero todavía en 1900 alguna noche podía verse algún león paseando en lo que ya era una auténtica ciudad en ciernes, con un montón de edificios oficiales.

En 1905 arrebató a Mombasa el estatus de la capitalidad del Protectorado Británico de África del Este y desde entonces no ha dejado de crecer.

En 1998 la explosión de la Embajada de Estados Unidos en la avenida Moi causó la muerte de más de 200 personas, en su mayoría kenianas.

ORIENTACIÓN

Orientarse en Nairobi es sencillo y casi todo lo que hay que ver y todos los lugares donde hay que hacer algún trámite se encuentran en el centro. Si observáis el mapa de la ciudad observaréis que el centro moderno es casi un rectángulo formado por la autovía Uhuru, la avenida Moi –o incluso su paralela Tom Mboya Street- y las avenidas University Way y Haile Selassie.

Es en este cogollo donde se hallan los hoteles y restaurantes más convenientes –aunque en los últimos años muchos de estos negocios se han trasladado a Westlands, una zona residencial al noroeste del centro-, las agencias de viajes y safaris, los bancos, las tiendas y los edificios administratrivos.

La calle Tom Mboya marca el límite entre el centro moderno, dominado por sus altos edificios acristalados y limpias avenidas, con ese corazón de África formado por calles tan características como River Road, Accra Road, Luthuli Avenue o Gaborone Road, lugares que hay que evitar de noche y andar con precaución durante el día.

En el centro moderno las principales avenidas son Haile Selassie, Harambee, City Hall y Kenyatta, paralelas entre sí y perpendiculares a Tom Mboya y Moi.

Durante el día se puede caminar sin problema por el centro, incluso hasta la estación de trenes, en Station Road.

Para ir a Westlands o al restaurante Carnivore, cerca del aeropuerto Wilson, tendréis que coger un autobús o un *matatu* de día y un taxi de noche.

La periferia del caso urbano está ocupada por lujosos barrios residenciales, a excepción del sector este, donde se encuentran los masificados suburbios que constituyen la zona más africana de la ciudad. Ngong y Hurlingham al oeste, Westlands al norte y Langata al

Kimathi Street

sur ofrecen un fuerte contraste con sus espaciosas viviendas unifamiliares con las humildes construcciones de los barrios del nordeste, como Parklands, donde la gente se hacina en torno a vetustos edificios y chabolas.

También al oeste del núcleo urbano, junto a la Uhuru Highway, arteria principal de acceso a Nairobi que enlaza con la carretera a Mombasa y el aeropuerto, se encuentra el pulmón principal de la ciudad: el Uhuru Park.

LA VISITA

Nairobi no tiene ningún monumento o edificio que sea imprescindible incluir en una visita. Es una ciudad nueva, con algunos edificios administrativos o bancarios notables que se ven simplemente paseando por el centro moderno y casi podemos asegurar que los dos *monumentos* con más historia de la ciudad son los hoteles Norfolk y Stanley, que llevan casi cien años alojando a las principales personalidades de visita en la ciudad.

En Muindi Mbingu St, entre Tubman Road y Market Street, se alza el **Mercado**, un edificio de cierto interés y con bastante actividad a las horas laborales.

Muy cerca, en Kigali Road se halla la principal y más atractiva mezquita de la ciudad, la **Jamia Mosque.**

CITY MARKET. Muindi Mbingu St. En el corazón de Nairobi está enclavado su mercado central. No es muy grande, pero sí curioso. Si se visita temprano por la mañana hay una gran actividad entre las labores de carga y descarga de las mercancías. Es un lugar muy animado, en el que la gente se entremezcla entre inmensos cestos de fruta y piezas de carne mientras busca lo más adecuado para confeccionar el menú diario. El recinto posee un mercadillo especializado en *kiondos*, los vistosos cestos de mimbre kenianos. Hay un par de pe-

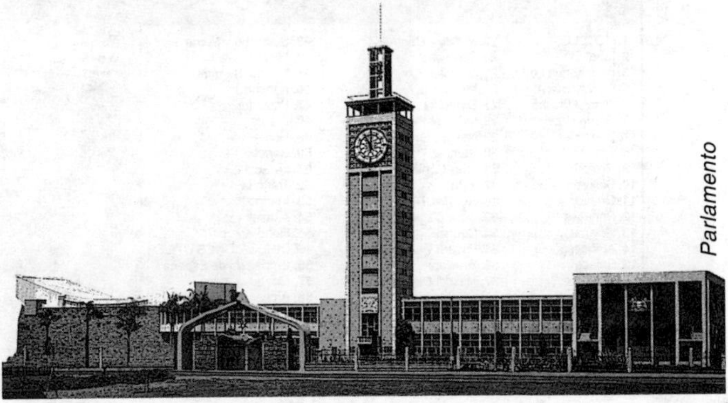

Parlamento

Centro de Nairobi

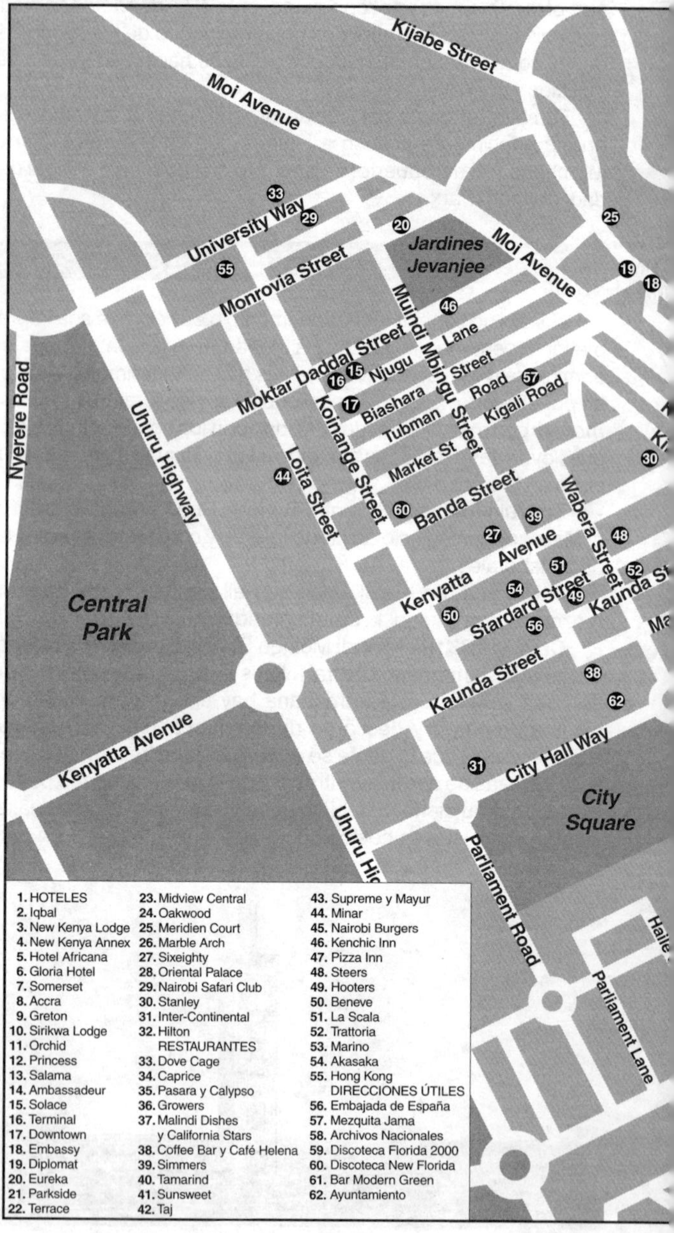

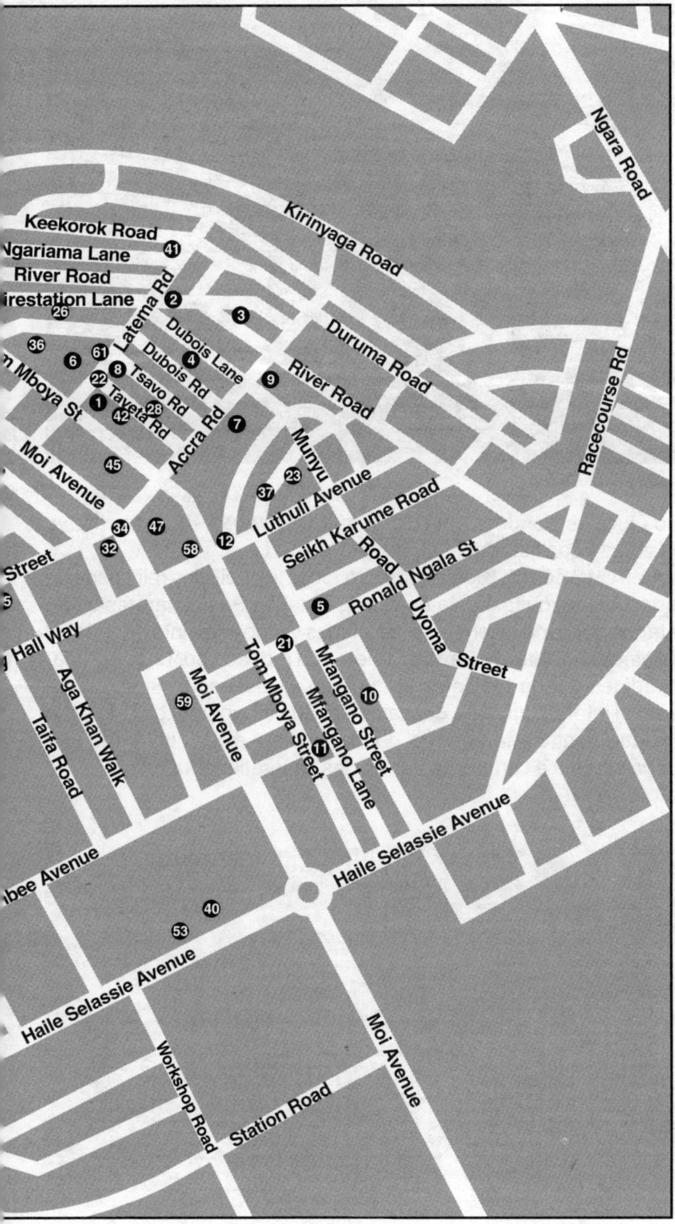

Keekorok Road
River Road
Latema Rd
Dubois Lane
Dubois Rd
Tsavo Rd
Taveta Rd
Accra Rd
Moi Avenue
Kirinyaga Road
Ngara Road
Duruma Road
River Road
Racecourse Rd
Munyu Road
Luthuli Avenue
Seikh Karume Road
Ronald Ngala St
Uyoma Street
Street
Hall Way
Aga Khan Walk
Taifa Road
Moi Avenue
Tom Mboya Street
Mfangano Street
Mfangano Lane
Haile Selassie Avenue
Haile Selassie Avenue
Workshop Road
Station Road
Moi Avenue
41
2
26
3
36
6
61
8
4
9
22
1
28
42
7
45
23
37
34
47
12
32
58
5
21
10
59
11
40
53

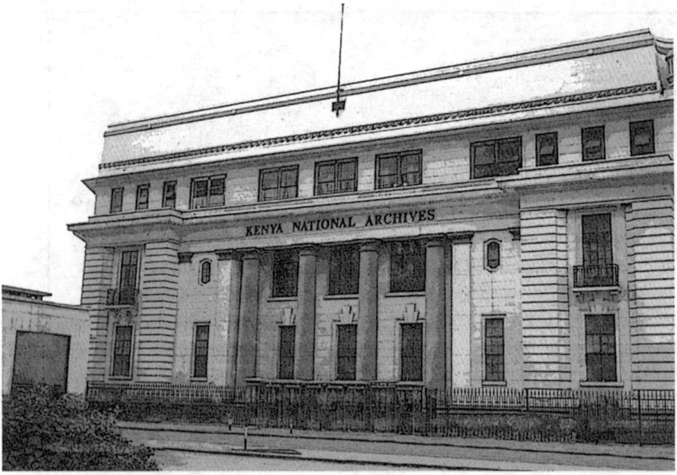

Archivos Nacionales

queños locales donde se puede comer una sopa y *nyama choma*, baratísimos y con indudable atmósfera local.

JAMIA MOSQUE. Kigali Road. De todos los edificios religiosos de la ciudad, la mezquita Jamia es el más notable. Sus minaretes están rematados por cúpulas en forma de bulbos y todo el recinto –detrás de la Biblioteca McMillan de Banda Street- está rodeado por unos agradables jardines donde los fieles se tumban a descansar. Si se quiere acceder al interior, hay que descalzarse. Suele haber un guarda en la puerta que controla la entrada de los turistas, a los que exige una pequeña propina a cambio de permitirles fotografiar el lugar.

Biblioteca Nacional

NATIONAL ARCHIVES. Moi Avenue. Abierto de lunes a viernes de 8.30 a 16.30 horas y hasta las 13.00 horas los sábados. Entrada gratuita, pero se acostumbra hacer una pequeña donación. Los Archivos Nacionales se encuentran enfrente del hotel Ambassadeur y muy cerca también del Hilton. En el interior se exhiben documentos y fotografías del pasado reciente del país.

KENYATTA CONFERENCE CENTRE. Harambee Avenue. El edificio donde se celebran numerosos congresos internacionales tiene acceso, previo pago de unos pocos chelines, al mirador de la planta 28, desde donde se obtiene una buena panorámica de la ciudad.

PARQUES Y JARDINES

UHURU PARK. Al otro lado de la autopista Uhuru, es un parque bastante grande, con un lago artificial y un campo de golf. Antaño resultaba muy agradable caminar por su paseos, pero ahora, incluso de día hay que tomar precauciones, pues abundan los atracadores.

CENTRAL PARK. Adyacente al Uhuru, un poco más al norte y separado por la avenida Kenyatta, es más pequeño y también se ha vuelto peligrosillo.

Kenyatta Conference Centre

CITY PARK. Situado a tres kilómetros al norte del centro, entre Limuru y Forest roads, contiene un hermoso jardín acuático con nenúfares, peces y batracios. Además, hay un parque infantil para los niños. Se puede llegar desde Tom Mboya St con los autobuses 11 y 12.

ARBORETO DE NAIROBI. Está a dos kilómetros al noroeste de la ciudad, enclavado en mitad de un barrio residencial. El Arboreto es un jardín botánico que alberga a más de 270 especies distintas de árboles y plantas. Es un lugar muy agradable para caminar. Para llegar hay que tomar el autobús nº 28.

SNAKE PARK. Museum Road. Abre todos los días de 9.30 a 18.00 horas. Entrada de pago. Se encuentra frente a la puerta del National Museum. Las instalaciones de este parque de serpientes se encuentran bastante en desuso y aunque el censo que hay junto a la puerta muestra una cifra de 200 especies distintas, en realidad, no deben contabilizarse ni a la mitad. Sin embargo, sí se exhiben varios tipos de cobras, mambas, pitones, víboras y otras muchas especies de África Oriental. Algunas se encuentran en urnas de cristal y otras en fosos. Como ocurre en estas clases de parques, las horas de mayor afluencia son aquéllas en las que se da de comer a los animales, o se hacen exhibiciones de extracción de veneno a las serpientes más peligrosas. Algunos cocodrilos, pequeños reptiles y peces tropicales completan la fauna de este lugar.

A pocos kilómetros al sur de la ciudad se halla el **Parque Nacional Nairobi**, muy atractivo y con una buena variedad de fauna. Al estar situado junto al aeropuerto Kenyatta, produce en sus visitantes una extraña sensación, al poder contemplar a un tiempo una manada de cebras e incluso algún león, mientras un poderoso reactor toma tierra o despega. Este es el tipo de cosas que dotan a Kenia de su encanto especial. Damos una explicación más detallada del mismo y su acceso en el apartado de Parques Nacionales.

MUSEOS

RAILWAY MUSEUM. Station Road en su confluencia con Uhuru Highway. Abre a diario de 8.30 a 17.00 horas. Entrada de pago. El Museo del Ferrocarril reconstruye el pasado colonial de Kenia mediante una pequeña exposición permanente sobre la costrucción del ferrocarril Mombasa-Uganda. Se exhiben documentos de la época, fotografías, mapas y material ferroviario. Además hay una interesante colección de locomotoras antiguas, bien restauradas pero dejadas a la intemperie sin protección alguna, por lo que la herrumbre se las está comiendo. Tambié se muestra una reproducción a escala del mítico vapor *Liemba*, construido en el siglo XIX y que hasta hace pocos años todavía prestaba su servicio en aguas del lago Tanganica.

MUSEO NACIONAL. Museum Road. Abre todos los días de 9.30 a 18.00 horas. Entrada de pago. El National Museum se encuentra en una perpendicular de Museum Hill, cerca del extremo norte de Uhuru Highway. Este pequeño museo es muy interesante, pues reúne diversas colecciones etnográficas, geológicas, zoológicas y prehistóricas que ofrecen dan una visión muy amplia acerca del enorme interés natural y cultural de Kenia.

Planta baja: El vestíbulo de la planta baja está dedicado a los mamíferos. Se exhiben especímenes disecados en vitrinas empotradas en la pared. En un pabellón anexo, al que se llega tras cruzar un pequeño patio, se muestra una segunda colección de animales pertenecientes a diversos países de África Oriental. En el patio se encuentran, también disecados, los restos del elefante **Ahmed**, decretado monumento nacional en 1974. Una segunda galería de la planta baja está dedicada a reptiles y peces. El ala derecha queda reservada para colecciones prehistóricas, fósiles originales y réplicas de hallazgos efectuados durante excavaciones en Kenia. Se hace especial hincapié en las campañas efectuadas por **Richard Leakey** en el lago Turkana, en las que se descubrieron algunos de los restos de homínido más antiguos que se conocen hasta la fecha. Junto a esta sala se encuentra una exposición de geología, compuesta por gran diversidad de piedras de origen volcánico. También hay un apartado especial dedicado a piedras preciosas. Una última sección se ocupa de descubrimientos antropológicos recientes y relacionados con las tribus africanas.

Planta superior: Lo más destacable de la planta superior son las espléndidas colecciones de insectos y, sobre todo, de aves que alberga el museo. Son sencillamente increíbles. Una segunda galería se ocupa de la historia de Kenia y exhibe documentos de época y fotografías antiguas muy interesantes. Junto a ella, un pequeño corredor suele hacer las veces de galería de arte para exponer la obra de algún artista local. Especialmente interesante resulta la exposición pictórica que se encuentra en la galería que discurre sobre el vestíbulo principal. Los cuadros, pintados por **Joy Adamson**, la famosa escritora de *Nacida libre*, muestran una enorme variedad de retratos de nativos ataviados al estilo tradicional de su tribu. Para completar esta exhibición etnológica, ambos lados del corredor ofrecen vitrinas repletas de instrumentos y accesorios tribales.

En la planta baja hay una pequeña tienda de *souvenirs*, la mayoría manufacturados y muy caros. Enfrente, un pequeño depacho hace las veces de librería para quienes quieran adquirir algún libro explicativo del museo.

ACTIVIDADES

Piscinas. Casi todos los hoteles caros o de lujo tienen una piscina donde incluso quienes no sean huéspedes pueden pasar un rato y bañarse previo pago.

Algunas piscinas son las del Norfolk, Harry Thuku road; Nairobi Safari Club, University Way, o el Safari Park, en Thika road.

CLUBS Y SOCIEDADES DE INTERÉS

En Nairobi existen un par de sociedades especializadas en actividades turísticas y ecológicas que pueden sernos muy útiles.

MOUNTAIN CLUB OF KENIA (MCK). PO Box 45741, ☎ 50 17 47. Este club efectúa excursiones a distintas montañas del país, sobre todo al Monte **Kenia**, y cada martes a las 20 horas celebra reuniones abiertas en el aeropuerto Wilson.

EAST AFRICAN WILDLIFE SOCIETY. Hilton Hotel, PO Box 20110, ☎ 74 81 70. Esta sociedad se dedica a la conservación de la naturaleza en todo África Oriental. Ofrecen información sobre los parques nacionales de Kenia y aceptan nuevos socios por una cuota.

DIRECCIONES ÚTILES

Lo primero que tenemos que aclarar no deja de tener su importancia para un viajero, y es que en Nairobi, por raro que parezca, no hay Oficina de Turismo, ni de Kenia ni de la capital. En todo caso, poca información proveen las oficinas de esta zona de África, salvo alguna honrosa excepción, como la de Mombasa.

EMBAJADA DE ESPAÑA. Bruce House, Standar Street, 5º. ☎ 22 65 68 y 33 57 11.

EMBAJADAS DE PAÍSES CERCANOS

BURUNDI. Development House, piso 14, Moi Avenue. ☎ 72 83 40.

ETIOPÍA. State House Road. ☎ 72 30 27.

REP.DEM.CONGO. Electricity House, Harambee Ave.

RUANDA. International House, 12ª Plta., Mama Ngina St. ☎ 33 43 41.

SUDÁN. Minet ICDC House, 7ª Plta., Mamlaka Rd. ☎ 72 08 53.

TANZANIA. Reinsurance Plaza, 9ª Plta., junto al Hotel Hilton. ☎ 33 10 56.

UGANDA. Uganda House, 5ª Plta., Kenyatta Ave. ☎ 33 09 75.

ZAMBIA. Nyerere Rd., junto aL YWCA. ☎ 72 47 96.

HOSPITALES, CLÍNICAS Y URGENCIAS

Si hay necesidad de recibir atención médica, es mejor optar por una clínica que por un hospital.

NAIROBI HOSPITAL. Argwings Kodhek, Valley Road. ☎ 77 21 60. Asistencia médica aceptable.

AGA KHAN HOSPITAL. Third Parklands Ave, al nordeste de la ciudad. ☎ 74 00 00. Es el más recomendable.

CLÍNICA DEL DOCTOR SHETH. Bruce House, 3ª planta; Standard Street. ☎ 33 39 77. El mejor lugar y el preferido por los extranjeros que sospechan que han contraído alguna infección.

CITY HALL CLINIC. Mama Ngina Street. Especializada en inmunología, es el sitio idóneo para vacunarse en caso de necesidad.

ACCIDENT AIR RESCUE. ☎ 71 73 76. Ambulancias y evacuaciones aéreas.

OTROS DATOS DE INTERÉS

CORREOS. La oficina central está en la avenida Haile Selassie, pero tenéis una oficina muy conveniente en Moi Avenue, un poco antes de la esquina con River Road. Abren de lunes a viernes de 8 a 17 horas y sábados de 9 a 12 horas.

OFICINA DE INMIGRACIÓN. Nyayo House, Kenyatta Ave esquina con Uhuru Highway. ☎ 33 21 10. Aquí podéis ampliar vuestro visado de estancia.

BANCOS. Tenéis bancos y oficinas de cambio por todo el centro moderno. El cajero automático de la sucursal que están en Muindi Mbinga St esquina Biashara St, muy cerca de los hoteles Terminal y Down Town, funciona muy bien. El Barclays Bank tiene una oficina bien situada en la céntrica esquina de las avenidas Kenyatta y Moi. Además, hay un buen número de oficinas de cambio en ambas avenidas y en las calles Muindi Mbingu o Standard St. En Westlands hay dos oficinas Forex de cambio.

TELÉFONOS. La oficina central de Extelcoms está en Haile Selassie Ave, frente a Correos, pero se pueden hacer llamadas –también internacionales- desde la mayoría de las cabinas, con tarjeta.

INTERNET

En Nairobi no tendréis problema para comprobar vuestro correo electrónico y los precios son bastante buenos. Algunas direcciones son:

ZEE-LINK. University Way esquina Muindi Mbingu, 2º piso. Abierto de lunes a viernes de 8 a 19 horas y los sábados de 9 a 19 h.

E-WORLD. En el edificio Barclays Plaza y en la esquina de Moi con Kenyatta abre todos los días hasta las 20 horas y tiene unas fantásticas pantallas ultraplanas a todo tamaño.

ARKLAND. Moi Avenue, junto a Sonalux House. Abierto de lunes a sábados de 7 a 20 horas y los domingos de 10 a 17 horas.

SIMMERS. Muindi Mbingu esquina Kenyatta Ave. Abre todos los días hasta las 0 horas. Un bar y restaurante donde os podéis conectar.

LIBRERÍAS

En Nairobi hay unas cuantas librerías en las que se ofrece lo mejor acerca de la historia de África, sus tribus, costumbres, flora, fauna y parques nacionales, pero casi el 100% de las existencias están en inglés. Por supuesto, los libros gráficos de naturaleza –fauna y paisajes- acaparan la atención de la mayoría de la gente.

Abundan los volúmenes sobre los parques nacionales kenianos y tanzanos. La mayoría está en inglés, aunque algunos se venden en varios idiomas. Todas las librerías ofrecen también diversas guías turísticas y de conversación, además de planos de todos los calibres.

Las mejores librerías se agrupan en las calles Kimathi, Wabera y Mama Ngina Street. Aunque **Text Book Centre**, Sarit Centre, en Westlands, tiene la reputación de ser la mejor de África Oriental. Otras librerías recomendadas son **Nation Bookshop**, junto al hotel Stanley, en Kimathi St., y **Prestige Books**, en Mama Ngina St.

COMUNICACIONES

AEROPUERTO INTERNACIONAL JOMO KENYATTA. ☎ 82 21 11, a 15 kilómetros de la ciudad por la carretera de Mombasa.

AEROPUERTO DOMÉSTICO WILSON. A 7 kilómetros del centro, en el barrio de Langata.

ESTACIÓN DE FERROCARRIL. Station Road. ☎ 33 51 60. Oficina de Reservas abierta cada día de 8 a 17 horas.

ESTACIÓN DE AUTOBUSES. Landhies Road. Desde aquí parten la mayoría de los autobuses a casi todas las ciudades del país, excepto los que salen de sus propias oficinas, la mayoría de las cuales está en Accra Road. La de Akamba (☎ 22 54 88) está en Lagos Road semiesquina Latema Road.

OFICINAS DE MINIBUSES A MOMBASA, KAMPALA, ARUSHA Y MOSHI. Connection (reservas en Inside Africa Safaris, Wabera St. ☎ 22 33 04).

TERMINALES DE *MATATUS*. La mayoría parten de las calles Latema, Accra, Cross y River Road.

TERMINALES DE TAXIS COMPARTIDOS. La mayoría están en River y Accra roads. Algunas, cerca de estas calles, como **DPS** (☎ 21 08 66), en Dubois road. **Cross Road Travellers** (☎ 24 53 77) tiene su parada en la calle del mismo nombre.

TRANSPORTES URBANOS

Autobuses y *matatus*. Son tan baratos como incómodos, pero apenas hay que utilizarlos para ir a algún lugar de los alrededores.

Taxis. Hay paradas delante de todos los principales hoteles. Los que esperan a las puertas del Ambassadeur y del Hilton suelen venir muy bien, dada su céntrica situación. Sus tarifas se pactan por anticipado y suele ser bastante económico. Preguntad el primer día en el hotel cuánto cuesta la tarifa de día y de noche por el centro, pues es fija.

LÍNEAS AÉREAS

AEROFLOT. Corner House, Mama Ngina St. ☎ 22 07 46.

AIR FRANCE. International House, Mama Ngina St. ☎ 21 69 54.

AIR INDIA. Jeevan Bharati Building, Harambee Ave. ☎ 33 47 88.

AIR MAURITIUS. International House, Mama Ngina St. ☎ 22 91 66.

AIR RWANDA. Mama Ngina St. ☎ 33 22 25

BRITISH AIRWAYS. International House, Mama Ngina St. ☎ 24 44 30.

EGYPT AIR. Hilton Arcade, City Hall Way. ☎ 22 68 21.

KENYA AIRWAYS. Barclays Plaza Building, Loita St, 5º piso. ☎ 21 07 71.

KLM. Barclays Plaza Building, Loita St, 5º piso. ☎ 21 07 71 (comparte oficina con Kenya Airways).

PAKISTAN INTERNATIONAL AIRLINES. ICEA Building, Kenyatta Ave. ☎ 33 39 00.

SOUTH AFRICAN AIRWAYS. Lonrho House, Standard St. ☎ 22 96 63.

ALQUILER DE VEHÍCULOS

AVIS. Aeropuerto internacional y Koinange St. ☎ 33 67 94.

BUDGET RENT-A-CAR. Aeropuerto internacional y Hotel Hilton. ☎ 82 23 70 y 44 03 33.

CENTRAL RENT-A-CAR. Fedha Towers, Standard St. ☎ 22 28 88. Un poco más económica que el resto.

GLORY CAR HIRE. Diamond Building, Tubman Rd. ☎ 31 35 61. También algo más barata.

EUROPCAR. Bruce House, Standard St. ☎ 33 47 22 y Aeropuerto internacional, ☎ 82 23 48.

HERTZ. Aeropuerto internacional, ☎ 82 23 39 y Muindi Mbingu St. ☎ 33 19 60.

AGENCIAS DE VIAJE

La función de estas agencias casi se limita a obtener para el viajero un billete de avión algo más barato de lo que lo ofrecen las mismas compañías aéreas. Pueden hacer también reservas hoteleras y pequeños *tours*, pero su fuerte son las reservas de avión. No hay que confundir estas agencias con las compañías turísticas especializadas en la organización de safaris, aunque algunas ya están organizando safaris, como Let's Go o Flight Centres. En caso de necesitar una agencia, algunas fiables son:

FLIGHT CENTRES. Lakhamshi House, Biashara Street. ☎ 21 00 24. Últimamente se ha hecho con la reputación de ser la mejor agencia de Nairobi y organiza también safaris en cámping y viajes por los países vecinos.

LET'S GO TRAVEL. Waiyaki Way, Westlands, (Contacto: Alan Dixson, ☎ 44 71 51. www.letsgosafari.com. Con una buena selección de alojamientos por todo Kenia.

COMPAÑÍAS DE SAFARIS

Nairobi es el punto de partida para casi el cien por cien de los safaris que se hacen en Kenia y también de muchos de los que se llevan a cabo en los países limítrofes, sobre todo en Tanzania.

Por lo demás, Nairobi es también el directorio general de todos los parques nacionales del país. Desde la capital se controlan todos los entornos naturales, se efectúan los trámites de reserva hotelera y visita de sus parques y se fragua casi toda la industria del safari que hay en el país.

Existe una amplia variedad de compañías turísticas dedicadas exclusivamente a la organización de visitas a los parques nacionales, pero hay que tener precaución a la hora de contratar un safari, pues algunas de las más baratas son muy deficientes. Lo mejor es informarse con algún viajero que venga de un safari o, en todo caso, nosotros ofrecemos en el capítulo de *El Safari* un listado de las que en el 2002 tenían buena reputación.

Los costes de un safari desde Kenia son bastante más baratos que desde Tanzania. En el 2002, costaba unos 50 dólares diarios si se hacía de cámping –que a muchos agrada, pues es una auténtica experiencia africana- y a partir de 100 pernoctando en *lodges* más o menos lujosos y siempre situados en parajes alucinantes. Si se desea en la opción del cámping una tienda para una persona, en vez de tener que compartir con otra, como es habitual, hay que avisarlo con antelación y se suele cargar un 20% más. Normalmente te prestan un saco de dormir si no lo tienes.

Los precios deben incluir el transporte, el desayuno, comida y cena preparados por el cocinero –pero no las bebidas-, la entrada diaria al parque y dos safaris cada día.

En Nairobi también se encuentran las oficinas centrales de las cadenas hoteleras propietarias de los lujosos *lodges* de los parques. Cualquier reserva por cuenta propia para estos alojamientos debe gestionarse aquí.

ALQUILER DE MATERIAL DE ACAMPADA

Si se quiere alquilar equipo de acampada para un safari por cuenta propia, o si necesitamos un saco de dormir pues en la agencia no disponen de ello, un lugar con buena reputación en Nairobi para conseguir cualquier artículo es **Atul's**, Biashara Street, Po Box 43202, ☎ 22 59 35.

Los alquileres se pagan por adelantado y se exige una fianza que se reintegra al devolver el material.

ALOJAMIENTO

Hay dos zonas fundamentales para alojarse en Nairobi: el centro y Westlands. La segunda opción tiene la ventaja de la tranquilidad y la seguridad, al mismo tiempo que cuenta con todos los servicios que necesitemos: restaurantes, tiendas, etcétera, pero estamos a unos pocos kilómetros fuera del centro y en cuanto anochece nos tendremos que dejar un dinerillo en los taxis.

En el centro estamos cerca de todo y es más interesante, aunque no podamos caminar en cuanto anochece.

Los hoteles en Nairobi son bastante más caros que en el resto del país, incluida Mombasa, y especialmente los de precio medio no son ningún chollo.

HOTELES

En la mayoría de los hoteles baratos se puede optar por las habitaciones sin baño propio y generalmente en los baños comunes hay agua caliente.

Todos los de precio medio tienen baño con agua caliente en cada habitación y muchos tienen bar o restaurante.

EN EL CENTRO

Baratos

Tened en cuenta que la mayoría de hoteles al norte de Tom Mboya St están un poco en *territorio comanche* y, aunque los que recomendamos en esta guía son seguros, hay que andar con precaución por los alrededores y siempre en taxi de noche.

IQBAL HOTEL. Latema Rd. ☎ 22 09 14. Nuestro favorito entre los más baratos y muy frecuentado por mochileros. Además, está justo en el límite entre la zona moderna y el centro más embarullado, con lo que se disfruta de una atmósfera típica de Nairobi sin estar en un área peligrosa. Lo llevan un musulmán, el señor Ahmed, muy honrado y amable y hay 36 cuartos, los más baratos sin baño.

NEW KENYA LODGE. River Road. ☎ 22 22 02. Una institución entre los mochileros que vienen a Nairobi desde hace muchos años, pero la zona ha degenerado bastante. Está en una calle peligrosa, pero en la esquina con Latema Road, con lo que es la zona más segura de River Rd. Pero en su favor hay que añadir que todavía hay muchos viajeros y se disfruta de un área verdaderamente con sabor africano. Dormitorios y dobles.

NEW KENYA LODGE ANNEX. Duruma Rd. ☎ 33 83 48. A dos pasos del anterior y de la misma propiedad. Con los mismos precios, pero menos interesantes y, además, está en un callejón más chungo.

HOTEL AFRICANA. Dubois Road. ☎ 22 06 54. Cuartos con baño, y no está mal aunque tiene fama de alojar a algunos clientes con mala reputación, y no sería la primera vez que la poli hace una redada. No parece muy recomendable, aunque las cosas cambian aquí de manera radical en poco tiempo.

GLORIA HOTEL. Ronald Ngala St. ☎ 22 89 16. Un clásico del centro entre los baratos, que ha conocido mejores tiempos.

SOMERSET. Latema Road. No tiene ☎ El antiguo Sunrise es muy barato (360 la doble sin baño, pero con agua caliente en los comunes) y algo cutre, pero lo lleva un personal muy amable. Tiene 42 cuartos correctos.

HOTEL ACCRA. Accra Road. ☎ 33 88 75. Dobles con baño y agua caliente en una calle muy animada de día. Tiene cuartos enmoquetados y correctos, aunque las paredes están algo sucias, y un restaurante de cocina africana abierto las 24 horas. El personal es agradable.

TERRACE HOTEL. Ronald Ngala St. ☎ 33 35 93. No es muy recomendable, la verdad, y es mejor evitarlo si tenéis otra opción. Cuartos sin baño y en los compartidos el agua está fría. La *Receiption*, como cuelga en el cartel, está en el segundo piso y a nosotros nos pidieron dinero por enseñarnos los cuartos, que que tienen el techo de madera y desvencijado en unos pasillos siniestros. ¡Una joya de hotel, vamos!

SIRIKWA LODGE. Accra Road. ☎ 31 83 32. Un hotel algo tristón haciendo esquina con Munyu Rd y de fachada amarilla. Cuartos correctos de tamaño medio y bien pintados.

ORCHID HOTEL. Mfangano St. ☎ 22 27 97. Con 32 habitaciones mucho mejores de lo que parece el hotel desde afuera. En realidad, es un hotel con encanto, muy limpio y agradable y los cuartos son grandes y con baño. Y tienen buen precio.

PRINCESS HOTEL. Tom Mboya St. ☎ 21 46 40. Un hotel agradable, con un buen bar –aunque ruidoso– y restaurante, pero con cuartos algo dejados, por no decir bastante, y no tan baratos.

Medios

SALAMA HOTEL. Tom Mboya y Luthuli Rd. ☎ 22 47 84. Detrás de National Archives, cuartos con baño, y el desayuno está incluido. En la habitación 65 han instalado una habitación de masajes no muy puritanos, pero por lo demás, parece decente y correcto. Y está bien situado.

SOLACE HOTEL. Tom Mboya St. ☎ 33 12 77. Detrás del hotel Ambassadeur, algo siniestro, la verdad, y cuartos con desayuno incluido. Tiene un restaurante, el Twiga, abierto hasta las 22 horas.

TERMINAL HOTEL. Moktar Daddah St. ☎ 22 88 17. Uno de nuestros favoritos entre los económicos de Nairobi. 27 cuartos con baño y limpios; bien situado en una zona segura y con cafés y restaurantes junto a la entrada. Eso sí, la fachada es algo cutre.

DOWNTOWN. Moktar Daddah St. ☎ 31 04 85. Junto al Terminal y casi tan recomendable. Atendido por Mr Kau Kau, cuartos correctos a los que se accede subiendo una larga escalera.

EMBASSY HOTEL. Biashara St. ☎ 22 40 87. Bueno y recomendable, aunque algo viejo. Cuartos con baño.

DIPLOMAT. Tom Mboya St. ☎ 24 50 50. Algo mejor que los hoteles de este rango, sin que sea la bomba. Tiene siete plantas y un restaurante y *pub*.

EUREKA HIGHRISE. Tom Mboya St. ☎ 22 89 35. Junto al Diplomat, algo más económico, con cuartos amplios y correctos, pero feos, con un suelo de sintasol. La recepción está en la 3ª planta.

PARKSIDE HOTEL. Monrovia St. ☎ 21 41 54. Dobles con desayuno incluido en un hotel agradable de tres pisos sin ascensor. Habitaciones grandes, pero vistas feas. Es sencillo y correcto.

HOTEL GRETON. Tsavo Road. ☎ 24 28 91. Un hotel de habitaciones amplias y con camas cómodas. Muy agradable.

MIDVIEW CENTRAL. Latema Road. ☎ 22 33 51. Inaugurado en el 2001, muy recomendable y en una calle muy popular, en el límite entre el centro moderno y el antiguo, cerca de Tom Mboya St. Habitaciones muy nuevas, enmoquetadas y son mejores las que dan a la calle. El servicio es muy majo.

ABBEY HOTEL. Gaberone Rd. ☎ 24 32 56. Un hotel con un personal muy amable, aunque está en una calle conflictiva de noche, pero no más que el resto de esta zona del centro. Está frente al popular restaurante Malindi Dishes.

Caros

Todos los hoteles caros y de lujo del centro están en la parte moderna, muy segura durante el día y poco problemática de noche, aunque, así y todo, al oscurecer hay salir y volver en taxi.

OAKWOOD HOTEL. Kimathi St. ☎ 22 05 92. Céntrico y frente al Stanley, es muy acogedor, con parte del edificio en madera. Cuartos muy buenos.

AMBASSADEUR HOTEL. Moi Ave. ☎ 33 68 03. Junto a National Archives, un hotel cómodo pero algo decrépito. Cuartos más baratos sin desayuno y se puede regatear, pues últimamente está semivacío. Las habitaciones son espaciosas y tienen tv y aire acondicionado.

MERIDIEN COURT. Muranga Rd. ☎ 33 31 16. Un hotel con un personal muy amable. Tiene dos restaurantes, un bar y un cibercafé.

BOULEVARD HOTEL. Harry Thuku Rd. ☎ 22 75 67. www.kenyaweb.com/hotelboulevard. Algo alejado del cogollo del centro, en la confluencia de Harry Thuku Rd con Uhuru Highway. Tiene piscina, bar y restaurante y unos bonitos jardines.

MARBLE ARCH HOTEL. Lagos Rd. ☎ 24 09 40. Dobles correctas, y el hotel tiene cafetería, restaurante y bar. No es nada del otro mundo.

SIXEIGHTY HOTEL. Muindi Mbingu St en la esquina con Kenyatta Ave. ☎ 21 83 14 o 33 26 80. www.680-hotel.co.ke. Muy céntrico y con 340 habitaciones con balcones. Tiene el restaurante Simba y una interesante terraza, además de night-club. Su servicio es muy bueno.

THE ORIENTAL PALACE. Taveta Rd. ☎ 21 76 00. Un hotel con dobles a diferentes precios. Tiene 108 habitaciones muy buenas distribuidas en siete pisos, y un restaurante indio bastante aceptable, el Little India.

Lujo

GRAND REGENCY. Uhuru Highway, Loita St. ☎ 21 11 99. Un hotel de cinco estrellas, el último entre los de lujo en haberse inaugurado en Nairobi. Con once plantas y buenas vistas sobre la ciudad.

NAIROBI SAFARI CLUB. University Way y Koinange St. ☎ 25 13 33. www.nairobisafariclub.com Un hotel en un edificio formado por unas torres blancas y tiene piscina, gimnasio, *brasserie*, bar, etcétera. En el límite del centro y uno de los hoteles más caros de Nairobi. Muy moderno y lujoso.

STANLEY HOTEL. Kenyatta Ave y Kimathi St. ☎ 33 32 33. www.sarovahotels.com El antiguo New Stanley ha recuperado su nombre original y es el segundo hotel con más historia de la ciudad después del Norfolk. Está en el puro corazón del centro moderno y funciona desde 1907. Dobles a a diferentes precios, y tiene tres restaurantes, el mítico **Thorn Tree Café** –al que han pelado la acacia-, el bar Exchange, donde se lo han bebido todo Hemingway, el cazador Finch-Hatton –amante de Karen Blixen-, Ava Gardner, etcétera; gimnasio, una piscina en la 5ª planta...

NORFOLK HOTEL. Harry Thuku Rd. ☎ 25 09 00. norfolk@form-net.com Ligeramente fuera del centro, es el hotel más lujoso, colonial e histórico de Nairobi, ya que se inauguró en 1904. Las habitaciones son espléndidos bungalows en un cuidado jardín y algunas mucho más caras que el resto. Tiene piscina, el restaurante Ibis Grill –uno de los mejores del país- y el legendario bar con terraza Lord Delamere, donde merece la pena venir a tomarse al menos una cerveza.

INTER-CONTINENTAL NAIROBI. City Hall Way. ☎ 26 10 00. www.interconti.com Otro hotel de lujo en pleno meollo de los rascacielos del centro y muy cerca de Parlamento. Tiene 385 habitaciones, gimnasio, sauna, piscina, el bar Safari y tres restaurantes de cocina india, mediterránea y continental. Cada fin de semana suele tener una promoción especial, y la suite *Presidential* roza los 2.000 dólares.

HILTON HOTEL. Moi Ave. ☎ 25 00 00. Céntrico y muy lujoso. Tiene restaurante, bar y piscina en la azotea de la planta 19.

Nairobi Hilton

Westlands

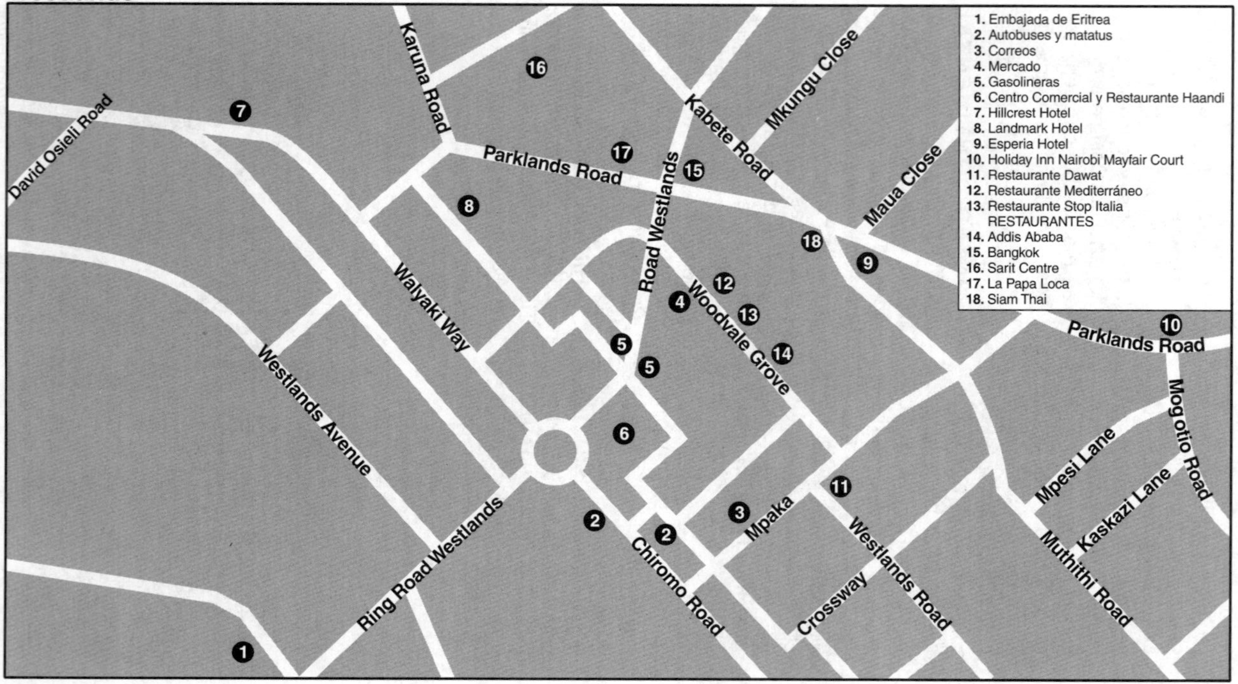

1. Embajada de Eritrea
2. Autobuses y matatus
3. Correos
4. Mercado
5. Gasolineras
6. Centro Comercial y Restaurante Haandi
7. Hillcrest Hotel
8. Landmark Hotel
9. Esperia Hotel
10. Holiday Inn Nairobi Mayfair Court
11. Restaurante Dawat
12. Restaurante Mediterráneo
13. Restaurante Stop Italia
RESTAURANTES
14. Addis Ababa
15. Bangkok
16. Sarit Centre
17. La Papa Loca
18. Siam Thai
David Osieli Road
Karuna Road
Parklands Road
Kabete Road
Mkungu Close
Maua Close
Road Westlands
Walyaki Way
Westlands Avenue
Woodvale Grove
Ring Road Westlands
Chiromo Road
Mpaka
Crossway
Westlands Road
Mpesi Lane
Kaskazi Lane
Mogotio Road
Muthithi Road

NAIROBI SERENA HOTEL. Kenyatta Ave y Nyerere Rd. ☎ 71 21 61. También en un límite del centro, cuartos dobles y suites mucho más caras. Tiene tres restaurantes, piscina y todos los servicios propios de un cinco estrellas.

EN MILIMANI Y HURLINGHAM

Caros

SAGRET HOTEL. Milimani Rd. ☎ 72 09 33. Dobles con desayuno incluido. Con un restaurante muy popular de cocina africana.

FAIRVIEW HOTEL. Bishops Rd. ☎ 72 32 11. www.fairviewkenya.com. Algo alejado del centro y de los más baratos dentro de esta categoría. Tiene hermosos jardines y es uno de los hoteles más tranquilos de la ciudad.

MILIMANI HOTEL. Milimani Rd. ☎ 72 23 58. Un hotel enorme y muy popular entre los hombres de negocios extranjeros. Tiene piscina, bar y restaurante.

Lujo

PANAFRIC HOTEL. Valley Rd. ☎ 71 44 44. www.sarovahotels.com Alejado del centro. Moderno, grande y cómodo y casi en el límite con caros.

EN WESTLANDS

Caros

HILLCREST HOTEL. Waiyaki Way. ☎ 44 80 46. Un hotel muy agradable, con cuartos repartidos en bungalows muy limpios y entre los más baratos de los caros. El precio incluye el desayuno.

ESPERIA HOTEL. Parklands Rd. ☎ 74 28 62. En la zona más animada de bares y restaurantes de Westlands, pero un poco caro para lo que ofrece.

Lujo

LANDMARK HOTEL. Waiyaki Way. ☎ 44 87 14. No tan caro y con una buena ventaja: transporte gratuito al centro.

HOLIDAY INN NAIROBI MAYFAIR COURT. Parklands Road. ☎ 74 09 20. Lujo de estilo colonial y dobles con todas las comodidades habituales en estos alojamientos. Además tiene dos piscinas, gimnasio y restaurante de parrillas.

EN THIKA ROAD

Lujo

SAFARI PARK HOTEL. Thika road. ☎ 80 24 93. sales@safariparkhotel.co.ke Al nordeste del centro, un hotelazo con techo de *makuti* (de palma) y estructuras de madera, rodeado de jardines y con restaurante de cocina africana con espectáculos, piscina, etcétera. Habitaciones y suites y servicio de autobuses gratuito al centro cada hora.

CAMPINGS

NAIROBI PARK SERVICES. Magadi Road. ☎ 89 22 61. A un kilómetro de la ciudad, es ideal para quedaros si tenéis vuestro propio vehículo, pues cuenta con garajes, estacionamiento vigilado, etc. También tiene restaurante y bar. Existe la opción de alojarse en cabañas si no se tiene tienda.

UPPER HILL CAMPSITE. Menegai Road. ☎ 71 96 62. Más cerca del centro que el anterior y ofrece también la posibilidad de dormitorios y habitaciones. El entorno es agradable y tiene restaurante y bar. Es el preferido por los viajes organizados en grupo.

ALBERGUES DE JUVENTUD

NAIROBI YOUTH HOSTEL. Ralph Bunche Rd. ☎ 72 17 65. Frecuentado por bastantes viajeros, tiene el inconveniente que no se puede caminar hasta o desde el centro ni siquiera de día, pues muchos mochileros han sufrido atracos. Pero no está mal si cogéis siempre un taxi o un *matatu*. Dormitorios y dobles algo más caras.

YMCA. State House Rd. ☎ 72 40 70. No está mal, aunque en los últimos tiempos se ha vuelto muy cutre. Por un poco más de dinero merece la pena alojarse en un hotel barato.

YWCA. Mamlaka Rd. ☎ 72 46 99. Aquí no vengáis a no ser que estéis haciendo algún reportaje sobre lugares fuertes o prostitución en África. Muy cutre y sucio y parece que hasta poco seguro.

DÓNDE COMER

La oferta gastronómica de Nairobi es muy amplia. Hay unos cuantos restaurantes recomendables de cocina local y también de especialidades internacionales: cocina continental, italiana, francesa, tailandesa, japonesa, china, india o libanesa.

Además, hay un buen número de tenderetes donde se sirve *nyama choma* a precios muy económicos.

No hay que perder de vista tampoco los restaurantes de los hoteles caros o de lujo, pues algunos de ellos se cuentan entre los mejores de la ciudad y no son tan caros.

También proliferan los establecimientos de comida rápida, repartidos por toda la ciudad.

La **Nairobi Eating Out Guide**, de Alan Graham, pasa revista a unos 200 restaurantes entre los mejores considerados de la ciudad.

Además del centro, la zona de Westlands –que tiene más de 200 locales- es otro área favorita de los gourmets.

DÓNDE DESAYUNAR

Todos los cafés que citamos en este apartado son lugares donde también se puede ir a comer o cenar a precios económicos.

DOVE CAGE. Moktar Dadah St. Abre todos los días hasta medianoche. Junto al hotel Terminal, desayunos muy variados: continentales, americanos o ingleses baratos, aunque el café es horrible. Abre todos los días hasta medianoche. También se puede venir a comer o cenar a precio barato o medio. La especialidad es el *pollo Dove Cage.*

CAPRICE. Moi esquina Mama Ngina St. Cierra a las 18 horas. Desayunos y comidas ligeras. Muy local.

PASARA CAFÉ. Press Lane esquina Kaunda St. Un lugar muy concurrido por los viajeros por su buena selección de platos ligeros y porque el café está bueno. Con un buen surtido de periódicos y revistas internacionales.

CALYPSO. Kaunda St. En la misma zona que el Pasara y con especialidad en desayunos ingleses.

GROWERS CAFE. Tom Mboya St. Desayunos muy buenos con ambientazo local.

STANLEY HOTEL. Kenyatta Ave. Bufé de desayuno excelente y a precio medio.

CAFE PLANTATION. Hotel Inter-Continental. City Hall Way. Abierto las 24 horas. Sandwiches, bollos y buen café para desayunar y otros platos ligeros para comer a cualquier hora.

COCINA LOCAL

BARATOS

CALIFORNIA STARS BUTCHERY. Gaborone Road. Especialidad en *nyama choma.*

HOTEL ACCRA. Accra Road. El restaurante del hotel también es de cocina africana y está abierto las 24 horas.

MALINDI DISHES. Gaborone Road. Cierra domingos. Especialidad en cocina suajili en este autoservicio de indudable atmósfera local en pleno mogollón de la zona más africana del centro. No sirven alcohol.

STOP'N EAT. Parklands. Buena comida africana: *ugali, ngombe, llantenes,* a precios muy económicos en este pequeño local.

MEDIOS

COFFEE BAR. Mama Ngina St. Platos variados occidentales y africanos.

SAGRET HOTEL. Milimani Rd. El restaurante del hotel está especializado en *nyama choma*, *ugali* y otros platos africanos.

SIMMERS. Muindi Mbingu esquina Kenyatta Ave. Abre todos los días hasta las 0 horas. Un bar con música en vivo y con un anexo donde se puede tomar *nyama choma*, pollo, hamburguesas, pescado en salsa de coco y platos de cocina rápida. También es cibercafé.

CAROS

CARNIVORE. Langata Rd. ☎ 60 2775. El primer restaurante de África que se hizo famoso por servir a los turistas especialidades de caza africanas a la parrilla. Es carillo, pero si no se accede al bufé, que se compone de carne de ñu, cebra, antílope, cocodrilo, avestruz, etcétera, y se pide un plato de carne con patas y cerveza, sale a precio medio. Es uno de los restaurantes más famosos del mundo. Veréis la enorme parrilla donde, en círculo, se van asando las carnes. Es imprescindible conocerlo, aunque está un poco lejos y por la noche hay que ir en taxi. De día, se puede llegar con los autobuses 14, 24 ó 124. Conviene reservar. Los miércoles por la noche hay una fiesta en el disco-bar dedicada a la colonia y turistas extranjeros.

THE HORSEMAN. Karen Shopping Centre. Langata Road. ☎ 88 20 33. Tres restaurantes en uno y carne a la parrilla casi tan buena como en Carnivore.

NYAMA CHOMA RANCH. Safari Park Hotel, Thika Road. ☎ 80 24 93. Abre cada noche de 19,30 a 23 horas y los domingos a la hora del almuerzo. Carne a la brasa y espectáculo de danzas y música cada noche.

TAMARIND. Aga Khan Walk, entre Harambee Ave y City Hall Way. ☎ 33 89 59. Abre hasta las 13,30 horas de lunes a sábados y todos los días de 18,30 a 21,45 horas. Uno de los mejores restaurantes de Kenia (la sucursal de Mombasa tiene la reputación de ser de los mejores de África) y especializado en platos exóticos de marisco, con influencia de alta cocina internacional y suajili. Buen local y mejor servicio. Es recomendable reservar.

COCINA INDIA

BARATOS

SUNSWEET RESTAURANT. Ngarima Lane. Cierra a las 19,30 horas. Detrás de River Road, bufé vegetariano y alguna especialidad gujarati.

TAJ. Taveta Road. Muy cerca del hotel Iqbal, también con su bufé de especialidades indias.

SUPREME RESTAURANT. River Road. Hasta las 21 horas todos los días. En la rotonda donde River Road se une con Kilome Road, bufé vegetarianos y *thalis* gujaratis, algo más dulces, en un primer piso. Debajo hay otro restaurante y cafetería indios.

MAYUR. River Road. Abre todos los días de 14,30 horas a 21. Debajo del Supreme, cafetería y restaurante especializado en platos vegetarianos. Servicio muy agradable. Tiene un café buenísimo y una buena selección de dulces indios, como el *halwa*, con muy buena pinta.

MINAR. Edificio Barclays Plaza, Loita St, y Yaya Centre, Hurlingham. ☎ 22 76 12. Abre de lunes a sábados de 7 a 19 horas. Dos restaurantes indios con más de 20 años en Nairobi y buena comida. Para empezar, probad unas deliciosas *samosas*.

MEDIOS

LITTLE INDIA. Taveta Rd. ☎ 21 76 00. Abre todos los días hasta las 23 horas. El restaurante de cocina india del hotel The Oriental Palace es bastante aceptable. Tiene currys, samosas, pollo tandori, etcétera.

HAANDI. Centro Comercial Mall, Westlands. Abre todos los días hasta las 14,30 y de 19,30 horas a 22,30. Cocina india y especialidades punjabis: currys, samosas, cordero o pollo al tandori, etc.

DAWAT. Westlands Road. Otro de los indios con buena reputación en Westlands.

CAROS

BHANDHINI. City Hall Way. Abre hasta las 15 horas y de 19 a 23. El restaurante indio del hotel Inter-Continental tiene un bufé barato, pero a la carta los precios suben apreciablemente.

RESTAURANTES DE COMIDA RÁPIDA

Son ya casi unos clásicos de Nairobi, donde han proliferado por toda la ciudad. Son todos baratos.

WIMPY. Locales en Kenyatta Ave, Tom Mboya St y Mondolane St. Esta cadena británica de hamburguesas ha ganado muchos adeptos en Nairobi. Salchichas, huevos, pollo y otras variadades típicas de los *burgers* son los platos que se sirven aquí.

NAIROBI BURGERS. Tom Mboya St. Es la competencia local de los Wimpy. Hamburguesas, salchichas, sopas, patatas fritas y helado componen su menú.

SUPERMAC. Kimathi St. Especializado en *fish & chips* y muy céntrico. Además del pescado, hay salchichas, ensaladas y zumos. Es un sitio muy popular y a la hora del almuerzo siempre está lleno.

KENCHIC INN. Moktar Daddah esquina Muindi Mbingu. Pollos asados muy cerca de hoteles como el Terminal o el Downtown.

PIZZA INN. Moi ave esquina Mama Ngina. Con muchos otros establecimientos en todo el área metropolitana, éste es uno de los más céntricos. No hace falta hablar de su menú.

STEERS. Standard y Bawera St. Uno de los locales de la popular cadena surafricana de hamburguesas de buena calidad.

RESTAURANTES DE COCINA INTERNACIONAL

BARATOS Y MEDIOS

HOOTERS. Kaunda St. Abre todos los días hasta las 0 horas. Un lugar popular entre los viajeros, ideal para cenar antes de ir a escuchar música en vivo a la vuelta de la esquina, en Simmers. Tilapia (pescado del lago Victoria), chuletas, pollo, pasta, etcétera.

CAFÉ HELENA. Mama Ngina St. Abre todos los días hasta las 18 horas. Menús fijos de almuerzo baratos, y ya a precio medio si se come a la carta.

BENEVE COFFEE HOUSE. Standard St esquina Koinange St. Bufé económico con platos continentales: pollo, pasta, etc y algún curry indio.

DANCING SPOONS. Edificio 20th Century Cinema. Mama Ngina St. Platos continentales a precio medio.

SARIT CENTRE. Parklands Road. Cocina europea, italiana, india, china, *thai*, etcétera en varios locales de cocina rápida en este centro comercial de Westlands.

THORN TREE. The Stanley Hotel. El legendario café con su acacia en medio del patio del hotel –de la que ahora apenas queda un esqueje- sirve también platos de cocina continental a precio medio.

ZANZE BAR. Kenya Cinema Plaza, Moi Ave. Bar y restaurante en un local muy popular situado en el último piso de este céntrico edificio.

CAROS

ALAN BOBBE'S BISTRO. Cianda House, Koinange St. ☎ 22 49 45. Cierra sábados al mediodía y domingos. Reservad si queréis comer o cenar en este restaurante de influencia francesa y uno de los más antiguos de la ciudad.

IBIS GRILL. Norfolk Hotel. Harry Thuku Rd. ☎ 25 09 00. El restaurante del Norfolk está especializado en Nueva Cocina.

LORD DELAMERE. Norfolk Hotel. Harry Thuku Rd. ☎ 25 09 00. El café con terraza del Norfolk tiene ya una fama legendaria y sirve platos sencillos a precios mucho más bajos que el Ibis.

POOL-DECK. The Stanley Hotel. Cocina internacional en el tercer restaurante del Stanley.

TERRACE RESTAURANT. Hotel Inter-Continental. City Hall Way. Abre de 12 a 15 horas y de 19 a 23. Bufé de cocina internacional y también platos a la carta. Con amplia selección de vinos de importación.

ZEN RESTAURANT. The Stanley Hotel. Cocina mediterránea y del Pacífico en uno de los tres restaurantes del lujoso hotel.

COCINA ITALIANA

BARATOS Y MEDIOS

LA SCALA. Standard St. Abre todos los días hasta las 22 horas. En una galería comercial cerca de Kenyatta Ave, pizzas, pollo, ensaladas y hamburguesas baratos y menos económico, escalopes y chuletas.

MARINO RESTAURANT. Aga Khan Walk, junto a Haile Selassie Ave. Abre de lunes a sábados hasta las 14 horas y de 19 a 22 horas. Especialidades italianas y parrilladas.

MEDITERRANEO. Woodvale Grove. También en Westlands, casi contiguo al anterior y con las mismas características y clientela.

TRATTORIA. Wabera St esquina Kaunda. Abre de 7 a 23 horas todos los días. Cocina italiana, barata si se pide pizza y a precio medio o incluso caro si consumimos platos más elaborados. Cerca de La Scala.

STOP ITALIA. Woodvale Grove. Pasta y pizza en un local de Westlands muy frecuentado por los expatriados italianos en Nairobi.

CAROS

LA PRUGNA D'ORO. Hotel Inter-Continental. City Hall Way. Abre de 12 a 15 horas y de 19 a 23. Cocina mediterránea en este restaurante del céntrico hotel, que tiene un bufé a la hora del almuerzo.

COCINA JAPONESA

CAROS

AKASAKA. Standard St. ☎ 21 98 47. Excelente ambientación japonesa en un restaurante donde se puede comer sobre el *tatami.* Hay que reservar.

SHOGUN. Argwings Kodhek Rd. Un restaurante de cocina nipona en Hurlingham, más económico que el anterior.

COCINA CHINA

MEDIOS

HONG KONG. College House, Koinange St. Cocina china de calidad aceptable.

CHINESE CORNER. Apic Centre. Sin nada especial que reseñar, con los platos de arroz combinados con pollo, cerdo o vaca.

FIVE STAR. Loita House, Loita St. Bastante bueno y céntrico.

COCINA ETIOPE

MEDIOS

ADDIS ABABA. Woodvale Grove. Abre todos los días hasta las 22,30 horas y cierra el domingo para el almuerzo. ☎ 44 73 21. Espléndida cocina etiope en Westlands. Platos muy aromáticos

BLUE NILE. Argwings Kodhek Rd. En Hurlingham y algo más económico que el anterior.

COCINA TAILANDESA

MEDIO

BANGKOK. Rank Xerox House, Parklands Road. Abre todos los días hasta las 14,30 horas y de 18 a 22,30. Un local en Westlands con bastantes años de trabajo y buena fama entre los amantes de los platos elaborados con leche de coco, curry y *lemon grass*, característicos en la cocina tailandesa.

CARO

SIAM THAI. Unga House. Westlands. También con buena fama y algo más caro que el Bangkok.

DE COPAS

Aunque las calles parezcan desiertas en cuanto anochece en Nairobi, una vez que se llega a los locales se encuentra bastante animación y los lugares son seguros, con guardias privados que te pueden acompañar hasta el taxi, medio de transporte fundamental para salir de marcha. Debido a la falta de clientes en estos tiempos de crisis, es fácil que el taxista se ofrezca a esperar a la puerta del local hasta que se salga, bien para volver al hotel o para ir a otro local.

Por otro lado, en casi todos los bares y discotecas donde hay extranjeros hay un montón de prostitutas –que parecen y suelen ser inofensivas y bastante más inocentes que las que deambulan por Europa- que intentarán cazar a algún turista. Si se acepta su proposición es mejor acordar el precio y luego acudir al hotel, donde suelen dejar entrar con una chica previo registro en recepción y, consecuentemente, habrá que pagar por una habitación doble.

La guía del ocio *Going Out*, que se distribuye de modo gratutito en muchos hoteles y restaurantes, y el periódico *Saturday Nation* informan de los espectáculos de todo tipo que se suceden cada semana: cine, teatro, bares, conciertos, discotecas, etc.

MODERN GREEN DAY AND NIGHT BAR. Latema Road. Un bar con mucha marcha africana en esa calle tan cercana a las zonas peligrosillas. En principio la gente es simpática, pero siempre hay que tener precaución; hay un ambiente bastante alcohólico y unas cuantas prostitutas. Es mejor ir primero por la tarde, para tomar el pulso un poco al local.

THE THORN TREE CAFÉ. Kimathi St. esquina a Kenyatta Ave. Ya hemos hablado de este local entre los restaurantes. Está en el hotel The Stanley y también funciona como bar muy frecuentado por europeos.

SAFARI BAR. Hotel Inter-Continental. City Hall Way. Para tomar una copa tranquila en el elegante bar del hotel.

BUFFALO BILL'S. Milimani Rd, fremte al Heron Court Hotel. Uno de los bares más conocidos de la ciudad, con decoración tipo *western* americano. Con música disco y un montón de prostitutas a la caza del extranjero, que abunda.

ZAN ZEE BAR. Moi Ave, encima del cine Kenia en la 5ª planta. Restaurante y bar con ambientazo.

MÚSICA EN VIVO

El machacón *reggae* africano y un *jazz* de difícil clasificación son los estilos musicales que más se prodigan en los locales en que escucha música en directo.

AFRICAN HERITAGE CAFÉ. Kenyatta Ave. Un local muy acogedor donde los fines de semana por la tarde actúan grupos en directo. Hay que pagar una entrada barata.

LA PAPA LOCA. Parklands Road, Westlands. Con grupos africanos en directo en las noches de viernes y sábados.

SIMMERS. Muindi Mbingu esquina Kenyatta Ave. Grupos africanos en directo muchas noches a la semana.

CITY CABANAS. Mombasa Road. ☎ 82 09 92.

JAZZ

JAZZ CAFÉ. Yaya Centre, Hurlingham. Consultad la programación en los periódicos o en la guía *Going out?*, pues a veces hay buenos grupos de jazz en directo.

NAIROBI SAFARI CLUB. University Way y Koinange St. ☎ 25 13 33. Conciertos en el *brunch* de los domingos.

THE THORN TREE CAFÉ. Kimathi St. esquina a Kenyatta Ave. En el popular café hay jazz en directo en las noches de fin de semana.

THE MOONFLOWER RESTAURANT. Palancina Residential Hotel. *Funky jazz* en miércoles y sábados.

DISCOTECAS

Los kenianos bailan con mucho ritmo y les gusta las discotecas, en algunas de las cuales hay muy buena música. Todas las noches están muy animadas las más populares. Hay que pagar entrada, que es bastante barata. Una tremenda afluencia de mujeres solas merodea por estos locales en busca del turista. Los precios de las consumiciones son también más que razonables.

SIMBA SALOON. Restaurante Carnivore, Langata. En la pista cubierta de *makuti* del célebre restaurante se celebra la noche dedicada a los *wazungus*, los extranjeros, los miércoles por la noche.

FLORIDA 2000. Moi Ave, junto al cine Kenia. Una *disco* con mucho ambiente cada noche y buena música. Suele abrir desde última hora de la tarde hasta las cinco o las seis de la madrugada.

NEW FLORIDA. Koinange St esquina con Banda St. Situada sobre una gasolinera, es la competidora oficial de la anterior. Suele ofrecer espectáculos con bailarinas hasta la una de la madrugada.

MAMBA. International Casino, Uhuru Highway.

ESPECTÁCULOS

TEATROS

La cartelera de teatros y cines puede consultarse en los periódicos locales y también en la guía *Going Out?*

KENYA NATIONAL THEATRE. Harry Thuku Rd. ☎ 22 05 36.

PHOENIX PLAYERS. Parliament Rd. ☎ 33 61 46.

CINES

El **Kenya Cinema Plaza**, en Moi Ave; el **Nairobi Cinema**, en City Hall Way, y el **20th Century**, en Mama Ngina Street, son probablemente los mejores cines de la ciudad, en el resto, como el **Cameo**, Kenyatta Ave, y el **Odeón** y el **Embassy**, en Latema Road, las películas pueden estar en malas condiciones.

CASINOS

INTERNATIONAL CASINO. Uhuru Highway, a la altura del National Museum.

COMPRAS

En Nairobi es posible comprar artesanía proveniente de la mayor parte de los países de África Oriental, así como casi todo lo que necesitemos de uso personal o para nuestro viaje. Los mejores hoteles cuentan con galería comercial y existen varios *Shopping Centres* donde encontrar todo lo que se precise.

SOUVENIRS

Las principales calles comerciales de Nairobi están encuadradas entre Kenyatta Ave y Mama Ngina Street. Las tiendas especializadas en artesanía y recuerdos de este área suelen mantener precios fijos, que sólo reducen en caso de una compra importante.

También hay un buen número de tiendas de artesanía en las callejuelas que surgen de Biashara St, en las cercanías de la mezquita Juma.

Para comprar ropa y otras artesanías, un buen lugar son los numerosos bazares que se extienden a lo largo de Muindi Mbingu St, donde abundan los puestos de recuerdos de todo tipo, abalorios y *batiks* (telas pintadas). Las perpendiculares a esta última calle, Kigali Road y Market St, tienen también un buen número de tenderetes atendidos por comerciantes propensos al regateo.

El **City Market**, en Muindi Mbingu St, es un lugar idóneo para comprar *kiondos*, los cestos africanos.

En Wabera Street se encuentran algunas de las mejores tiendas de artesanía de Nairobi, con verdaderas obras de arte *makonde*, esteatita y cualquier otro tipo de madera. Son locales caros, pero las piezas son exquisitas.

En la tienda de **East Africa Wildlife Society**, en el hotel Hilton, se puede comprar a precio fijo todo tipo de artesanías, así como en **Spinners Web**, cerca de Waiyaki Way en Westlands: tiene artesanías y ropa africana muy interesantes.

Los viernes se celebra un mercado de artesanías muy interesante en el **Village Market** de Limuru Road.

TIENDAS DE FOTOGRAFÍA

Si necesitamos un objetivo, carrete o incluso una cámara nueva, hay varios establecimientos especializados en fotografía en Nairobi. Todos ellos también reparan material fotográfico, revelan películas y algunos ofrecen un servicio de alquiler de cámaras.

En Mama Ngina Street se ubican tradicionalmente las mejores tiendas, como **Camera Experts** o **Expo Cameras.**

OBRAS DE ARTE LOCAL

La galería de arte **Watatu**, en el primer piso de la Lonhro House en Standard Street, celebra exposiciones de distintos artistas locales y hay una muestra permanente. Vende obras de arte a precios elevados.

Los interesados en arte local deben darse una vuelta por la **Galería de Arte Contemporáneo** del Museo Nacional y el **Mzizi Arts Centre**, de Moi Avenue.

EQUIPO DE SAFARI

COLPRO. Kimathi St. Ropa para safaris.

GALA CLOTHWEAR. Biashara St. Prendas coloniales, pero también atuendos típicos de los masais.

JAMBOREE. Muindi Mbingu St. Sombreros, gorros y otros equipamientos.

THE GIRAFFE CENTRE. Ropa, camisetas, atuendos tribales, etcétera.

UTAMADUNI. Langata Road. Especializada en calzado para el safari.

JOYAS

MARU CRAFT. Kaunda St.
THE VILLAGE JEWELLERS. Kimathi St.

ROPA

En Kaunda Street y sobre todo en Mama Ngina Street abundan *boutiques* de moda, con vestidos y conjuntos de corte europeo y sabor africano, y tiendas convencionales de ropa que venden camisetas de recuerdo de Kenia y los tradicionales *kangas* y *kikois* (vestidos nativos), con sus vistosos estampados. También en esta calle hay un par de tiendas especializadas en ropa de safari. Si se tiene interés en visitar los parques nacionales disfrazado de *cazador blanco*, es posible hacerse hasta un traje a medida por una buena cantidad de dinero.

En Kenyatta Ave hay tiendas de *Bata*, una empresa especializada en la fabricación de botas de safari. Se anuncian en los *halls* de casi todos los hoteles. Las botas son excelentes y se venden un precio próximo al 50% de lo que costarían en España.

BAHATI FINE ARTS. Hilton Hotel Arcade.

ALGUNAS OTRAS TIENDAS DESTACABLES SON

AFRICAN HERITAGE. Mombasa Road. Joyas, tejidos, batiks, etcétera.

BATIK HERITAGE. Muindi Mbingu St. Pinturas de artistas locales.

BIRDS PARADISE CURIO SHOP. River Road. Armas y artesanía masai: escudos, lanzas, puñales, etc.

ETHNIC AFRICA. Muindi Mbingu St. Arte Makonde y artesanías en madera en general.

HAND CARVERS GALLERY. Muindi Mbingu St. Artesanía masai y makonde.

KAZURI. Karen Road. Cerámica de estilo local y suajili.

UNDUGU SHOP. Woodvale Grove. Cestos y otros objetos de sisal. Está junto al Mercado de Kariokor.

UTAMADUNI. Langata Road. Una galería comercial con dieciocho locales especializados en artesanía.

LLEGAR Y PARTIR

EN AVIÓN

Ya hemos dicho que Nairobi es el más importante nudo de comunicaciones en África Oriental, por lo que casi todos los días hay vuelos a las principales capitales europeas y africanas (Ver el apartado Cómo ir en Antes del Viaje).

En cuanto a los vuelos interiores, **Kenya Airways** enlaza todos los días con vuelos regulares Nairobi con Mombasa, Eldoret, Kisumu y Lamu y cinco semanales con Malindi.

Los turbohélices de **Air Kenya Aviation** conectan Nairobi con Mombasa, Lamu, Kiwayu, Malindi, Nanyuki y los parques y reservas de Masai Mara, Samburu, Tsavo y Lewa Downs. En Nairobi despegan desde el aeropuerto Wilson. Las tarifas son normalmente más elevadas que con Kenya Airways.

La línea privada **African Express Airways** vuela desde el aeropuerto internacional Jomo Kenyatta a Eldoret y Mombasa.

Existen además unas compañías más pequeñas que fletan avionetas para ir a los parques nacionales, como **Excel Aviation** o **Boskovic Air**. Son vuelos chárter de precio muy elevado.

EN TREN

En el 2002 la única línea de ferrocarril dedicada al transporte de pasajeros es la que cubre el trayecto entre Nairobi y Mombasa.

El viaje entre Nairobi y Mombasa es una delicia en este histórico ferrocarril cuya construcción a principios del siglo XX fue todo una odisea, sobre todo para las decenas de trabajadores indios que fueron devorados por los leones que atacaban los campamentos en la oscuridad.

La compañía nacional es *Kenyan Railways* y el tren parte de Nairobi los lunes, miércoles y viernes a las 18 horas, para llegar a Mombasa hacia las 8 de la mañana. Desde la ciudad costera sale los martes, jueves y domingos a la misma hora. Aunque el viaje en autobús es más barato y rápido, merece la pena hacerlo en tren, pues es mucho más cómodo. Una litera en segunda es bastante económica y el precio incluye la cena y el desayuno. Es un viaje muy relajado y los compartimentos son limpios y seguros.

En todo caso hay tres categorías: primera clase es un compartimento con dos literas y un lavabo. En segunda son cuatro literas y por su precio (unos 28 €) y calidad nos pareció la mejor opción. En tercera sólo hay asientos y es, claro, más económico.

En primera y segunda se separan los compartimentos para hombres y mujeres, salvo que se reserve entero. En general, basta con hacer las reservas con un día o dos de antelación, pero en los últimos tiempos y hasta que el nivel de turismo se recupere en Kenia, incluso se puede sacar el billete poco antes de la salida.

EN AUTOBÚS Y *MATATU*

Existen muchas compañías de autobuses diseminadas a lo largo de Accra Road y River Road. Su vehículos suelen partir de la Estación Central de autobuses, aunque en ocasiones tienen la salida en otros puntos de la ciudad (generalmente, alrededores de la Estación).

La compañía pública es la KBS Stagecoach y las privadas más conocidas son *Tana River Bus Company, Goldline, Coastline Safari* y *Akamba*, que es la que mejor reputación tiene en cuanto a servicio y seguridad.

Las frecuencias de las salidas para las grandes ciudades es de uno o varios autobuses diarios, sobre todo a Mombasa, los más utilizados y de mayor interés para el viajero. El precio del billete varía según la compañía, y que el vehículo sea autobús o *matatu*, esos minibuses más rápidos pero más incómodos y peligrosos.

Los autobuses de Akamba parten diariamente a Mombasa, Isiolo, Nanyuki, Eldoret, Kakamega, Kisumu, etcétera.

Los de KBS también cubren casi todos los destinos, pero son más lentos.

Una buena idea para viajar entre Nairobi y Kampala, Arusha o Moshi es hacerlo en los minibuses de la compañía Connection, más caros, pero mucho más cómodos, con aire acondicionado. Las reservas se hacen en el teléfono 22 33 04.

Para ir a Moshi o Arusha ver el apartado Cómo ir en Antes del Viaje.

EN TAXIS COMPARTIDOS

Las compañías están también ubicadas entre Accra Road y River Road. Suelen ofrecer un único servicio diario matutino a distintas localidades. El precio medio es aproximadamente el doble del de las tarifas de autobús. Algunas de las compañías más fiables son DPS (☎ 21 08 66) y Cross Road Travellers (☎ 24 53 77).

EN AUTOESTOP

Viajar en autoestop no es un sistema que nosotros recomendemos en Kenia, pues no ofrece mucha seguridad, pero, al igual que en otros países de la zona, es muy popular.

Para ir a Mombasa tomad el autobús 13, 34 ó 109 desde la avenida Moi hasta la desviación del aeropuerto.

Si vais hacia Nakuru o Kisumu, coged frente al Hilton el autobús 23 hasta la última parada.

Para Nanyuki, los autobuses 45 y 145 desde la estación de autobuses de KBS os llevan hasta la Universidad Kenyatta, un buen lugar para sacar el dedo.

Lo mejor, cuando os paren, es aclarar si tendréis que pagar algo por el trayecto.

Alrededores de Nairobi

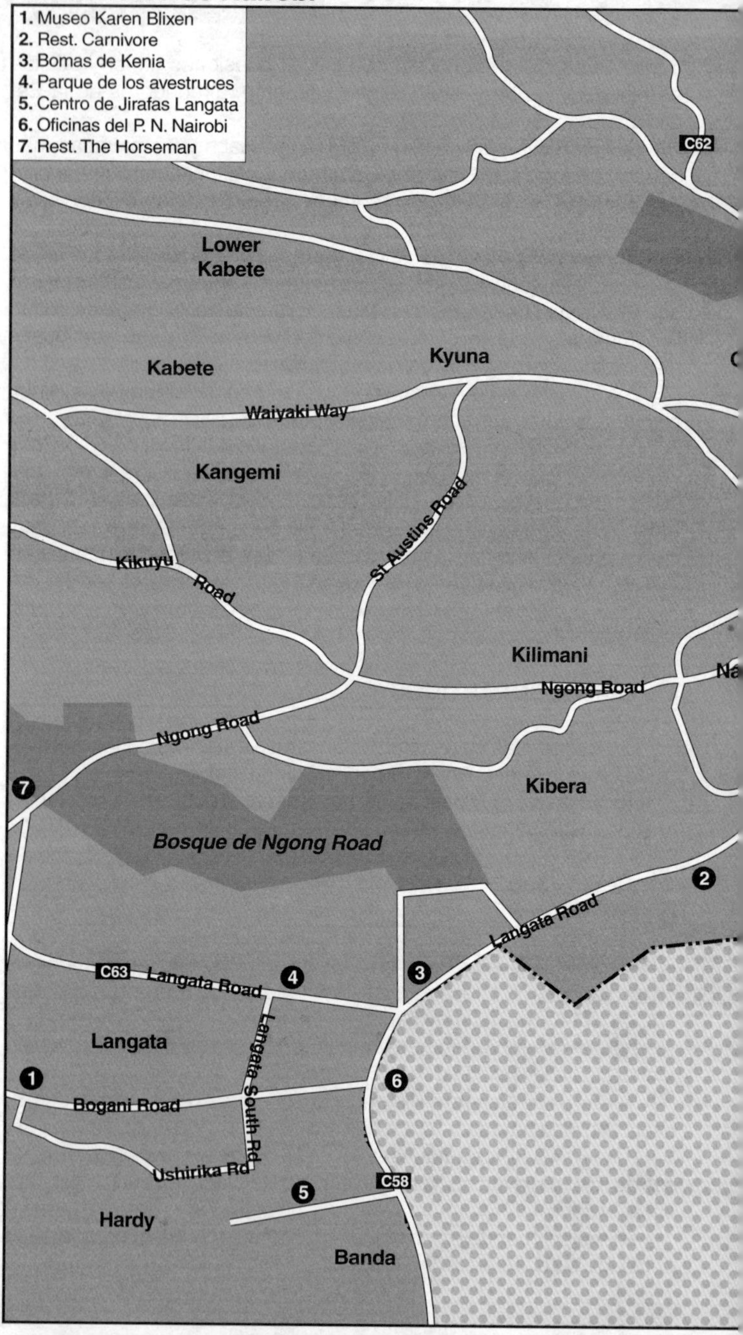

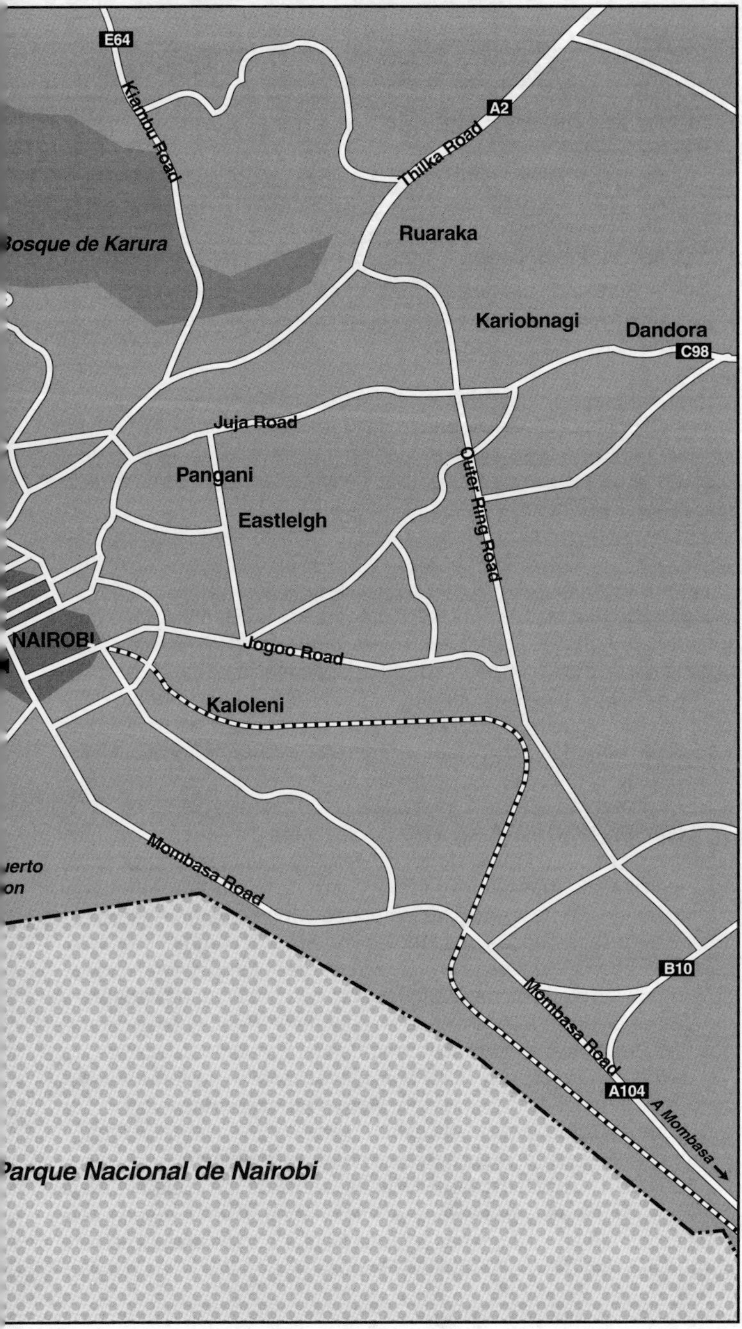
E64
Kiambu Road
A2
Thika Road
Bosque de Karura
Ruaraka
Kariobnagi
Dandora
C98
Juja Road
Pangani
Eastleigh
Outer Ring Road
NAIROBI
Jogoo Road
Kaloleni
uerto
on
Mombasa Road
B10
Mombasa Road
A104
A Mombasa
Parque Nacional de Nairobi

ALREDEDORES DE NAIROBI

LANGATA GIRAFFE CENTRE. Está en Gogo Falls Rd, a 18 kilómetros del centro de Nairobi (☎ 02 89 16 58). Abierto todos los días de 9.00 a 17.30 h. Previo pago. *Matatu* 24. Se trata de un centro de protección y recuperación de jirafas en el que los visitantes pueden dar de comer a los animales desde elevadas plataformas de observación.

MUSEO KAREN BLIXEN. Karen Rd, entre los barrios de Karen y Langata. Abre cada día de 9,30 a 18 horas. Previo pago. *Matatu* 111. Está bastante apartado y aunque el autobús llega cerca del recinto, es preferible alquilar un taxi, ya que últimamente ha habido atracos por el camino.

Es la granja en la que vivió la colona danesa Karen von Blixen, más conocida por **Isak Dinesen**, autora de *Memorias de África*. La casa es sencillamente preciosa y está rodeada por hermosos jardines. Junto a ella aún se distinguen los restos de su antigua plantación de café, de la que todavía se conservan algunas máquinas oxidadas.

El interior de la casa muestra muebles de época, fotografías y manuscritos de Karen Blixen, así como su máquina de escribir. También hay algunas fotografías del rodaje de la película basada en la célebre novela y que fue protagonizada por Meryl Streep y Robert Redford. La granja y el Instituto Agrícola que hay junto a ella fueron cedidos por Dinamarca al gobierno de Kenia con motivo de su independencia.

BOMAS DE KENIA. Langata (☎ 02 89 18 01), casi enfrente de la entrada del Parque Nacional Nairobi. Actuación diaria a las 14,30 horas y 15,30 en sábados y domingos. Autobuses y *matatus* 15, 125 y 126. Previo pago. The Bomas es un centro cultural en el que se ofrecen a diario representaciones de bailes tradicionales tribales.

MONTES NGONG. Al suroeste de Nairobi se extienden los montes Ngong. Los masai ocuparon todo este territorio hasta la llegada de los colonos blancos, que los expulsaron para construir aquí granjas y plantaciones. Por desgracia, los europeos también establecieron extensas áreas ajardinadas con árboles importados, como el eucalipto, que poco a poco han destruido buena parte del entorno natural originario. Hoy, de las plantaciones antiguas sólo quedan algunas cabañas y marcas en el terreno. La vista que se obtiene de Nairobi y sus contornos desde ciertos enclaves de los montes es formidable.

Cerca de la cima, en Point Lamwia, se encuentra la tumba del cazador y amante de Karen Blixen, **Denys Finch-Hatton.**

Es conveniente llegar hasta estas colinas en una excursión organizada por una agencia, pues ahora es una zona peligrosa.

PARQUE NACIONAL NAIROBI. Situado al sur de la ciudad, en la carretera de Mombasa, el Parque Nacional de Nairobi resulta casi accesible a pie en un largo paseo. Toda la información acerca de este parque está incluida en el capítulo *Parques Nacionales* de esta guía.

LA COSTA

INTRODUCCIÓN

La costa de Kenia es un destino tan común y frecuente para los viajeros como lo son los parques nacionales del país.

La costa, bañada por el Océano Índico, ofrece al viajero magníficas playas de fina arena y aguas cristalinas, junto a las que se alzan hoteles de lujo con sus excelentes servicios.

Mombasa, la capital de la costa, es la segunda ciudad del país y el principal núcleo urbano turístico de Kenia después de Nairobi. Otras ciudades turísticas del litoral son Malindi o la misteriosa Lamu, en una isla y con su arcaico sabor musulmán que permite al viajero aislarse del tiempo, disfrutar de la azarosa historia de esta región del país, o simplemente, gozar con actividades más prosaicas, como el submarinismo en aguas cristalinas entre bancos de coral.

Pero quizá el rasgo más importante de la costa es que a lo largo de ella podremos sentir vivamente la vibración de la cultura suajili en cada uno de sus rincones, con sus reminiscencias de los distintos pueblos, lenguas y creencias que aquí se fundieron en el pasado.

HISTORIA

A partir del siglo VIII de nuestra Era, numerosos comerciantes árabes procedentes del Golfo Pérsico comenzaron a arribar a la costa oriental de África aprovechando los vientos favorables que les proporcionaban los vientos monzones. En un principio, su único interés era mercantil, pero poco a poco las relaciones comerciales fueron ensanchándose y en seguida comenzaron a florecer prósperos asentamientos arábigos a lo largo del litoral keniano.

Los barcos llegaban a la costa cargados con diversos productos asiáticos, como cristal de la India o porcelana de la lejana China. Tras los intercambios, partían de vuelta a sus países de origen con los vientos del monzón suroccidental, cargados con marfil, conchas de tortuga y pieles de animales.

A mediados del siglo XV ya existía un tráfico comercial fluido entre el este africano y las costas de Asia a través de las rutas marítimas occidentales del Océano Índico. Muchos de los primitivos asentamientos

La Costa de Kenia

del litoral se habían transformado en importantes ciudades, como Mombasa, Malindi o Paté, en el archipiélago de Lamu, no sólo debido al prolífico tráfico comercial de sus puertos, sino también a los matrimonios mixtos entre los tratantes árabes y la población local africana.

Pronto, estas ciudades comenzaron a rivalizar entre sí por la supremacía de las rutas comerciales. De poco les sirvió compartir la fe común en el Islam. El dinero valía más que todo aquéllo.

A finales del siglo XV, en 1498, la corona de Portugal, interesada en el dominio del este africano desde la llegada a aquellas tierras del almirante **Vasco de Gama**, comenzó a asediar las ciudades costeras que, empecinadas en sus luchas internas, cedieron al poder de los portugueses en 1506. Mombasa fue saqueada en dos ocasiones en el primer tercio del siglo XVI. Los árabes y sus ciudades quedaron sometidos bajo un régimen colonial y los portugueses mandaban en la costa. Su asentamiento principal fue precisamente Mombasa, donde construyeron la histórica fortaleza de Fort Jesus para defender la ciudad de futuras agresiones.

Pero su supremacía no fue muy larga. A partir del siglo XVII comenzaron a surgir en las ciudades diversas rebeliones encabezadas por los jeques árabes locales, que se negaban a pagar los tributos exigidos por las autoridades portuguesas. Las rebeliones fructificaron rápidamente, sobre todo por la falta de control que los europeos habían mantenido sobre la población autóctona. Su exclusivo interés por los beneficios comerciales de los puertos iba a costarles la pérdida de las colonias. De todos modos, ésta no se hubiera producido sin la ayuda de los sultanes de Omán, que contribuyeron a la insurrección general que desembocó en la toma de Mombasa y la derrota de Fort Jesus en 1698. Los portugueses abandonaron Kenia para siempre.

No pasaría mucho tiempo antes de que los gobernantes de las ciudades costeras iniciaran una nueva rivalidad mezclada con un anhelo independentista del Sultanato omaní. Esta situación se agravó durante un siglo largo, hasta la subida al trono de Omán del poderoso monarca **Seyyid Said**, en 1805. Harto de soportar los desaires de las dinastías árabes africanas, envió una formidable flota para someter las ínfulas independentistas de los jeques locales en 1822. La expedición se saldó con el dominio de Mombasa, Paté y Pemba. El clan gobernante de estas ciudades, los Mazrui, pidió auxilio a Gran Bretaña para que les ayudase a recuperar el dominio perdido. Los británicos se mostraron reacios a intervenir, si bien establecieron un pequeño protectorado en Mombasa por espacio de tres años, tras los cuales se retiraron de Kenia, pues no querían enemistarse con el furibundo sultán Seyyid Said. De este modo, el monarca de Omán extendió su poder a lo largo de toda la franja litoral.

El sultán poseía enormes plantaciones en la isla de Zanzíbar, cuyas necesidades de trabajo comenzó a cubrir con esclavos importados desde África Oriental. Este comercio de la esclavitud se extendió pronto por Oriente Medio y, debido a la mano de obra barata, las posibilidades mercantiles en la costa de África empezaron a interesar a varias naciones europeas, sobre todo a Gran Bretaña, Francia y Alemania.

Curiosamente fue el sultán Seyyid quien perdió interés en los puertos de Kenia y, debido a las luchas internas de sus ciudades, trasladó su corte a Zanzíbar, donde se estableció en 1840.

Alemania y Gran Bretaña vieron la posibilidad de repartirse las prósperas tierras de la costa africana, para lo que iniciaron una serie de pactos comerciales que delimitaron sus áreas de influencia en el continente en 1890, concediéndose a los primeros Tanganica, el territorio de la actual Tanzania sin Zanzíbar, y a los ingleses, Kenia.

La revitalización del comercio y de las exportaciones a Oriente, y sobre todo las presiones y amenazas de Gran Bretaña, convencieron al sultán de Omán de que ya no era necesario continuar con el rentable comercio de la esclavitud, que derogó no sólo en Zanzibar, sino en todo Oriente Medio.

Mediante los pactos comerciales establecidos entre los países europeos, la Compañía Británica de África del Este se hizo cargo de la administración de todo el territorio continental de Kenia, si bien una de las cláusulas que aceptaron los británicos fue respetar una franja de 16 kilómetros de ancha a lo largo del litoral keniano que permanecería como territorio personal del sultán de Zanzíbar. Esta franja de terreno, que se convertiría en protectorado británico en 1920, sería devuelta por el sultán a los ingleses en 1877 por un periodo de 50 años y, con posterioridad, de modo permanente. Al igual que el resto del país, la costa alcanzó la independencia definitiva a favor de los kenianos en 1963.

MOMBASA

INTRODUCCIÓN

Con más de medio millón de habitantes, Mombasa es la segunda ciudad más importante del país y continúa siendo el puerto principal de la costa oriental africana, desde donde se abastece a la práctica totalidad de los países vecinos.

Mombasa es sin ningún lugar a dudas una ciudad muchísimo más agradable que Nairobi. Para empezar es bastante más bella, con un barrio antiguo, el Old Town, de añejo sabor suajili, y mucho más segura.

Las gentes de Mombasa, de las que un 30% es de origen asiático, son bastante relajadas y hospitalarias.

La ciudad situada sobre una isla conectada con el continente por un istmo artificial, cuenta además con unos hoteles de precio medio de apreciable mejor calidad que Nairobi y a lo largo del centro hay unos cuantos restaurantes que sirven apetitosos platos suajilis a base de salsa de coco.

Al sur y norte de Mombasa se extienden unas fantásticas playas, muy apetecibles para el baño siempre que se acuda en la temporada apropiada (entre diciembre y marzo), pues en caso contrario pueden verse invadidas de algas.

HISTORIA

Mombasa fue descrita por primera vez por los cronistas árabes como una ciudad pequeña en el siglo XII. La ciudad creció hasta convertirse en una de las principales ciudades-estado del litoral keniano en el siglo XV. En 1505, **Francisco de Almeida,** al mando de una flota de barcos portugueses, atacó e incendió la ciudad, en un intento por hacerse con la supremacía de las rutas navieras mercantiles de la parte occidental del Océano Índico. La ciudad volvió a reconstruirse, pero en 1528 de nuevo una flota portuguesa llegó a Mombasa, comandada por **Nuño da Cunha**. En principio pidieron asilo provisional, que les fue concedido por los gobernantes árabes, pero al cabo de un par de meses estalló una insurrección y los marinos portugueses volvieron a incendiar la ciudad tal y como ya hicieron veinte años atrás.

Por fin, en 1593 los portugueses se establecieron de modo permanente en Mombasa, una vez hubieron acabado con la supremacía

Mombasa

MOMBASA

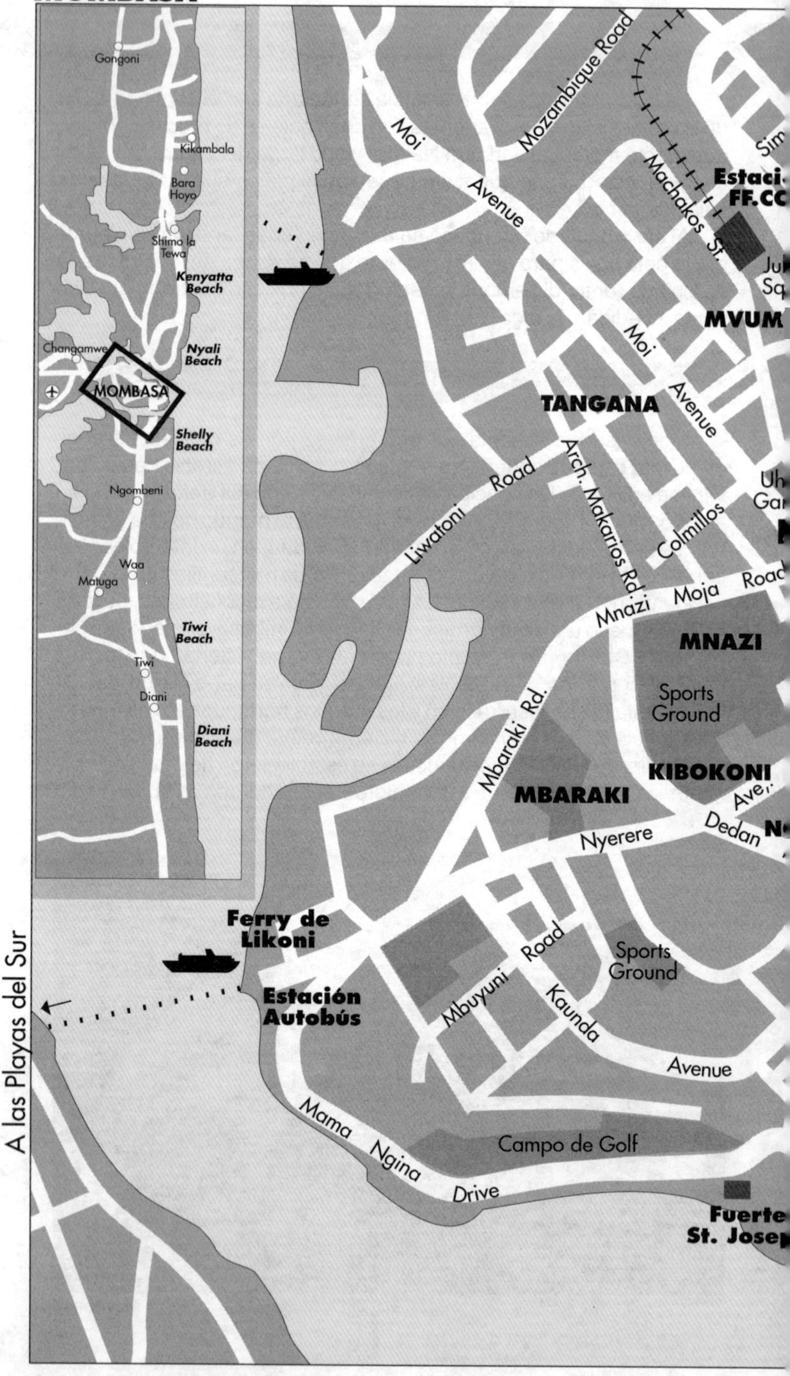

Gongoni
Kikambala
Bara Hoyo
Shimo la Tewa
Kenyatta Beach
Changamwe
Nyali Beach
MOMBASA
Shelly Beach
Ngombeni
Waa
Matuga
Tiwi Beach
Tiwi
Diani
Diani Beach
Moi Avenue
Mozambique Road
Machakos St.
Moi Avenue
TANGANA
Liwatoni Road
Arch. Makarios Rd.
Colmillos
Mnazi Moja Road
MNAZI
Sports Ground
Mbaraki Rd.
MBARAKI
KIBOKONI
Nyerere
Dedan
Ferry de Likoni
Estación Autobús
Mbuyuni Road
Kaunda Avenue
Sports Ground
Mama Ngina Drive
Campo de Golf
A las Playas del Sur

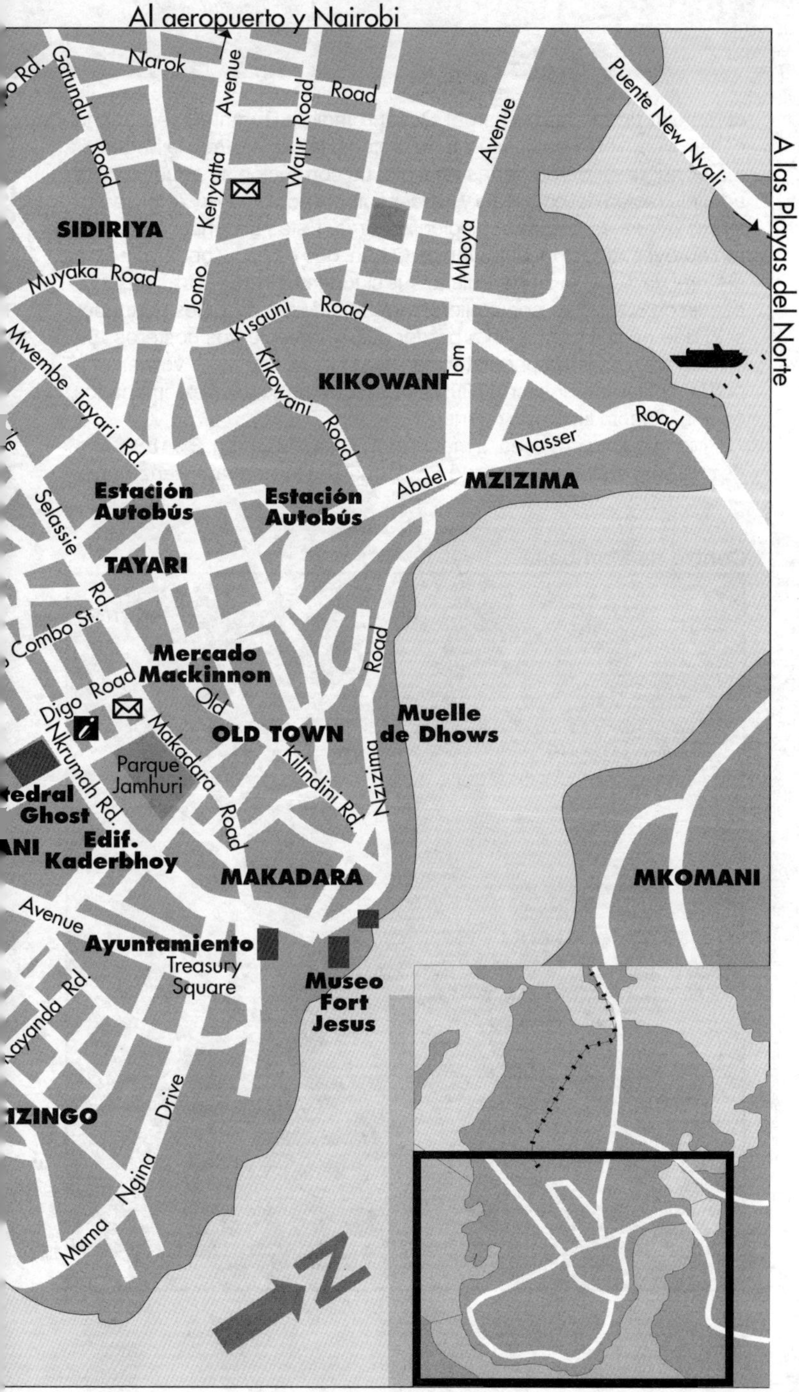

Al aeropuerto y Nairobi
A las Playas del Norte
Narok Road
Gatundu Road
Kenyatta Avenue
Jomo
Wajir Road
Mboya Avenue
Tom
Puente New Nyali
SIDIRIYA
Muyaka Road
Kisauni Road
Kikowani Road
KIKOWANI
Mwembe Tayari Rd.
Abdel Nasser Road
MZIZIMA
Selassie Rd.
Estación Autobús
Estación Autobús
TAYARI
Combo St.
Mercado Mackinnon
Digo Road
Old
Nkrumah Rd.
Makadara Road
Parque Jamhuri
OLD TOWN
Kilindini Rd.
Nzizima Road
Muelle de Dhows
Ghost
Edif. Kaderbhoy
MAKADARA
MKOMANI
Avenue
Ayuntamiento
Treasury Square
Museo Fort Jesus
Kayanda Rd.
Mama Ngina Drive
N

comercial de los árabes en el Océano Índico. Durante ese periodo construyeron el Fuerte Jesús, para proteger la ciudad. Pero la hegemonía portuguesa duró apenas un siglo. La corrupción se adueñó de la administración del comercio y la descontenta población local inició violentas revueltas contra sus colonizadores. Estas circunstancias fueron aprovechadas por el Sultán de Omán, que envió su poderosa flota al litoral de Kenia para conquistar sus ciudades. En 1698, tras un largo asedio de 33 meses, consiguieron arrebatar Mombasa a los portugueses, que no se resignaron a perder sus asentamientos costeros. Su empeño les hizo reconquistar de nuevo la ciudad, que volvieron a perder definitivamente en 1729, siendo todos los colonos exterminados en una violenta lucha sin cuartel.

Mombasa pasó, pues, a manos del Sultán de Omán. En 1832, uno de sus descendientes, **Seyyid Said,** trasladó su capital a Zanzíbar.

Centro de Mombasa

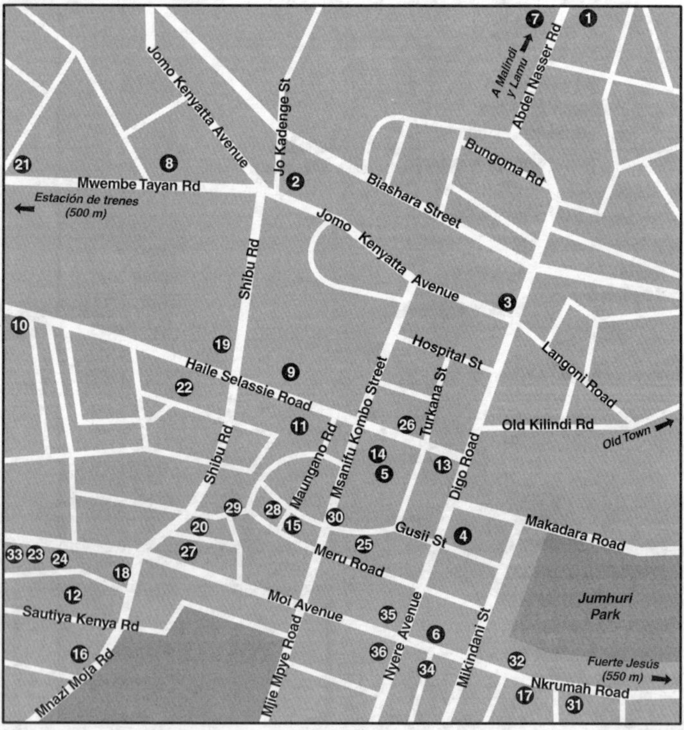

CENTRO DE MOMBASA

1. Autobuses y matatus a Malindi y Lamu
2. Autobuses Al-Yemeini
3. Barclays Bank
4. Correos
5. Mezquita Jundoni
6. Kenya Airways y Air Kenya

HOTELES

7. New People´s Lodge
8. Tana Hotel
9. Excellent
10. Royal Court
11. Glory Bed & Breakfast
12. Glory Hotel Annexe
13. Berachah
14. Hermes
15. Splendid
16. Evening G. H.
17. Glory G. H.
18. Casablanca
19. Lucky G. H.
20. Glory G. H.
21. Sapphire

RESTAURANTES

22. New Chetna
23. Rozina House
24. Recoda
25. Blue Fin
26. Blue Room
27. Mombasa Coffee House
28. Splendid View y Shehnai
29. Pistaccio
30. Anglo-Swiss Bakery y Café Stavrose
31. Taheri
32. Afro Café
33. Chinese Overseas y Cafe Italia
34. Hunter´s

BARES

35. Salambo
36. Royal Casino

Mediante un tratado con el entonces sultán de Zanzíbar, Gran Bretaña decretó en 1895 el Protectorado Británico de África del Este, con Mombasa como capital, si bien la ciudad y toda la franja costera seguían siendo propiedad del sultán, administradas como parte del territorio británico.

Mombasa se convirtió en el puerto más importante de África Oriental, sobre todo a raíz de la construcción del importante ferrocarril Mombasa-Uganda que trazó Gran Bretaña para establecer una rápida comunicación en esa parte del continente. La obra se terminó en 1901 y muchos de los obreros indios que los británicos contrataron para trabajar en la línea férrea se establecieron en el país y dieron lugar a la influyente minoría asiática que hoy día se extiende no sólo por Kenia, sino también por Uganda y Tanzania.

Hasta 1963, año de la independencia del país, la bandera del Sultán de Zanzíbar continuó ondeando en lo más alto del mástil instalado en uno de los torreones de Fort Jesus.

Ayuntamiento

ORIENTACIÓN

Orientarse en Mombasa es muy fácil y la mayor parte del tiempo lo pasaréis en el puro centro de la ciudad. La avenida Nyerere y su prolongación, Digo Road, es la principal arteria de este centro. A su derecha se encuentra el Fuerte Jesús y el Old Town, mientras que a su izquierda parten tres avenidas principales: Moi, Haile Selassie y Kenyatta.

La estación de trenes se halla en el extremo de Haile Selassie opuesto a Digo Road, a unos quince minutos caminando del centro.

SEGURIDAD

Mombasa es mucho más seguro que Nairobi y ni siquiera de noche hace falta tomar un taxi si nos movemos por las avenidas principales del centro y con gente hasta muy tarde.

Sin embargo, conviene alejarse de las zonas portuarias durante la noche. El viejo puerto de *dhows* resulta especialmente peligroso. Del mismo modo, hay que evitar pasear por las playas del norte o sur de noche y de día en tramos solitarios y alejados de los hoteles.

LA VISITA

Los principales lugares de interés de Mombasa forman parte de la zona más antigua de la ciudad, en el sector oriental de la isla.

EL OLD TOWN (CASCO ANTIGUO)

El Old Town de Mombasa se encuentra entre Digo Road, Makadara Road y el puerto antiguo de *dhows*. Es la zona más interesante de la ciudad para pasear y se muestra muy animada a primera hora de la mañana y a última de la tarde. Hasta el año 1930, Mombasa no se extendía más allá del contorno de su casco antiguo. Hasta ese momento, la vida seguía discurriendo con tranquilidad entre la apretada red de estrechas callejuelas que surcan la ciudad vieja. A lo largo de ellas se puede observar la variedad de estilos arquitectónicos que muestran sus fachadas y balcones, que muestran influencias árabes, indias y sobre todo suajilis, cuyos mayores exponentes se encuentran en el archipiélago de Lamu.

Sin embargo, aunque esta parte de la ciudad ha sido constantemente habitada desde la Edad Media, los débiles materiales que se emplearon y las sucesivas destrucciones e incendios que ha sufrido la ciudad han borrado para siempre los vestigios de las antiguas construcciones.

Pero aún quedan en pie algunas casas que se remontan a la primera mitad del siglo XIX. Otras viviendas, según el patrón de las edificaciones suajili, están hechas a base de piedra de coral. No obstante, es difícil encontrar viviendas que mantengan la tradición de los techos de hojas de palmera.

Del rico estilo suajili, el ejemplo que más perdura es el de sus macizas puertas de madera tallada. Muchas de estas puertas tienen una antigüedad considerable y permanecen aferradas a sus marcos como recordatorio de los ricos comerciantes que antes de la colonia ya las hacían traer de Lamu o Zanzíbar para la entrada de sus casas.

Casco antiguo de Mombasa

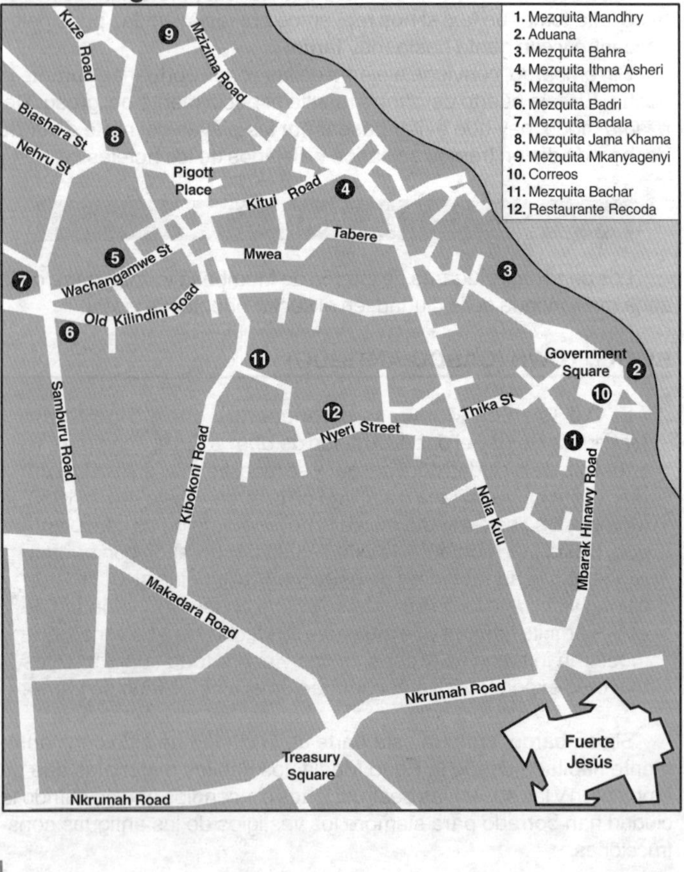

También subsisten tallas hermosas en la decoración de las balconadas y en las celosías de ciertos edificios. Además, las callejas del casco antiguo acogen un gran número de mezquitas, como la **mezquita Madala**, la **mezquita Memon**, la **Bachar** o la **mezquita Badri**, cuya presencia atestigua en silencio la fe musulmana entre los habitantes locales. De todas las mezquitas, la más importante es la **Mezquita Mandhry**, la más vieja de la ciudad, erigida por primera vez en 1570 y muy restaurada en los siglos sucesivos.

El recodo más pintoresco del casco viejo es **Goverment Square**, la plaza a espaldas del **Puerto Antiguo de *dhows***, donde en el año 1900 estaba ubicado el **Cuartel General Colonial**, junto a sus distintas sedes de gobierno, los bancos y los consulados de Mombasa. A medida que avanzaba el siglo, los comerciantes y negociantes que se agolpaban en las estrechas callejuelas comenzaron a mudarse hacia el ensanche de la ciudad, en dirección al norte de la isla, dejando en el barrio viejo los rótulos e inscripciones en los edificios que todavía pueden verse hoy en día y que constribuyen con su estampa al genuino sabor y ambiente que rezuman las calles del casco antiguo.

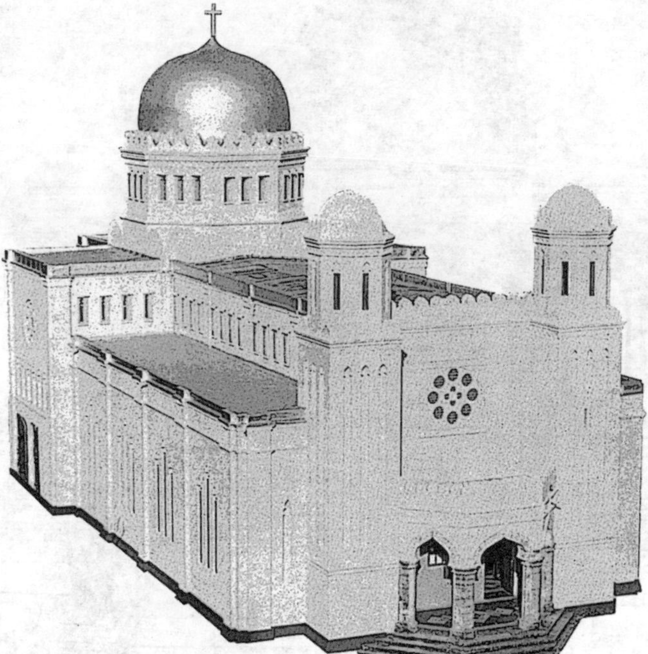

Catedral

EL PUERTO VIEJO

Situado a espaldas de Goverment Square, el viejo puerto de Mombasa es hoy el principal atracadero de los *dhows* que recalan en Kenia procedentes del golfo Pérsico. También los barcos locales, provenientes sobre todo de Lamu, atracan en estos muelles, tal y como lo han estado haciendo desde hace más de seis siglos.

El espectáculo de la carga y descarga de los *dhows* es muy interesante y para asistir a ello lo habitual es pedir el consentimiento del oficial de aduanas que se encuentra en la oficina situada en el lado izquierdo de la entrada al puerto.

Templo de Der Jain

Es importante saber que está totalmente prohibido fotografiar el puerto o sus inmediaciones, según se indica claramente en carteles anunciadores en torno a los muelles y en la Goverment Square. De todos modos, si se quiere hacer una foto de este pintoresco e histórico lugar, siempre es posible desde cualquiera de las callejuelas que desembocan al paseo marítimo o desde el mismo límite del edificio de Aduanas, al norte del puerto.

FUERTE JESÚS

Abre todos los días de 8,30 a 18.00 horas. Entrada de pago. Enclavado en el extremo oriental del casco antiguo, Fort Jesus domina desde su posición el puerto viejo. Fue construido por los portugueses en 1593 y el diseño de la fortaleza lo ejecutó Joao Batista Cairato, un arquitecto italiano que ya había trabajado para Portugal en sus fortificaciones de Goa. El material que se utilizó para su construcción fue la piedra de coral, con la que se levantaron muros de hasta tres metros de espesor que se alzaban dieciséis metros por encima del foso que rodeaba la fortaleza. El plano de conjunto se diseñó en torno a un patio central, en cuyos extremos se erigieron cuatro bastiones. Un elemento muy original de construcción fue utilizado en la muralla de la fortaleza orientada al mar, donde se hizo una configuración angular de las murallas, de modo que permitía a los defensores sorprender a los invasores que pretendieran asediar el muro opuesto.

Con el paso del tiempo, otras construcciones fueron añadiéndose al interior del recinto, pues desde el año de su construcción hasta 1875 cambió nueve veces de mano: primero fue de los portugueses, después de los omaníes, más tarde de las dinastías árabes locales de los Mazrui y posteriormente de los ingleses.

El Fuerte Jesús fue utilizado como prisión desde 1895 hasta 1958, año en que se convirtió en Monumento Nacional y Museo.

Entre sus edificaciones más antiguas se encuentran los cuatro bastiones, dedicados a **San Matías, San Alberto, San Mateus** y

San Felipe. En este último bastión está enclavada una hermosa casa omaní del siglo XVIII, que fue vivienda del jefe de centinelas mientras el fuerte servía como prisión. Junto a la muralla sur se encuentra un museo sobre lo que antiguamente eran los barracones de la guarnición. Entre sus colecciones se exhiben excelentes muestras de cerámica, muchas ellas procedentes de China. También son interesantes los hallazgos que se hicieron en la fragata portuguesa **Santo Antonio de Tanná**, hundida junto al fuerte durante el asedio de 1697, mientras trataba de auxiliar a los sitiados defensores.

Por fin, en la muralla este, se encuentra una antigua **Sala de Audiencias** omaní y el conocido **Pasadizo de los Arcos**, un túnel abierto entre los arrecifes de coral que permitía la comunicación del fuerte con el exterior y que en la actualidad está cegado. Fijaos en los grafitis y los corazones atravesados con flechas que plasmaron los soldados portugueses sobre los muros de la Sala de Audiencias. Y en las negras vigas, las inscripciones en carácteres islámicos.

MEZQUITA SHEIKH JUNDONI. Msanifu Kombo St. Esta mezquita en una placita del puro centro es muy bella y está rodeada de un agradable jardín con palmeras. De confesión sunní, es blanca y tiene una hermosa cúpula y un minarete. Es más nueva de lo que parece, ya que se construyó en 1960.

VISITAS ORGANIZADAS

Varias agencias de la ciudad programan una visita guiada por la ciudad.

Fuerte Jesús

ACTIVIDADES

CRUCEROS POR EL PUERTO

Se pueden contratar excursiones marítimas en *dhows* de lujo en el restaurante **Tamarind** (☎ 47 19 48) o en **Southern Cross Safaris** (☎ 47 50 74). Los barcos zarpan desde el muelle junto al Tamarind y llegan hasta Fuerte Jesús, lo que permite contemplar unas magníficas vistas del puerto viejo.

Los precios son por cuatro horas de navegación, incluida una buena cena.

JAHAZI MARINE. (☎ 47 22 13) también organiza cruceros nocturnos a precios similares.

GOLF

Para jugar en cualquiera de los campos hay que hacerse socio temporal y allí mismo se puede alquilar el equipo necesario. El **Mombasa Golf Club** se encuentra en Mama Ngina Drive y el **Nyali Golf Club** está en las playas del norte, junto al hotel Nyali Beach.

DEPORTES NAÚTICOS

Alquiler de botes para pesca o navegación, material de submarinismo, etc., en **Bahari Club**, Bamburi Rd (☎ 47 13 16), en el caso urbano. En el área continental se encuentran **Kenya Marinas** en Mtwapa Creek; **Nichola's** en Nyali Beach, y **Kenya Scuba Divers** en Diani Beach.

DIRECCIONES ÚTILES

CONSULADO DE ESPAÑA. ☎ 22 83 21.

OFICINA DE TURISMO. Moi Avenue junto a los Colmillos. ☎ 22 82 08. Abre de lunes a viernes de 9.00 a 12.00 h y de 14.00 a 16.30 h. Los sábados, de 9.00 a 12.00 h.

OFICINA DE INMIGRACIÓN. Mama Ngina Drive. ☎ 31 17 45. Aquí podéis ampliar vuestro visado de estancia.

BANCOS

BARCLAYS BANK. Moi Avenue a la altura del hotel New Palm Tree; en Nkrumah Rd y en la confluencia de Kenyatta Ave con Digo Road. Abren de lunes a viernes de 9 a 15 horas y el primer y último sábado de mes de 9 a 11 horas.

STANDARD BANK. Moi Ave y Treasury Square.

HOSPITALES

AGHA KHAN HOSPITAL. Vanga Rd. ☎ 31 29 53.

PANDYA MEMORIAL HOSPITAL. Kimathi Ave. ☎ 31 41 40.

OTRAS DIRECCIONES

INTERNET. *Jubilee Building,* 2º piso, puerta 28, Moi Ave; *Intellitech,* Jubilee Building, bajo, junto al Café Italia, en Moi Ave; *Mombasa Coffee House*, Moi Avenue.

OFICINA DE CORREOS. La oficina central está en Digo Rd. Abre de lunes a viernes de 8.00 a 18.00 h y los sábados de 9.00 a 12.00 h.

TELÉFONOS. *Post Global Services,* Maungano Road.

COMUNICACIONES

AEROPUERTO INTERNACIONAL MOI. Port-Reitz, Carretera de Nairobi. Autobuses, *matatus*, taxis y un *shuttle* de Kenya Airways comunican el aeropuerto con el centro.

KENYA AIRWAYS. Nkrumah Road. ☎ 22 12 51.

AIR KENYA. TSS Towers, Nkrumah Road. ☎ 22 97 77.

ESTACIÓN DE FERROCARRIL. La Central Railway Station se encuentra en Machakos Street y Haile Selassie Ave.

ESTACIONES DE AUTOBUSES

JOMO KENYATTA AVE. De aquí salen casi todos los autobuses.

ABD EL NASSER ROAD. Estación de autobuses para Malindi y Lamu.

TERMINALES DE TAXIS COMPARTIDOS

MALINDI TAXIS. Jomo Kenyatta Ave.

MOMBASA PEUGEOTS SERVICES. Haile Selassie Rd.

FERRY A LIKONI

Este transbordador une la isla de Mombasa con el área continental del sector sur de la ciudad (Likoni). Funciona ininterrumpidamente día y noche cada 20 minutos entre las 5.00 y 12.30 h y con menor frecuencia durante el resto de la jornada.

ALQUILER DE VEHÍCULOS

HERTZ. Moi Ave. ☎ 31 63 33.

AVIS. Moi Ave.

EUROPCAR. Nkrumah Road. ☎ 31 24 61.

GLORY. Moi Ave. ☎ 31 35 61.

BUDGET. Moi Ave.

ORGANIZACIÓN DE AUTOMOVILISMO. Es posible encontrar mapas de carreteras e información sobre su estado en **Automobile Association of Kenya** (☎ 49 24 31), en Jomo Kenyatta Ave.

AGENCIAS DE VIAJES

La mayoría de ellas se ubica a lo largo de Moi Ave.

COMPAÑÍAS DE SAFARI

Ver el capítulo dedicado a los safaris.

ALOJAMIENTO

Ya hemos dicho que en Mombasa existe una oferta hotelera bastante más aceptable que en Nairobi, sobre todo en lo que se refiere a los hoteles de precio medio, que ofrecen una calidad bastante mejor que en la capital del país.

La gran mayoría de los viajeros se aloja en el puro centro y los hoteles baratos, e incluso muchos medios, no tienen agua caliente, lo cual no es muy necesario en Mombasa.

BARATOS

METRIC INN. Detrás de Moi Ave a la altura del Wimpy. ☎ 22 21 55. Un hotelito muy cerca de los Colmillos, con cuartos sin baño, amplios, limpios, con ventilador y todos con ventanas a un patio. Lo lleva una gente muy agradable. También tiene suites con baño.

CASABLANCA. Semiesquina Mnazi Moja Rd. El Casablanca es, en realidad, un bar de copas que alquila algunas habitaciones sin baño. No están mal, salvo las paredes, muy sucias. Auténtico y con marcha en el bar, pero poco recomendable para viajeras solas.

EVENING GUEST HOUSE. Mnazi Moja Rd. ☎ 22 13 80. Habitaciones muy buenas, con mosquitera y baño de agua fría. Tiene restaurante.

GLORY BED & BREAKFAST. Halie Selassie Road. ☎ 22 02 65. Cuartos muy baratos sin baño propio en un establecimiento de ambiente musulmán estricto: no se permite beber alcohol en los cuartos, que la mayoría son limpios y algunos tienen terraza, pero otras son cutres, así que pedid que os enseñen varias. El *check out* es a las 10.

GLORY HOTEL ANNEXE. Sautiya Kenya Road. ☎ 22 04 19. Hotel de colorida recepción con habitaciones amplias, luminosas y con suelo de baldosas blancas. Las recién pintadas están bien, pero rehusad las que tienen las paredes sucias. Sin baño son algo más baratas.

BERACHAH GUEST HOUSE. Haile Selassie Road. ☎ 22 41 06. Cuartos muy pequeños pero correctos muy cerca del cruce con Digo Road. Precios más económicos sin baño y más caros con ello.

NEW PEOPLE'S LODGE. Abdel Nasser Rd. ☎ 22 97 15. En las zonas de las mezquitas y de la estación de autobuses y *matatus* que parten hacia la costa norte, un hotel con mucho encanto, en un edificio antiguo, de color crema y con arcadas en la fachada. Cuartos cutres, pero limpios y muy baratos, y algunos tienen incluso balcón. Definitivamente, con sabor, y tiene un enorme restaurante siempre animado en el bajo.

RAMADHAN GUEST HOUSE. Abdel Nasser Rd. En la misma calle de las afueras que el New People's, cuartos básicos pero limpios y baratos.

LUCKY GUEST HOUSE. Shibu Road. ☎ 22 08 95. Cuartos con baño y ventilador correctos.

TANA HOTEL. Gatundu Road. Cuartos hasta triples, sencillos pero limpios y correctos.

MEDIOS

NEW PALMTREE HOTEL. Nkrumah Rd. ☎ 31 52 72. Muy confortable y céntrico –muy cerca del Old Town y Fuerte Jesús-, es uno de los mejores hoteles de esta categoría y nuestro favorito. Un edificio antiguo con mucho encanto y habitaciones tipo colonial con ventilador y baño. En el amplio vestíbulo hay un bar y restaurante de cocina continental y asiática. El desayuno está incluido y es un buen lugar para encargar que nos laven la ropa.

GLORY GUEST HOUSE. Shibu Rd. ☎ 22 32 39. Cuartos sin baño y con ventilador, y algo más caros con a/c y baño y el desayuno incluido. Muy correcto.

SPLENDID HOTEL. Msanifu Kombo St. ☎ 22 16 94. Otro de nuestros favoritos. Cuartos muy buenos y alguna suite. Es un viejo edificio de tres pisos con ascensor y algunos cuartos tienen terraza. El baño es de agua fría y en la azotea hay un restaurante muy popular.

HOTEL HERMES. Msanifu Kombo St. ☎ 31 35 99. Cuartos amplios con baño y desayuno incluido. Lo mejor es la cama y la pequeña terraza, mientras que las paredes pueden estar sucias. Correcto pero algo cutre y, desde luego, por el mismo precio merece mucho más la pena el Splendid o, sobre todo, el New Palm Tree.

EXCELLENT HOTEL. Haile Selassie Road. ☎ 22 76 83. Cuartos con baño y desayuno incluido. Está bien situado y tiene restaurante. Las habitaciones son muy buenas, algunas con baño, y tienen mosquitera y ventilador. Sólo falla el suelo, de piedra y poco acogedor.

CAROS

MANSON HOTEL. Kisumu Road. ☎ 22 23 56. Un edificio bastante feo con cuartos con baño de agua caliente, a/c y, algunos, con balcones. Tiene restaurante.

ROYAL COURT HOTEL. Haile Selassie Road. ☎ 31 23 17. El mejor hotel de la ciudad no es gran cosa, aunque sí está mejor que el resto de los que hemos hablado. Dobles con a/c, baño de agua caliente, tv y balcón. Tiene dos restaurantes de cocina india: el Roshani y el Tawa Terrace.

HOTEL SAPPHIRE. Mwembe Tayari Road. ☎ 49 16 57. Cerca de la estación de trenes, al igual que el Royal Court, cuartos con las mismas facilidades que en éste y a precios similares. Tiene piscina y restaurante.

DÓNDE COMER

BARATOS

NEW CHETNA RESTAURANT. Haile Selassie Rd. Abre todos los días de 8 a 21,30 horas. El New Chetna se trasladó en el 2001 a un local casi contiguo después del incendio que sufrió. Pero la comida siegue siendo la misma: platos vegetarianos de cocina in-

Hotel New Palm Tree

dia, como samosas, pizzas y hamburguesas vegetarianas, *thalis* y bufé para la cena muy baratos. No sirven alcohol, pero sí excelentes *lassis* (yogur batido).

ROZINA HOUSE. Moi Ave. Abre todos los días de 8.00 a 22.30 horas. En la cafetería se puede comer barato hamburguesas, pizzas y lasaña, mientras que dentro y a precio medio sirven platos *thais,* algunas especialidades de Mozambique, como langostinos *pili-pili,* y también italianas. Sólo sirven cerveza en el comedor. Está muy cerca de los colmillos.

RECODA RESTAURANT. Nyeri St y Moi ave. Platos suajilis bien condimentados. El primero se halla en pleno Old Town y sólo abre para la cena, mientras que la nueva sucursal –con retrato de Jomeini en la pared- está cerca de los colmillos y abre de 13.30 a 1.00 horas. No sirven alcohol y se precian de ser los más típicos de Mombasa.

BLUE FIN RESTAURANT. Meru Rd esquina con Msanifu Kombo St. Especialidad en *fish & chips* y también hay pollos asados.

BLUE ROOM RESTAURANT. Haile Selassie Rd. Buenas hamburguesas y pizzas.

MOMBASA COFFEE HOUSE. Moi Ave. Platos ligeros y un café excelente.

SPLENDID VIEW RESTAURANT. Maungano Road. Abre hasta las 14 horas y de 16,30 a 23,30 horas. Cocina india india en uno de nuestros favoritos, frente al hotel Splendid. Probad su estupendo pollo al *tandori* y sus *lassis.*

PISTACCIO. Meru Road. Abre de lunes a sábados hasta la 1 horas. Muy cerca del anterior, además de heladería sirve kebabs, samosas y pancakes.

ANGLO-SWISS BAKERY. Frente al hotel Splendid, una panadería con buenos bollos y pasteles.

CAFÉ STAVROSE. Maungano Road. En la misma zona que los tres anteriores, kebabs, pollo *tikka,* etc.

TAHERI. Nkrumah Road. Abre hasta las 23 horas y cierra los domingos. Samosas, sandwiches, patatas fritas, zumos, *bhajias* (croquetas vegetarianas) y otros aperitivos sencillos.

AFRO CAFÉ. Nkrumah Road. Abre hasta las 23 horas. Una terraza muy agradable en un café de color gualda muy frecuentado por viajeros y donde se pueden tomar platos baratos: tilapia, kebabs, sandwiches, hamburguesas y chuletones ya a precio medio.

CASABLANCA. Semiesquina Mnazi Moja Rd. El hotelito, bar y restaurante sirve platos sencillos, con alguna especialidad india.

MEDIOS

CAFÉ ITALIA. Jubilee Building, Moi Ave. Cocina italiana de calidad aceptable.

ROSHANI. Haile Selassie Road. Abre hasta las 14.30 h y de 19.00 a 22.30 h. El restaurante indio más económico del hotel Royal Court tiene buena reputación entre la colonia asiática.

CHINESE OVERSEAS RESTAURANT. Moi Ave. Cocina china y coreana, muy cerca de los Colmillos.

MEHFIL. Mwembe Tayari Road. El restaurante del hotel Sapphire sirve especialidades indias y europeas.

CAROS

TAMARIND RESTAURANT. Nyali Rd. ☎ 47 17 47. Tiene la fama de ser el mejor restaurante de Kenia y está nada más pasar el Nyali Bridge en dirección al continente. Es caro, pues ofrece una gran selección de pescados y mariscos, con platos muy refinados. Conviene reservar.

SHEHNAI. Frente al hotel Splendid. Abre hasta las 14 horas y de 19 a 22 y cierra los lunes. Cocina india *mughlai* de calidad y zumos muy buenos, pero es caro y al añadir un 25% de tasas el precio se dispara, por lo que no merece mucho la pena, aunque sirven un buen té *masala*.

HUNTER'S BAR. Nkrumah road. ☎ 31 11 56. Abre de 11 a 14,30 horas y cierra los domingos. En el primer piso del edificio Ambalal House, cocina continental en un restaurante mítico que para las cenas se ha trasladado a otro lugar. Pescado, marisco y chuletones en un salón colonial decorado con trofeos de caza.

HUNTER'S STEAKHOUSE. Nyali Road. ☎ 47 47 59. Abre sólo para cenas hasta medianoche y cierra domingos. Muy cerca del Tamarind, la nueva sucursal del mítico Hunter's, uno de los mejores restaurantes de Mombasa, está especializada en chuletones.

TSAVO TERRACE. Haile Selassie Road. Abre hasta las 14,30 y de 19 a 22,30. El restaurante indio más caro del Royal Court se sitúa en una agradable local en la azotea del hotel.

COPAS

En Mombasa hay varios clubes y discotecas divertidos. En la mayoría, de noche las mujeres están buscando turistas con los que hacerse un trabajillo. En pleno centro, el **Salambo** se halla en la intersección de Nyerere Ave con Nkrumah Road; es una discoteca que está bien; así como el **New Florida**, en Mama Ngina Drive y con los mismos dueños y tipo de clientela que su homónimo de Nairobi.

El bar **Casablanca** –que lo hemos citado como restaurante y hotel- en Mnazi Moja Rd, es un local histórico y útil para entablar *relaciones*. Parece que está un poco peligrosillo cuando ya se ha cerrado la noche, pero tampoco debe ser para tanto.

En las azoteas de los hoteles **Splendid** y **Excellent** suele haber música en directo.

Toyz Disco, en Baluchi St, estaba de moda en el 2001, y **Tembo**, a 6 kilómetros por la carretera norte (hay que ir en taxi), es una discoteca preciosa en una antigua mina, pero con una clientela femenina extensísima y casi exclusivamente de prostitutas.

El **Royal Casino**, en Moi Ave esquina Digo Road, tiene un bar y algunas mesas para jugar.

COMPRAS

La primera consideración que hay que tener en cuenta es que Mombasa es un sitio muy caro para comprar recuerdos. Las tiendas de artesanía y *souvenirs* ofrecen unos precios bastante elevados. Por supuesto, siempre se puede regatear, pero los tratos no suelen resultar tan equilibrados como en Nairobi.

El cogollo de puestos y tiendas de artesanía se concentra en una pequeña zona comprendida entre las confluencias de Moi Ave, Nyerere Ave, Digo Rd, Jomo Kenyatta Ave y Msanifu Kombo St, en el barrio de Tayari. Allí es posible encontrar las sempiternas tallas de madera, incluido arte *makonde*, además de tallas en piedra, abalorios, lanzas, cestos, etc.

Las mejores compras que pueden hacerse en Mombasa son los *kangas* y los *kikois*, las tradicionales prendas de vestir originarias de esta parte del país. Se confeccionan en gran variedad de telas, que según su calidad alcanzan mayor o menor precio. También se venden aquí el islámico y tradicional *bui bui*, una falda ceñida de color negro, que se coloca encima de la otra prenda y que en plan muy estricto suele tapar también el rostro. Estos y otros tejidos se venden principalmente en Biashara St.

También hay muchas tiendas de artesanía y antigüedades en el Old Town, en las calles Mbarak Hinawy Road y Ndia Kuu.

Por último, en el **Bombolulu Workshops & Cultural Centre** (de lunes a sábado hasta las 17 horas) se vende mucha artesanía, la mayor parte elaborada por discapacitados. Se puede encontrar tallas muy hermosas y está a tres kilómetros al norte del puente Nyali.

LLEGAR Y PARTIR

EN AVIÓN

Kenya Airways tiene varios vuelos diarios a Nairobi, pero no vuela desde aquí a Lamu ni a Malindi, aunque es posible que en el futuro próximo ésto varíe.

Air Kenya sí vuela desde Mombasa a Lamu.

EN TREN

El tren viene de Nairobi a Mombasa los lunes, miércoles y viernes a las 18 horas, y llega hacia las 8 de la mañana.

Desde Mombasa sale los martes, jueves y domingos a la misma hora. Aunque el viaje en autobús es más barato y rápido, merece la pena hacerlo en tren, pues es mucho más cómodo. Una litera en segunda es bastante económica y el precio incluye la cena y el desayuno. Es un viaje muy relajado y los compartimentos son limpios y seguros.

EN AUTOBÚS Y *MATATU*

Las oficinas de las compañías de autobuses y *matatus*, como Coast, Malaika, Akamba, Cat y otras están alineadas a lo largo de la Jomo Kenyatta Ave. Todas hacen varias salidas diarias a Nairobi, Malindi y Lamu. A estos dos últimos destinos también parten autobuses desde la estación de Abdel Nasser Road.

La carretera entre Mombasa y Watamu es preciosa, en medio de un paisaje muy verde donde crecen baobabs y otros magníficos árboles africanos.

Para ir a las playas de la costa sur primero hay que salir en ferry a Likoni. Hasta el barco se puede ir en *matatu* desde la avenida Nyerere.

Para ir a Tanzania vía Tanga, los autobuses de Tawfiq, Takwa y Al-Yemeini salen varias veces al día también desde Jomo Kenyatta Ave.

EN TAXI COMPARTIDO

Las compañias Malindi Taxis o Mombasa Peugeots hacen normalmente un solo viaje por día a Nairobi, Malindi o Lamu. La tarifa es casi el doble del billete de autobús.

ALREDEDORES DE MOMBASA

MAMBA CROCODILE VILLAGE. (☎ 011 47 27 09) Esta granja de cocodrilos se encuentra en la zona continental al norte de Mombasa, cerca del Nyali Beach Hotel.

Aquí viven cientos de cocodrilos en entornos que intentan simular su hábitat natural. Para llegar a Mamba Village puede tomarse cualquiera de los autobuses que se dirigen hacia la carretera de Malindi. La entrada es de pago.

BAMBURI QUARRY NATURE TRAIL. (☎ 011 48 57 29) Se trata de un minúsculo parque creado sobre una zona reforestada de la costa norte de Mombasa. Alberga especies como búfalos, facoceros, orix y algunos monos. También tiene una reserva de cocodrilos y un invernadero. Se puede venir en cualquier autobús que circule desde el centro hasta la carretera de Malindi.

PARQUES NACIONALES DE LA COSTA

RESERVA NACIONAL SHIMBA HILLS. Se extiende por los montes de la costa sur de Mombasa, a la altura de la playa de Diani. La información sobre esta reserva la facilitamos en el capítulo dedicado a los Parques Nacionales.

LAS PLAYAS DE MOMBASA

Uno de los principales alicientes de Mombasa son las espléndidas playas de sus cercanías, la mayoría de fina arena blanca y bañadas por cristalinas aguas que, sin embargo, pueden verse invadidas de algas entre marzo y diciembre.

La mayoría de los viajeros se instala en alguno de los caros complejos hoteleros que se extienden al norte o al sur de la isla de Mombasa, pero también hay opciones para los que no se gastan mucho en alojamiento.

SEGURIDAD

En las playas de Mombasa hay que tomar una serie de precauciones, pues en los últimos años, con el agravamiento de la situación económica y el descenso del turismo y su consecuencia de aumento del desempleo, se ha experimentado un incremento notable de asaltos a turistas solitarios.

No llevéis nada de valor a la playa. Dejadlo todo en la caja de seguridad del hotel y no paseéis por zonas alejadas y desiertas. Y mucho menos en cuanto anochece. Desde Shelly ni desde Diani se debe caminar por los caminos interiores hasta Tiwi Beach, son zonas favoritas para los atracadores.

Por último, se han dado muchos casos de *camellos* que venden marihuana en la playa a los turistas e inmediatamente dan el chivatazo a la policía, con lo que la consecuencia suele ser, como mínimo, un montón de dólares de mordida. En el verano de 1999 dos españoles fueron encarcelados cuando fueron sorprendidos con un poco de yerba en la playa.

AL SUR DE LA CIUDAD

Para venir a cualquiera de las playas situadas al sur de la ciudad hay que embarcarse primero en uno de los frecuentes ferrys que cruzan a Likoni.

Las excelentes playas al sur de Mombasa están menos urbanizadas y son más tranquilas que las que están al norte de la ciudad. La costa no está plagada de enormes complejos hoteleros y, por tanto, la afluencia de visitantes es menor. Por lo demás, las playas del sur tienen una arena blanquísima y a lo largo de ellas se puede observar, sobre todo en la bajamar, magníficas muestras de la barrera de coral que protege el litoral costero. El arrecife impide el acceso a los tiburones, por lo que el baño es completamente seguro.

Cuando las aguas se retiran hacia el océano se forman enormes charcos de poca profundidad, aunque el efecto más sorprendente de este lugar es el *paseo sobre las aguas*, que se da también cuando baja la marea y la barrera coralina asoma justo a nivel del mar, lo que permite curiosos paseos por encima de sus formaciones, que están bien alejadas de la costa. A quien los contempla desde la playa, producen el efecto de que el paseante camina sobre las aguas.

SHELLY BEACH

Shelly Beach es la playa más cercana a Mombasa y la más adecuada, pues, para hacer una escapada al mar desde la ciudad. Entre marzo y diciembre puede verse invadida por las algas y el baño no es tan agradable.

ALOJAMIENTO Y DÓNDE COMER

Medio

ACK GUEST HOUSE. Cerca del embarcadero del ferry de Likoni. ☎ 011 45 16 19. Está junto al embarcadero, ya en el continente. Los cuartos dobles son correctos.

Caro

SHELLY BEACH HOTEL. ☎ 011 45 10 01. A unos tres kilómetros del ferry, es el único alojamiento disponible. No está mal, aunque es un poco caro para su categoría, pues la doble casi se mete en los precios de lujo.

CÓMO LLEGAR

Para coger el ferry se puede ir en *matatu* desde el centro de Mombasa y después algunos *matatus* recorren los tres kilómetros que hay desde el muelle a la playa. Caminando se hace en una media hora.

TIWI BEACH

Tiwi es la playa contigua a Shelly en dirección sur. Es una de las mejores playas de Mombasa y se encuentra a unos dos kilómetros de la costa, al igual que Shelly.

Tiwi es la playa ideal para alojarse de cámping o en bungalows baratos y para comprar la comida en tiendas o en un supermercado y cocinarla uno mismo. Es también una de las menos urbanizadas, en claro contraste con la siguiente playa de Diani.

ALOJAMIENTO Y DÓNDE COMER

Casi todos los alojamientos de la playa tienen un restaurante donde comer pescado y marisco principalmente.

Baratos

TIWI SEA CASTLES. (☎ 86 20 26 de Nairobi). Bungalows para dos personas con baño en el precio límite con medios, y también tiene cabañas para cuatro o cinco personas. Con restaurante y una pequeña piscina.

Medios

TWIGA LODGE. ☎ 0127 51 210. Cuartos dobles, y se puede acampar a precio barato. En el pasado reciente tuvo mala fama por causa de los robos; lo mejor sería preguntar a algún viajero que se hospede aquí.

CORAL COVE SEA COTTAGES. ☎ 0127 51 295. www.aussiemike.com/coralcove Uno de nuestros favoritos. Cabañas y bungalows de diferentes precios, siempre económicos.

CAPRICHO BEACH COTTAGES. ☎ 0127 51 10 10. Cierra en mayo. capricho@tiwibeach.com Ideal para un grupo, pero si no se reserva con antelación, hay que traerse la ropa de cama y la mosquitera. Es más barato en cuanto se es varios, pues hay cabañas hasta para seis. Tiene piscina.

MAVENI BEACH COTTAGES. ☎ 0127 51 008. Cabañas para dos o tres personas bien amuebladas y en un bonito entorno.

Lujo

TRAVELLERS TIWI BEACH HOTEL. ☎ 0127 51 202. travellershtl@swiftmombasa.com. Cabañas de buen tamaño y techo de makuti a la orilla de un río. Con una enorme piscina y cuartos algo más baratos en temporada baja. Suele estar ocupado por grupos de turismo organizado.

CÓMO LLEGAR

Desde Likoni parte autobuses y *matatus* hasta Tiwi. Se detienen frente a una pista de tierra que conduce a la playa.

DIANI BEACH

Situada inmediatamente al sur de Tiwi –de la que la separa el río Mwachema-, Diani es la típica playa tropical de arena blanca y palmeras cocoteras en primera línea de mar. Sus aguas son cristalinas y esconden impresionantes formaciones coralinas. Debido a sus excelentes condiciones, los grandes complejos turísticos se han instalado en Diani a lo largo de diez kilómetros y es la playa favorita de los grupos organizados.

Las tiendas, restaurantes, algún cibercafé y bares se alinean en la carretera paralela a la playa

Diani es el lugar ideal para quienes deseen unas vacaciones de sol y playa y con todos los servicios en el mismo hotel, pero los viajeros a su aire harán mejor en elegir cualquier otra playa más tranquila.

Frente al cruce de la carretera de Ukunda hay un Barclays Bank y cerca de allí, una delegación del Kenya Commercial Bank.

ALOJAMIENTOS

La oferta hotelera en Diani Beach es amplísima, pero apenas hay opciones baratas, salvo en la zona de Ukunda.

Baratos

CÁMPING DAN TRENCH. Un cámping histórico en la playa, pero ya algo cutre, sin hierba y junto a una mansión. Los baños no están limpios tampoco.

NOMAD. Ukunda. ☎ 0127 33 92. Cierra en mayo. Unas cuantas cabañas o *bandas* básicas pero correctas, algunas con ducha propia.

CORNER GUEST HOUSE. Está en Ukunda y tiene dobles ultrabásicas.

Medios

GLORY PALACE HOTEL. ☎ 0127 33 92. Entre Ukunda y Diani, dobles básicas más caras en temporada alta.

WAYSIDE APARTMENTS. ☎ 0127 31 19. Apartamentos de diversos tamaños.

Caros

CORAL BEACH COTTAGES. ☎ 0127 24 31. Cabañas hasta con tres dormitorios que suben casi al doble en temporada alta.

DIANI BEACHALETS. ☎ 0127 21 80. *Bandas* de cuatro habitaciones que salen a precio medio si sois tres al menos y caro para dos.

KARIBUNI COTTAGES. ☎ 0127 32 93. Cabañas de techo de *makuti.*

Lujo

Los hoteles de lujo suelen estar ocupados casi exclusivamente por paquetes organizados e incluyen media pensión y a veces completa. Casi todos tienen bares, restaurante, piscina y los cuartos tienen aire acondicionado y neveras y suelen estar en bungalows en medio de jardines. Suelen estar ocupados, en su mayoría, por grupos organizados de turíticas y hay poco viajero individual. Algunos son:

DIANI REEF GRAND HOTEL. ☎ 0127 27 23.

DIANI SEA LODGE. ☎ 0127 20 60.

JARDINI BEACH HOTEL. ☎ 0127 20 60. De la misma compañía que el Diani Sea y el **AFRICANA SEA LODGE.** Este último es ideal para la práctica de los deportes acuáticos. Los tres con precios similares.

LEISURE LODGE. ☎ 0127 22 72.

LEOPARD BEACH HOTEL. ☎ 0127 21 10. Un gran complejo sobre una especie de acantilado y con un buen número de bares y restaurantes. No es de los que más nos gustan y es bastante caro para la mediocridad de sus habitaciones.

ROBINSON'S CLUB BAOBAB. ☎ 0127 20 26. Dobles en un lugar poco recomendable para quienes les guste estar a su aire y disfrutar de una playa exótica en África.

DÓNDE COMER

Los menús que ofrecen los hoteles están bien, pero hay que probar algunas opciones de la playa fuera de estos complejos que bien merecen una visita.

Medios

AFRICAN POT. Junto al Coral Beach Cottages. Cocina suajili y nacional de muy buena calidad. Especialidades como *ugali, nayama choma*, etc.

BOKOBOKO. Abre hasta medianoche todos los días. Un precioso restaurante en medio de una gran vegetación, todo con muchísimo encanto. La comida, suajili y de Seychelles, es deliciosa.

MAHARANI. Abre de 19 a 23 horas y sábados y domingos de 12,30 a 15,00 h. Platos de pescado y marisco y también continentales en un buen restaurante, pero con horario tan inadecuado los fines de semana.

TROPICANA. Esta discoteca ofrece también platos sencillos, como pizza y pasta, y algunos más elaborados y más caros, por tanto.

WALTER'S INN. Abre hasta las 22 horas. ☎ 35 22. Cocina alemana y centroeuropea en esta playa de Kenia. También hay pescado, pasta, pizza, etcétera. Si reserváis por teléfono os irán a buscar al hotel.

Caro

ALI BARBOUR'S. Abre de 18 horas a medianoche. Es una estupenda marisquería en el interior de una cueva de coral entre los hoteles Diani Sea Lodge y Trade Winds. Volved en taxi al hotel, pues en los últimos años ha habido algún susto a turistas en las inmediaciones una vez oscurecido.

COPAS

Hay un buen número de bares y discotecas en Diani. Además del **Tropicana**, citado en el capítulo de restaurantes, otras opciones son el **Forty Thieves Beach Bar**, cerca de Ali Barbour's; el **Bar on the Beach**, uno de los que más nos gusta, o el **Bushbaby**, una *disco* con bastantes prostitutas y muy buena música.

ACTIVIDADES

En Diani se pueden practicar muchos deportes acuáticos. Para ello, lo mejor es darse una vuelta por los diferentes hoteles de lujo y examinar sus propuestas. En el Safari Beach hay una escuela de submarinismo y en el bar Forty Thieves se pueden alquilar barcos de vela (no sabemos si el nombre del lugar hace referencia a los precios).

Además, numerosas agencias organizan excursiones en *dhows* y frente al Leisure Lodge hay un campo de golf.

CÓMO LLEGAR

Desde Likoni puede tomarse el autobús de la empresa KBS o cualquiera de los *matatus* que efectúan este recorrido. Ambos llegan hasta primera línea de mar y todos se detienen en el desvío de la carretera principal que conduce a la costa, donde se halla un centro comercial con distintos servicios, entre los que se encuentra un Barclays Bank.

PLAYAS AL NORTE DE MOMBASA

En ellas se encuentra la mayor oferta hotelera de toda la costa keniana, compuesta en su mayor parte por complejos de lujo destinados a los grupos organizados de turistas procedentes en su mayor parte de Europa.

Estos hoteles ofrecen a sus clientes todos los servicios que necesiten: buceo, navegación, pesca, excursiones, etcétera. Además, en los propios recintos hoteleros se pueden practicar muchas actividades al aire libre.

Debido a la competencia, los servicios y el trato al cliente suelen ser excelentes, pero los precios son caros para el viajero individual.

Los alojamientos económicos básicamente no existen en las playas del norte, excepto quizá el cámping de Vipingo y el Kanamai Conference Centre de Kikambala.

Por lo demás, las espléndidas playas septentrionales sólo tienen un inconveniente, y es la tremenda proliferación de algas que cubre la costa. En los mejores hoteles hay cuadrillas especializadas de empleados que trabajan exclusivamente en la limpieza de algas del tramo de playa que les pertenece.

La descripción de las playas la hacemos de sur a norte, o sea, desde la más cercana a la más alejada de Mombasa.

CÓMO LLEGAR

Desde Mombasa se accede a toda la franja costera septentrional con los autobuses y *matatus* que recorren la carretera Mombasa-Malindi. Todos ellos tienen paradas frente a los cruces desde donde se llega a los complejos hoteleros, mientras que algunos *matatus* hacen servicios exclusivos hasta primera línea de playa.

NYALI BEACH

Es la playa más lujosa de Mombasa y se encuentra muy bien cuidada. Con la bajamar, el agua retrocede mucho, por lo que es difícil bañarse.

ALOJAMIENTO

Lujo

MOMBASA BEACH HOTEL. ☎ 011 47 18 61. Un hotel antiguo donde se pueden practicar muchas actividades acuáticas.

NYALI BEACH HOTEL. ☎ 011 47 15 51. Mucho lujo y muy caro.

REEF HOTEL. ☎ 21 43 22, de Nairobi.

KENYATTA-BUMBURI BEACH

Son playas excelentes y con una gran oferta hotelera.

ALOJAMIENTO

Caro

PLAZA BEACH HOTEL. ☎ 011 48 53 21. Los precios incluyen el desayuno y tiene un buen restaurante de cocina india.

OCEAN VIEW BEACH HOTEL. ☎ 011 48 56 02.

NEPTUNE BEACH HOTEL. ☎ 011 48 57 01.

Lujo

SEVERIN SEA LODGE. ☎ 011 48 50 01.

WHITESANDS HOTEL. ☎ 011 48 59 26. Dobles en uno de los alojamientos con mejor reputación y donde se puede practicar o hacer cursos de submarinismo.

KENYA BEACH HOTEL. ☎ 011 48 58 21.

SHANZU BEACH

En realidad, esta playa es la prolongación de la anterior, sin embargo, resulta mucho más agradable y es quizá la más limpia de toda la costa norte. Se puede nadar con comodidad, tanto durante la marea alta como en la baja.

ALOJAMIENTO

Lujo

SERENA BEACH HOTEL. ☎ 011 48 57 21. Un hotel del lujoso grupo que tiene varios establecimientos de construcción y mobiliario suajili, como este mismo.

MOMBASA CONTINENTAL RESORT. ☎ 011 48 67 21. Un hotel con precios caros en temporada baja y de lujo en alta. Está bastante bien.

KIKAMBALA BEACH

A lo largo de sus seis kilómetros de playa, durante la bajamar el agua se retira hasta casi un kilómetro de la costa, lo que permite pasear hasta la barrera coralina.

ALOJAMIENTO

Barato y Medio

KANAMAI CONFERENCE CENTRE. ☎ 0125 32 046. Camas en dormitorios baratas y cuartos dobles en un antiguo albergue de juventud.

Caro

WHISPERING PALMS HOTEL. ☎ 0125 32 004.

Lujo

SUN'N' SAND BEACH HOTEL. ☎ 0125 32 133. Copado por los grupos y las familias.

KILIFI

El único atractivo que posee la pequeña población de Kilifi es las ruinas de Mnarani, en la orilla del sur y casi tan bien conservadas como las de Gedi, aunque se extienden en una extensión mucho más pequeña y son menos los restos que se han mantenido en pie.

Kilifi se encuentra enclavada sobre una ría que interrumpe la continuidad de la costa litoral entre Mombasa y Malindi y que desde hace pocos años se cruza por el puente nuevo.

La caleta divide a esta localidad en dos mitades: la población de Mnarani y la propia Kilifi, en la vertiente norte.

LA VISITA

RUINAS DE MNARANI. Las ruinas de esta antigua ciudad-estado suajili se encuentran al oeste del embarcadero del ferry, en la orilla sur de Kilifi. Las distintas excavaciones que se han llevado a cabo han datado el origen del asentamiento en el siglo XIV. Han aparecido restos de un par de mezquitas, un grupo de tumbas y una sección de la muralla que protegía la población. Presumiblemente, esta ciudad fue destruida durante el siglo XVII por miembros de la tribu galla.

La entrada es barata y abren todos los días hasta las 17,30 horas.

DIRECCIONES ÚTILES

BANCOS. Hay una oficina del **Barclays Bank** y otra del **Kenya Commercial Bank**, que permanecen abiertas de lunes a viernes de 9.00 a 15.00 horas y los sábados hasta las 11 h.

INTERNET. *Smart Bussiness Centre.*

ALOJAMIENTO

BARATOS

TUSHAURIANE NEW LODGING. ☎ 0125 22 486.

HUNTER'S LODGE. Precios similares al anterior.

MEDIOS

AL PONTE. ☎ 0125 22 141. En el mismo Kilifi, un restaurante con habitaciones dobles.

DHOWS INN. ☎ 0125 22 028. En el poblado de Mnarani, enfrente del Mnarani Club, es un establecimiento bastante agradable, cómodo y muy animado. Tiene servicio de bar y restaurante.

CAROS

MNARANI CLUB. ☎ 0125 48 55 20. Situado en la orilla sur de Kilifi Creek, es un hotel de grandes dimensiones que ofrece a sus clientes gran variedad de actividades acuáticas. Posee un espléndido restaurante, una piscina, discoteca, playa privada y otros muchos servicios.

SEAHORSE INN. ☎ 0125 22 515. Dobles que en temporada alta se pueden meter ya en los precios de lujo.

DÓNDE COMER

BARATOS

KILIFI CAFETERÍA.

TANA HOTEL. Cerca de la estación de autobuses, cocina local e india muy sabrosa.

MEDIOS

DHOWS INN. El restaurante del hotel sirve buenos platos de pescado y marisco.

TRATTORIA AL PONTE. El hotel tiene una terraza sobre el río muy agradable y sirve cocina italiana.

CARO

MNARANI CLUB. El mejor restaurante de Kilifi pertenece al hotel, donde sirven excelentes platos de pescado, marisco y especialidades locales.

LLEGAR Y PARTIR

Todos los autobuses y *matatus* que cubren el trayecto entre Mombasa y Malindi tienen parada en Kilifi, desde donde parten a diario varios autobuses con destino a Nairobi.

WATAMU

Watamu es una pequeña aldea de pescadores situada a 24 kilómetros al sur de Malindi que en las últimas décadas se ha convertido en un enclave de cierta importancia turística, sobre todo para aquellos viajeros que quieren disfrutar del litoral keniano lejos de las aglomeraciones y los elevados precios de las playas de Mombasa.

También se ha instalado una pequeña colonia extranjera en el pueblecito, propietaria de hoteles o simplemente residentes en bonitas villas ajardinadas cerca de la playa.

La playita no está mal, sin que sea una maravilla, pero se ve invadida por las algas entre marzo y diciembre.

La costa de Watamu está dividida en tres calas: la situada más al sur y parte de la cala central albergan pequeños barrios residenciales y grandes complejos turísticos como el Turtle Bay; en la cala del norte se halla el enorme enclave hotelero Watamu Beach, el más lujoso de la localidad. A espaldas del mismo se encuentra el núcleo urbano de este pequeño pueblo. A pesar de su infraestructura turística, Watamu –con sus calles de tierra- aún conserva un indudable sabor local y pesquero. Además, cuenta con unos hermosísimos arrecifes de coral y con un parque nacional marítimo (Watamu Marine National Park).

LA VISITA

PARQUE NACIONAL MARINO WATAMU

El parque marino de Watamu fue creado en 1968 y está integrado en la reserva *Marine National Reserve,* que protege el sector costero. La visita al parque puede concertarse en cualquiera de los grandes hoteles o en la entrada del mismo, al sur de Turtle Bay. Se lleva a cabo en los *glass bottomed boats*, barcos con quilla de cristal que permiten una soberbia perspectiva sobre el arrecife de coral que surge del fondo marino a unos dos kilómetros de la orilla.

Está permitido bucear sobre los corales, pero no dañarlos ni siquiera mínimamente, así como molestar a los peces tropicales, muchos de ellos venenosos.

Pero la inmersión no ofrece peligro alguno, ni para los inexpertos, aunque conviene mantener la precaución de no acercarse demasiado a los corales, que pueden producir profundos cortes al buceador.

Una bonita excursión es la que lleva a **Mida Creek**. Integrado en el contorno del parque, Mida Creek es una especie de mar interior, como una gigantesca laguna salada a la que se accede desde el océano mediante una angosta entrada jalonada por **Whale Island** (Isla de la Ballena). El interés de este enclave radica en que su arrecife está horadado por un buen número de grutas submarinas, las **Tewa Caves**, que sirven de hogar a una colonia de *epifelios,* una especie de bacalo gigante de más de dos metros de longitud y varios quintales de peso. A pesar de su aspecto y tamaño, son inofensivos y es posible bucear en torno suyo sin peligro.

En torno a Mida Creek hay varios islotes y bancos de arena en los que se reunen distintas especies de aves, cuya contemplación constituye otro elemento de interés para visitar este espléndido parque marino.

GRANJA Y LABORATORIO DE SERPIENTES BIO KEN. En la carretera de la playa en dirección hacia las cuevas Kalulu se puede visitar este centro de estudio y elaboración de antídotos para las picaduras de serpientes. Abre de 9 a 12 h y de 14 a 17.

DIRECCIONES ÚTILES

BANCOS. La sucursal de **Barclays Bank** se encuentra en el promontorio que delimita la cala norte de la localidad. Abre de lunes a viernes de 9.00 a 16.30 h. El **Kenya Commercial Bank** abre también los sábados hasta las 11.

INTERNET. Junto a la parada de taxis hay un cibercafé.

CÓMO MOVERSE

En taxi. Si vais por la noche a cenar a algún complejo hotelero alejado, hay una parada en la carretera general. También alquilan bicicletas en el pueblo.

ALOJAMIENTO

BARATOS

HOTEL DANTE. Dobles básicas pero limpias.

VILLA VERONICA MWIKALI LODGE. ☎ 0122 32 083. Dobles con mosquitera y desayuno incluido. Todo bastante limpio y familiar.

MEDIOS

WATAMU PARADISE COTTAGE. ☎ 0122 32 062. Está cerca de la carretera general y en el verano del 2001 estaba cerrado, aunque se preveía su reapertura. Cabañas muy bien acondicionadas.

MIRIJANI HOLIDAY RESORT. ☎ 0122 32 448. Nuestro favorito. Espléndidas habitaciones dobles con baño y cama y mosquitera buenísimas en una casa de piedra con un buen jardín. Cuartos con el desayuno incluido.

ASCOT HOTEL. ☎ 0122 32 326. Cabañas preciosas con techo de *makuti*, bar, restaurante y piscina, y con precios de chollo: hay dobles muy económicas y apartamentos más caros.

CAROS

MRS SIMPSON'S GUEST HOUSE. ☎ 0122 32 023. Un lugar mítico en Watamu, propiedad de una anciana británica y con muy buen ambiente. Dobles, y se puede acampar o alojarse en dormitorio mucho más barato.

OCEAN SPORTS HOTEL. ☎ 0122 32 008. Junto al Hemingway's, pero mucho más barato y modesto.

LUJO

BARRACUDA INN. Situado en la cala central, es un hotel muy bello, con un edificio central y pequeñas casitas de dos pisos a su alrededor, según la concepción arquitectónica tradicional de la costa. Su ambientación es muy buena y sus servicios, inmejorables.

BLUE BAY VILLAGE. ☎ 0122 32 626. Cierra de mediados de

abril a mediados de julio. Dobles a diferentes precios, en función de sus características. Muy frecuentado por grupos italianos.

HEMINGWAY'S HOTEL. ☎ 0122 32 624. Un hotel muy lujoso a unos 3 kilómetros al sur del pueblo, con excelentes servicios y muy buenos restaurantes. Al parecer se llama así en honor del ilustre escritor, que vino a Watamu a practicar la pesca de altura.

TURTLE BAY BEACH CLUB. ☎ 0122 32 003. En el límite de la cala sur, es un enorme edificio parecido al Watamu Beach. Por supuesto, cuenta con todo tipo de servicios.

WATAMU BEACH HOTEL. ☎ 0122 32 001. Se encuentra en la cala norte. Es un enorme complejo turístico con todas las comodidades: bares, piscina, etc, pero casi siempre copado por los grupos organizados. Para venir es imprescindible reservar con antelación.

DÓNDE COMER

Aparte de los restaurantes de los hoteles, algunos de los cuales son excelentes, en el pueblo hay un par de establecimientos sencillos con buen pescado y marisco.

BARATOS Y MEDIOS

JAMBO RESTAURANT. Con las mismas características que el Ujamaa y muy cerca del mismo.

UJAMAA RESTAURANT AND BAR. En pleno centro y con una gran terraza, sirve hamburguesas y sandwiches baratos y platos de pescado y marisco con arroz, a precio medio.

Ruinas de Gedi

La mejor oferta gastronómica de Watamu se encuentra en los restaurantes de los grandes hoteles. Como lo normal es estar alojados en ellos en régimen de pensión completa, el capítulo «comidas» queda de ese modo resuelto.

CARO

HEMINGWAY'S HOTEL. ☎ 0122 32 624. El restaurante del lujoso hotel es muy bonito, al aire libre bajo un techo de *makuti* y sirven langostas y langostinos piri-piri, picantes y al estilo de Mozambique.

COPAS

En Watamu hay algunos bares y discotecas. El **Happy Night Disco** está al aire libre y muy animado en las noches de temporada alta, así como el **Come Back Club.**

LLEGAR Y PARTIR

En autobús y *matatu.* Numerosos *matatus* parten todos los días del centro urbano de Watamu con dirección a Malindi y Mombasa. La mayoría de los autobuses hay que que cogerlos o dejarlos en Malindi o Gedi –desde donde se enlaza con Watamu-, pero desde Mombasa hay alguno directo.

ALREDEDORES DE WATAMU

RUINAS DE GEDI

Situadas a cuatro kilómetros de Watamu en dirección a Malindi, las ruinas de Gedi constituyen el monumento histórico más importante de la costa keniana.

Es mejor no visitar las ruinas con sandalias, hay alguna que otra serpiente.

Esta antigua ciudad-estado suajili tenía una extensión considerable, acorde con la relevancia que debió tener en el pasado. Las excavaciones del yacimiento situaron en el siglo XIII como la fecha de fundación de Gedi, que fue abandonada por motivos no aclarados alrededor de seis siglos más tarde.

Las hipótesis más plausibles indican que Gedi pudo haber sido destruida por los violentos guerreros de la tribu galla, tal y como ocurrió en la población de Mnarani, en Kilifi. Pero en cualquier caso, este enigma no es mayor que el suscitado por que, a pesar de los imponentes restos que hoy podemos contemplar, Gedi no aparece mencionada en ningún momento en las crónicas de los gobernantes árabes y portugueses que se asentaron en la costa.

Este misterio se hace palpable al pasear por las ruinas de la ciudad, envueltas por una exuberante vegetación que se ha adueñado de toda la zona. Fruto de las excavaciones, han salido a la luz catorce viviendas, construidas con barro y coral y cuyos muros muestran pinturas sobre una capa de estuco.

Las instalaciones sanitarias de estas casas sorprenden por su complejidad, pues no difieren demasiado de los aseos que utilizamos hoy en día.

Una **gran mezquita**, fechada en el siglo XV, también se cuenta entre los edificios notables de la población, así como un suntuoso **palacio**, cuyas numerosas estancias dan fe del carácter regio que debió ostentar. Cerca de la entrada al yacimiento se encuentran unas cuantas **tumbas**, alguna de las cuales, como la **Tumba de la Columna Aflautada,** se ha conservado en muy buen estado, mientras que la **Tumba Fechada** conserva la fecha musulmana de 1399.

También hay varios **pozos** profundos, una **mezquita menor**, otras **casas tradicionales** y dos **muros defensivos** en torno a la ciudad. Todo ello atestigua una vez más la importancia de este enclave y lo verdaderamente extraño que resulta que no tengamos constancia de su pasado, máxime si consideramos que en Gedi se han encontrado restos de **porcelana china** perteneciente a la dinastía **Ming**, cerámica de Al-Andalus y de objetos de **vidrio esmaltado** procedentes de Persia,

Ruinas de Gedi

Ruinas de Gedi

1. Mezquita de la muralla
2. Fuerte
3. Pequeña mezquita
4. Mezquita de los sarcófagos
5. Casa grande
6. Mezquita de los tres pasillos
7. Mezquita entre muros
8. Casa del patio doble
9. Casa del dhow
10. Tumba de pilar
11. Casa del patio largo
12. Gran Mezquita
13. Palacio
14. Casa de la muralla oeste
15. Tumba de pilar
16. Casa del dinero chino
17. Casa del abalorio veneciano
18. Casa del patio hundido
19. Casa de la caja de marfil
20. Casa de la lámpara de hierro
21. Casa de las tijeras
22. Mezquita del largo conducto
23. Casa de los muros panelados
24. Casa de la cisterna
25. Tumba del pilar aflautado
26. Tumba
27. Taquilla
28. Aparcamiento
29. Museo

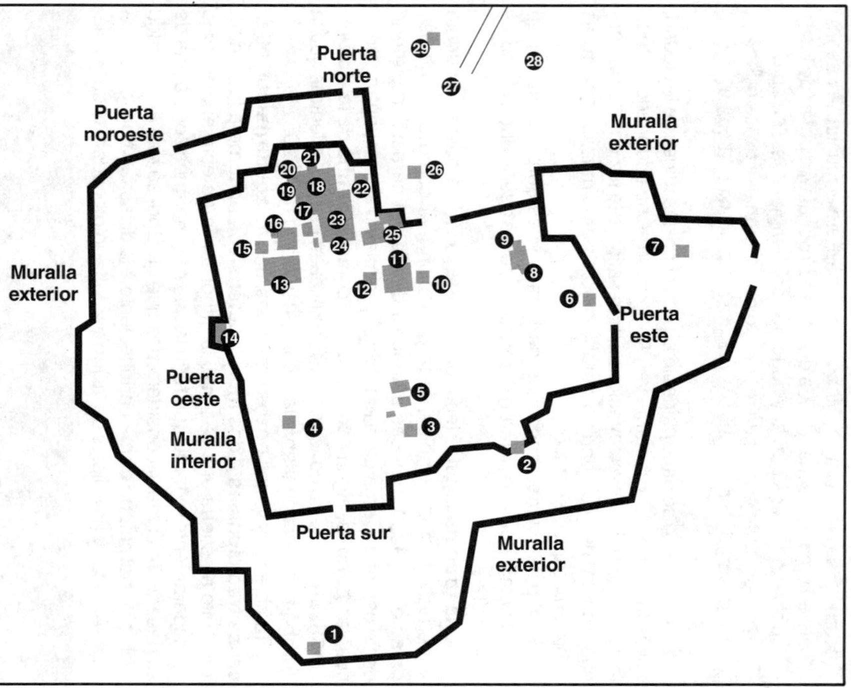

que desmuestran que fue una próspera ciudad y que mantuvo importantes lazos comerciales.

La visita es guiada y hay que pagar una entrada. En agosto del 2001 se inauguró un nuevo museo junto al que ya existe a la entrada.

CÓMO LLEGAR

En *matatu*. Numerosos vehículos cubren cada día la ruta entre Watamu y Malindi, con parada a un kilómetro y medio de las ruinas.

MALINDI

Introducción en historia. En pleno centro de la costa de Kenia, Malindi ha sido otro importante centro de la cultura suajili, ya que su puerto ha sido muy activo desde el siglo XII y las expediciones comerciales chinas de principios del siglo XV ya lo citan como un lugar próspero.

Malindi hizo la competencia a los enclaves de Mombasa y Paté y, dentro de esa política, acogió de buen agrado a los portugueses y les permitió instalarse aquí para que pudieran hostigar a Mombasa.

Hace un par de décadas Malindi, gracias a sus playas y clima, se convirtió en un enclave turístico de primer orden en Kenia y los arenales se llenaron de grandes hoteles que en su mayoría acogían a grupos de turistas. Sin embargo, la recesión de esta industria que experimenta Kenia desde la segunda mitad de los noventa ha convertido a Malindi en una ciudad casi sin vida fuera de temporada.

Pero todavía constituye una parada agradable en la ruta entre Mombasa y Lamu, ya sea por tierra o en avión, y conserva alguna iglesia portuguesa y alguna mezquita de cierta antigüedad como para pasarse una tarde de visita.

Un punto importante a favor de Malindi es que sus playas se libran de las invasiones de algas tan molestas en esta costa, y ello debido a que el escudo de arrecifes coralinos que bordea la costa keniana desaparece en la vertiente septentrional de Malindi. Pero durante la estación de las lluvias, el abundante lodo marrón arrastrado por el río Galana o Sabaki enturbia las aguas de las playas situadas al norte.

Precauciones. No se debe caminar de noche por la playa ni por el espigón en zonas desiertas; en los últimos años se han dado varios casos de atracos a turistas.

LA VISITA

Muy poco se ha conservado de la antigua ciudad de Malindi. Pero así y todo, aún permanecen un par de muestras de su antiguo pasado colonial portugués.

Malindi

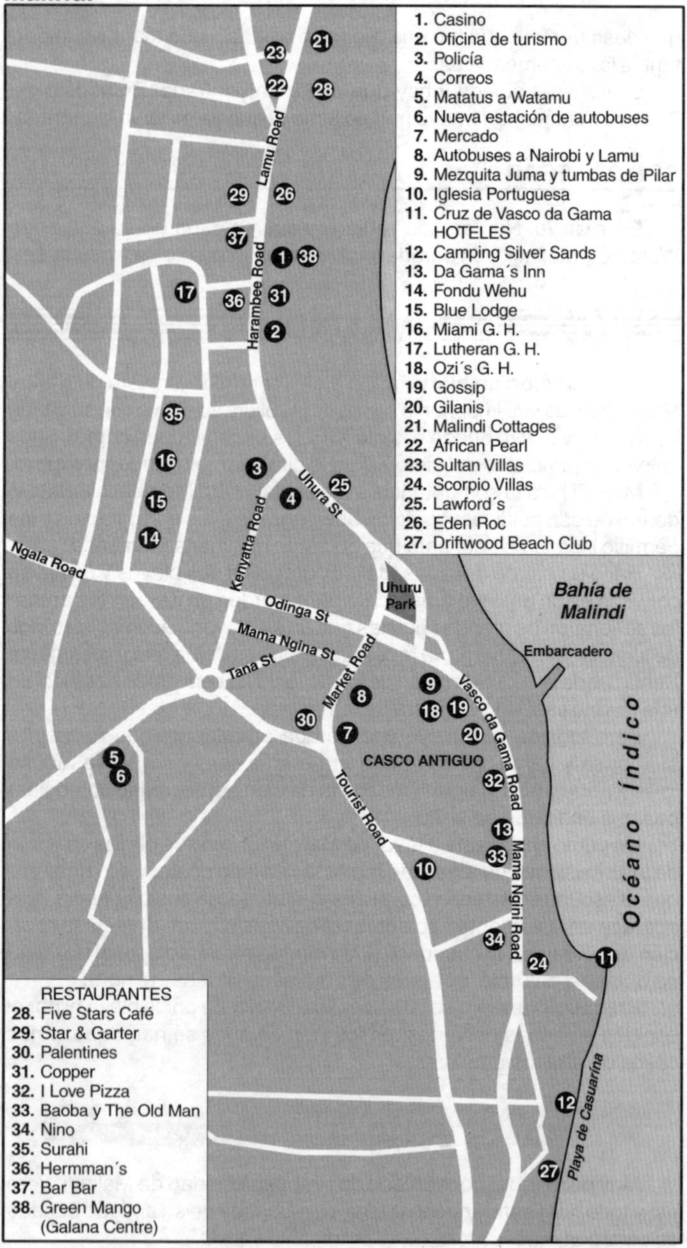

1. Casino
2. Oficina de turismo
3. Policía
4. Correos
5. Matatus a Watamu
6. Nueva estación de autobuses
7. Mercado
8. Autobuses a Nairobi y Lamu
9. Mezquita Juma y tumbas de Pilar
10. Iglesia Portuguesa
11. Cruz de Vasco da Gama
HOTELES
12. Camping Silver Sands
13. Da Gama´s Inn
14. Fondu Wehu
15. Blue Lodge
16. Miami G. H.
17. Lutheran G. H.
18. Ozi´s G. H.
19. Gossip
20. Gilanis
21. Malindi Cottages
22. African Pearl
23. Sultan Villas
24. Scorpio Villas
25. Lawford´s
26. Eden Roc
27. Driftwood Beach Club
RESTAURANTES
28. Five Stars Café
29. Star & Garter
30. Palentines
31. Copper
32. I Love Pizza
33. Baoba y The Old Man
34. Nino
35. Surahi
36. Hermman´s
37. Bar Bar
38. Green Mango (Galana Centre)
Lamu Road
Harambee Road
Uhura St
Kenyatta Road
Ngala Road
Odinga St
Mama Ngina St
Tana St
Market Road
Uhuru Park
Vasco da Gama Road
Tourist Road
Mama Ngini Road
CASCO ANTIGUO
Bahía de Malindi
Embarcadero
Océano Índico
Playa de Casuarína

LA CAPILLA PORTUGUESA. Conocida como la Capilla de Vasco de Gama, es la primera iglesia cristiana edificada en África Oriental, durante el siglo XVI. Es muy probable que que San Francisco Javier la visitara en 1542, durante su viaje a la India. El templo se halla en un callejón que une Tourist Road con Mama Ngina Road, en el borde del centro antiguo.

Hoy, de la iglesia original –que se dice que fue erigida por la tripulación de Vasco de Gama- sólo permanece en pie el muro sureste, y el resto está formado por las tumbas de los misioneros cristianos de los dos últimos siglos.

Las tumbas de las que se asegura que pertenecen a dos marinos de la expedición portuguesa pueden contener los cuerpos de dichos aventureros, pero el nicho no puede ser el original, ya que es de cemento.

El antiguo cementerio portugués que rodeaba la capilla también ha quedado oculto por otras tumbas modernas que se han excavado encima.

LA COLUMNA DE VASCO DE GAMA. Levantada en una pequeña loma al extremo sur de la bahía, la columna erigida por el marinero portugués aún conserva su original cruz calcárea, hecha con piedra de Lisboa y en la que está labrada el escudo de armas de Portugal. La base de la columna es moderna y de coral. Es el vestigio más importante de las afables relaciones mantenidas en el pasado entre árabes y portugueses en estas costas.

MEZQUITA JUMA. Vasco da Gama Road. Los restos de esta mezquita y de algunas tumbas musulmanas yacen en el extremo norte del caso antiguo, pero no son nada del otro mundo.

DIRECCIONES ÚTILES

OFICINA DE TURISMO. Lamu Rd, pero tienen muy poca información.

BANCOS. El **Barclays Bank**, en Harambee Road, abre de lunes a viernes de 9 a 16.30 h y los sábados de 9 a 11.00 h. Otros bancos, con similares o idénticos horarios, son el **Standard Chatered Bank**, en Uhura St, y el Kenya Commercial Bank, en Harambee Road.

CORREOS Y TELÉFONOS. Kenyatta Ave.

INTERNET. *Magictex Communication Centre,* Lamu Road.

COMUNICACIONES

LÍNEAS AÉREAS

KENYA AIRWAYS. Harambee Road, al lado de la Oficina de Turismo. ☎ 20 237.

AIR KENYA. Galana Complex. ☎ 30 808.

ALQUILER DE VEHÍCULOS

HERTZ. Harambee Road. ☎ 20 069.

AVIS. Harambee Road. ☎ 20 513.

GLORY. Harambee Road. ☎ 20 065.

AGENCIAS DE VIAJE

La mayoría está ubicada dentro de los complejos turísticos, si bien hay alguna oficina en el centro de la ciudad. A nosotros nos consiguieron un billete a muy buen precio y nos facilitaron mucha información en **Scorpio Travel** (☎ 31 390), en el hotel **Scorpio Villas**, donde el señor Omar no puede ser más amable.

CÓMO MOVERSE

Los taxis tienen sus paradas frente a los hoteles costeros y en el centro de la ciudad. Diversos *matatu*s recorren las playas en dirección norte y sur y paran junto a los complejos turísticos.

Además, Malindi es un lugar ideal para alquilar una bicicleta. Se puede hacer en el Cámping Silver Sands o en muchos hoteles.

PLAYAS

Las playas que se extienden al norte de Malindi se encuadran dentro de **Malindi Bay**. Las del sur son **Silversands, Casuarina Point** y **Leopard Point.**

ACTIVIDADES

NAVEGACIÓN EN *DHOW*. Pueden contratarse recorridos en *dhow* a lo largo de la costa. Lo mejor es que os informéis en vuestro hotel. Ellos os pondrán en contacto con algún capitán de confianza.

SUBMARINISMO. El Driftwood Beach Club, en la playa de Silver Sands, imparte cursos PADI y organiza salidas con inmersiones.

EQUITACIÓN. En Kikoboni Riding Centre (☎ 21 273) se halla al norte de Malindi y alquila caballos para paseos.

GOLF. También al norte de Malindi, uno se puede hacer socio temporal, incluso sólo de un día, a precios muy razonables.

PESCA DE ALTURA. Esta aguas son famosas por sus posibilidades pesqueras, que sedujeron al mismo Hemingway. Abundan los pez espada, merlines, escualos, etcétera. La temporada ideal es de agosto a noviembre para el atún y de enero a marzo para la mayor pieza de estas costas: la aguja negra. Las mejores direcciones para contratar una salida son:

James Adcock. ☎ 011 48 55 27.
Hemingway's. ☎ 0122 32 624.
Kingfisher. ☎ 0123 21 168. Esta compañía está en el mismo Malindi.

ALOJAMIENTO

BARATOS

Los mejores hospedajes baratos se alinean en torno a la playa, cerca del centro de la ciudad. Los que están situados en el casco urbano son mucho más incómodos y ruidosos, si bien todos en general son bastante fiables.

CÁMPING SILVER SANDS. A 2 kms al sur por la costa. ☎ 20 412. Se puede acampar o alojarse en *bandas.* Alquilan bicis.

DA GAMA'S INN. Mama Ngina Road. ☎ 31 942. Habitaciones con camas malas, de colchones de goma espuma, pero las que dan al mar son decentes. No está mal y son amables.

BLUE LODGE. Mayengo St. (Sin ☎) Un feo edificio de seis plantas y color azulado en la zona oeste de la ciudad y alejado del mar, pero tranquilo y cerca de la estación de autobuses. Servicio muy majo y atmósfera muy local, pero los cuartos son muy cutres.

MIAMI GUEST HOUSE. Mayengo St. ☎ 31 029. En la misma zona que el anterior, cuartos con baño, tristones, pero mejores que en el Blue Lodge. Es un caserón con techo de paja en un pequeño patio.

LUTHERAN GUEST HOUSE. Lamu Rd. ☎ 21 098. Detrás del Malindi Complex, dobles muy limpias y correctas.

OZI'S GUEST HOUSE. Junto a Vasco da Gama Rd. ☎ 20 218. Uno de los favoritos de los mochileros. Bien situado y cuartos limpios y baratos, aunque algo ruidosos.

MEDIOS

FONDU WEHU GUEST HOUSE. Detrás de Mayengo St. Siete habitaciones con baño común de agua fría en una calle sin asfaltar. Tiene su encanto, con la recepción de techo de *makuti.* En el 2002 iban a inaugurar un dormitorio.

GILANI'S HOTEL. Vasco da Gama Road. ☎ 20 307. Dobles sin baño cutres y algunas con baño y balcón, mejores. Con desayuno incluido. Frente al mercadillo Malindi Curios Dilas.

MALINDI COTTAGES. Lamu Road. ☎ 20 304. En la parte alta de Malindi Bay, un agradable complejo con cabañas que salen a precio medio en cuanto seáis tres. Están situadas en torno a una piscina central.

AFRICAN PEARL HOTEL. Lamu Road. ☎ 31 612. Algo decaído pero bien situado y con dobles.

SULTAN VILLAS. Lamu Road. Muy cerca del African Pearl y con precios similares.

CAROS

AFRICAN DREAM VILLAGE. Carretera del sur. ☎ 20 442. Un gran complejo coronado por un enorme techo de *makuti* y con dobles mucho más económicas en temporada baja.

DRIFTWOOD BEACH CLUB. Un alojamiento histórico en la ciudad, ofrece la posibilidad de alojarse en habitaciones normales, o en casitas tipo chalé, orientadas a la playa de Silversands y con precios más ventajosos en cuanto sean cuatro huéspedes.

EDEN ROC HOTEL. Lamu Rd. ☎ 20 480. En la parte alta de Malindi Bay, con muchas opciones.

LAWFORD'S HOTEL. Situado al inicio de Malindi Bay, es un clásico de los últimos años, pero a finales del 2001 permanecía cerrado, aunque había rumores de su próxima reapertura.

SCORPIO VILLAS. Mama Ngina Road. ☎ 20 892. Un hermoso complejo de bungalows sobre la playa de Casuarina. Regateando un poco y en temporada baja pueden salir a buen precio. Con jardín y un buen restaurante.

DÓNDE COMER

BARATOS

FIVE STARS CAFÉ. Lamu Rd. Pescado, vegetales, arroz, carne, en fin, un poco de todo.

STAR & GARTER. Lamu Rd. Un bar-restaurante con techo de *makuti* y con menús de pescado o calamares muy económicos.

PALENTINES. Market Rd. Currys y especialidades locales.

COPPER. Harambee Rd. Con algunos platos indios baratos.

I LOVE PIZZA. Vasco da Gama Rd. Pizzas y platos de pollo muy baratos.

MEDIOS

BAOBAB. Mama Ngina Rd. Abre todos los días hasta las 23 horas. Un local con una agradable terraza y platos de pescado y marisco, como las picantes gambas *piri piri*.

NINO. Mama Ngina Rd. El antiguo Pescatori sigue manteniendo cocina italiana a precio medio y marisco, ya caro.

SURAHI. Mayengo St. Un restaurante indio con sus platos

de curry, masalas, pescado y marisco. Sirven cerveza.

HERMANN'S BEER GARDEN. Harambee Road. Una especie de cervecería alemana en un jardín, que en temporada alta abre las 24 horas. Hay perritos calientes, hamburguesas, pescado, un poco de todo.

BAR BAR. Harambee Road. Pizzas y pasta en un bar con marcha en temporada alta.

CAROS

THE OLD MAN. Vasco da Gama Rd. Pescado y marisco en un restaurante con mucho encanto, muy acogedor y bien situado, frente al mar.

GREEN MANGO. Galana Centre, Harambee Road. Junto al bar Fermento, cocina italiana y platos de pescado y marisco en un jardín muy agradable.

COPAS

Muchos de los restaurantes que hemos mencionado son también animados bares de noche, como el **Star & Garter**, el **Hermann's** o el **Bar Bar**. El **Stardust**, en la misma calle que los anteriores, es una discoteca divertida y con mucho golfería. Estaba cerrada en el 2001, pero seguro que ya ha reabierto sus puertas. En la misma zona, el **Fermento Piano Club** es otro clásico.

Además, el **Casino**, también en Harambee Rd, donde parece que se concentra la marcha, es un edificio muy bonito, que parece una mezquita moderna y donde se puede ir a tomar una copa.

COMPRAS

Suele montarse un mercadillo en el casco urbano, junto a la playa, en las cercanías del muelle, el **Malindi Curios Dilas**, donde trabajan unos artesanos majísimos, jóvenes y hasta la coronilla de la corrupción y el robo descarado del futuro del país por parte del Gobierno de Arap Moi. Charlad con ellos un rato, os contarán horrores de lo que ha pasado por aquí. Hablando propiamente de compras, en sus tenderetes es posible encontrar las sempiternas tallas de madera, algo de *makonde* -hay que asegurarse de su calidad-, cestos de mimbre, etc.

MIMDAN. Malindi Centre. Muebles y puertas de estilo suajili.

AL-NOOR GALLERY. Malindi centre. Muebles de estilo neocolonial.

MUUNGANO HANDCRAFT. Una cooperativa donde se trabaja la artesanía en el exterior y se hacen las compras en los locales anexos.

MOHAWK. Malindi Centre. Telas locales y también tejidos indios, todos trabajados con tintes naturales.

LLEGAR Y PARTIR

En avión. Kenya Airways vuela todos los días a las 11,35 horas entre Malindi y Lamu, bastante más barato que Air Kenya, que lo hace los martes, miércoles, viernes y domingos y bastante más caro. Además, con la compañía nacional hay diversas posibilidades. Por ejemplo y por extraño que parezca, suele ser más barato sacar un billete de ida y otro de vuelta en Lamu que uno de ida y vuelta. Igualmente, también es mucho más barato si se saca un billete en el aeropuerto el mismo día del vuelo, en *stand by.* Lo mejor es telefonear a las líneas aéreas y preguntar cómo van de espacio.

Kenya Airways no vuela a Mombasa (en el 2001), pero sí lo hace diariamente a Nairobi, mientras que Air Kenya lo hace tres veces a la semana y el billetes suele ser, en este caso, ligeramente más barato que con la primera. Además, sí que vuela todos los días a Mombasa.

En autobús. El viaje en autobús a Lamu, bastante peligroso en los últimos años al pasar a la altura de Garsen, ha mejorado mucho en seguridad, aunque todavía van algunos soldados de protección en el vehículo. Pero en el 2001 muchos trotamundos lo tomaban y no había problema. Siempre es mejor preguntar por la situación en un momento determinado. El viaje dura unas ocho horas y los autobuses, que vienen de Mombasa, parten a primeras horas de la mañana.

Desde la nueva estación de autobuses y *matatus* hay muchos servicios diarios a Mombasa –es el que hay que coger para ir a Gedi o a Watamu- y a Nairobi, entre ellos el nocturno, que si llega de madrugada es mejor esperar a que amanezca y haya actividad en la calle dentro del bus en la parada de la capital, pues la zona es muy peligrosa de noche.

En taxi compartido. Camionetas Peugeot cubren servicios cuando se llenan entre Malindi y Mombasa a un precio ligeramente superior al de los autobuses. Para destinos como Lamu o Nairobi, la tarifa se multiplica por dos. Parten del mismo sitio que los autobuses.

ALREDEDORES

PARQUE NACIONAL MARINO DE MALINDI. Abre todos los días entre las 7.00 y las 19.00 horas, pero los barcos sólo zarpan con marea baja. Este parque está situado al sur del casco urbano, en el límite de los complejos turísticos de la playa de Silversands. Sus límites lo marcan las playas Casuarina Point y Leopard Point.

Lo suyo es alquilar un barco con fondo de cristal para navegar hasta la barrera de coral y contemplar la vida submarina, bastante disminuida en los últimos años debido a la sobreexplotación.

El parque consta de dos macizos coralinos: North Reef y Barracuda Reef, separados de la costa por el *Barracuda Chanel.* Desde los botes es posible observar cientos de formas de coral, madréporas y anémonas de mar, además de cientos de exóticos peces de colores. Se puede bucear entre los arrecifes, con cuidado de no dañar los corales, y en el barco suelen tener gafas y aletas.

Durante la inmersión, muchísimos peces nadan junto a los buzos, pero hay que tener la precaución de no tocarlos, pues pueden ser venenosos. A pesar de su condición de parque nacional y de la vigilancia que se lleva a cabo sobre sus contornos, en los últimos tiempos ha sufrido un mayor deterioro debido a la incursión de recolectores de conchas en sus aguas, que han dañado considerablemente el entorno natural. Así y todo, la belleza de este parque es grandiosa y su visita resulta casi obligada para todo buen viajero que pase por Malindi.

Cómo llegar. La mejor manera de llegar aquí es en taxi o en alguno de los *matatus* que recorren las playas del sur. De todos modos, la mayoría de los turistas vienen en visitas concertadas que parten desde el mismo hotel donde se alojen. Estas excursiones incluyen el transporte al parque, el precio de la entrada y el alquiler del barco con fondo de cristal para la excursión.

LAMU

Introducción. El archipiélago de Lamu, enclavado en la parte más septentrional del litoral de Kenia, está compuesto por tres islas principales: Lamu, Manda y Paté y alguna menor, como Kiwayu. Es uno de los enclaves fundamentales históricos de la cultura suajili y en la década de los setenta se convirtió en una *meca* para trotamundos y hippies, y más tarde también para un turismo más convencional.

En la primera de estas islas, llamada propiamente Lamu, se encuentra la ciudad del mismo nombre. Este pequeño y maravilloso puerto tiene una población casi exclusivamente musulmana y hasta hace apenas un lustro ha conservado en sus calles ambientes y tradiciones que poco han variado desde la Edad Media. Sin embargo, en los últimos años, por desgracia y aunque parezca inevitable, los recovecos de su medina se han visto invadidos de jóvenes emigrados del continente, casi todos embutidos en camisetas de equipos de fútbol europeos y con pinta de cargarse la indiosincrasia cultural de Lamu en pocos años como alguien no ponga remedio.

Pero Lamu en todavía una de las localidades más originales del país y, desde luego, el máximo exponente de la cultura suajili. A ello ha contribuido, sin duda, su aislamiento: el acceso a Lamu desde la costa continental sólo es posible mediante barcazas. De hecho, incluso el aeropuerto del archipiélago no está en Lamu, sino en la isla de Manda, con la que se comunica mediante otro servicio de lanchas.

Otro rasgo distintivo de Lamu en su aislamiento frente a las influencias exteriores, es que sólo hay un par de vehículos a motor en toda la isla, que pertenecen a las autoridades. En fin, queda comprobado que la parafernalia de la Liga de Campeones tiene más gancho que un buen coche o una motocicleta.

Para desplazarse por la ciudad, o para llegar a la tranquila playa de Shela, hay que caminar, pedalear en bicicleta o montar a lomos de asno. Todo ello confiere a la isla un halo de otros tiempos. Además, en Lamu funciona un pequeño hospital para burros, financiado por una sociedad inglesa protectora de animales.

La población local, por encima de los 20.000 habitantes, es quien mejor refleja el apego que la isla mantiene por la tradición, sobre todo la adulta: los hombres continúan vistiendo largas chilabas, las *khanzus*, y las mujeres ajustados sayos negros hasta los tobillos, los *bui bui*, con el talante orgulloso por perpetuar las costumbres del pasado.

Archipiélago de Lamu

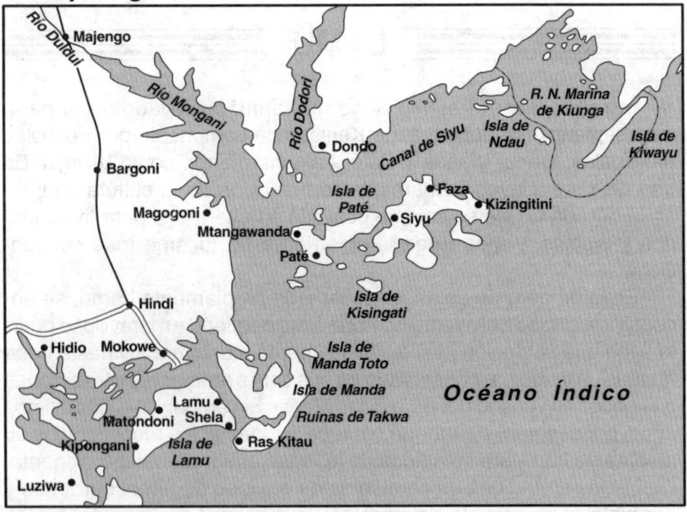

Los *dhows*, elemento indispensable en la cultura suajili, surcan las aguas del archipiélago en mayor número que en cualquier otro lugar del litoral. Y, por supuesto, contribuyen a la sensación de salto en el tiempo que se experimenta en Lamu.

HISTORIA

Sin ser un puerto tan importante como otras ciudades de la costa oriental, Lamu mantuvo una vibrante actividad mercantil durante el siglo XVI. Aceptó sin resistencia la colonización de los portugueses, al igual que la ciudad de Malindi, y convivió pacíficamente con los marinos europeos durante los poco más de cien años que dominaron las rutas comerciales del Océano Índico. Incluso después de la derrota y expulsión de éstos por las dinastías omaníes en 1720, Lamu mantuvo una actitud neutral ante las disputas que asolaban las ciudades-estado de la costa oriental.

Así, mientras Mombasa, Malindi y Paté guerreaban entre sí por la supremacía y control del comercio marítimo, Lamu permanecía al margen de esta confrontación, si bien dependía políticamente del Sultanato de Paté. Sin embargo, hacia finales del siglo XVIII empezó a tomar parte en estos conflictos internos, sobre todo en los existentes entre las ciudades-estado de su propio archipiélago: Paté, Faza y Siyu. Tras años de luchas, en 1813 Lamu se alzó victoriosa al derrotar a las fuerzas de Paté en la batalla de Shela.

Durante este periodo, y tras someterse con toda la franja costera de Kenia a la autoridad del Sultanato de Zanzíbar, Lamu desarrolló su economía sobre la base del fructífero comercio de esclavos, que proporcionaba mano de obra barata a la isla. Además, exportaba de manera regular marfil, cuernos de rinoceronte, colmillos de hipopótamo, aletas de tiburón, cocos, algodón, caucho, sorgo, mangos, aceite y caparazones de tortuga, que contribuían en gran medida al enriquecimiento de la ciudad. Las importaciones más usuales de aquella época eran la seda y la porcelana.

Puerta de estilo suajili

Con la intervención del Imperio Británico en 1907, que dictaminó la abolición de la esclavitud, la economía de Lamu cayó en picado. Y así continuó en un lento e ininterrumpido declive, hasta la independencia de Kenia en 1963.

Lamu, hoy. El resurgimiento de la ciudad ha comenzado hace muy pocos años. La maltrecha economía de Lamu necesitaba algún elemento determinante que le proporcionara empuje suficiente para salir a la luz. Y este espaldarazo se lo proporcionó el auge del turismo que siguió a los primeros viajes de hippies y aventureros.

Y, como es habitual en estos casos, se da la paradoja de que el turismo masivo hace peligrar los valores culturales y tradicionales de la isla, mientras que es el único medio para sostener su economía. Fue precisamente la importante recesión económica que sufrió la isla desde principios del siglo XX la causante de que las costumbres suajilis se hayan mantenido a lo largo de estos años. Pero en la actualidad Lamu se encuentra al borde de sus fuerzas. La ciudad necesita un importante labor de restauración y, desde el punto de vista social, el impresionante crecimiento demográfico de la isla se enfrenta a la falta de educación, sanidad y trabajo.

Entre la población local hubo reacciones para todos los gustos, ya que muchos se manifestaron a favor de la invasión turística, por sus indudables beneficios, y otros no vieron con buenos ojos que su apacible ciudad se convirtiera en la meta de numerosos grupos organizados de viajeros europeos.

Los vuelos diarios entre desde Nairobi, Malindi y Mombasa a Lamu con Kenya Airways y Air Kenya y la venta de gran número de villas y palacetes en la ciudad antigua y en la playa de Shela a inversores extranjeros ha despertado la susceptibilidad de los habitantes locales.

Mujeres de Lamu

Sea como fuere, Lamu es una localidad increíble, el último y más importante bastión de la cultura suajili junto con la isla de Unguja (Zanzíbar). El tiempo marcará el destino final de la isla, pero mientras tanto, no debemos perder la oportunidad de visitar un lugar tan maravilloso.

SEGURIDAD

Lamu es muy seguro y se puede caminar por sus callejuelas de noche y por muy vacías que se encuentren. Sólo os importunarán, y de qué forma, las decenas de chicos comisionistas que pasean todo a lo largo del muelle a la búsqueda del turista para que se embarque de excursión o a visitar las ruinas en un *dhow* o se aloje en un hotel. No les suele bastar la negativa y todos los días seguirán insistiendo. Para evitarlos, una vez que ya hayáis conocido el muelle pasead siempre por la paralela, la calle principal.

Sanidad. En Lamu hay una fuerte incidencia de malaria en determinados momentos. Tomad todas las precauciones de profilaxis y al anochecer utilizad mangas largas, calcetines y repelente anti-mosquitos.

LA VISITA

EL CASCO URBANO. Quienes hayáis conocido las medinas y casbahs de países como Marruecos o Túnez percibiréis aquí una sensación de familiaridad.

Las estrechas callejuelas de Lamu son por sí mismas todo un monumento. La ciudad tiene su origen en el siglo XIV, cuando se erigió la **Mezquita Pwani**, pero hoy la mayoría de edificios son del siglo XVIII, aunque los cimientos y algunas partes de los palacios pueden ser más antiguos.

Las casas y las mansiones y palacios de los ricos comerciantes se edificaron con bloques de coral, madera de mango y tejados de *makuti* (hoja de palma). Muchas de estas casas aún conservan sus antiguas puertas, laboriosamente trabajadas en madera, y mantienen en buen estado sus balconadas y celosías, como vivos ejemplos del arte de la decoración suajili, una maravilla que sólo tiene parangón en el Old Town de Unguja, la isla principal de Zanzíbar, tan emparentada con Lamu.

Las calles de Lamu –evitad el paseo marítimo, lleno de chicos con camisetas de futbolista y que persiguen al turista para que se embarque en un *dhow* o se aloje en determinado hotel– rebosan de un estilo de vida perdido hace años en Occidente y que quizá sólo sobreviva en algunos pueblecitos mediterráneos. Las puertas están abiertas y muestran a los artesanos haciendo su trabajo, a los amigos mientras juegan al *bao*, una especie de *damas* suajili, o a las niñas limpiando las estancias.

Lamu

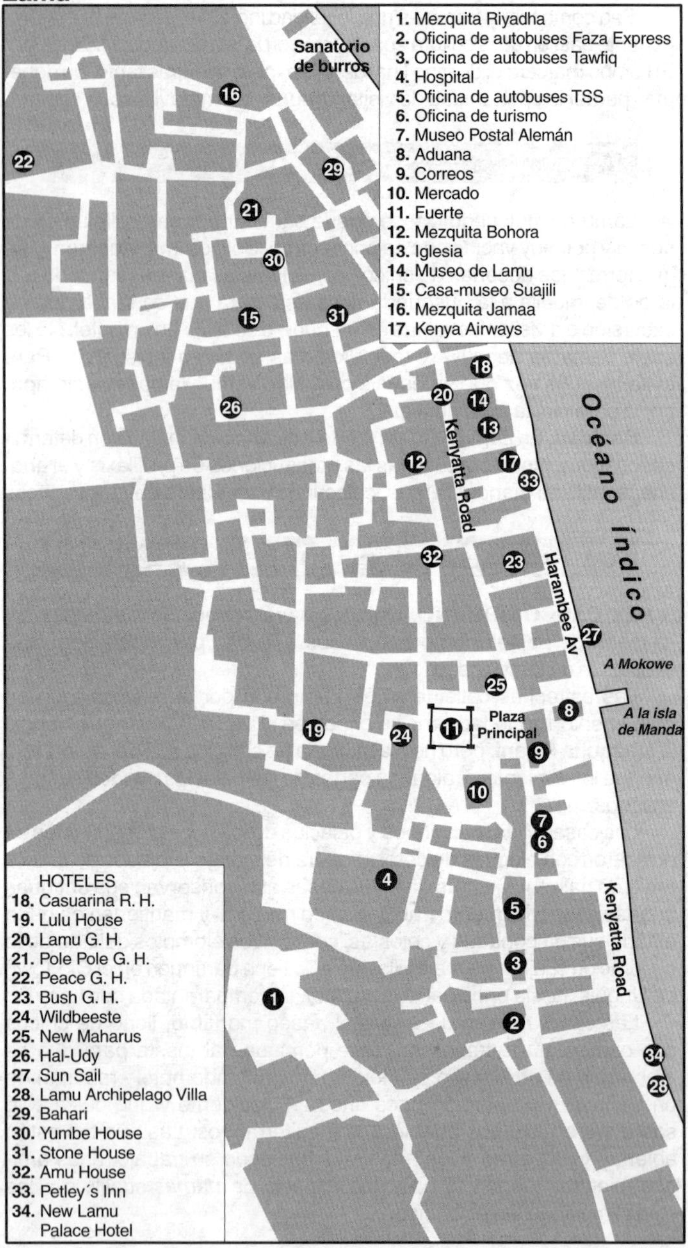
1. Mezquita Riyadha
2. Oficina de autobuses Faza Express
3. Oficina de autobuses Tawfiq
4. Hospital
5. Oficina de autobuses TSS
6. Oficina de turismo
7. Museo Postal Alemán
8. Aduana
9. Correos
10. Mercado
11. Fuerte
12. Mezquita Bohora
13. Iglesia
14. Museo de Lamu
15. Casa-museo Suajili
16. Mezquita Jamaa
17. Kenya Airways
HOTELES
18. Casuarina R. H.
19. Lulu House
20. Lamu G. H.
21. Pole Pole G. H.
22. Peace G. H.
23. Bush G. H.
24. Wildbeeste
25. New Maharus
26. Hal-Udy
27. Sun Sail
28. Lamu Archipelago Villa
29. Bahari
30. Yumbe House
31. Stone House
32. Amu House
33. Petley´s Inn
34. New Lamu Palace Hotel
Sanatorio de burros
Kenyatta Road
Harambee Av
Océano Índico
A Mokowe
A la isla de Manda
Plaza Principal
Kenyatta Road

En la calle hay que apartarse para dejar el paso libre a las cordadas de burros, y en la maravillosa **Plaza Principal**, donde se alza el **Fuerte**, viejos y jóvenes conversan a la sombra de dos enormes árboles centenarios.

FUERTE LAMU. Main Square. Abre todos los días hasta las 18.00 h. Previo pago. El sultán de Paté ordenó edificar esta fortaleza en 1810. Desde principios del siglo XX hasta 1984 ha sido la prisión de Lamu y hoy contiene alguna muestra interesante sobre la cultura de la isla y una trivial exposición de historia natural. Dos antiguos cañones flanquean las escaleras de entrada en la plaza principal.

SANTUARIO DE LOS BURROS. El santuario u *hospital* para los asnos enfermos está en el paseo marítimo y es administrado por una sociedad protectora de animales británica. Los burros viejos, heridos o enfermos encuentran refugio en este lugar.

MEZQUITA RIYADHA. Una de las más importantes, decid a algún chaval que os guíe. Financiada por Arabia Saudí y alojamiento y sede de un festival anual islámico de peregrinaje a la tumba de un santo.

MUSEOS

MUSEO DE LAMU. Paseo Marítimo. Abre todos los días hasta las 18.00 h. Previo pago. El Museo de Lamu es pequeño, pero muy interesante. Está dedicado a la cultura suajili y la historia de Lamu y sus exposiciones muestran ejemplos de viviendas tradicionales, maquetas de *dhows* y diversos objetos antiguos. La librería interesará a quienes quieran profundizar más en la historia y cultura de los suajilis.

CASA MUSEO SUAJILI. Junto al hotel Yumbe House. Abre todos los días de 7.30 a 18.00 h. Previo pago. En pleno laberinto de callejuelas del centro, esta casa

Mezquita Riyadha

tradicional suajili se ha restaurado de una forma respetuosa y contiene casi todo el mobiliario que correspondía a una mansión de Lamu en los siglos XVIII o XIX. Es muy interesante.

MUSEO POSTAL ALEMÁN. Calle principal (Kenyatta Rd). Abre todos los días de 8.00 a 18.00 h. Previo pago. Un museo diminuto donde se exhiben colecciones de sellos, fotografías, carteles anunciadores de los paquebotes de la Compañía Alemana del África Oriental y documentos de aquellos años del siglo XIX en el que los alemanes instalaron en este edificio una oficina de Correos.

ACTIVIDADES

NAVEGACIÓN EN *DHOWS*. Muchas de estas embarcaciones navegan entre las diversas islas del archipiélago, en excursiones concertadas con un grupo de viajeros. Lo mejor es reunir o unirse a uno de estos grupos. Las salidas no tienen horario fijo. Si estáis solos, preguntad a un viajero que haya quedado satisfecho con determinada embarcación y contactad con el capitán. Él os unirá a un grupo. Cuando paseéis por el muelle, decenas de chicos os abrumarán con sus propuestas para excursiones. Intentad no hacerles caso.

DIRECCIONES ÚTILES

OFICINA DE TURISMO. La oficina de Turismo de Lamu cuenta con información limitada. Hay una en Kenyatta Road, la calle principal, junto al Museo Postal.

BANCOS. El **Kenya Commercial Bank** es el único banco que hay en Lamu. Está en el paseo marítimo, junto al embarcadero. Su horario es de lunes a viernes de 9.00 a 15.00 h y los sábados de 9.00 a 11.00 h.

CORREOS. Paseo marítimo.

HOSPITAL. Se encuentra en el interior del la ciudad, al lado norte de la mezquita Riyadha, pero evitadlo si no tenéis nada grave (y si lo tenéis, también).

LIBRERÍAS. Hay dos buenas librerías especializadas en historia y cultura de Lamu: una en el **Museo** y el **Lamu Book Centre**, detrás del muelle de *dhows*.

COMUNICACIONES

AEROPUERTO. El aeropuerto de Lamu se encuentra en la isla de Manda. Desde allí, el traslado a la ciudad se hace en un ferry que cruza el canal de casi dos kilómetros de ancho que separa ambas islas.

AIR KENYA. Baraka House. ☎ 33 445.

KENYA AIRWAYS. Frente al embarcadero principal. ☎ 32 040.

TERMINAL DE AUTOBUSES. Se encuentra en la población de Mokowe, en el sector continental. Los autobuses se detienen junto al muelle del ferry que hay que tomar para cruzar a Lamu.

ALOJAMIENTO

Debido a que hasta hace unos años Lamu era lugar de peregrinación para unos pocos turistas que por lo general gozaban de muy poco presupuesto, existía un buen número de alojamientos económicos por todas partes.

Con la crisis turística, en los comienzos del siglo XXI muchos de estos establecimientos han cerrado, pero todavía quedan algunos. Hay que tener en cuenta las restricciones de agua en Lamu, que en los hoteles baratos se concreta en que hay agua a horas muy limitadas, generalmente a primeras horas de la mañana y de la tarde.

Es fácil obtener descuentos en cuanto os vayáis a quedar más de una noche. Regatead siempre, pero tened en cuenta que en temporada alta, agosto y septiembre y Navidad, los precios pueden subir hasta un 50%. Los precios que nosotros indicamos son de temporada baja.

BARATOS

CASUARINA REST HOUSE. Frente al puerto. ☎ 33 123. Habitaciones baratas sin baño y algo menos, con ello propio. Las que no tienen vistas al mar cuestan muy poco. Se entra por una empinada escalera roja. Tiene una personalidad indudable y se puede comer en la azotea si lo encargáis con antelación. En el 2002 iban a poner dormitorios.

LULU HOUSE. Detrás del Fuerte. ☎ 33 539. Para llegar aquí, en un laberinto, la primera vez, tendréis que seguir a algún tipo que os ofrezca este alojamiento al llegar en el ferry. Está bien, pero os enseñarán primero los cuartos más caros, mientras que hay otros casi iguales casi a mitad de precio. No tiene agua caliente.

LAMU GUEST HOUSE. Detrás del Museo. ☎ 33 338. Un alojamiento muy básico, pero limpio y correcto. Además, tiene bastante encanto.

POLE POLE GUEST HOUSE. ☎ 33 204. Para llegar a esta bella pensión, dirigíos hacia el norte del muelle y seguir las indicaciones publicitarias. Es el edificio más alto de Lamu y desde la azotea, cubierta de *makuti,* hay hermosas vistas. Dobles limpias y correctas.

PEACE GUEST HOUSE. Barata y correcta, pero muy complicado de llegar desde el muelle y, de noche, casi imposible de encontrar, ya que está al norte, después de un laberinto de callejuelas. La verdad, hay muchos sitios más céntricos.

SUNSHINE GUEST HOUSE. En una paralela a la calle principal, buena y barata. Algunos cuartos tienen balcón.

BUSH GUEST HOUSE. Detrás del Bush Gardens, cuartos de diversos precios, algunos muy económicos. Baños y cocina comunes.

MEDIOS

WILDBEESTE. Detrás del Fuerte. ☎ 32 261. Una casa suajili alucinante con apartamentos y cuartos dobles más baratos en temporada baja. Muy bien acondicionada y con muchísimo encanto.

NEW MAHARUS GUEST HOUSE. Cerca de la plaza principal. ☎ 33 001. Un alojamiento con mucha historia en Lamu, viejo y con encanto, aunque las dobles son un poco caras para lo que ofrecen. Las habitaciones con terraza son mucho mejores.

HAL-UDY GUEST HOUSE. Hacia el interior de la ciudad, una mansión tradicional muy bella con buenas habitaciones que en temporada baja casi se ponen a precio barato.

SUN SAIL HOTEL. Paseo Marítimo. ☎ 32 065. Cuartos muy buenos y nuevos. Tiene un bello portalón suajili y los cuartos son de techos altos y vigas de madera.

LAMU ARCHIPELAGO VILLA. Paseo Marítimo. ☎ 33 247. 14 habitaciones en un hotel nuevo, con alfombras, mosquitera, cama *pili - pili* (el estilo tradicional suajili de Lamu), baño, etcétera. Nuestro favorito por este precio. El dueño, Mustafar Sharif, es muy amable y os ayudará a contactar con los *dhows* o cualquier cosa que necesitéis.

BAHARI HOTEL. Detrás del muelle norte. ☎ 33 172. Una mansión antigua impresionante, con habitaciones muy buenas, con desayuno, y tienen nevera, ventilador, etcétera.

CAROS

AMU HOUSE. ☎ 33 420. Una preciosa casa palacio suajili del siglo XVI con habitaciones magníficas y que en temporada baja,con desayuno, tiene muy buen precio. Muy recomendable.

STONE HOUSE HOTEL. ☎ 33 544. Cuartos con desayuno incluido, en otro hotel que merece la pena por sus precios.

YUMBE HOUSE. ☎ 33 101. Cerca de la Casa Museo Suajili, una mansión preciosa con cuartos buenísimos y precios muy razonables. Muy recomendable y excelente relación de calidad y precio.

LUJO

PETLEY'S INN. Paseo Marítimo. ☎ 33 272. El clásico en Lamu, precios caros en temporada baja y de lujo en alta. Al lado del Museo de Lamu, es una casa suajili construida a finales del siglo XIX por Percy Petley, un colono inglés y cazador legendario. El hotel mantiene un espléndido sabor tradicional y tiene piscina, dos restaurantes y un bar que es el único lugar de Lamu donde puede haber alguna animación por las noches

NEW LAMU PALACE HOTEL. Paseo Marítimo. ☎ 33 272. De la misma propiedad alemana que el Petley's, más nuevo y muy bonito, grande y moderno. Tiene 22 habitaciones bien equipadas y con vistas al mar. También tiene bar y restaurante.

DÓNDE COMER

Los restaurantes de Lamu son muy económicos. Incluso los pocos locales más caros que hay en la ciudad ofrecen menús a precio más que razonable, excepto en los hoteles de lujo. Muchos tienen una amplia cartas, entre las que se cuentan deliciosas especialidades suajili, de carne o marisco, muy condimentados y aromatizados con coco, piña o yogur. Casi todos los restaurantes se alinean en el paseo marítimo.

Hay que tener en cuenta que durante el Ramadán, hasta que anochezca sólo permanecen abiertos los locales de los hoteles Lamu Palace y Peponi, en Shela.

BARATOS

KAMAR. Kenyatta Road. El antiguo New Star está especializado en arroz y pescado cocinado con curry o salsa de coco, y sigue siendo muy barato. La verdad es que suele cobijar muchas moscas, pero sigue siendo muy típico.

HADRAMUT. Paseo Marítimo. Platos sencillos y baratos.

SEA FRONT CAFÉ. Paseo Marítimo. Junto al Hadramut, platos de pescado, marisco y arroz.

COCONUT JUICE GARDEN. Al final de la calle principal. Zumos naturales.

MANGROVE. Paseo Marítimo. Junto al Petley's Inn, uno de nuestros favoritos. Probad los cangrejos.

MEDIOS

BUSH GARDENS. Harambee Ave (Paseo Marítimo). *Sea Food Plate* suficiente para dos y a base de cangrejo, pescado, gambas, etcétera. También hay pescado suajili al estilo de Zanzíbar, con salsa de coco.

HAPA HAPA RESTAURANT. Paseo Marítimo. Junto al Bush Gardens, el cangrejo *grilled* es enorme y con cierto sabor a limón.

OLYMPIC. Paseo Marítimo. Un restaurante indio bastante bueno, con buenos platos de langosta y más barato que el Hapa Hapa.

CAROS

NEW LAMU PALACE HOTEL. Paseo Marítimo. Abre hasta las 22 horas. El restaurante del hotel es muy agradable y se puede comer o cenar en la terraza.

STONE HOUSE HOTEL. Otro restaurante de un hotel bueno y con la mejor reputación en Lamu.

COPAS

De momento, el único lugar apetecible para tomarse una copa en Lamu es el bar del hotel Petley's Inn. También la terraza del New Lamu Palace está bien, pero por la noche no hay apenas algo. El Police Club es el bar de la poli, pero también lo frecuentan los noctábumlos empedernidos.

COMPRAS

Lamu es la patria de los **kikois**, las tradicionales *faldas* masculinas de los suajili. En realidad, son grandes piezas rectangulares de tela, por lo general de algodón, que se enrollan alrededor de la cintura. Se confeccionan en vistosos colores y su precio varía conforme al estampado y la calidad de la tela. Se pueden conseguir algunos muy baratos, fabricados especialmente para la venta a los turistas. A pesar de su fabricación industrial, resultan muy bonitos, aunque no son tan hermosos como los confeccionados artesanalmente. En menor medida, también se venden **kangas** en los tenderetes de Lamu, junto con el tradicional *bui bui* para cubrirlo.

Por lo demás, en los puestos que se instalan cerca de los muelles, en el paseo marítimo, siempre es posible comprar abalorios, cestos, y tallas de madera.

ALREDEDORES

ASTILLEROS DE *DHOWS*. Es posible contemplar la reparación y construcción de estos veleros de ascendencia árabe en las poblaciones de **Shela** y **Matondoni**, al sur y oeste de Lamu, respectivamente.

SHELA. El pequeño poblado de Shela, situado a tres kilómetros al sur de Lamu, alberga las mejores playas de la isla. Por esto, muchos viajeros que buscan únicamente el reposo junto al mar se alojan en esta aldea en lugar de en la ciudad.

Shela fue fundada entre los siglos XIV y XV, posiblemente por refugiados procedentes de la isla de Manda. Evolucionó junto con el resto de Lamu hasta convertirse en un puerto importante en el siglo XVIII y a partir de ese momento su historia ha seguido de forma paralela las suertes y desdichas de la ciudad. Sin embargo, su raigambre tradicional no ha desaparecido del todo. Por ejemplo, los habitantes de Shela hablan un dialecto del *kisuajili* distinto al de Lamu.

CÓMO LLEGAR

Desde Lamu a Shela (o viceversa) sólo se puede llegar caminando, en burro o en *dhow*. La caminata dura unos 40 minutos y debe hacerse durante la marea baja; de lo contrario, buena parte del trayecto se hace con el agua por las rodillas. Si se alquila un *dhow*, el viaje es más corto.

ALOJAMIENTO

MEDIO

SHELA BAHARI GUEST HOUSE. ☎ 32 046. Dobles muy bien puestas.

CAROS

PWANI GUEST HOUSE. ☎ 33 540. Habitaciones buenas y con todas las comodidades. Está detrás del Peponi Hotel.

WHITE HOUSE GUEST HOUSE. ☎ 33 092. Detrás del Pwani Guest House y con cuartos que en temporada baja cuestan un precio medio.

LUJO

KIJANI HOUSE. ☎ 33 235. www.kijani-house.com. Cierra entre finales de abril y el 1 de julio. Sobre la playa, tiene 10 habitaciones muy buenas con mobiliario de estilo suajili y todas diferentes. Además, hay dos piscinas –que no hacen mucha falta, la verdad– en el jardín y un restaurante.

PEPONI'S HOTEL. ☎ 33 421. Dobles magníficas en el hotel con mejor reputación en todo Lamu. Tiene también centro de deportes acuáticos, un bar que es el único lugar para tomarse una copa apetecible en Shela por la noche.

ISLAND HOTEL. En el centro de pueblo. ☎ 33 290. Una casa tradicional con buenas habitaciones y el restaurante Barracuda en la azotea, precioso e ideal para parejas de enamorados.

LLEGAR Y PARTIR

En avión. Kenya Airways vuela todos los días a las 11,35 horas entre Malindi y Lamu –y hacia las 13, de vuelta- por un precio bastante más barato que Air Kenya, que lo hace los martes, miércoles, viernes y domingos y bastante más caro. Además, con la compañía nacional hay diversas posibilidades. Por ejemplo y por extraño que parezca, suele ser más barato sacar un billete de ida y otro de vuelta en Lamu que uno de ida y vuelta. Igualmente, también es mucho más barato si se saca un billete en el aeropuerto el mismo día del vuelo, en *stand by.* Lo mejor es telefonear a las líneas aéreas y preguntar cómo van de espacio.

También hay vuelos diarios, al menos con una de las dos compañías, entre Lamu y Nairobi.

En autobús. El viaje en autobús a Lamu desde Garsen en ruta hacia Malindi ha mejorado mucho en seguridad, aunque todavía van algunos soldados de protección en el vehículo. Pero en el 2001 muchos trotamundos lo tomaban y no había problema. Siempre es mejor preguntar por la situación en un momento determinado. El viaje desde Malindi dura unas ocho horas y los autobuses, que vienen de Mombasa, parten a primeras horas de la mañana.

ISLAS DE LAMU

Las otras islas del archipiélago de Lamu, sobre todo Manda, Paté y Kiwayu, son lugares que encierran una historia fascinante y mudo testigo de ello son las ruinas de asentamientos árabes –con vestigios hasta del siglo VIII- diseminadas en todas ellas. Las más importantes son las de Takwa, en la isla de Manda.

Además, Kiwayu y Manda Toto ofrecen magníficos enclaves para el buceo con gafas y aletas y, en general, una navegación en *dhow*, desde unas cuantas horas para visitar Manda, hasta los cuatro o cinco días de ida y vuelta a Kiwayu, es una experiencia que todo viajero en Lamu debe probar.

Si os vais a embarcar más de una jornada, esperad un tiempo a contactar con un grupo y obtener buenas referencias de una tripulación, por ejemplo en el hotel, donde os orientarán también sobre los precios.

MANDA

Situada frente a Lamu, es la más visitada por los viajeros. Además, si se llega hasta aquí en avión se aterriza en aquí en el aeródromo del archipiélago.

La excursión a Manda se hace sobre todo para ver las ruinas de **Takwa**, una antigua ciudad suajili que fue abandonada a finales del siglo XVII por motivos desconocidos. Entre sus restos se encuentran bastantes casas de coral, una mezquita y un sepulcro fechado en 1684.

También se puede venir para ir a bucear al islote de Manda Toto, frente a la costa nordeste de Manda.

CÓMO LLEGAR

En *dhow*. La travesía en *dhow* a Manda dura poco más de una hora y sólo puede hacerse durante la marea alta. La excursión se pacta en el muelle de Lamu.

Además, hay ferrys entre Lamu y el aeropuerto a las horas que llegan o parten los aviones.

PATÉ

Mucho más alejada que Manda, Paté recibe muy pocos visitantes. En la isla se encuentran varios pueblos de importante pasado histórico.

El pueblo de **Paté** propiamente dicho tiene un oscuro origen. Parece ser que su fundación se remonta al siglo XIII, cuando se instaló en ella un grupo de árabes llamdos *nabahani*. Con la llegada de los portugueses se convirtió en un importante puerto comercial, privilegio que mantuvo hasta 1812, cuando Paté sucumbió ante la supremacía de Lamu en la batalla de Shela.

En la actualidad el pueblo necesita una buena restauración, pues buena parte se encuentra en estado ruinoso, lo que hace peligrar el futuro de su herencia suajili.

Siyu se fundó más tarde que Paté, en el siglo XV. Fue el centro cultural islámico de la isla, lo que la convirtió en un enorme núcleo urbano de más de 30.000 habitantes, que mantuvo su esplendor hasta mediados del siglo XIX, cuando el sultán de Zanzíbar tomó la ciudad al asalto. Hoy en día es una pequeña localidad cuya máxima atracción son los restos de la antigua fortaleza que la protegía.

Faza, fundada antes del siglo XIII, fue destruida en varias ocasiones. Primeramente por las tropas de Paté y más tarde por los portugueses, con los que finalmente se alió para hacer frente a la primera ciudad. Como los demás enclaves del archipiélago, su declive se inció en el siglo XIX. De sus vestigios históricos, quizá los más interesantes sean los de la **Mezquita Kunjanja** y la tumba de **Amir Hamad,** muerto en 1844. Actualmente es una ciudad bastante animada, con bastantes servicios públicos y un buen ambiente local.

CÓMO LLEGAR

Si se dispone de tiempo, lo mejor es arribar a la isla mediante un *dhow* alquilado, que puede recalar en la localidad de **Mtangawanda**, la más próxima a Paté, e incluso en el amarradero de Faza. Desde Mtangawanda a Paté hay que hacer el trayecto a pie. Siyu sólo es accesible a pie por la costa, si bien el pequeño canal que aisla esta población puede cruzarse en un bote ligero.

Si se quiere ir a la isla en lanchas a motor, hay un servicio desde Lamu que zarpa para Mtangawanda y Faza los lunes, miércoles y viernes, regresando al punto de partida al día siguiente.

KIWAYU

Situada en el límite nordeste del archipiélago, la isla de Kiwayu está alejada de Lamu; tanto que no hay servicio regular de lanchas que cubra el transporte. Carece de un pasado histórico importante y su principal interés son las formaciones de coral que bordean la isla.

En los últimos tiempos Kiwayu se ha convertido en refugio de ciertas celebridades y artistas internacionales, que suelen alojarse en el hotel **Mkotoni**, un lujoso y caro establecimiento situado en terreno continental, al norte del canal que separa tierra firme de la isla.

CÓMO LLEGAR

La única manera de llegar es en *dhow* o en motora. La travesía desde Lamu es larga, dura unos tres días. Para los adinerados clientes del hotel Mkotoni hay un servicio de lancha rápida que reduce la navegación a poco menos de una hora.

EL RIFT VALLEY

El Rift Valley (*Valle de la Falla*) de Kenia es parte integrante de un sistema de fallas tectónicas que, con un eje norte-sur, se extiende desde el Mar Muerto en Oriente Medio, hasta Mozambique, en el extremo nororiental de África del Sur.

Con una longitud de casi 6.000 kilómetros, atraviesa el Golfo Pérsico y se introduce en África por el Mar Rojo, para cruzar Etiopía, Kenia, Tanzania y Malaui. Un brazo secundario de este sistema se interna desde el norte de Kenia hacia el interior del continente y forma los principales accidentes geográficos existentes entre la parte septentrional de Uganda y el área suroccidental de Tanzania, donde vuelve a reunirse con el sistema principal al adentrarse en Malawi.

En Kenia, el Rift Valley atraviesa de norte a sur el país y desciende por su vertiente más occidental desde el lago Turkana, en la frontera con Etiopía, hasta las vastas llanuras meridionales que se prolongan más allá de la frontera con Tanzania.

CARACTERÍSTICAS

Los sistemas de fallas como el Rift Valley producen en el terreno una serie de ondulaciones consistentes en la alternancia de depresiones y elevaciones del subsuelo. Las depresiones son, por lo general, muy anchas y en Kenia alcanzan extensiones de hasta 55 kilómetros. Se descubren muy fácilmente, pues no son más que largas fajas de terreno hundido que, discurriendo paralelamente a la línea principal de la falla, quedan considerablemente por debajo de la altitud media del resto del terreno. Los bordes de dos depresiones forman entre sí escarpaduras de mayor o menor tamaño, en función del índice de actividad volcánica que haya existido en la zona y que siempre es coetáneo a los accidentes del terreno originados por fallas tectónicas. Esta sucesión de depresiones y escarpaduras otorgan al terreno el aspecto ondulado que distingue al Rift Valley.

ACCIDENTES GEOGRÁFICOS

Las sucesivas depresiones y elevaciones del terreno han originado en Kenia una serie de accidentes geográficos que forman en esta parte del país algunos de los paisajes y ecosistemas más asombrosos de todo África.

Las depresiones han sido las responsables de la aparición de una serie de grandes lagos al nororeste de Nairobi. La creación de estos lagos ha sido posible debido a que el desnivel de las fallas impide al valle mantener un eficiente sistema de drenaje. Como consecuencia, grandes extensiones de terreno se han ido anegando, hasta formar importantes lagos, como el **Naivasha** o el **Baringo**. Sin embargo, este fenómeno también ha dado lugar a la aparición de enormes concentraciones de agua de poca profundidad, conocidas como los **Lagos Salados**. Su nombre proviene del elevado contenido sódico de sus aguas, debido al alto nivel de evaporación al que están sometidas, y a la alta alcalinidad que le proporcionan los depósitos volcánicos entre los que se han originado. Estos lagos son el **Nakuru**, **Bogoria** y **Elmenteita**. Mucho más al sur del país, casi en la frontera con Tanzania, el lago **Magadi** tiene el mismo origen.

Las elevaciones del terreno situadas entre las depresiones y propiciadas por un violento componente volcánico han originado en Kenia grandes montañas, como el **Monte Longonot**, de 2.886 metros del altitud, o el mismísimo **Monte Kenya**, que con sus 5.199 metros es la segunda cumbre de África. Estos dos volcanes extintos atestiguan con su presencia la formidable potencia telúrica proveniente del Rift Valley.

CARRETERAS

Las principales poblaciones del Rift Valley están unidas entre sí por carreteras asfaltadas en perfecto estado, aptas para un recorrido cómodo y rápido, ya sea en vehículo propio o en transporte colectivo.

ENTORNOS NATURALES DEL RIFT VALLEY

LOS LAGOS

Los lagos constituyen el principal reducto ecológico del Rift Valley. Tanto los lagos de agua dulce -**Naivasha** y **Baringo**- como los de agua salada -**Nakuru, Bogoria y Elmenteita**- ofrecen una impresionante diversidad de fauna, sobre todo de aves acuáticas. Por ejemplo, de las 1.200 especies de aves existentes en Kenia, cerca de 500 pueden verse en el lago Baringo.

PARQUES NACIONALES HELL'S GATE Y MT. LONGONOT

Los parques Hell's Gate y Monte Longonot están en las cercanías del lago Naivasha y ambos ofrecen unas posibilidades magníficas de integración en su entorno. Y ello debido a que el Hell's Gate es uno de los dos parques kenianos que pueden ser recorridos a pie; mientras que la ascensión al monte Longonot es muy sencilla y permite espléndidas vistas sobre el Rift Valley.

La información individualizada acerca de cada uno de los entornos naturales del Rift Valley se encuentra en el último capítulo de esta guía (*Parques nacionales*).

NAIVASHA

La pequeña localidad de Naivasha, a 85 kilómetros al norte de Nairobi, no tiene otro interés que estar situada en mitad de la ruta principal que conecta los lagos Nakuru y Naivasha y los parques nacionales de Hell's Gate y Mt. Longonot. El único rasgo peculiar de su historia es que ésta fue una de las primeras zonas del país en la que se asentaron los colonos blancos.

Hoy, sin embargo, no es más que un simple poblado que reúne en un par de calles una cantidad limitada de servicios, muy útiles por otro lado, para los campistas que pretenden pernoctar varias noches a orillas del lago Naivasha.

DIRECCIONES ÚTILES

BANCOS. Barclays Bank y **Kenya Commercial** están en Moi Ave.

CORREOS. Moi Avenue.

ALOJAMIENTO

BARATOS

NAIVASHA SILVER HOTEL. Kenyatta Ave. ☎ 20 508.

NAIVASHA SUPER LODGE. Kariuki Chotara Rd.

CARO

LA BELLE INN. Moi Ave. ☎ 21 007. El precio incluye el desayuno.

DÓNDE COMER

BARATOS

JOLLY CAFÉ. Kenyatta Ave.

MEDIOS

LA BELLE INN. Moi Ave. En el restaurante del hotel se puede comer decentemente.

LLEGAR Y PARTIR

En tren. A principios del 2002 todos los trenes excepto el que cubre la ruta Nairobi-Mombasa se habían suspendido, aunque había rumores de su reanudación. En tal caso, Naivahsa está en la línea entre la capital y Kisumu.

En autobús y *matatu*. La parada se encuentra en Kariuki Chotara Rd. Hay varios servicios diarios a Nairobi y a Nakuru. Otras salidas menos frecuentes son con destino a Kisumu y Nyahururu.

LAGO NAIVASHA

Introducción e historia. Es el mayor lago de agua dulce del Rift Valley, y no goza del privilegio de ser parque nacional. Su denominación actual proviene de una deformación de la palabra masai *en-aiposhe*, que significa símplemente «el lago».

Desde su *descubrimiento* en 1883 por el naturalista alemán Gustav Fisher, el lago Naivasha se convirtió en un enclave predilecto para los adinerados colonos británicos que se afincaron en Kenia. Su proximidad con Nairobi (85 km) y la belleza de su emplazamiento instaron a muchos terranientes a construir en sus orillas opulentas villas de recreo, donde se daban suntuosas fiestas y recepciones. El esplendor y el lujo de estas villas comenzó a decrecer a partir de la década de 1950, cuando ya comenzaba a hacerse patente el sentimiento independentista de la sociedad keniana.

Un dato curioso en la historia del lago es que desempeñó el papel de aeropuerto de Nairobi entre los años 1937 y 1950. La extinta Imperial Airways fletaba hidroaviones desde Inglaterra que amerizaban en Naivasha, desde donde se continuaba viaje hasta la capital por carretera.

Muchas mansiones florecieron en la vertiente sur del lago, lugar donde atracaban los hidroaviones. Aún pueden verse algunas en la actualidad, que rememoran la gloria pasada en tiempos mejores. Este es el caso del famoso Oserian o Djinn Palace, con su curiosa arquitectura morisca. Más reciente es la mansión Elsamere, cerca de la Ol Karia Gate del parque nacional de Hell's Gate, donde vivieron Joy Adamson, la famosa pintora y autora de *Nacida libre*, y su marido George. Permanecieron en esta casa hasta 1980, año en que Joy fue asesinada por unos cazadores furtivos. Desolado, George abandonó el lugar y moriría nueve años después, de indéntico modo, en la Reserva Nacional Kora, junto al parque Meru.

El ecosistema del lago Naivasha ha sufrido espectaculares variaciones a lo largo de su historia, debidas, principalmente, a los altibajos de su hidrología. Así por ejemplo, mientras que en 1890 el lago casi se secó por completo, unas décadas después su nivel aumentó nada menos que en 15 metros y, en la actualidad, las aguas están sufriendo un nuevo descenso, pequeño pero constante, si bien habrá de pasar mucho tiempo antes de que sus 170 km cuadrados de extensión se desequen.

En cuanto a su fauna, en Naivasha es posible encontrar hasta 150 especies de aves, entre las que destacan los **flamencos**, **las grullas** y las **garzas**. Pero, por desgracia, el uso continuado de pesticidas para los prósperos invernaderos de flores en la zona del lago –se exportan hasta el norte de Europa- han contaminado el lago hasta niveles muy peligrosos, lo que ha provocado una recesión en el tamaño de varias de las colonias de aves, como el **águila pescador.**

Pero la desafortunada intervención del hombre ha contribuido todavía más en la degradación del entorno natural de Naivasha. Así, la pesca deportiva y comercial ha estado a punto de acabar con las **percas negras** y **tilapias** que habitan en sus aguas y, a cambio, se han introducido en el lago los mutantes y voraces cangrejos rojos norteamericanos que han infestado sus orillas.

Una buena colonia de **coypus**, un tipo de nutria americana, también se ha instalado en el lago, debido a la fuga de algunos ejemplares de una cercana granja peletera. Pero no sólo la fauna ha recibido ingratos visitantes; también la flora autóctona se ha visto afectada por la llegada de perniciosas especies, como la **salvinia**, una nociva planta acuática que ha proliferado abundantemente en pocos años.

Quizá el punto más interesante de los alrededores de Naivasha sea un pequeño cráter situado en la orilla occidental del lago, más allá de la población de **Kongoni**, que alberga en su fondo una minúscula charca rodeada de exuberante vegetación. Pocos son los turistas que llegan hasta este lugar, por lo que se trata de un enclave aislado e íntimo para disfrutar del paisaje.

La **Isla Crescent,** frente a la orilla oriental del lago, constituye casi un parque en miniatura en el que viven bastantes **gacelas**, **cobos** y **dik-diks**.

DÓNDE DORMIR Y COMER

BARATOS

FISHERMAN'S CAMP. ☎ 0311 30 088. En la orilla sur del lago, es el campamento más utilizado por los viajeros en Naivasha.

Está cubierto de césped y unas acacias le dotan de abundante sombra. Junto al campamento hay una serie de *dukas* (tiendas), donde se puede comprar víveres, bebidas o leña. El hospedaje también puede hacerse en *bandas* para cuatro personas o se puede alquilar una tienda si se necesita.

YMCA. ☎ 0311 30 396. Situado a un par de kilómetros del cámping anterior, tiene un recinto de acampada bastante deficiente en el que hay un par de *bandas* fijas que se utilizan como dormitorios colectivos.

TOP CAMP. Además de sitios de acampada tiene diversos tipos de *bandas*, con precios desde baratos hasta caros, según sus comodidades.

BURCH'S CAMPSITE. ☎ 0311 21 010. Muy tranquilo y silencioso y se puede acampar o alquilar cabañas bien equipadas, hasta con utensilios para cocinar. Las duchas comunes son de agua caliente y el lugar tiene tienda.

MEDIO

EBURU GUEST COTTAGE. ☎ 02 34 03 31. Con vistas impresionantes –está sobre una colina- y abundantes antílopes y cebras en sus alrededores. Dobles muy buenas.

CAROS

LAKE NAIVASHA HOLIDAY VILLAS. ☎ 02 22 49 98. Muy cerca del Country Club, pero mucho más barato, con dobles y media pensión.

MELILI COTTAGE. ☎ 02 44 40 52. Cabañas de piedra muy bien equipadas que salen a precio medio si sois cuatro.

LUJO

LAKE NAIVASHA COUNTRY CLUB. ☎ 0311 21 004 o 54 07 80 de Nairobi. Administrado por la cadena Block, este lujoso hotel está en medio de un espléndido jardín con acceso al lago y tiene restaurante, bar y piscina. Dobles, con todos los servicios.

LLEGAR Y PARTIR

En coche o *matatu*. Desde Naivasha parte South Lake Rd, una carretera en muy mal estado que circunvala toda la parte meridional del lago. A los lados de esta pista se encuentran los alojamientos anteriormente mencionados para pernoctar junto a la orilla. Si se carece de vehículo propio, hay un servicio de *matatus* que hace el trayecto entre Naivasha ciudad y Kongoni, en el vértice occidental del lago.

LAGO ELMENTEITA

Las concentraciones de flamencos en el lago Elmenteita no son tan espectaculares como en Nakuru. Sin embargo, al no ser un parque nacional, el acceso a este entorno es mucho más sencillo y la libertad de movimientos para bordear su orilla es absoluta.

Se trata de un lugar muy poco visitado y la mayoría de los viajeros se detiene tan sólo unos instantes en los miradores de la escarpadura por la que discurre la carretera principal A104, para echar un vistazo a esta acumulación de agua.

Otras aves acuáticas, como **pelícanos o garzas** también se encuentran en buen número en este lago.

DÓNDE DORMIR

LUJO

DELAMERE'S CAMP. ☎ 02 33 11 91. www.savannahcamps.com. Dentro del Santuario de Vida Salvaje Soysambu, es uno de los hoteles más lujosos de Kenia, dobles casi a 400 dólares diarios en temporada alta. Organiza muchas actividades de vida salvaje.

LAKE ELMENTEITA LODGE. ☎ 0367 50 40. Dobles a casi la mitad en temporada baja. Con vistas preciosas al lago y organizan interesantes excursiones para ver la fauna y paseos a caballo.

CÓMO LLEGAR

Cualquiera de los *matatus* que hacen el trayecto entre Naivasha y Nakuru tienen parada en los miradores que hay a un lado de la carretera y que se asoman sobre el lago. Desde ellos es posible descender hasta la orilla en un corto paseo.

NAKURU

Nakuru, a orillas del lago del mismo nombre, fue fundada en 1902. Al encontrarse en una zona especialmente rica para el desarrollo de la agricultura, una buena cantidad de colonos ingleses se asentó en estas tierras. Esta riqueza agrícola aún perdura y ha convertido a Nakuru en la cuarta ciudad en importancia del país, con una población de unos 80.000 habitantes.

La ciudad está situada a mitad de camino de la línea férrea entre Nairobi y Kisumu, en el 2002 interrumpida, y los trenes se bifurcaban en esta localidad con destino al lago Victoria o la frontera de Uganda.

DIRECCIONES ÚTILES

BANCOS. Barclays Bank, en Kenyatta Ave y Geoffrey Kamati Rd, esquina a West Rd.

CORREOS. Moi Ave, esquina a Kenyatta Ave.

COMUNICACIONES

ESTACIONES DE FERROCARRIL Y AUTOBUSES. Kenyatta Ave.

ALOJAMIENTO

MUKOH HOTEL. Mosque Rd esquina Gusii Rd. ☎ 21 35 16.

AMIGOS GUEST HOUSE. Gusii Rd. ☎ 21 01 70.

SHIK PARKVIEW HOTEL. Kenyatta Ave. ☎ 21 23 45. Habitaciones grandes.

CAROS

MIDLAND HOTEL. Kamati Rd. ☎ 21 21 55. Un hotel histórico con dobles que incluyen el desayuno, y tiene tres bares y dos restaurantes.

WATERBUCK HOTEL. West Rd. ☎ 21 56 72.

DÓNDE COMER

BARATO

TIPSY RESTAURANT. Gusii Road. Un local muy popular con platos africanos, indios, alguno continental y pescado.

MEDIOS

OYSTER SHELL RESTAURANT. Kenyatta Ave. Variedad de platos indios, locales e indonesios e incluso algunos con un toque europeo.

MIDLAND HOTEL. Kamati Rd. En el bar al aire libre hay buenos pollos asados.

WATERBUCK HOTEL. West Rd. Otro restaurante de hotel con platos de calidad suficiente.

LLEGAR Y PARTIR

En tren. A principios del 2002 todos los trenes excepto el que cubre la ruta Nairobi-Mombasa se habían suspendido, aunque había rumores de su reanudación. En tal caso, Nakuru está en plena bifurcación de las líneas entre la capital, Kisumu y la frontera con Uganda.

En autobús y *matatu*. Hay varios autobuses y *matatus* diarios a Nairobi, Naivasha, Kisumu, etcétera.

En taxi compartido. Algunas furgonetas parten desde la estación de autobuses con destino Nairobi y Naivasha. El precio del viaje es casi el doble que en *matatu*.

ALREDEDORES

Además del Parque Nacional del Lago Nakuru, se pueden hacer dos interesantes visitas en los alrededores de la ciudad.

CRÁTER MENENGAI. Se encuentra a 10 kilómetros al norte de la ciudad. Aunque se trata de un volcán extinto, aún se escapan algunas fumarolas por las grietas de su chimenea. Tiene una altura de 2.490 metros, y se puede ascender hasta su borde andando o en coche. El fondo del cráter se sitúa unos 500 metros más abajo y ocupa una superficie de 89 kilómetros cuadrados. Las vistas desde la cima son soberbias. El nombre del volcán proviene de la palabra masai *Menenga* y significa «los muertos», ya que en estos parajes sucedió la derrota y aniquilamiento de la tribu *masa* por los guerreros pastores a mediados del siglo XIX. Los habitantes locales creen que las fumarolas son las almas de los guerreros muertos en su vuelo hacia el cielo.

YACIMIENTO PREHISTÓRICO DE HIRAX HILL. Situado a las afueras de Nakuru junto a la carretera de Nairobi, el yacimiento prehistórico de Hyrax Hill fue excavado en 1937 por el famoso antropólogo Louis Leakey.

Las excavaciones han continuado hasta los pasados años ochenta. En todo ese tiempo han aparecido tres asentamientos distintos, pertenecientes al periodo neolítico y a la Edad del Hierro. El más antiguo ha sido fechado hace 3.000 años. Durante las excavaciones se han encontrado gran cantidad de utensilios, fragmentos de cerámica, grupos de viviendas y un par de necrópolis que albergaban restos humanos.

Junto al yacimiento hay un pequeño museo del mismo nombre que exhibe parte de los descubrimientos. El recinto abre a diario de 9.00 a 18.00 h, y el precio de entrada es barato.

LAGO BARINGO

Es el más septentrional de los lagos del Rift Valley y el principal observatorio ornitológico de Kenia, puesto que de las 1.200 especies de aves existentes en el país, más de 450 residen en el lago Baringo. De hecho, la principal actividad de los visitantes en este entorno natural es en muchos casos tratar de establecer un récord de más especies de aves distintas avistadas en menos tiempo. Por lo visto, ha habido personas capaces de localizar hasta 300 en veinticuatro horas.

En todo caso, el lago es un auténtico paraíso para los amantes de los pájaros y diariamente se hacen salidas desde algunos *lodges*, como el Lake Baringo Club, con un ornitólogo profesional, para contemplar a las aves en su entorno. Entre las más comunes destacan los **calaos**, diversos tipos de **águilas**, **pelícanos** y **garzas**.

Durante la noche, los orondos **hipopótamos** residentes en el lago abandonan la seguridad de sus aguas y se internan tierra adentro para pastar. Ver a estos grandes animales a unos metros de distancia, mientras pacen tranquilamente e indiferentes a la presencia del hombre, supone todo un espectáculo para los campistas asentados junto a la orilla. En realidad, no suponen peligro alguno, siempre y cuando no se les moleste.

Del mismo modo, los habitantes locales creen que los **cocodrilos** que nadan en el lago tampoco suponen una amenaza para el hombre, pues las aguas del Baringo están tan repletas de peces que estos animales sea han acostumbrado al sabor del pescado y no tienen interés alguno por comer otra cosa. El caso es que nunca ha habido que lamentar un accidente con estos saurios entre los bañistas o los practicantes del esquí acuático que surcan las aguas del lago.

Gibraltar Island y **Ol Kokwa Island** son dos islotes situados junto a la orilla oriental y en el centro del lago, respectivamente. Son buenos lugares para disfrutar con la enormes concentraciones de aves que se alojan en ellos.

DÓNDE DORMIR

BARATOS

ROBERT'S CAMP. Se trata de un cámping excelente con duchas y aseos. El personal que lo atiende es muy servicial y agradable. Si se prefiere, es posible pernoctar en acogedoras *bandas* tradicionales totalmente amuebladas. Al caer la noche, el campamento sufre auténticas invasiones por parte de los hipopótamos, que caminan entre las tiendas a unos 30 metros de los visitantes. Nunca han ocurrido accidentes, pero para asegurarnos de que esto siga así, no hay que asustarlos ni molestarlos, ni enfocarlos con linternas.

BAHARI LODGE. En el poblado de Kampi-ya-Samaki, este modesto establecimiento ofrece a los campistas la posibilidad de alojarse en modestas habitaciones.

LAKE VIEW LODGE. Dobles muy baratas y con vistas al lago.

LAKE BREEZE HOTEL. Habitaciones más caras que en el anterior y correctas.

MEDIO

WAVERS LODGE. Dobles con baño.

LUJO

LAKE BARINGO CLUB. ☎ 54 07 80 de Nairobi. Otro hotel de la cadena hotelera Block, este refugio está dotado de los más lujosos servicios, entre los que se encuentran una piscina, un salón de juegos, pistas de tenis, restaurante, bar, etc. Pero quizá lo más importante sean las actividades que organiza el club: paseos en barco, excursiones ornitológicas, visitas a un poblado de *njemps* (una tribu local), paseos en camello y otras muchas posibilidades. El precio del alojamiento es en pensión completa.

LAKE BARINGO ISLAND CAMP. ☎ 34 03 31 de Nairobi. Un campamento de lujo ubicado en el centro del lago, en la isla Ol Kokwa. Son 25 tiendas dobles totalmente equipadas. El servicio y las instalaciones son buenísimas y el complejo incluye un restaurante, un bar y una piscina. En este establecimiento pueden hacerse tantas actividades como en el Baringo Club, además de una gran variedad de deportes acuáticos.

LLEGAR Y PARTIR

En autobús y *matatu*. Desde Nakuru hay autobuses diarios y *matatus* a Kampi-ya-Samaki.

En coche. Desde Nakuru hay que tomar la carretera B4 en dirección norte hasta Marigat, y desde allí seguir recto hasta el poblado de Kampi-ya-Samaki, a las puertas del lago.

LAGO MAGADI

Es el más desconocido de todos los lagos salados. El motivo es que se encuentra completamente aislado al sur del país, no muy lejos de la frontera con Tanzania. Al no encontrarse a mitad de camino de una ruta convencional, son poquísimos los viajeros que lo visitan. Además, su emplazamiento en mitad de un territorio semidesértico supone un clima muy extremo, con temperaturas que habitualmente rozan los 40º C.

Esta sequedad del ambiente propicia la abundacia de sosa en la zona, y en sus orillas se encuentra una factoría para la extracción de este producto.

En ocasiones el lago alberga inmensas bandadas de **flamencos**, en especial cuando escasean los alimentos en los alrededores de Nakuru y Bogoria. Hace algunos años se llevó a cabo un importante plan de salvamento en este lago, cuando una inundación repentina estuvo a punto de masacrar miles de crías de flamenco que quedaron impregnadas por cantidades industriales de sosa.

DÓNDE DORMIR

En el lago Magadi no hay *lodges*, pero se puede hacer acampada libre en varios lugares, para lo que hay que asesorarse en la comisaría de policía.

CÓMO LLEGAR

Para llegar al lago Magadi hay que tomar desde Nairobi la carretera secundaria C58. El único transporte público lo constituyen los autobuses Akamba que tienen dos servicios diarios desde Nairobi y que paran en un cruce cercano.

LA MESETA CENTRAL

La meseta central se extiende a lo largo de la vertiente oriental del Rift Valley, al nororeste de Nairobi. Dentro de esta zona se encuentran los Aberdares, un sistema montañoso cubierto de espesos bosques, y el macizo del Monte Kenya, máximo exponente de los accidentes geográficos producidos por el *valle de las fallas* en el país.

Se trata de una región extremadamente fértil, debido a que goza de unas inmejorables condiciones climáticas, favorecidas por un elevado índice de precipitaciones y una excelente calidad del terreno. Por todo ello, se convirtió en la zona más codiciada por los colonos blancos para instalar en ella sus plantaciones. Esta determinación provocaría con el paso del tiempo la revuelta popular más importante que ha sufrido Kenia: la rebelión Mau-Mau. Los motivos fueron bien sencillos. La meseta central, y sobre todo las inmediaciones del Monte Kenya son la patria tradicional del pueblo Kikuyu. Los nativos vieron cómo sus tierras eran expropiadas por los granjeros europeos y en vista de que el Gobierno de Nairobi no medió en sus continuas reclamaciones para que se les devolviese su territorio, estalló la revuelta.

A la larga, este conflicto contribuiría a acelerar la concesión de la independencia de Kenia por parte de los ingleses.

ENTORNOS NATURALES DE LA MESETA CENTRAL

El **Parque Nacional Aberdare.** Este parque se extiende entre una cadena de montañas de origen volcánico, alguna de las cuales llega hasta los 4.000 metros de altura.

El **Parque Nacional Monte Kenya**, por su lado, ofrece, además de los alicientes de fauna y paisaje que pueda tener cualquier parque de este país, la posibilidad para los amantes del alpinismo de ascender a su nevada cumbre, con el añadido de que los neófitos en esta materia también pueden alcanzar cotas muy próximas a la cima mediante rutas bastante accesibles.

La información completa acerca de los entornos naturales de la meseta central se encuentra en el último capítulo de la guía (*Parques nacionales).*

La Meseta Central

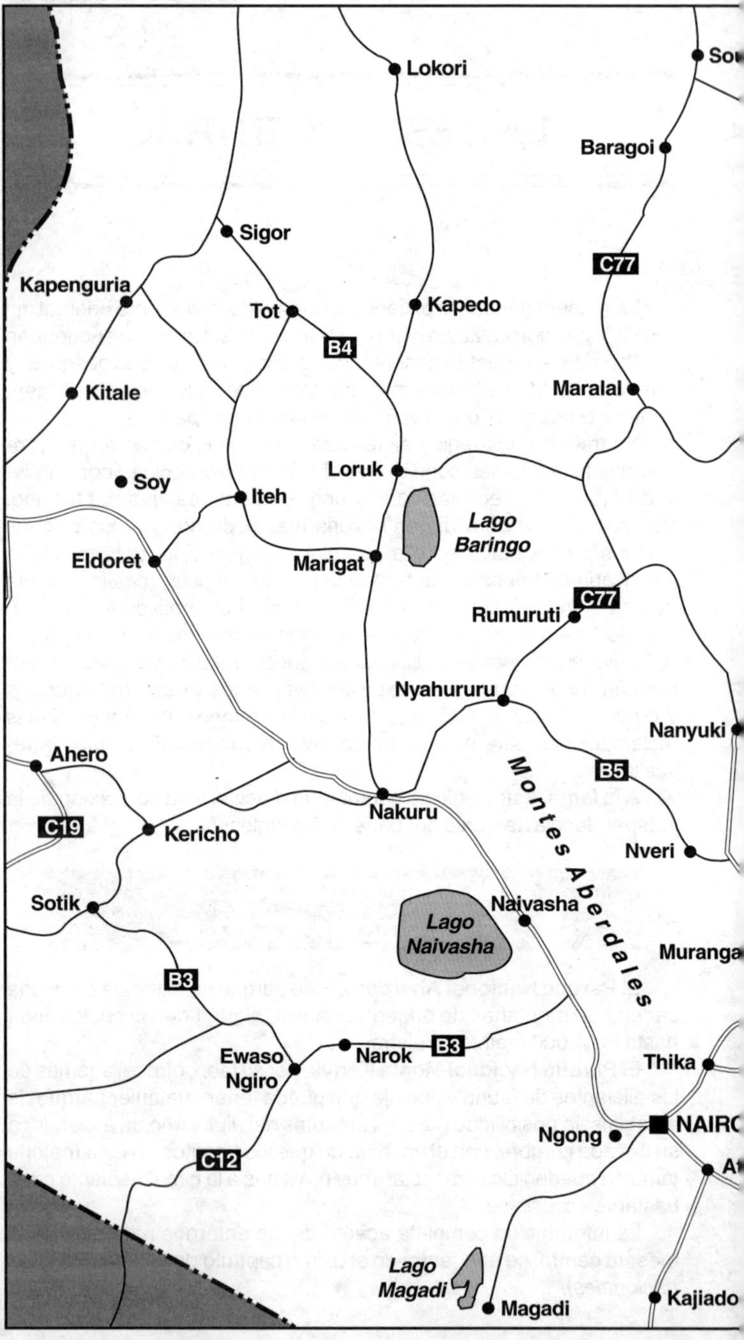

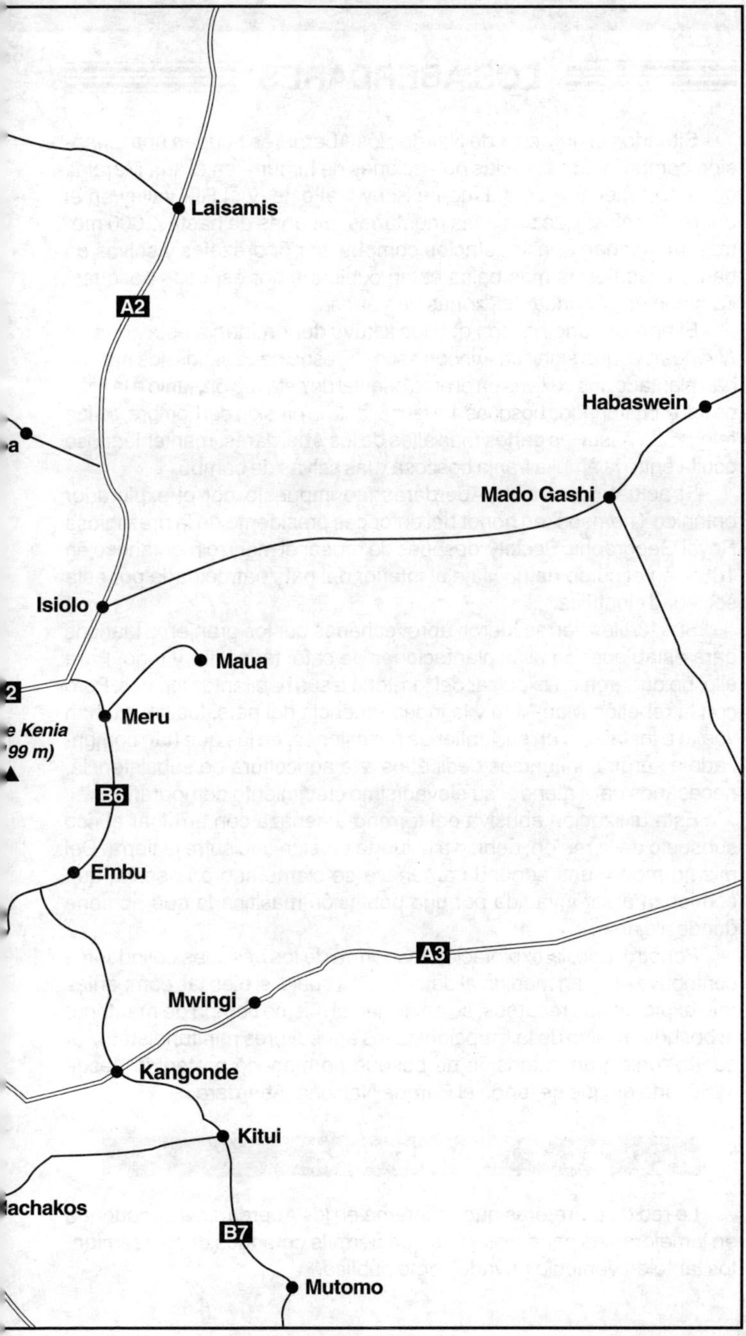
Laisamis
A2
Habaswein
Mado Gashi
Isiolo
Maua
Meru
B6
Embu
A3
Mwingi
Kangonde
Kitui
B7
Mutomo

LOS ABERDARES

Situados el noroeste de Nairobi, los Aberdares ocupan una extensión comprendida entre las poblaciones de Limuru, en el sur; Maralal, en el norte; el macizo del monte Kenya, al este, y el Rift Valley en el oeste. Mientras que sus altas montañas -algunas de hasta 4.000 metros- mantienen una vegetación compuesta por brezales y selvas de bambú, las tierras más bajas están cubiertas por espesos bosques. También hay abundantes zonas pantanosas.

El nombre original con que los kikuyu denominan a esta zona es *Nyandarua*, que significa «rincón seco». Desde hace siglos, los nativos han plantado sus cultivos en el área oriental de esta región, junto a la linde de los enmarañados bosques. La fauna, ante la presión del hombre, se fue relegando hasta las partes más altas de los Aberdares, manteniéndose oculta entre la amplia franja boscosa y las selvas de bambú.

El actual nombre de Aberdares fue impuesto por el explorador británico Thomson, en honor del entonces presidente de la prestigiosa Royal Geographic Society, después de rodear el macizo montañoso en 1884, en el curso de un viaje al interior del país patrocinado por esta sociedad científica.

Sus fértiles tierras fueron aprovechadas por los granjeros blancos para establecer en ellas plantaciones de café, té, pelitre y trigo. Para ello, no dudaron en expulsar del territorio a sus habitantes locales. Pero con la rebelión Mau-Mau y la independencia del país, los kikuyu han vuelto a instalarse en sus antiguas posesiones, en las que han comenzado a surgir minifundios dedicados a la agricultura de subsistencia, necesarios para atender su elevadísimo crecimiento demográfico.

Esta utilización abusiva del terreno amenaza con arruinar el rico subsuelo de la región, debido a la fuerte erosión que sufre la tierra. Del mismo modo, una segunda amenaza se cierne sobre la selva, que comienza a ser invadida por una población masificada que no tiene dónde alojarse.

Por otro lado, la explotación maderera de los bosques colindantes contribuye en gran medida al deterioro del suelo, si bien las compañías que explotan sus recursos, se encargan al mismo tiempo de mantener el bosque a salvo de la irrupción de los agricultores minifundistas. Por suerte, una gran extensión de bosque permanece protegido desde 1950, año en que se fundó el Parque Nacional Aberdare.

CARRETERAS

La red de carreteras que se interna en los Aberdares se encuentra en inmejorables condiciones, lo que permite cómodos desplazamientos tanto en vehículo privado como público.

NYERI

Es la localidad más cercana al Parque Nacional Aberdare y por lo tanto se utiliza como campamento base para visitarlo. Por lo demás, es una de las ciudades principales de la meseta central.

Desde finales del siglo XIX Nyeri fue un animado centro comercial para los colonos europeos que mantenían sus plantaciones en la región. A medida que los británicos comenzaron a abandonar el país, la notoriedad de la ciudad fue decayendo, hasta convertirse en la actualidad en poco más que en un sitio de paso. Dedicada por completo a la agricultura, entre sus cultivos se encuentran la caña de azúcar, los plátanos, el café y el té.

En el capítulo servicios, Nyeri posee varios bancos y una oferta bastante aceptable de comodidades para los viajeros, incluido un hotel de lujo. En el cementerio de la localidad se encuentra la tumba de Baden Powell, fundador del movimiento del los Boy Scouts y que no aplicó sus humanitarias ideas en sus expediciones de conquista de Zimbabue junto con Cecil Rhodes. El propio Powell ordenó la quema de varios poblados con sus habitantes dentro, incluidos decenas de niños.

DIRECCIONES ÚTILES

CORREOS. Kimathi St.

ESTACIÓN DE AUTOBUSES DE LARGO RECORRIDO. Al norte de Kimathi St.

ESTACIÓN DE *MATATUS* Y AUTOBUSES DE CERCANÍAS. Market St.

ALOJAMIENTO

BARATOS

NEW 7 STAR BOARDING & LODGING. Cutre y en el centro de Nyeri.

NYERI STAR BOARDING & LODGING. Cerca de la parada de cercanías de autobuses, mucho mejor que el anterior y con dobles correctas.

GREENLEAF. ☎ 21 26.

MEDIOS

WHITE RHINO HOTEL. Cerca de la oficina de Correos. ☎ 30 934. Viejo, pero acogedor y con tradición de viajeros.

CENTRAL HOTEL. ☎ 22 35. Dobles muy recomendables.

CAROS

GREEN HILLS HOTEL. ☎ 30 709. Ubicado en los alrededores del campo de golf.

OUTSPAN HOTEL. Carretera de los Aberdares. ☎ 24 24. Pertenece a la cadena Block, es un establecimiento lujoso situado en el acceso al parque nacional y dotado con todos los servicios imaginables. Con habitaciones y bungalows, a un precio de lujo en temporada alta y caro en baja.

LUJO

ABERDARE COUNTRY CLUB. Nwuegam a 17 kms al norte. ☎ 55 620. Fuera de la ciudad, un hotel mítico para los colonos blancos, habitaciones y cabañas con chimeneas, vistas al Monte Kenya y 500 hectáreas de bosque.

DÓNDE COMER

BARATOS

KENCHIC INN. Más pollo, en este caso frito, en un local de la ubicua cadena de comida rápida.

BAHATI BAR. Pollos asados para salir del paso.

MEDIOS

GREENLEAF RESTAURANT. Kimathi Way. Un pub con terraza y comida recomendable.

WHITE RHINO HOTEL.

LLEGAR Y PARTIR

En autobús. Desde las dos estaciones hay salidas constantes de *matatus* y autobuses con dirección a Nakuru, Nyahururu, Thika y Nairobi y más esporádicas a Isiolo, Meru y Eldoret.

NYAHURURU

Nyahuru significa «lugar de las aguas profundas», en referencia a las conocidas cataratas situadas a las afueras de la ciudad. De hecho, la ciudad sigue siendo conocida también por su antiguo nombre de Thomson's Falls (Cataratas de Thomson).

Joseph Thomson fue un explorador británico que recorrió esta parte del país durante una larga expedición entre Mombasa y el lago Victoria durante la década de 1880. Thomson fue bautizando –más bien, cambiando el nombre original- todo lo que se encontraba a su paso y, aparte de las cataratas de esta ciudad, a él se le debe la denominación de Aberdares, en honor de un lord inglés, y la clasificación específica de las Gacelas de Thomson.

Nyahururu fue uno de los últimos asentamientos fundados por los ingleses durante el periodo colonial. Y aunque la localidad floreció deprisa, su condición de centro comercial fue tan efímera que no alcanzó la relevancia de otras ciudades cercanas, como Nyeri.

Aunque es una de las ciudades más altas de Kenia (2.360 m) y su clima es por lo general muy fresco, sus alrededores son muy apropiados para la agricultura y se siguen cultivando grandes campos de maíz y alubias.

LA VISITA

LAS CATARATAS THOMSON. Las famosas cataratas se encuentran al norte de la ciudad, muy cerca por la carretera que conduce a Nyeri y Nanyuki. Están formadas por el río **Ewaso Narok**, que se precipita en este punto desde una altura de 72 metros.

Es posible descender hasta la poza a la que cae el agua a través de una escalera tallada en la piedra. El nombre de estas cascadas se debe al explorador **Joseph Thomson**, como ya hemos relatado en la introducción.

DIRECCIONES ÚTILES

BANCOS. Kenya Commercial Bank, Sulukia Road; **Barclays Bank,** frente al Kenya Commercial, tiene un cajero automático que funciona muy bien.

CORREOS. La oficina se encuentra también junto al Kenya Commercial Bank.

ESTACIÓN DE AUTOBUSES. Ol Kalou Rd.

ALOJAMIENTO

BARATOS

CÁMPING THOMSON'S FALLS LODGE. Nyeri Road. Situado a las afueras, junto a la cascada, en el exterior de este hotel se puede acampar cómodamente.

BARON HOTEL. Ol Kalou Rd. ☎ 32 056. En el centro del caso urbano, es bastante moderno y agradable.

STADIUM LODGING. En el centro. ☎ 32 773. Muy recomendable y barato. Dobles con baño.

GOOD SHEPHERD'S LODGE. Nyeri Road. Al norte de la ciudad, dobles correctas.

CARO

THOMSON'S FALLS LODGE. Nyeri Road. ☎ 22 006. Un hotel magnífico, con vistas a las cataratas y no tan caro, con desayuno. Con un espléndido y romántico ambiente colonial y un buen servicio.

DÓNDE COMER

BARATOS

TROPICAL BAR AND RESTAURANT. Carne y pollo a la parrilla y ambiente golfo por las noches.

CAPITAL BUTCHERY. Especialidades locales a la brasa. *Nyama choma,* etc.

MEDIO

THOMSON'S FALLS LODGE. Nyeri road. El restaurante de este hotel es el mejor de la ciudad. No es caro, pero sí muy bueno, y ofrece desayunos, comidas, y cenas. Un menú medio se compone de sopa, carne y ensalada.

LLEGAR Y PARTIR

En autobús. Desde la estación, al sur de la ciudad, en la carretera de Gilgil, parten autobuses y *matatus* constantes hacia Nakuru y Nyeri. A Nairobi hay dos autobuses diarios a primeras horas de la mañana. Cada mañana hasta las 13.00 h parten varios *matatus* para Maralal, en el norte.

EL MACIZO DEL MONTE KENYA

El imponente monte Kenya se alza hasta sus 5.199 metros de altura en la vertiente este de la meseta central. Al pie de la inmensa montaña viven los kikuyu, que la han divinizado como el lugar donde habita su dios, Ngai.

Junto con otros pueblos, como los *embu* y los *meru*, los kikuyus han habitado estas tierras desde hace cientos de años y en la actualidad siguen practicando la agricultura en las faldas de la montaña.

De las antiguas plantaciones de colonos establecidas en este territorio, aún subsisten algunos campos de trigo, fundamentalmente en el sector norte, en el mismo límite donde el macizo da paso a las vastas llanuras que prosiguen hasta los semidesérticos territorios de Turkana.

En la actualidad el monte Kenya es una meta deseada para muchos alpinistas de los cinco continentes, que se trasladan hasta aquí para intentar su escalada. Por ello, y como todo el macizo tiene la consideración de parque nacional, está rodeado por una serie de importantes poblaciones que hacen las veces de campamentos base para preparar su ascensión, y que al mismo tiempo son también estupendos enclaves logísticos para los viajeros que visitan la zona en un safari.

CARRETERAS

Una espléndida carretera asfaltada rodea por completo el macizo y une entre sí las principales ciudades situadas a los pies del monte Kenya: **Naro Moru, Nanyuki, Meru** y **Embu**.

PARQUE NACIONAL MONTE KENYA

Todo lo relacionado con las características de este parque nacional, y sobre todo los pormenores acerca de su ascensión, se encuentran de forma detalla en el capítulo dedicado a *Parques nacionales*.

NARO MORU

En realidad, Naro Moru no es más que un minúsculo poblado situado en la cara oriental del macizo. Su importancia reside en que es el punto de partida más habitual para efectuar la ascensión al monte Kenya, por lo que los pocos servicios que se encuentran en esta localidad están especializados en atender la demanda turística de quienes están interesados en esta escalada.

ALOJAMIENTO

BARATOS

MT KENYA HOSTEL & CAMPSITE. A 12 kms del pueblo. ☎ 62 412. Dormitorios y zona de acampada a 6 kilómetros de la entrada al parque nacional. Tiene restaurante barato. Muy agradable y con buenas instalaciones.

BLUE LINE HOTEL. A 3 kms del pueblo. ☎ 62 217. Muy recomendable y con bar y restaurante.

MEDIOS

Hay varios hoteles muy similares y con precios casi idénticos, como el **JORUNA LODGE** o el **NARO MORU HOTEL 86.**

CARO

NARO MORU RIVER LODGE. ☎ 62 622. A un 1,5 kms al norte del pueblo, dobles de diferentes precios, en función de sus características y época del año. En Navidad es especialmente caro. En un lugar muy bello, rodeado de bosque y a orillas del río Naro Moru. Además, este hotel tiene la concesión de los refugios ubicados en la montaña, por lo que pueden hacerse aquí las reservas antes de iniciar la ascensión, así como alquilar el equipo. El establecimiento es bastante lujoso y dispone de casitas independientes muy cómodas, limpias y confortables. Tiene piscina, bar y restaurante.

DÓNDE COMER

CARO

NARO MORU RIVER LODGE. El hotel posee el único restaurante decente de esta población, pero es caro y de mediocre calidad.

LLEGAR Y PARTIR

En autobús, *matatu* y taxi compartido. Aquí tienen parada todos los vehículos que cubren el trayecto desde Nairobi y Nyeri hasta Nanyuki e Isiolo. El principal alojamiento de la ciudad, el Naro Moru River Lodge, fleta a diario un autobús entre el hotel y Nairobi si hay suficientes viajeros.

NANYUKI

Nanyuki es una gran aldea rural enclavada al noroeste del monte Kenya, en la frontera entre la meseta central y la enorme región norteña del país. Se encuentra escasamente a medio grado latitud norte del Ecuador y a casi 2.000 metros de altura sobre el nivel del mar.

Nanyuki fue fundada por los colonos ingleses en 1907, y de su pasado colonial aún quedan algunas plantaciones de trigo. La fauna autóctona ha desaparecido casi por completo de sus contornos, debido a las matanzas y cacerías acaecidas entre primeros y mediados del siglo XX. Hoy en día Nanyuki es una localidad moderna, dotada de un buen número de servicios, y desde ella se inicia la ascensión al monte Kenya a través de las vías *Burguret* y *Sirimon.*

DIRECCIONES ÚTILES

BANCOS. El **Barclays Bank**, el **Kenya Commercial Bank** y el **Standard Chartered Bank** están en Kenyatta Ave. El Barclays tiene cajero automático.

CORREOS. Kenyatta Ave.

INTERNET. Nanyuki Emai & Internet. Kenyatta Ave.

ESTACIÓN DE AUTOBUSES Y *MATATUS.* Laikipia Road.

ALOJAMIENTO

BARATOS

NANYUKI YOUTH HOSTEL. Market Road. Dormitorios muy baratos, pero básicos y los baños carecen de agua caliente.

JOSAKI HOTEL. Detrás del parque. ☎ 22 820.

SIRIMON LITTLE ROCK HOTEL. También detrás del parque. ☎ 32 344. Peor que el primero y con precios muy similares.

MEDIOS

NANYUKI RIVERSIDE HOTEL. A orillas del río. ☎ 32 523. Dobles con desayuno incluido.

CARO

SPORTSMAN'S ARMS HOTEL. ☎ 32 347. Situado al sur, en la entrada de la ciudad, es el mejor hotel de la población. Con sabor colonial, pues es otro hotel legendario de los colonos blancos. Dobles y cabañas para cuatro huéspedes por 4.500 chelines. Tiene piscina climatizada, sauna, pistas de squash, gimnasio, restaurante y tres bares. Uno de los establecimientos con más encanto y glamour de todo el país.

DÓNDE COMER

MEDIO

El único lugar que podemos recomendar es el restaurante del **Sportman's Arms Hotel**.

LLEGAR Y PARTIR

En avión. Air Kenya vuela diariamente entre el Aeropuerto Wilson de Nairobi y Nanyuki.

En autobús y *matatus*. Hay autobuses diarios a Nairobi y a Nyahururu, mientras que a Isiolo sólo van *matatus*.

MERU

La pequeñísima población de Meru, en el extremo nororiental del monte Kenya, es la capital del grupo tribal del mismo nombre. Los meru están emparentados con los kikuyu y, como ellos, han estado cultivando los campos en esta región desde hace siglos.

Los alrededores de la localidad muestran unos soberbios robledales, posiblemente los más bellos del país. En cuanto a sus cultivos, Meru posee enormes plantaciones de *miraa*, unas hierbas masticables muy apreciadas por los kenianos, pues tiene propiedades estimulantes y calman el apetito. Por lo demás, el núcleo urbano carece de mayor interés y se limita prácticamente a algunas casas dispersas a ambos lados de la carretera principal.

Desde esta localidad no hay ningún acceso próximo a las vías de escalada del monte. El más cercano está en la población de Chogoria, siguiendo la carretera hacia el sur. Sin embargo, la ciudad sirve como lugar de paso o campamento base para la visita al Parque Macional de Meru, o a las reservas de Kora, N. Kitui, Rahole y Bisanadi que, aunque no muy distantes, pertenecen ya al nordeste del país.

LA VISITA

MUSEO NACIONAL DE MERU. Se trata de un pequeño museo que muestra colecciones dedicadas a la evolución del hombre, a las tradiciones culturales de la tribu meru y a la práctica de la agricultura en esta zona del mundo. También posee un lamentable infra zoo, compuesto por babuinos enjaulados y algunas serpientes. Abre todos los días hasta las 18.00 h.

DIRECCIONES ÚTILES

CORREOS. La oficina está en la carretera en dirección a Nanyuki.

BANCOS. En el centro hay tres sucursales del **Barclays Bank**, **Kenya Commercial Bank** y **Standard Bank.**

INTERNET. Royal Paramount Entreprises, en la misma carretera que Correos.

ALOJAMIENTO

BARATOS

BROWN ROCK HOTEL. En el centro, es el mejor entre los baratos.

STANSTED HOTEL. Carretera a Nanyuki, dobles bastante decentes.

MILIMANI HOTEL. ☎ 20 224. Fuera de centro, dobles con baño de agua caliente.

MEDIOS

MERU SAFAR HOTEL. ☎ 31 500. Un hotel con bar y terraza muy popular entre los viajeros.

PIG & WHISTLE. ☎ 31 411. El mejor hotel junto con el County, cabañas muy agradables para dos personas.

COUNTY HOTEL. En la carretera, un poco antes de la oficina de Correos, algo más caro y con menos encanto que el Pig, pero es limpio y confortable. Además, tiene un animado restaurante y un bar.

DÓNDE COMER

MEDIOS

COUNTY HOTEL. El restaurante de este hotel tiene la reputación de ser el mejor de la ciudad.

LLEGAR Y PARTIR

En autobús y *matatu*. Los autobuses de Kensilver Bus tienen media docena de salidas diarias en ambas direcciones que unen Meru con Nairobi. Los *matatus* salen varias veces al día hacia Isiolo, Nanyuki y también Nairobi.

EMBU

La tribu de los *embu* tiene su patria en esta localidad. Se encuentra en la vertiente suroriental del monte Kenya, a caballo sobre la carretera principal que bordea todo el macizo. Aunque es un importante centro provincial, no goza de un determinado interés turístico. Para alcanzar desde Embu una vía de acceso para escalar la montaña hay que trasladarse a la población de **Chogoria**, hacia el norte por la carretera a Meru.

DIRECCIONES ÚTILES

BANCOS. El **Barclays Bank** tiene una oficina con cajero automático en Embu.

CORREOS. En la carretera de Meru, a la entrada de la ciudad.

ALOJAMIENTO

BARATOS

HIGHWAY COURT HOTEL. ☎ 20 046.

AL-ASWAD HOTEL. Dobles correctas.

CAROS

IZAAK WALTON INN. ☎ 21 128. En la carretera de Meru, a kilómetro y medio del centro urbano, es el mejor alojamiento de la localidad, con ambiente colonial y un toque de decadencia, pero es muy agradable. Las habitaciones tienen el desayuno incluido.

DÓNDE COMER

MEDIOS

IZAAK WALTON INN. El restaurante del hotel es el mejor de Embu.

LLEGAR Y PARTIR

En autobús. Los autobuses de Kensilver Bus tienen una media docena de salidas diarias en ambas direcciones que unen Embu con Nairobi. Los *matatus* y taxis compartidos hacen el mismo recorrido, con pasajes más caros y es más rápido, pero también más peligroso, en una carretera con alto índice de siniestralidad.

ISIOLO

Al igual que Nanyuki, Isiolo se encuentra a las mismas puertas del grandioso norte de Kenia. A partir de este punto las buenas carreteras desaparecen para convertirse en polvorientas pistas de tierra cuya transitabilidad queda sujeta a la irrupción de las precipitaciones y de los bandidos.

Hacia el norte se abre una de las zonas más salvajes, agrestes y despobladas de Kenia, por lo que si se viaja en coche propio y se continúa el trayecto hacia las regiones septentrionales del país, más vale aprovisionarse en esta localidad de alimentos y gasolina suficientes antes de seguir trayecto, ya que los suministros de combustible o vituallas no son tan regulares en las regiones norteñas, e informarse sobre las actuales condiciones de seguridad, pues en los últimos años sólo viajan por estas carreteras camiones en caravana para defenderse de los ataques.

Por todo ello, la condición de pueblo fronterizo que ostenta Isiolo otroga un ambiente muy animado a sus calles, que cuentan con una importante cantidad de servicios para los viajeros que se desplazan hacia uno u otro lado.

Muchos de los habitantes de Isiolo son descendientes de un asentamiento de ex combatientes somalíes que se instaló en la ciudad durante los años veinte. Por eso, sus rasgos son diferentes a los de los habitantes de las poblaciones vecinas. También es posible encontrar en Isiolo representantes de la belicosa tribu de los *samburu*, que están estrechamente relacionados con los *masais* de las llanuras sureñas.

Por si le faltaba algún aliciente a la ciudad, también es la base ideal para explorar las cercanas reservas nacionales de **Samburu**, **Shaba** y **Buffalo Springs**.

DIRECCIONES ÚTILES

BANCOS. El **Barclays Bank** tiene una oficina en la calle principal, frente a las oficinas de Eastex bus.

CORREOS. La oficina se encuentra en las afueras, al norte de la población.

ALOJAMIENTO

BARATOS

JAMHURI GUEST HOUSE. ☎ 20 65. Habitaciones limpias y correctas sin baño. Un clásico entre los mochileros.

TALENT LODGE. Junto a Correos, dobles sin baño y sin agua caliente.

MOCHARO HOTEL. ☎ 23 85. Nuestro favorito entre los baratos. Merece realmente la pena.

MEDIOS

BOMEN HOTEL. ☎ 22 25. Es un hotel con 40 habitaciones con baño de agua caliente. Tiene bar y restaurante con especialidad en carnes a la brasa.

LUJO

WILDERNESS TRAILS. Lewa Downs. ☎ 02 57 16 47 (en Nairobi). Una preciosa casa de piedra y techo de *makuti* en una zona preciosa de las afueras. Dobles a partir de 570 dólares.

LERAI TENTED CAMP. Lewa Downs. ☎ 02 33 16 84 (en Nairobi). Otro alojamiento alucinante, cerca del anterior y algo menos caro. Dobles con pensión completa a partir de 450 dólares.

DÓNDE COMER

MEDIOS

La mejor oferta gastronómica de Isiolo la ofrece el restaurante del **Bomen Hotel**, con platos africanos bastante sustanciosos, como *nyama choma,* y a precios razonables.

LLEGAR Y PARTIR

En autobús. Hay autobuses diarios a y desde Nairobi que pasan por Nanyuki, Naro Moru o Thika. Para ir hacia el norte, hacia la frontera con Etiopía vía Marsabit, hay que hacerlo en camiones que parten en convoy para disuadir a los bandidos que en los últimos años han atacado a los vehículos por esta carretera. Para ello hay que localizar a algún camionero que quiera llevarnos. En el hotel nos dirán dónde hallarlo. Se queda con él con antelación.

Si sólo se va hasta Marsabit se puede ir en los autobuses de Miraj Express que salen los martes, jueves y sábados por la tarde y vuelven los días siguientes. Viajan también en caravana.

Hacia la frontera somalí, olvidaos. Las carreteras desde Isiolo son muy peligrosas.

EL OESTE DE KENIA

La región occidental de Kenia, sobre todo en su sector más septentrional, es uno de los destinos menos frecuentados por los turistas que visitan el país. El motivo es que no es la zona idónea para establecer una ruta de safari, ya que en el oeste keniano sólo existen dos parques nacionales, una reserva forestal y una cadena montañosa. Ni siquiera el **lago Victoria**, que ocupa una parte importante de esta región, parece motivo suficiente para animar a los viajeros a llegar hasta el oeste de Kenia.

Prácticamente todos los vehículos equipados para safari que se ven en sus alrededores suelen dirigirse o volver de Uganda. Sin embargo, la región occidental de Kenia ofrece un buen número de alicientes a quienes la visitan. Entre ellos, y como consecuencia de todo lo anterior, la ausencia de masificación turística, que permite una mejor conservación del entorno.

Esta es la región ancestral de los *luo*, que con unos dos millones de individuos constituyen el tercer grupo tribal más importante del país, así como de los *gusii* y los *kalenjin*, con una representación mucho más modesta. Entre todos contribuyen a que esta región de Kenia sea la más densamente poblada de la nación.

CARACTERÍSTICAS GEOGRÁFICAS

La mayor parte del oeste de Kenia está formado por una meseta ondulada que desciende desde el norte, en la frontera de Sudán, hasta las llanuras meridionales que limitan con Tanzania. Sus colinas presentan un aspecto exuberante y están intensamente cultivadas, pues la meseta occidental es la principal región agrícola del país. Sus tierras son extremadamente fértiles y además se benefician de una espléndida irrigación.

A medida que la meseta avanza hacia el sur se vuelve más árida y menos apta para el cultivo, por lo que se dedica sobre todo a terrenos de pasto para el ganado. El paisaje se transforma en monte bajo y sabana, y es el hábitat adecuado para albergar extensas reservas naturales ideales para la conservación de la vida salvaje, como la **Reserva Nacional Masai Mara.**

Geográficamente, esta zona de Kenia se divide en dos partes: el lago Victoria y su capital regional, Kisumu, y la meseta occiden-

Oeste de Kenia

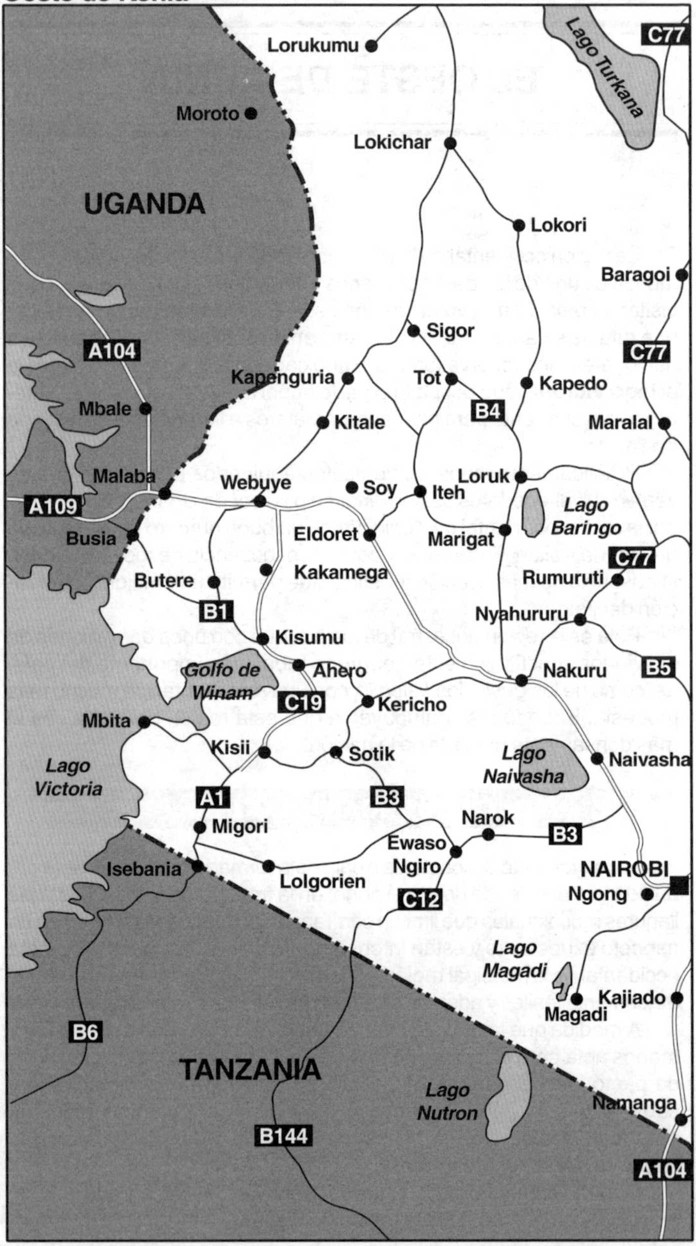

tal propiamente dicha, que separa el área anterior del resto del país. Es precisamente el lago Victoria uno de los mayores alicientes de esta región y, por supuesto, su accidente geográfico más importante.

CARRETERAS

La red viaria del oeste de Kenia se encuentra en perfectas condiciones, por lo que los desplazamientos por carretera se efectúan con comodidad y rapidez durante todo el año.

ENTORNOS NATURALES DEL OESTE DE KENIA

El sector norte de esta región alberga dos parques nacionales, ambos muy próximos a la localidad de Kitale: **Saiwa Swamp**, uno de los dos únicos parques del país que pueden visitarse a pie, y **Mt. Elgon**, en la misma frontera con Uganda (ver información en el capítulo *Parques nacionales*). Al sur de la meseta occidental, junto a la frontera con Tanzania, se encuentra el parque más famoso y visitado de Kenia: la **Reserva Nacional Masai Mara** (ver *Parques nacionales*), si bien esta reserva, debido a su importancia, casi es considerada como un territorio *autónomo* del sur, aunque geográficamente deba incluirse en la región occidental del país.

Los **Montes Cherangani** y la **Reserva Kakamega,** los otros dos enclaves naturales del oeste de Kenia, serán abordados en este capítulo conjuntamente con las localidades en las que se encuentran (**Eldoret** y **Kakamega**, respectivamente).

EL LAGO VICTORIA

Con una superficie total de 68.500 kilómetros cuadrados, el lago Victoria es el accidente geográfico más sobresaliente de África Oriental. Su diámetro máximo alcanza una longitud de 400 kilómetros, lo que le convierte en un auténtico mar interior atrapado entre los países de Kenia, Tanzania y Uganda.

Al contrario que la mayoría de los grandes lagos que se encuentran en esta parte del continente (Tanganyka, Turkana, etcétera), el lago Victoria no se originó a consecuencia de una depresión del terreno producida por el Rift Valley; por lo tanto, no es demasiado profundo (alrededor de 90 metros), pero sí muy extenso. El primer europeo que vio tan imponente masa de agua fue Speke, en 1858, en el transcurso de una expedición al interior del continente en busca de las fuentes del Nilo. Sin embargo, la ratificación de sus descubrimiento no se produjo hasta 17 años más tarde, cuando el explorador norteamericano Henry Stanley navegó el perímetro total del lago en 1875.

De la superficie total de Kenia, 13.600 kilómetros cuadrados los constituyen las aguas interiores del lago Victoria que se extienden a lo largo del área más occidental del país. En la actualidad, no hay ningún servicio de ferrys que cubra el trayecto a través el lago entre los países que lo circundan.

Desde Kisumu, la capital de la región oeste de Kenia, sólo es posible trasladarse en transbordador a algunas pequeñas poblaciones próximas a su bahía.

Precauciones. Es importante saber que a pesar del aspecto idílico que presenta el lago en los alrededores de Kisumu, y por extensión, en muchos sectores de la región occidental, es sumamente peligroso bañarse en sus aguas, pues suelen estar infectadas por unos pequeños trematodos parásitos que producen bilarziosis (ver La Salud, en la Introducción General). Andar descalzo por las orillas también es una manera de contraer el parásito.

KISUMU

Introducción. Asentada en el golfo de Winam, a una altura de 1.200 metros sobre el nivel del mar, Kisumu es la tercera ciudad de Kenia por su índice de población y el puerto más importante del país en el lago Victoria. Es, además, la capital de la región administrativa más importante de Kenia occidental, Nyanza, y del pueblo *luo*.

Mientras que hace un par de décadas Kisumu era una ciudad muy activa y animada, en la actualidad presenta un ambiente monótono, aburrido y decadente. El motivo que ha producido este cambio fue la desarticulación en 1977 de la Comunidad de África Oriental, integrada por Kenia, Tanzania y Uganda. Mientras este organismo y la cooperación entre los tres países se mantuvo en pie, Kisumu se convirtió en un hervidero de gente en tránsito que embarcaba desde este punto a varios destinos de los restantes países. Del mismo modo, la actividad comercial de Kisumu se incrementó sobremanera al atracar en el puerto de modo regular los ferrys cargados de mercancía procedente del extranjero. Pero cuando todo ello acabó y se interrumpieron las travesías internacionales a través del lago, comenzó un lento declive que fue envolviendo a la ciudad, hasta transformarla en un lugar agradable, pero carente de la chispa de energía que cabría esperar de la tercera ciudad más poblada del país.

Como consecuencia de su bullicioso pasado, Kisumu está muy bien comunicada con el resto del país.

DIRECCIONES ÚTILES

BANCOS. El **Standard Bank**, el **Kenya Commercial** y el **Barclays Bank** se encuentran distribuidos por el centro de la ciudad.

BIBLIOTECA DEL BRITISH COUNCIL. Oginga Odinga Rd. ☎ 45 004. Con una buena selección de revistas, periódicos y libros. Abre de martes a viernes de 10.00 a 18.00 h y los sábados de 9.30 a 13.00 h.

CORREOS Y TELÉFONOS. La oficina central de correos está en *Oginga Odinga Rd.* Abre de lunes a viernes de 8.00 a 17.00 h y los sábados de 9.00 a 12.00 h. Enfrente hay varias cabinas desde las que se puede llamar con tarjeta telefónica (se venden en el interior).

INTERNET. En el British Council os podéis conectar.

OFICINA DE INMIGRACIÓN (VISADOS). Reinsurance Plaza, Oginga Odinga esquina Kenyatta Highway.

HOSPITALES. Aga Khan Hospital. Otiena Oyoo St.

COMUNICACIONES

AEROPUERTO. Se encuentra a las afueras de la ciudad, en la carretera de Busia. Un taxi al centro cuesta unos 500 chelines.

KENYA AIRWAYS. Oginga Odinga Rd. ☎ 44 055.

ESTACIÓN DE FERROCARRIL. New Station Rd.

TERMINAL DE AUTOBUSES, TAXIS COMPARTIDOS Y *MATATUS*. La nueva estación de autobuses, taxis y *matatus* está en Nairobi Road, a unos 20 minutos andando del centro.

AGENCIAS DE VIAJE Y ALQUILER DE VEHÍCULOS

Shiva Travels (☎ 43 420) y **Kisumu Travels** (☎ 44 122), en Oginga Odinga Rd, son dos buenas agencias para hacer las reservas de billetes de avión o de alojamiento. Ambas ofrecen vehículos de alquiler, pero a precios elevados, pues tienen pocos coches.

En los últimos años, **Pel Travel,** Al-Imran Plaza Building, Oginga Odinga Rd (☎ 41 525), es el mejor lugar para alquilar un vehículo.

ORIENTACIÓN

Kisumu es una ciudad pequeña, por lo que no ofrece apenas dificultad para orientarse. Y además, la mayoría de sus servicios -oficinas, bancos, etc- se encuentra a lo largo de su arteria principal, **Oginga Odinga Rd**, que se extiende entre **Jomo Kenyatta Highway** y la orilla del lago. El mejor modo de trasladarse por Kisumu es a pie.

SEGURIDAD

La zona más insegura de Kisumu, como es de esperar, se concentra en el puerto, a lo largo del muelle de servicios, sobre todo al caer la noche.

LA VISITA

El Mercado. El mercado de Kisumu, en Nairobi Rd, suele mostrar un ambiente bastante animado y colorista. Aunque no es tan interesante como el mercado central de Nairobi, su visita bien merece una parada durante el recorrido por la ciudad.

Los domingos hay que ir a ver el **Mercado de Kibuye**, a un kilómetro del centro y lo mejor es ir en taxi. Es al aire libre y muy entretenido.

Hippo Point. Dunga. Hace tiempo que esta especie de observatorio de hipopótamos ya no funciona como tal, pues últimamente apenas se ven animales. Así y todo, resulta un sitio agradable para dar un paseo fuera del casco urbano, pues se encuentra tres kilómetros al sur de la ciudad, junto a la aldea de Dunga.

Santuario de Impalas. Carretera de Dunga. Esta pequeña reserva de un kilómetro cuadrado alberga una manada de impalas y un orfanato de animales, éste bastante cutre.

Museo de Kisumu. Nairobi Rd. Abre todos los días de 8.30 a 18.00 h. Entrada de pago. El museo de Kisumu muestra unas interesantes y variadas colecciones de objetos tradicionales pertenecientes a los distintos pueblos que habitan en la región. Toda suerte de utensilios domésticos, muebles, armas y vestuario se distribuyen por sus expositores. En una de las galerías se alberga el consabido muestrario de animales disecados, compuesto por mamíferos y aves. En el recinto exterior del museo hay una réplica de una vivienda tradicional *luo*, junto a un pequeño terrario en el que se exhiben un par de cocodrilos y algún que otro reptil.

ALOJAMIENTO

El alojamiento en Kisumu resulta un poco desequilibrado en lo que concierne a la relación calidad-precio. No obstante, algunos hoteles, sobre todo los caros, se saltan esta regla y el precio es acorde a su categoría.

BARATOS

CÁMPING KISUMU BEACH RESORT. Carretera del aeropuerto. ☎ 44 006. Con bar y restaurante, junto a un lago.

BLACK & BLACK. Gor Mahia Rd. ☎ 42 571. Dobles con baño compartido, pero limpio y con agua caliente.

YWCA. Omolo Agar Rd. esquina a Nairobi Rd. ☎ 43 192. Camas en dormitorio muy baratas y dobles también económicas. Se pueden alojar también hombres, a pesar de ser un YWCA.

MEDIOS

EAST VIEW HOTEL. Omolo Agar Rd. Cerca de la antigua terminal de autobuses, habitaciones limpias y correctas.

NEW VICTORIA HOTEL. Kendu Lane. ☎ 21 067. Dobles con baño y también tienen triples y hay restaurante.

HOTEL INCA. Jomo Kenyatta Highway. ☎ 40 158. Dobles correctas y hay bar y restaurante.

CAROS

HOTEL ROYALE. Jomo Kenyatta Highway, ☎ 40 924. Un hotel de sabor colonial y con un interior con mucho encanto. Las dobles tienen el desayuno incluido.

IMPERIAL HOTEL. Jomo Kenyatta Highway, ☎ 41 455. Hotel bastante nuevo, céntrico y, en definitiva, el mejor de la ciudad.

DÓNDE COMER

BARATOS

CAFÉ NATASHA. Oginga Odinga Rd.

KIMWA CAFÉ. Oginga Odinga Rd. Platos locales.

MON AMI. Mega Plaza. Hamburguesas y comida rápida decente.

TOT COFFE HOUSE. Accra St.

MEDIOS

ORIENTAL RESTAURANT. Al-Imran Plaza. Cocina china.

LLEGAR Y PARTIR

En avión. La compañía Kenya Airways fleta tres vuelos diarios entre Nairobi y Kisumu.

En tren. A principios del 2002 la línea férrea entre Nairobi y Kisumu estaba interrumpida a causa de un grave accidente en al año 2000. Había posibilidades, sin embargo, de que el servicio se reanudara.

En autobús, taxi y *matatu*. La mayoría de viajeros recomienda los autobuses de Akamba para ir a Nairobi, algunos "de luxe", más caros, rápidos y cómodos. Los taxis compartidos y los *matatus* también viajan a Nairobi, Eldoret, Busia –en la frontera con Uganda-, Kakamega, etcétera.

Para ir a Uganda en autobús, un vehículo de Akamba y otro de Tawfiq salen cada mañana hasta Kampla. En dirección a Tanzania, otro autobús parte cada día para Sirari, en la frontera.

ALREDEDORES DEL LAGO

Las poblaciones a orillas del lago cercanas a Kisumu no tienen en sí un interés especial y cuando funcionaba el servicio de ferrys, el viaje era lo más atrayente. Desde que estos barcos no operan, la excursión, que puede hacerse en *matatu,* ya no es lo que era. Enteraos si cuando estéis por aquí han restablecido el servicio.

KENDU BAY. Es un pueblecito poco atractivo, a pesar del pequeño lago Simbi, de origen volcánico, a sus afueras. En las orillas suele haber una interesante colonia de aves acuáticas.

HOMA BAY. Es una localidad pequeña situada en una raquítica bahía.

ISLA DE RUSINGA. En realidad, la isla está conectada con tierra firme por un puente. La aldea principal del lugar, **Mbita**, fue el lugar donde nació el activista político Tom Mboya (1930-1960), cuyo mausoleo se encuentra en el poblado. Hay al menos tres autobuses diarios entre Mbita y Kisumu.

ISLA DE MFANGANO. Esta isla se encuentra bastante lejos de Kisumu y da cobijo a una aislada comunidad de pescadores. Hay que ir en canoa desde Mbita y salen tres cada día.

LA MESETA OCCIDENTAL

Considerada como la principal región agrícola del país, la importancia absoluta de esta zona proviene de sus extensas plantaciones y campos de cultivo. Por ello, la mayoría de los núcleos urbanos que se concentra en la meseta no son sino minúsculas poblaciones inmersas en mitad de grandes campos de labor.

Precisamente, el interés turístico de esta región se centra sobre los contornos de sus localidades, en sus colinas, bosques y plantaciones de té, además de, naturalmente, en los dos parques nacionales **Mt. Elgon** y **Saiwa Swam**, que se encuentran en sus inmediaciones (ver *Parques nacionales*).

KISII

Esta población es la capital de la tribu *gusii*, que es el único pueblo bantú de esta zona del país, ya que el resto del territorio está ocupado por integrantes de pueblos de ascendencia nilótica: masais, *luo* y *kipsigis* (integrados en los *kalenjin*). La otra peculiaridad de Kisii es que posee las canteras de las que se extrae la esteatita, un pesado mineral que se emplea para elaborar las tallas destinadas exclusivamente al comercio turístico.

DIRECCIONES ÚTILES

BANCOS. Hay una sucursal del **Barclays Bank** en el centro y otras del **Kenya Commercial** y del **National Bank** en Hospital Road.

CORREOS. En la calle principal.

INTERNET. *Gamma Computer Center,* New Sansora Complex.

ALOJAMIENTO

BARATOS

KISII HOTEL. Pegado a Moi ave. ☎ 30 134. Fuera del centro.

SABRINA LODGE. Detrás de la parada de *matatus* y con precio similar al Safe.

SAFE LODGE. Sakawa Rd. Al este del mercado, tiene un buen restaurante y los cuartos con baño son baratísimos.

MEDIO

SAKAWA TOWERS HOTEL. Junto al mercado. ☎ 21 218. Dobles casi a precio barato.

DÓNDE COMER

BARATOS

SABRINA LODGE. El restaurante del hotel no está mal del todo.

JOSU. New Sansora Complex.

MEDIOS

KISII HOTE. El restaurante del Kisii tiene la fama de ser el mejor de la ciudad, sin ser nada del otro mundo.

LLEGAR Y PARTIR

En autobús. La compañía Akamba fleta dos autobuses diarios a Nairobi (9 horas). Uno de ellos para en Kericho, Nakuru, y Naivasha. También hay frecuentes *matatus* que se dirigen a Kisumu y Manga.

KERICHO

El nombre de esta localidad proviene del mítico jefe masai **Ole Kericho**, que murió a manos de los guerreros *gusii* durante el siglo XVIII. Hoy las luchas entre los masais, los *luo* y los *gusii* ya son historia, y son precisamente otro pueblo, los *kipsigis*, integrantes del grupo de los *kalenjin*, los que han tomado esta ciudad como su capital.

El principal atractivo de Kericho radica en que está inmersa entre impresionantes plantaciones de té. El cultivo de esta planta constituye la actividad fundamental de la zona, ya que la humedad del ambiente, las lluvias frecuentes y su temperatura hacen de esta región la más idónea para el desarrollo de este tipo de arbustos.

Un paseo por los verdes campos de té de Kericho es un ritual obligado para todo viajero que visite la ciudad.

DIRECCIONES ÚTILES

BANCOS. Las sucursales del **Barclays Bank**, **Kenya Commercial** y **Standard Bank** se encuentran en Moi Highway.

CORREOS. También está en Moi Highway.

INTERNET. *Tealand Computers,* Mwalimu Hotel.

ESTACIÓN DE AUTOBUSES Y *MATATUS*. Harambee Rd.

PARADA DE AUTOBÚS A NAIROBI. Gasolinera Caltex, carretera principal.

ALOJAMIENTO

BARATOS

CÁMPING KERICHO GARDEN LODGE. ☎ 20 878. Además de acampar, se puede dormir en dobles a precio casi de medios.

MWALIMU HOTEL. Moi Rd (no confundir con Moi Highway). ☎ 21 777. Muy céntrico, frente a la plaza Chai.

FAIRVIEW TAS LODGE. Moi Rd. Cutre, pero muy barato.

MEDIO

KERICHO LODGE & FISH RESORT. A 1 km del centro por Nakuru Rd. ☎ 20 035. *Bandas,* y también se puede acampar barato.

CARO

MID WEST HOTEL. John Kericho Rd. ☎ 20 611. Muy caro para lo que es. El precio incluye el desayuno.

LUJO

TEA HOTEL. Nakuru Rd. ☎ 30 004. Un clásico en un soberbio edificio. Un hotel con muchísimo encanto. Tiene habitaciones y bungalows.

DÓNDE COMER

MEDIO

TEA HOTEL. Nauru Road. Comer y cenar no sale caro en este hotel de lujo si se elige el bufé de precio fijo, que está bueno.

LLEGAR Y PARTIR

En autobús, taxi y *matatu*. Desde la estación parten *matatus* y taxis compartidos para Kisumu, Eldoret, Nakuru y Kisii. Los autobuses diarios más convenientes para Nairobi, sin embargo, salen de la gasolinera Caltex. También hay servicios bastante frecuentes a localidades como Nakuru y Naivasha.

KAKAMEGA

A unos cincuenta kilómetros al norte de Kisumu, la población de Kakamega no tiene otro atractivo que el de estar situada junto a la **Reserva Forestal de Kakamega**.

DIRECCIONES ÚTILES

BARCLAYS BANK. En el centro.
CORREOS. También en el centro.

ALOJAMIENTO

BARATOS

SALAMA HOTEL. Muy barato y básico, pero correcto.
BENDERA HOTEL. ☎ 20 777.

MEDIO

SHEYWE GUEST HOUSE. ☎ 30 320.

CARO

GOLF HOTEL. ☎ 20 125. Dobles a precio casi de lujo, sin que el lugar lo merezca, a pesar de contar con un entorno muy agradable. Tiene piscina y restaurante.

LLEGAR Y PARTIR

En autobús. Un servicio continuo de *matatus* hace el trayecto Kakamega-Kisumu, y al menos hay un autobús diario que parte de esta localidad hacia Nairobi. En la misma parada, es posible sumarse al pasaje de algún taxi compartido.

ALREDEDORES

RESERVA FORESTAL KAKAMEGA

Rodeada por completo de campos de cultivo, la Reserva Forestal de Kakamega es un pequeño reducto de selva virgen tropical utilizado como vivero frecuente para la replantación de árboles y arbustos por todo el país. Sus bosques son muy densos y están surcados por muchos senderos, apasionantes para su exploración.

La variedad botánica de la reserva es muy amplia, y camuflados entre la vegetación subsiste un buen número de animales, sobre todo aves, y distintas especies de monos, como colobos y cercopitecos.

Alguno de los trabajadores encargados del vivero pueden ejercer las labores de guía a cambio de una pequeña propina. Son muy amables y solícitos con los visitantes. No hay que pagar entrada, al no ser un parque nacional.

ALOJAMIENTO Y RESTAURANTES

El Forest Department tiene a disposición de los visitantes un coqueto refugio en mitad de la reserva, la **Forest Rest House**, donde es posible acampar o pernoctar en una de las cuatro habitaciones. Es conveniente llevar sacos de dormir, pues las camas suelen carecer de sábanas, aunque siempre hay mantas disponibles. En cuanto a la comida, es recomendable llevar consigo algunos víveres, pues en el refugio sólo existe un quiosco que ofrece algunas bebidas y ligeros tentempiés. Es posible reservar anticipadamente una habitación en el refugio a través del **Forest Officer, PO Box 88, Kakamega**.

CÓMO LLEGAR A LA RESERVA

La Forest Rest House se encuentra a unos 30 kilómetros de Kisumu y a cinco de al aldea más cercana: Shinyalu. Si no se dispone de vehículo propio, es posible llegar hasta Shinyalu mediante un servicio de *matatu*s que parte desde Kakamega. Una vez en Shinyalu, los kilómetros restantes hasta el refugio hay que recorrerlos a pie.

ELDORET

A 170 kilómetros al nordeste de Kisumu se encuentra Eldoret, una ciudad sin interés turístico alguno. Pero es el lugar idóneo para una escala técnica antes o después de la visita a los montes **Cherangani**, a unos 60 kilómetros al nordeste de esta población.

DIRECCIONES ÚTILES

BANCOS. El **Barclays Bank**, el **National Bank of Kenya** y el **Standard Chartered Bank** están en Uganda Road, mientras que el **Kenya Commercial Bank** está en Kenyatta Rd.

CORREOS. También en Uganda Rd.

COMUNICACIONES

ESTACIÓN DE AUTOBUSES Y *MATATUS*. Uganda Rd.

ALQUILER DE VEHÍCULOS. *Eldoret Travel Agency*, Kenyatta Ave. (☎ 33 351).

ALOJAMIENTO

BARATOS

MAHINDI HOTEL. ☎ 31 520. Nuestro favorito entre los baratos.

NEW MIYAKO HOTEL. ☎ 22 594. Cerca de la estación de autobuses.

TOP LODGE. Oginga Odinga St. Muy básico y con dobles baratísimas.

MEDIO

ELDORET WAGON HOTEL. Oloo Rd. ☎ 62 270. Otro hotel de antiguos colonos en Kenia, dobles rozando los precios caros.

NEW LINCOLN HOTEL. Oloo Road. ☎ 22 093. Situado detrás del mercado, ofrece buena relación calidad-precio; las doble tienen baño y hay bar y restaurante.

CARO

SIRIKWA HOTEL. Elgeyo Rd. ☎ 64 433. El mejor hotel, con dobles muy buenas, y tiene restaurante, bar y piscina.

DÓNDE COMER

Los mejores y más fiables restaurantes son los pertenecientes al **Sirikwa Hotel** y al **Eldoret Wagon Hotel**.

LLEGAR Y PARTIR

En autobús. Hay muchos autobuses y *matatus* que efectúan salidas diarias a Nairobi, Kisumu, Naivasha, Kericho, Kitale y Nakuru.

En tren. En el 2002 el servicio de ferrocarril a Eldoret estaba suspendido, sin que se supiera cuándo se iba a reanudar (si es que se reanuda).

ALREDEDORES

MONTES CHERANGANI

Los salvajes y solitarios montes Cherangani se encuentran a 60 kilómetros al nordeste de Eldoret. Integrados en el sistema del Rift Valley, los montes que hoy vemos eran originariamente colinas más suaves que comenzaron a levantarse hasta su altura actual debido al plegamiento del terreno. Muchos de los picos de Cherangani se alzan hasta cerca de los 3.000 metros sobre el nivel del mar.

La región es muy agreste y se vuelve intransitable cuando las precipitaciones son importantes. Las montañas muestran una flora interesante y una fauna compuesta mayoritariamente por aves. El mejor lugar para obtener una buena perspectiva de la zona es ascender hasta el **Elgeyo Escarpment**, que pone de forma espectacular el punto final a las colinas del oeste, y desde el que se divisa el valle del río Kerio.

Los Cherangani son en la actualidad el territorio de la tribu *marakwet*, un pueblo agricultor perteneciente al grupo *kalenjin* que mantiene sus cultivos en las laderas de los montes.

DÓNDE DORMIR Y COMER

En las laderas de las montañas hay pequeñas aldeas que pueden facilitar alojamiento, aunque lo más recomendable es visitar los montes durante el día y bajar a pernoctar a alguna población más grande. Es posible acampar en Cherangani, pero siempre contando con la autorización de los habitantes de la aldea más cercana. En cuanto a la comida, si se tiene pensado acampar al aire libre, lo lógico es llevar las vituallas necesarias con uno mismo.

CÓMO LLEGAR

Lo más recomendable es visitar los montes con un vehículo propio con tracción en las cuatro ruedas, pues todas las pistas que cruzan Cherangani son poco más que caminos de tierra. Con tiempo lluvioso, más vale no internarse en la montañas, pues tarde o temprano el lodazal inmovilizará el vehículo. Si no se dispone de un coche, hay algunos *matatus* que parten de Eldoret con dirección a Kapsowar, en el valle de Kerio. Desde allí es posible ascender a las cumbres a pie, mientras se disfruta de esta maravillosa naturaleza.

KITALE

Kitale es otra población agrícola más de la meseta occidental. Sin embargo, su situación geográfica le confiere un importante valor turístico, pues no sólo es la localidad más cercana a los dos únicos parques nacionales de esta región, el **Mt. Elgon** y **Saiwa Swamp**, sino que también sirve como punto de partida para los safaris o expediciones que tienen por destino el lago **Turkana**, en el norte del país. Por todo ello, es una ciudad bastante animada y está equipada con todos los servicios útiles para los viajeros.

LA VISITA

MUSEO DE KITALE. Abre todos los días de 8.00 a 18.00 h. Entrada de pago. Ubicado cerca de Kenyatta St, el museo local exhibe una interesante colección de piezas pertenecientes al pueblo turkana y, en menor medida, objetos tradicionales de otros pueblos kenianos. Como es habitual, el exterior del edificio muestra algunas viviendas típicas tribales, junto al recinto para pequeños reptiles.

DIRECCIONES ÚTILES

BANCOS. El **Barclays Bank** –con su cajero automático- y el **Standard Chartered Bank** están en Kenyatta St, mientras que el **Kenya Commercial Bank** está en Moi Ave.

CORREOS. Post Office Rd.

ALOJAMIENTO

BARATOS

CÁMPING SIRIKWA SAFARIS. A 23 kms al norte de la ciudad. ☎ 20 061. Un cámping muy agradable dirigido por dos expatriadas, Jane y Julia, que son todo una fuente de información sobre la zona y organizan excursiones para avistar aves en los montes Cherangani y en el pantano Saiwa. Cuesta unos 300 chelines por persona, pero ello incluye la leña para cocinar, duchas con agua caliente y la toma eléctrica. Se puede venir o ir a Ktale o Kapenguria en constantes *matatus*.

EXECUTIVE LODGE. Kenyatta St. ☎ 30 689.

KAHURUKO LODGE. Mt Elgon Rd. Habitaciones básicas, pero limpias.

MEDIOS

ALAKARA HOTEL. Kenyatta St. ☎ 20 395.

BONGO HOTEL. Moi Ave. ☎ 20 593. El precio es algo elevado para los servicios ofrecidos, pero incluye un buen desayuno.

CARO

KITALE CLUB. ☎ 31 330. A un km del centro por la carretera de Eldoret, es una casa colonial con campo de golf, pistas de tenis y squash, piscina, sauna y restaurante.

DÓNDE COMER

MEDIOS

BONGO HOTEL. Moi Ave. Amplia carta y precios moderados en el animado restaurante del hotel.

ALAKARA HOTEL. Kenyatta St. De características casi idénticas al Bongo. Ambos pujan por atraer a los turistas de la ciudad.

THE LANTERN. Kenyatta St. Un restaurante indio con fama de ser el mejor de la ciudad. También tiene algunos platos locales.

LLEGAR Y PARTIR

En autobús. Todas las compañías de autobuses tienen sus oficinas en torno a la estación terminal, al oeste de la ciudad, a excepción de Akamba, que la tiene en Moi Ave. Esta última cubre los servicios a Nairobi con dos autobuses diarios, a las 9.00 y 21.00 h (siete horas). Otros autobuses y *matatus* recorren las principales ciudades de la meseta: Kisumu, Eldoret, Kakamega, etc. La compañía Kenya Witness cubre el distrito de Turkana, con autobuses diarios a Lodwar y Kalekol.

EL NORTE DE KENIA

Introducción. El Norte de Kenia es la región más remota del país y también la más amplia. Se extiende desde el Ecuador hasta las fronteras de Somalia, Etiopía y Sudán y ocupa una enorme superficie de tierras semidesérticas y desérticas, en las que la temperatura alcanza cotas altísimas en verano y las precipitaciones, escasas pero torrenciales, resquebrajan el terreno y provocan gigantescos lodazales. Así, gran parte del año este territorio se convierte en un área casi impracticable para los vehículos.

El norte es casi el único reducto de Kenia donde todavía es posible experimentar una sensación real de aventura. El mal estado de sus carreteras, lo inhóspito de sus condiciones geográficas y, sobre todo, la amenaza de los bandidos, obliga a efectuar muchos trayectos inmerso en una larga caravana, en la que los vehículos parten todos a un mismo tiempo y con idéntico destino.

Efectivamente, sobre todo en la vertiente oriental, son frecuentes los asaltos de los *shiftas* o bandidos –generalmente *rebotados* de las guerras civiles e interminables de Somalia- que detienen los vehículos al abordaje para despojarles de todo lo que llevan encima.

Al mismo tiempo, el impresionante paisaje del desierto, con sus arbustos desperdigados, los remolinos de arena y el calor son un aliciente extraordinario para los amantes de las emociones fuertes. El terreno, debido a su falta de vegetación, presenta enormes y profundas *luggas*, torrenteras desecadas que se convierten en cepos para vehículos cuando corren por ellas las trombas de agua que vierten las lluvias torrenciales.

En las inmediaciones de Turkana es fácil toparse con algún vehículo sepultado, mientras un par de camellos atados por arneses tratan por todos los medios de desenterrarlo de su tumba de arena. Naturalmente, donde hay desierto hay espejismos y los que se producen en esta región son fascinantes y producen fantásticas visiones que surgen de la nada.

Desde el punto de vista étnico, el norte de Kenia es la región más importante del país. La práctica totalidad de las tribus que reside aquí mantiene sus costumbres tradicionales, al margen de los avances impuestos por el siglo XX y XXI. Los *samburu, turkana, pokot, rendille, gabra, merille, boran* y *el-Molo* mantienen sus ancestrales tradiciones, favorecidos por el territorio desplobado en el que viven y por la ausen-

Norte de Kenia

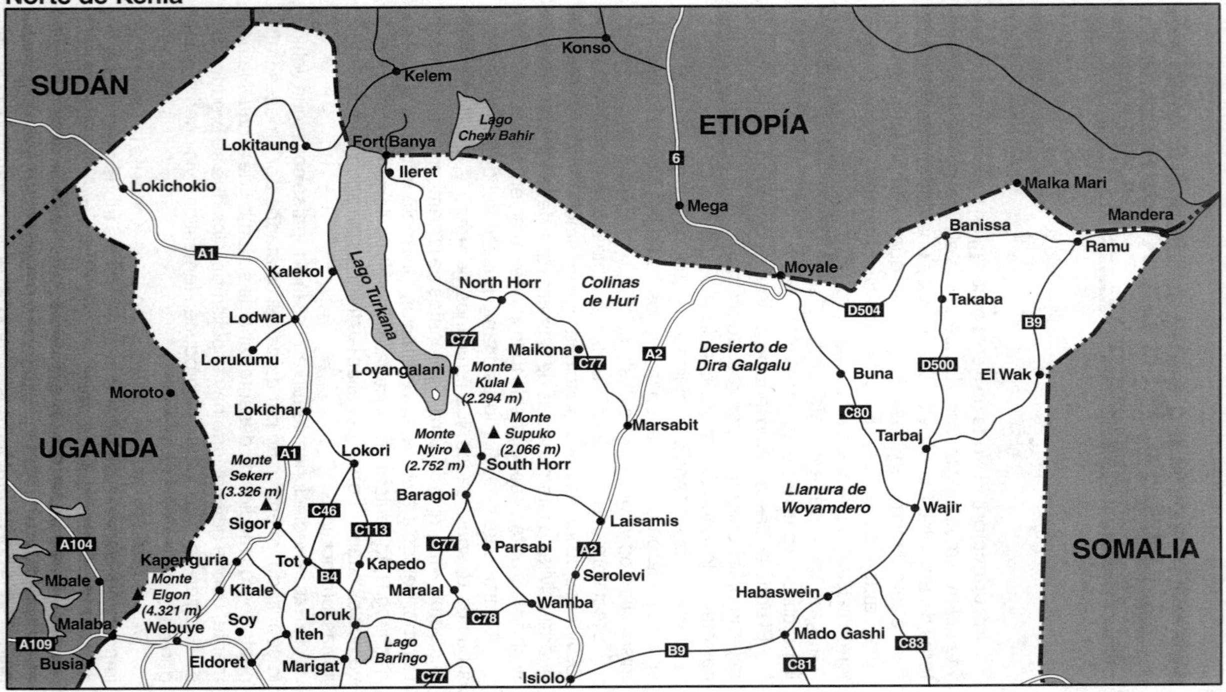

cia de turismo. En muchos aspectos el norte del país es poco menos que un *museo viviente*, donde el tiempo, el ritmo de vida y las tradiciones se mantienen ajenos a los imperativos del hombre blanco.

Desde el punto de vista geográfico, aparte de la grandeza y aridez del desierto, el protagonista absoluto de este lugar es el lago **Turkana**, una enorme extensión de agua sódica que desciende desde la frontera etíope hacia el sur del país. Sus contornos encierran algunos de los paisajes más bellos de esta región y constituyen al mismo tiempo el lugar de asentamiento de fascinantes tribus y una espléndida reserva ecológica. Además, sus orillas han guardado los restos de antiguos antepasados del hombre, que las excavaciones modernas han sacado a la luz, favoreciendo la comprensión de nuestro pasado y nuestros orígenes.

Por si faltara algún detalle, la vasta región del norte alberga algunas especies de animales que no podremos encontrar en ningún otro lugar de Kenia, como la *cebra de Grevy*, que subsiste en varias de las hermosas reservas y parques nacionales encuadradas en este amplio territorio.

Por todo ello el norte de Kenia es quizá la región más fascinante del país. Sin duda es la más salvaje y sería deseable que permaneciera así por largos años.

Seguridad en el norte. Es posible en estos momentos viajar hasta Marsabit y Moyale, en la frontera con Etiopía, desde Isiolo por tierra, pero hay que ir en un convoy de camiones. Pero, en cambio, es absolutamente desaconsejable aventurarse por las carreteras que conducen a Somalia, so pena de sufrir un asalto que puede acarrear consecuencias muy graves. Muchos *shiftas* son desertores de alguna facción armada que lucha en Somalia y que, al huir de la crítica situación de su país y de la guerra, se han dedicado al pillaje en la nación vecina. Muchos compaginan sus actividades delictivas con el furtivismo, esa lacra que está acabando a marchas forzadas con especies como el rinoceronte. Casi todos los *shiftas* poseen armas automáticas, por lo que los guardas forestales de los parques nacionales, o la misma policía local, poco pueden hacer en un enfrentamiento. Son precavidos y suelen asaltar principalmente aquellos vehículos que circulan en solitario, con preferencia por los que se encuentran más alejados de las rutas habituales. Si tenemos la desgracia de ser víctimas de un asalto, lo mejor que podemos hacer es mantener la calma, entregar a los bandidos todo lo que nos pidan sin rechistar y nunca hacerles frente. Son personajes desahuciados a los que la miseria ha convertido en criminales y no dudarán en disparar si se les provoca. Lamentablemente, algunas agresiones han ido acompañadas de violaciones y malos tratos, pero no suele ser su comportamiento habitual.

Los desplazamientos por la zona occidental de Turkana son habitualmente seguros. Lo mismo ocurre con la zona este, si bien, su sector más oriental es algo más propenso a los asaltos.

DIVISIÓN GEOGRÁFICA

El Norte de Kenia puede dividirse en tres áreas diferenciadas:

Oeste de Turkana. Comprende todo el territorio existente entre la orilla occidental del lago Turkana y la población de Kitale, en el sur.

Este de Turkana. Abarca desde la vertiente oriental y meridional del lago hasta la localidad de Isiolo.

El Nordeste. Está integrado por el territorio que discurre a lo largo de la frontera con Somalia y la cuenca del río Tana hasta la ciudad de Garissa.

CARRETERAS Y TRANSPORTE

La práctica totalidad de las carreteras de esta región no son más que pistas de tierra, polvorientas e incómodas, que en muchas ocasiones pueden presentar un estado de conservación lamentable, a excepción del oeste de Turkana. Aunque la arena y los baches pueden provocar la inmovilización de un vehículo, el verdadero riesgo de circular por estos parajes se da después de una lluvia torrencial, porque el terreno se convierte rápidamente en un cenagal capaz de tragarse al camión más grande. Con las lluvias, las *luggas* o torrenteras se transforman en traicioneras enemigas para los conductores. Si se viaja por cuenta propia, debemos tener el vehículo preparado para cualquier contingencia: cuerdas o cadenas para sacarlo de un hoyo o terreno fangoso, gato hidráulico, una pala, *puentes* o escalas para vadear terreno suelto y, desde luego, agua y gasolina en abundancia, pues son difíciles de encontrar en la zona norte.

Naturalmente, sólo podremos aventurarnos en estos recorridos con un vehículo de tracción en las cuatro ruedas, y es muy recomendable poseer buenos conocimientos de mecánica para solucionar cualquier inconveniente inesperado. Una última sugerencia es que no se deben abandonar las pistas o rodadas principales a no ser que se esté muy seguro de adónde vamos a ir. El norte está muy despoblado y fuera de las rutas convencionales casi no se desplaza nadie. Alejarse por cuenta propia de las pistas que unen las localidades más importantes de la región no es conveniente, pues en caso de avería grave no sabremos cuánto tiempo estaremos detenidos y podríamos quedarnos sin agua o víveres. Además, correremos un mayor riesgo potencial de ser asaltados por los *shiftas*.

Si se viaja en transporte público o en un safari organizado sólo deberemos preocuparnos de que el viaje nos resulte lo más cómodo posible. El servicio de autobuses en esta región es muy limitado, por lo que hay que asegurarse bien antes de desplazarse de una población a otra.

Hay que recordar que casi todos los trayectos se efectúan en convoy, tanto si se hacen con vehículo privado como si no, por lo que hay que adaptarse a los horarios en que salgan.

ENTORNOS NATURALES DEL NORTE DE KENIA

El oeste de Turkana carece de parques nacionales, sin embargo la vertiente oriental del lago y el nordeste del país poseen excelentes entornos naturales (consultar los apartados *Este de Turkana* y *el Nordeste*).

EL LAGO TURKANA

Con una superficie de 8.600 kilómetros cuadrados, el lago Turkana es el más grande del país. A excepción de la orilla norte, que se encuentra tras la frontera de Etiopía, los restantes 250 kilómetros de orillas del lago se extienden hacia el sur de Kenia, con una anchura máxima de 50 kilómetros.

El lago se encuentra a una altura de 350 metros sobre el nivel del mar y está rodeado por antiguos ríos de lava y volcanes extintos que dotan a sus orillas de un aspecto desolador e inhóspito. No en vano, el lago Turkana se encuentra en el extremo septentrional del Rift Valley, cuyos pliegues y depresiones originaron esta inmensa masa de agua hace millones de años. Por ello, el lago es rico en sodio y puede incluirse en la variedad de lagos salados que atraviesan África Oriental siguiendo el sistema de fallas tectónicas que recorre el continente en dirección sur.

Los exploradores austríacos Teleki von Szek y Von Hohnel, dos aristócratas del Imperio Austro-Húngaro, fueron los primeros europeos en llegar hasta aquí en una larga expedición llevada a cabo entre 1887 y 1888. Describieron el lago y sus alrededores como una «visión del infierno» y lo bautizaron con el nombre de lago Rodolfo (*Rudolf*), en honor del archiduque heredero al trono del Imperio. Esta denominación se mantuvo en vigor hasta hace unos treinta años, momento en que se cambió su nombre por el que tiene en la actualidad.

Otro explorador más reciente, John Hillaby, escritor y aventurero, hizo un histórico viaje a mediados del siglo XX, a lomos de camello hasta la orilla del lago. Cuando llegó a su orilla, quedó extasiado por su belleza y describió el lugar como un “mar de jade”, hermoso nombre que desde entonces resulta muy familiar a todos los viajeros que llegan hasta Turkana.

Hace unos 10.000 años, el nivel del lago estaba bastante más alto que en la actualidad, por lo que se cree que era una de las fuentes del Nilo. Hoy sin embargo, es el río Omo, procedente de Etiopía, el que desagua su caudal en la parte septentrional del lago. Una de las pruebas que se utiliza para defender esta hipótesis es la similitud ictiológica existente entre el Nilo y las aguas del lago. El especimen principal para establecer esta similitud es precisamente la perca del Nilo, cuya variedad *gigante* es muy común en Turkana. Se han llegado a capturar en el lago ejemplares de hasta ¡110 kilogramos!, un tamaño sobrecogedor. Otros peces comunes de estas aguas son las tilapias, las percas doradas y los peces-tigre.

Las orillas fangosas del lago también albergan la mayor cantidad de cocodrilos del Nilo existentes en Kenia. Estos animales son muy voraces y, aunque su dieta suele limitarse a los peces que atrapan, han provocado más de un accidente entre los bañistas y los nativos que se acercan a los bordes del agua. No está de más, si queremos nadar en el lago, esperar pacientemente hasta comprobar que no hay reptiles a la vista, o mejor aún, consultar a un habitante local y enterarse también si las aguas están libres de la peligrosa enfermedad de la bilarziosis.

El lago Turkana saltó a la fama en los años setenta a merced de las excavaciones hechas en **Koobi Fora**, un pequeño poblado de su vertiente oriental pegado a la frontera de Etiopía. Richard Leakey (hijo de Louis Leakey) encontró algunos restos de homínidos que fueron fechados con una antigüedad de 2,5 millones de años, lo que revolucionó el mundo de la antropología. El campamento base donde se efectuaron los descubrimientos aún se mantiene en pie. Desde el punto de vista étnico, en torno al lago vive la tribu *turkana* y, en menor medida, el pueblo *el-Molo*, que ha sabido habituarse a las duras condiciones de vida existentes en esta parte del país. Sobre todo, sabe hacer frente a las violentísimas tormentas y vientos huracanados que surgen repentinamente en torno al lago y que constituyen la principal característica climática que convierte a Turkana en un paraje agreste, hostil y solitario.

OESTE DE TURKANA

La comunicación y el transporte en esta zona están garantizados por la carretera asfaltada que discurre entre las localidades de Kitale y Lodwar y que une, por tanto, el oeste de Turkana con la meseta. Esta franja de terreno carece, en realidad, de lugares de interés. Se trata más bien de una ruta que conduce hasta la vertiente occidental del lago, a lo largo de la cual hay escasas poblaciones cuya importancia casi se reduce a ser un lugar de avituallamiento a mitad de camino.

ENTORNOS NATURALES DEL OESTE DE TURKANA

En esta región no hay parques naturales. Sin embargo, sí existe un par de minúsculas reservas y un centro de estudios para actividades científicas relacionadas con la naturaleza.

Reserva Nacional South Turkana. Se trata de una pequeña reserva enclavada entre montes secos y abruptos que sirve de refugio y área de pastoreo para los ganaderos *turkana*. Se encuentra casi a mitad de camino de la carretera A1 entre Kitale y Lodwar, en su lado este, a unos 50 kilómetros de Marich Pass.

Reserva Nacional Nasolot. Está al norte del monte Sekker, cerca de la garganta del río Turkwell, en territorio *pokot*.

Paso Marich. Casi el 100% de los viajeros que se internan en esta región toma como base el **Marich Pass Field Studies Centre** (PO Box 564, Kapenguria), cerca de la carretera Kitale-Lodwar. Está en el paso del mismo nombre entre las montañas Cherangani, a la altura de la localidad de Ortum. Es un complejo residencial que aloja estudiantes de zoología, ecología, geología, botánica, etc. Su recinto, de 12 hectáreas, incluye una zona boscosa y en torno a él es posible observar diversas aves, monos, jabalíes, búfalos, antílopes y elefantes. Aunque es un centro de estudio, esta minireserva está abierta para visitantes, que pueden alojarse en ella en régimen de acampada. Si no, también hay dobles a precio medio.

LODWAR

A 315 km de Kitale, Lodwar es la localidad más importante del Noroeste. Es un buen lugar para un alto en el camino antes de continuar hacia la orilla occidental del lago Turkana, ya sea en dirección a Kalokol o hacia Eliye Springs. La carretera asfaltada que une la ciudad con la meseta está logrando sacar de su aislamiento a esta pequeña población. Muchos miembros de la tribu *turkana* viven aquí.

DIRECCIONES ÚTILES

Lodwar posee una oficina de Correos, una sucursal del **Kenya Commercial Bank**, varias gasolineras y un par de tiendas de comestibles para comprar provisiones.

ALOJAMIENTO

BARATOS

TURKWELL HOTEL. ☎ 21 235. Es el mejor de la ciudad y tiene restaurante. Las dobles tienen baño y ventilador.

NEW SURBURB TOURIST LODGE. ☎ 21 207. Bastante peor que el anterior, pero a mitad de precio. Preguntad en recepción si todavía pretenden cobrar por dejar la mochila en el cuarto y disparates de ese tipo.

MOMBASA HOTEL. Muy básico, pero limpio y correcto.

DÓNDE COMER

BARATOS

MOMBASA HOTEL.
HOTEL SALAMA. El más recomendable, con platos somalíes y locales.

MEDIO

TURKWELL HOTEL. La mejor comida, con platos de tipo occidental, se encuentra en el restaurante de este hotel.

LLEGAR Y PARTIR

En autobús. Dos camiones de Kenya Witness cubren el trayecto hasta Kitale cada día, mientras que los *matatus* van a Kalekol desde la parada del centro, frente a la tienda New Towhid.

KALEKOL

Esta población consta sólamente de una calle. Está situada a escasos kilómetros de la orilla del lago Turkana, por lo que es un buen lugar, aunque deprimente, para pernoctar. Normalmente, el trayecto de Kalekol al **lago Ferguson** se efectúa a pie.

El llamado Golfo de Ferguson es la zona más accesible de las orillas del lago en Kalekol. No es un sitio especialmente pintoresco, aunque es posible ver bastantes aves acuáticas en la orilla y, con un poco de suerte, hasta cocodrilos e hipopótamos. Frente a la orilla se encuentra el **Parque Nacional Central Island**, al que se puede acceder en un bote alquilado en la aldea de pescadores que hay junto al lago.

ALOJAMIENTO

BARATO

SKYWAYS LODGE. Es el único alojamiento realmente recomendable.

CARO

LAKE TURKANA FISHING LODGE. Originariamente instalado sobre un islote del lago, el descenso del nivel de las aguas permite llegar hasta su puerta a pie. El hospedaje es en casitas independientes para dos personas. Se puede comer si se encarga con antelación.

DÓNDE COMER

BARATO

KALEKOL TOURIST LODGE. Cocina sencilla y muy barata.

LLEGAR Y PARTIR

En *matatu*. Los *matatus* conectan diariamente Kalekol con Lodwar.

ELIYE SPRINGS

Situado más al sur que Ferguson's Gulf, este lugar es mucho más bello que aquél para visitar la orilla del lago, pero sólo es posible desplazarse hasta aquí si se dispone de un vehículo privado.

El poblado se reduce a una docena de chozas y una lamentable pensión. Bastantes nativos *turkana* viven aquí.

LLEGAR Y PARTIR

Entre Lodwar y Kalekol hay señalizado un desvío hacia el este que conduce por una penosa pista de tierra hasta el borde del lago, que está a 35 kilómetros del cruce. Sólo se puede llegar hasta aquí con un vehículo propio con tracción en las cuatro ruedas.

ESTE DE TURKANA

El acceso a esta vasta área se efectúa a través de dos rutas principales: la primera comienza en Nyahururu o Isiolo, se dirige a Maralal y continúa hasta Loyangalani, a orillas del lago Turkana.

La segunda, por la A2, parte de Isiolo, sigue hasta Marsabit y desde allí hasta Moyale, en la frontera con Etiopía. Ninguna de las carreteras de esta región está asfaltada. Ni siquiera la A2, que aparece señalizada en los planos como carretera principal. Todas son pistas de tierra incómodas y polvorientas que en ciertos tramos, sobre todo en el sector septentrional, están surcadas por molestas *luggas*. La única forma de desplazarse por esta zona es con un vehículo con tracción en las cuatro ruedas, siempre y cuando el terreno esté seco, porque durante la estación de las lluvias estos andurriales son completamente intransitables.

ENTORNOS NATURALES DEL ESTE DE TURKANA

Hay un buen número de reservas y parques nacionales:

- **Reserva Nacional Samburu, Buffalo Springs y Shaba** se encuentran directamente al norte de **Isiolo**.
- **Parque Nacional Marsabit,** en mitad de esta región, está enclavado en torno a la ciudad del mismo nombre.
- **Parque Nacional Sibiloi**, es un remoto parque que se extiende junto a la orilla del lago Turkana.
- **Mathew's Range,** entre la reserva de Samburu y el parque de Marsabit, es un reducto ecológico enclavado en territorio samburu convertido en una reserva nacional especializada en la protección del rinoceronte.

La información detallada acerca de estos parques y reservas se encuentra en el capítulo *Parques nacionales*, al final de esta guía.

MARALAL

Esta importante localidad es uno de los *oasis* del norte de Kenia donde es posible aprovisionarse de todo lo que haga falta antes de continuar camino. Maralal es un mercado de ganado para la tribu *samburu*, y aquí acuden con sus rebaños para comerciar.

El valor que los nativos dan a la ciudad es tan grande que las autoridades coloniales disuadieron a los granjeros que pretendían instalarse en estas tierras a principios del siglo XX, en previsión de que pudieran surgir rebeliones por parte de esta tribu. Hoy no es más que un núcleo urbano muy animado, que sirve de campamento base a los viajeros que suben o bajan de las tierras del norte. Además, cuenta con el atractivo de que en torno a la ciudad se encuentra el **Maralal Game Sanctuary** que, creado junto al único abrevadero permanente de la zona, da cobijo a un buen número de animales *residentes*.

DIRECCIONES ÚTILES

GASOLINERAS. Si viajamos en vehículo propio, más vale proveerse de combustible en las dos gasolineras que hay en la población, puesto que en la ruta hacia el norte no hay suministro regular ni fiable de gasolina. La que se pueda encontrar en Loyangalani, si es que tienen, costará tres y cuatro veces más cara del precio normal.

BANCOS. La sucursal del **Kenya Commercial Bank** es la última oficina bancaria que encontraremos de aquí en adelante hasta Marsabit.

CORREOS. Frente a la estación de autobuses.

ALOJAMIENTO

BARATOS

YARE CLUB & CAMPSITE. ☎ 22 95. Situado a 3 kms al sur de la ciudad, ofrece hospedaje algo caro en *bandas* (la doble, a precio que roza los caros) o posibilidad de acampada.

BUFFALO LODGE. ☎ 22 28. Agradable y limpio y con dobles, pues, correctas.

JADANA GUEST HOUSE. Uno de los nuevos, con dobles buenas.

LUJO

MARALAL SAFARI LODGE. ☎ 20 60 y 21 11 24 de Nairobi). A tres kilómetros del centro, tiene un buen restaurante y la terraza del bar situada sobre un abrevadero, para poder contemplar a los animales de la reserva de Maralal Game Sanctuary. El precio por noche es en régimen de pensión completa.

LLEGAR Y PARTIR

En *matatu*. Desde la parada de autobuses, en el centro de la población, parten *matatus* a diario hacia Nyahururu y autobuses a Isiolo en días alternos. A las ocho de la mañana parte cada día un autobús a Nairobi (ocho horas de viaje).

ALREDEDORES DE MARALAL

MARALAL GAME SANCTUARY. Esta reserva de animales está al oeste de la ciudad, a unos tres kilómetros y a la altura de la carretera de Baragoi. El lugar se estableció en torno a un abrevadero permanente al que se acerca a refrescarse la mayoría de la fauna que habita en la zona. Cebras, búfalos, elands, impalas, hienas y facoceros son algunas de las especies más frecuentes que pueden contemplarse por sus alrededores.

LOYANGALANI

Loyangalani, la patria chica del pueblo *turkana*, es un somero poblado que se levanta en la mismísima orilla del lago. Naturalmente, su mayor aliciente radica en la belleza de sus paisajes, debido, entre otras causas, a que esta aldea es básicamente un oasis en miniatura, donde se puede descansar plácidamente después del largo viaje por las carreteras del norte.

Muchas de las viviendas de esta localidad están construidas según el patrón tradicional *turkana* y son muy pintorescas. Sin embargo, en las inmediaciones de Loyangalani también habita otra tribu, más minoritaria pero no menos fascinante, cuyo apego a sus costumbres sigue impresionando a los viajeros que visitan estos parajes: los *el-Molo*.

LA VISITA

Es posible concertar algunas visitas a los alrededores desde el Oasis Lodge. Las más comunes son la ascensión al monte Kulal y la visita al poblado de los *El-Molo,* si bien la proliferación del turismo no está haciendo ningún bien a los miembros de esta tribu, que se están aficionando a limosnear chelines a los extranjeros.

DIRECCIONES ÚTILES

Una oficina de correos y una pseudogasolinera son los únicos servicios disponibles en la ciudad, al margen del alojamiento y algún restaurante.

ALOJAMIENTO

BARATO

CAMPING EL-MOLO CAMP. Lugares para acampar o *bandas.* El lugar es muy seguro, tranquilo y agradable. Además, posee un buen servicio de restaurante y una piscina.

LUJO

OASIS LODGE. ☎ 02 50 32 67 de Nairobi. Es un hotel lujoso y espléndido, que posee dos piscinas, bar y restaurante. Las instalaciones son excelentes. Lo normal es alojarse en régimen de pensión completa.

LLEGAR Y PARTIR

Por carretera. El acceso sólo es posible en vehículo privado (4x4) o en viaje organizado.

MATTHEW'S RANGE

Esta abandonada, aislada y agreste zona se extiende a lo largo de una región boscosa e inhóspita enclavada entre la localidad de Maralal y la carretera general A2, a la altura del desvío a la población de Wamba. Aunque de momento carece del rango de parque o reserva nacional, las autoridades gubernamentales están pensando en transformar este área en un entorno protegido para la conservación de la fauna, debido al número de animales que alberga. **Búfalos**, **elefantes** y **leones** coexisten en Matthew's Range en abundancia. En menor medida, un nutrido grupo de **rinocerontes negros** subsiste entre estos perdidos bosques.

De momento, algunos miembros de la tribu *samburu*, habitantes tradicionales de la región, han sido empleados en labores de vigilancia para preservar a la fauna de los cazadores furtivos. Están instalados en un puesto de guardia, en el que hay que identificarse si se pretende visitar los alrededores. Por supuesto, mientras no se sancione el territorio como entorno protegido, no hay que pagar tarifa alguna por adentrarse en él.

No muy lejos de este puesto de guardia hay una explanada que hace las veces de cámping y que carece de cualquier tipo de comodidad. Si nos aventuramos hasta este punto tendremos la oportunidad de convivir unos días con los nativos *samburu*, que se prestarán a servirnos como guías a cambio de unos chelines y nos acompañarán en el campamento durante toda nuestra estancia. Por la noche no es infrecuente que elefantes y leones, poco acostumbrados todavía a la presencia del hombre por aquella zona, se acerquen al cámping a investigar quiénes son los instrusos.

DONDE DORMIR

Aparte del campamento, hay dos opciones fenomenales y carísimas.

KITICH CAMP. ☎ 02 44 71 51 de Nairobi. Cierra abril, mayo y noviembre y no se aceptan menores de 12 años. www.letsgosafari.com Está a orillas del río Ngeng, a 40 kms de Wamba, y son tiendas de lujo, nada menos que a unos 650 dólares para dos personas.

SARARA SAFARI CAMP. ☎ 02 44 71 51 de Nairobi. Cinco tiendas de lujo y el precio es 300 dólares en total, aunque vayan hasta diez personas. Parece muy barato, pero la pega es que hay que ir en avioneta o en un todo terreno que esté más que bien.

CÓMO LLEGAR

Matthew's Range es inaccesible si no se tiene un buen todo terreno, y así todo es complicado. Hay dos rutas posibles para acceder al Mathew's Range. La primera parte de la carretera general A2 entre Isiolo y Marsabit; en dirección norte, pocos kilómetros después de rebasar Archer's Post, hay un desvío a la izquierda, marcado en el mapa como la pista C79, que hay que seguir en dirección a Wamba. Antes de llegar a esa localidad, la pista se adentra hacia el norte por una vereda seca y polvorienta. En seguida se ve otra pista a la derecha que se pierde en la lejanía. Siguiéndola se llega al puesto de guardia. La segunda ruta parte de Maralal a Wamba por la carretera C78, en sentido opuesto al recorrido anterior. Poco antes de llegar a Wamba, hay que tomar la pista que se interna al norte y continuar las mismas indicaciones que en la primera ruta.

MARSABIT

La localidad de Marsabit carecería de interés si no fuera porque se encuentra a las puertas del espléndido parque del mismo nombre. El **Parque Nacional Marsabit** está situado en un denso terreno boscoso, anodino para esta zona, que convierte a la pequeña población en un sucinto vergel.

Marsabit ha aprovechado los viajeros que vienen a visitar la reserva para adecuar sus servicios urbanos hasta un nivel modesto, pero suficiente. Otro de sus alicientes es que en esta localidad se puede entrar en contacto con miembros de muchos grupos tribales, como los *rendille*, nómadas dedicados al pastoreo de camellos, o los *boran* y los *gabbra*, también pastores.

PRECAUCIONES

A partir de Isiolo en dirección a Marsabit y más al norte, los trayectos por carretera hacia el norte o el sur del país resultan peligrosos, debido a la presencia de los *shiftas*, los bandidos (Ver el apartado Seguridad en el norte de Kenia). Si se viaja en vehículo propio habrá que sumarse a las caravanas que circulan en ambas direcciones para protegerse mutuamente de los posibles asaltos.

DIRECCIONES ÚTILES

En Marsabit hay una sucursal del **Kenya Commercial Bank**, una oficina de **Correos** y dos gasolineras.

ALOJAMIENTO

Debido a que casi todos los visitantes de Marsabit se alojan en el interior del parque (ver *Parques nacionales*), la oferta hotelera del núcleo urbano no es muy variada.

BARATOS

JJ CENTRE.
MARSABIT HIGHWAY HOTEL. Más barato y correcto, pero está mejor el JJ.

DÓNDE COMER

BISMILLA TEA HOUSE.

LLEGAR Y PARTIR

En camión. Ya hemos dicho que los desplazamientos entre Isiolo, Marsabit y, sobre todo, Moyale, se hacen en convoy, para evitar las agresiones. Es imprescindible informarse previamente de la situación de inseguridad y luego ponerse de acuerdo el día anterior con los camioneros, que cobran por llevar a los viajeros.

MOYALE

Es la población más septentrional de la región este de Turkana y su único interés para el viajero es que está situada en plena frontera abierta con Etiopía.

ALOJAMIENTO

Es mejor alojarse en el lado etíope del pueblo, con más oferta y mejores precios. En todo caso, en el lado keniano el **Barissah Hotel** es barato y no está mal, así como el **Medina,** limpio y también muy económico. En el mismo Barissah se puede comer.

LLEGAR Y PARTIR

En camión. Los camiones hacia Marsabit, Isiolo y Nairobi (un viaje de dos días) salen cada mañana en caravana y el día anterior hay que pactar el precio con los camioneros. Es fundamental que aclaréis cuánto espacio os corresponde y exigid que sea en la cabina. Si no lo hacéis os podéis encontrar que os aplastan con tres o cuatro amigos que viajan gratis, o mejor dicho, se lo habéis pagado vosotros. El viaje dura dos días y se duerme por el camino. Nunca hay una seguridad total, a causa de los peligros de la zona, así que informaos antes de la situación y si no estáis muy convencidos, tomad el avión.

En avión. En el 2002 funcionaba un vuelo diario a Nairobi que costaba 100 dólares y era una buena opción para evitar la peligrosa carretera, a causa de los bandidos.

Para cruzar a Etiopía. La frontera está abierta en ambos sentidos, pero si bien el visado de Kenia se puede obtener en la aduana, para entrar en Etiopía debéis tener el visado en vuestro pasaporte, que habréis obtenido en alguna embajada o consulada de este fascinante país, uno de los más atrayentes para los mochileros en los últimos años.

EL NORDESTE

Cubierto en su mayor parte por terreno desértico y semidesértico, el nordeste de Kenia es la zona más despoblada, inhóspita y peligrosa del país. En el 2002 las condiciones de viaje por aquí eran demasiado peligrosas, por lo que apenas ningún viajero se internaba por las carreteras que conducen a Garissa, Hola o Wajir.

A causa de los *shiftas* actualmente no hay transporte público por esta área. Del mismo modo, tampoco hay autobuses regulares hasta el espléndido **Parque Nacional Meru**, situado al sur de la región, que por otro lado, casi se ha convertido en un parque fantasma, debido los furtivos y a los ataques de los *shiftas* somalíes que se han instalado en sus alrededores. Esta bellísima reserva natural casi no recibe a ningún viajero. Primero porque la única manera de llegar hasta ella es en vehículo privado, y después, porque una vez en el parque, las posibilidades de ser asaltado son superiores al noventa por ciento. Una verdadera lástima.

En lo que concierne a otros aspectos, el principal accidente geográfico del nordeste es el cauce del río Tana, cuyo valle desciende hacia el este hasta desembocar al Océano Índico entre las localidades de Malindi y Lamu. Y desde el punto de vista étnico, este territorio está habitado por las tribus *pokomo, orma* y *bajún*.

ENTORNOS NATURALES DEL NORDESTE

El principal enclave natural del nordeste es el **Parque Nacional Meru**, al sur de la región. Damos más información acerca de sus características y los desgraciados pormenores que lo están convirtiendo en un *parque maldito* en el capítulo dedicado a *Parques nacionales*, donde también hallaremos el apartado dedicado a la **Tana River Primate Sanctuary**, la pequeña reserva de primates situada al sur de Garissa.

GARISSA

Probablemente puedan contarse con los dedos de una mano los turistas extranjeros que recalan en Garissa, porque en realidad, no está en camino casi de ningún lado, aunque puede pasarse por esta población si se sigue una complicada y peligrosísima ruta por carretera entre Nairobi y Lamu. Nosotros, en el 2002 desaconsejamos absolutamente llegarse hasta aquí. Sólo se puede venir en vehículo privado hasta que las condiciones de seguridad permitan reanudar el transporte público.

ALOJAMIENTO

Garissa Guest House y **Safari Hotel** son los alojamientos más decentes. Ambos poseen un bar y un restaurante.

EL SUR DE KENIA

La franja sur de Kenia es la región más visitada de todo el país, debido a que aquí se encuentran los parques y reservas nacionales más importantes: **Amboseli, Tsavo Este y Oeste y la Reserva Masai Mara.** Estas zonas protegidas están enclavadas en amplias sabanas a lo largo de la frontera tanzana y que constituyen por sí mismas casi una división geográfica independiente dentro del territorio keniano.

La red de carreteras entre Nairobi y los parques es espléndida y permite rápidos y cómodos desplazamientos entre la capital y los entornos naturales donde se hallan las mayores concentraciones de animales de todo el país, compuestas por una enorme diversidad de especies.

La vertiente central y occidental de esta región es la tierra de los masai (Masai Mara y Amboseli), los orgullosos guerreros pastores que se han erigido en el símbolo tribal de toda la nación y en uno de los pueblos más representativos de todo África.

El extremo oriental (Tsavo) es la patria de la tribu *akamba*, comerciantes bantúes que en el pasado extendieron sus actividades mercantiles hasta los lejanos territorios del lago Turkana. Y entre los asentamientos de estos dos pueblos, kilómetros y kilómetros de llanuras permiten al viajero disfrutar de uno de los más maravillosos entornos salvajes del continente africano. De hecho, esta franja meridional de Kenia carece de núcleos urbanos importantes, pues toda ella es en conjunto un inmenso parque nacional constituido por tres grandes reservas.

El sur de Kenia es, en definitiva, el paraíso de los safaris; ninguna otra zona del país posee una infraestructura turística tan desarrollada para complacer a los viajeros durante su estancia en los parques, que al mismo tiempo se ve beneficiada por la variedad y cantidad de su fauna y la belleza de sus paisajes.

ENTORNOS NATURALES DEL SUR DE KENIA

Los parques nacionales **Amboseli, Tsavo Occidental y Oriental** y la Reserva Nacional **Masai Mara** son las mejores zonas protegidas de Kenia para emprender un safari. Todas ellas absorben la inmensa mayoría de la riada de viajeros que año tras año visitan Kenia, debido a sus excelentes condiciones para la contemplación de la fauna, su elevada oferta hotelera y su cómodo acceso desde Nairobi y, en menor medida, también desde Mombasa. Al igual que el resto de los entornos naturales del país, la información más extensa se encuentra en el capítulo *Parques nacionales*.

NAMANGA

Namanga es la población más cercana al Parque Nacional de Amboseli, situado a 75 kilómetros de esta localidad. Al sur de Nairobi, es el principal puesto fronterizo entre Kenia y Tanzania y la principal vía de acceso al Parque Nacional Amboseli, lo que le dota de un ambiente animado y tumultuoso durante todo el año. Para llegar a Namanga hay que tomar desde Nairobi la carretera principal A 104 en dirección sur y seguirla durante 165 km, hasta desembocar en la misma frontera tanzana.

El trazado hasta aquí está asfaltado y en perfectas condiciones; sin embargo, desde esta localidad hasta el parque Amboseli el camino discurre por una polvorienta pista de tierra que, aunque allanada a menudo, no es apta para vehículos que no tengan tracción en las cuatro ruedas. Namanga suele estar atestada de nativos masais empeñados en vender baratijas a los extranjeros.

Por lo demás, en Namanga hay varias tiendas de artesanía especializadas en objetos tradicionales masai y una gasolinera, donde habremos de llenar los depósitos de nuestro coche si nos dirigimos a Amboseli, pues en el parque no es posible repostar combustible en ninguna parte.

PRECAUCIONES

Entre el bullicioso gentío que suele abarrotar la frontera de Namanga hay un buen número de aprovechados que se han especializado en sacar partido de los descuidos que sufren los viajeros cuando efectúan los trámites de aduanas. Debemos mantener nuestro equipaje, documentos y dinero a buen recaudo, y si nos desplazamos en un vehículo, es conveniente que permanezca siempre alguien de guardia en su interior, para evitar que algún espontáneo se apropie de lo que no le pertenece.

En Namanga hay muchos nativos masai mezclados entre la gente. Ya sean jóvenes, viejos, hombres, mujeres o niños y estén en mitad de la calle, sentados a la sombra, o aparentemente despistados, nunca debemos fotografiarlos sin su consentimiento. Son muy susceptibles a los retratos y si intuyen que los enfocamos con la cámara pueden mostrarse irrascibles y violentos, o como poco, montarnos un escándalo fenomenal, que sólo se zanjará si accedemos a sobornarles con una cantidad generalmente abusiva de dinero a cambio de la fotografía.

ALOJAMIENTO

BARATO

NAMANGA SAFARI LODGE. ☎ 32 040. Un cámping bastante recomendable, con duchas y baños de agua caliente y se puede encargar la comida.

CARO

NAMANGA RIVER HOTEL. ☎ 32 077. Bungalows en medio de un bonito jardín. Son cuartos enormes, con baño de agua caliente y mosquitera. Algunos son mucho más nuevos. Tiene bar y restaurante.

LLEGAR Y PARTIR

En autobús y *matatu*. Desde Nairobi salen varios autobuses y *matatus* cada día a Namanga. Si vais a Tanzania, lo mejor es ir en un *shuttle* desde la capital de Kenia hasta Arusha o Moshi.

Cruzar a Tanzania. Si salimos o entramos del país por este punto, el paso de fronteras entre Kenia y Tanzania se se suele hacer con rapidez y comodidad –sobre todo si vamos en alguno de los *shuttles* que conectan Arusha y Moshi con Nairobi- y los visados de ambos países se obtienen al momento.

EL SAFARI

El safari es la razón fundamental por la que 400.000 viajeros se desplazan cada año a Kenia. *Safari* es una palabra suajili que quiere decir, precisamente, "viaje". Cuando hace un siglo los primeros colonos europeos comenzaron a explorar el país en grandes partidas de caza, para lo que atravesaban enormes distancias en vetustos vehículos, pernoctaban en campamentos y delimitaban las reservas en la que se encontraban un mayor número de animales, no podían imaginar que aquellos primeros safaris iban a convertirse con el tiempo en el máximo elemento de identidad para Kenia. Y muchos menos en que un día serían el motivo principal que impulsaría a miles de viajeros a visitar año tras año este país en busca de un contacto directo con su naturaleza y su fauna.

Ya hemos dicho que *safari* significa, simplemente, viaje. Sin embargo, la deformación que los occidentales hemos hecho del vocablo ha transformado esta palabra en sinónimo de aventura, no exenta de una agradabilísima cantidad de riesgo controlado, que constituye una meta ineludible para cualquier trotamundos que se precie.

Por fortuna, quienes hacen safaris en la actualidad en Kenia –donde está prohibido la caza mayor- han cambiado los rifles y las miras telescópicas por cámaras fotográficas. Así, los trofeos que se buscan hoy no son sino instantáneas maravillosas del mayor número posible de especies, de nuestro animal favorito o de una deslumbrante puesta de sol a última hora de la tarde.

Por todo ello, el buen recuerdo que obtengamos de nuestra visita a Kenia dependerá en grandísima medida del grado de satisfacción que hayamos alcanzado al hacer el safari. Hay muchas maneras de planteárselo, y conviene conocerlas todas para optar por aquélla que se adapte lo mejor posible a nuestros deseos.

PLANEANDO EL SAFARI

La gran mayoría de los viajeros que llega a Kenia forma parte de un paquete turístico que generalmente incluye, además del alojamiento y el transporte, uno o varios safaris a distintos parques nacionales. Sin embargo, es posible venir sólamente con el billete de avión a Nairobi y contratar allí personalmente los servicios que más nos interesen. No sólo es posible, sino además, recomendable, ya que nuestro bolsillo no se resentirá del a menudo escandaloso margen de beneficios que ciertas agencias de viaje ganan a nuestra costa.

La infraestructura turística de Kenia funciona casi a la perfección y no supone demasiadas incomodidades a la hora de hacer un viaje por cuenta propia. En ciertos países de África viajar *por libre* es molesto, difícil e incluso peligroso. En Kenia no sólo nos sentiremos seguros si tomamos las precauciones recomendadas en el apartado de Seguridad, sino que además los servicios que recibamos serán casi siempre tan buenos como hayamos querido contratarlos.

Tanto si se decide visitar el país en un viaje organizado, como si no, no está de más tener una idea clara sobre cómo se puede hacer un safari.

Los safaris pueden ser **organizados** por una agencia turística o **por cuenta propia**.

Según el tipo de alojamiento que se elija y del dinero, pues, que queramos invertir en ello, pues hay grandes diferencias, también hay dos tipos de safari: **de cámping,** en los que se duerme en tiendas de campaña que se instalan en campamentos, o **de *lodge*** (*refugio*), que suelen ser hoteles de lujo con todos los servicios de un cinco estrellas e instalados en parajes maravillosos. Normalmente es posible observar la fauna también a la vuelta del safari desde la terraza del *lodge* o incluso desde las ventanas de la habitación.

Todos los trámites relativos a la visita a los parques nacionales, sobre todo los referentes a las reservas de habitación en los refugios, así como el alquiler de vehículos por cuenta propia o la inscripción en un safari organizado por una compañía turística, deben hacerse en Nairobi o, en menor medida, en Mombasa. En la capital de Kenia se encuentran las sedes de casi todas las cadenas hoteleras, compañías de servicios y transporte, agencias de viaje, etc.

NORMA GENERAL DE ACCESO A LOS PARQUES

La visita a los parques nacionales de Kenia debe hacerse obligatoriamente en un vehículo, ya sea minibús, todoterreno o camión, por lo que hay que alquilarlo, compartirlo con otros turistas o participar en un viaje organizado. La visita a pie sólo está permitida en los parques **Hell's Gate** y **Saiwa Swamp**, por las obvias razones de seguridad, es decir, para evitar que a un turista se lo coma un león.

SAFARIS POR CUENTA PROPIA

La principal ventaja de este tipo de safaris es que permite una total libertad de movimientos, al no estar sujetos a rutas determinadas, horarios, paradas técnicas, o inesperadas sorpresas producidas por compañeros de viaje que no conocemos. Pero también posee un buen número de inconvenientes que en ocasiones no son sencillos de resolver:

Precio. El precio de un safari por cuenta propia puede dispararse si tenemos que asumir todos los gastos de su organización: víveres, alquiler de vehículo, alquiler de material, entrada a los parques, alojamiento, combustible, etc. Sólo si no nos importa gastarnos montones de chelines en viajar en solitario podremos hacerlo, pero en caso contrario, habremos de compartir los gastos con otros compañeros de viaje.

Compañeros de viaje. En ciertos hoteles de Nairobi es posible poner anuncios que ofrecen un safari particular compartido. Hay mucha gente que se anima a hacer estas cosas y, tarde o temprano, reúne un grupo lo bastante numeroso como para sufragar una expedición a varios parques nacionales. Pero es mucho más recomendable contar previamente con un grupo de amigos con el que podamos compartir un safari propio. Por lo general, seis o siete personas ya son suficientes para que un safari medio –de entre una y dos semanas- no sea muy caro. Además, ahorraremos un montón de tiempo si no tenemos que esperar para formar un grupo.

Tiempo disponible. Un safari por cuenta propia implica algunos días de preparación. Si no se dispone de mucho tiempo para conocer Kenia, quizá lo mejor sea inscribirnos en un safari organizado para aprovechar al máximo nuestra estancia y no malgastarla en la gestión de reservas y alquileres.

Reservas y alquileres. Lo primero que se necesita para hacer un safari es un vehículo. Después hay que proveerse de material de acampada si se va a hacer cámping, o hacer las reservas en las cadenas hoteleras de los *lodges* en los parques en los que vayamos a alojar. Si se va de cámping, hay que aprovisionarse de víveres suficientes.

Seguridad. No se deben dejar abandonadas las tiendas de un campamento, ni tampoco conviene perder de vista el vehículo. Para evitar una vigilancia permanente, la única solución es montar y desmontar los campamentos a diario y no alejarse del vehículo, sobre todo en terreno desconocido.

Conocimiento del terreno. No es recomendable adentrarse en solitario en la parte norte del país. Sin un guía nativo puede ser fácil perderse, ya que las malas carreteras de la zona y su extremado clima pueden causar tanto daño como el asalto por los temidos *shifta*.

Por término general, el precio resultante es tan caro o más de lo que supondría hacerlo con una compañía turística.

TARIFAS DE ENTRADA A LOS PARQUES NACIONALES

Tanto los parques nacionales como las reservas cobran idénticas tarifas de entrada, si bien algunas de estas últimas pueden sorprendernos con unos precios ligeramente más bajos de los habituales.

El precio de entrada en el 2002 a los parques y reservas oscila entre los 27 dólares (10 los niños) por persona y día (24 horas) y los 15 dólares (los niños, 5). El tiempo de estancia se cuenta por horas reales, es decir, si se entra en una reserva a las 13.30 h de un miércoles, podremos permanecer en su interior hasta las 13.30 h del jueves. Los vehículos en que nos desplacemos también pagan una tarifa por día, dependiendo de su peso.

Si se pretende hacer cámping, hay que advertirlo en el momento de adquirir las entradas. El precio de la acampada en el 2002 era de unos ocho dólares por persona, 2 por cada niño, diarios.

Si, en cambio, vamos a alojarnos en cualquiera de los *lodges* del parque, basta con advertirlo a los guardas al sacar las entradas.

Hay que conservar hasta la salida del parque los recibos justificantes del pago de la entrada de personas y vehículos y, en su caso, también el del cámping. Los guardas que patrullan por las reservas son muy estrictos y severos con los visitantes que no pueden justificar su presencia, debido a las actividades ilegales de los cazadores furtivos que merodean por la mayoría de los parques nacionales. Si nos damos cuenta de que hemos perdido los recibos, debemos comunicarlo inmediatamente al puesto de guardia más próximo que encontremos. Ellos se pondrán en contacto con la puerta de acceso por donde hayamos entrado al parque para comprobar que todo está en regla. Las sanciones que impone el gobierno nacional a los intrusos que deambulan por las reservas sin acreditación son elevadísimas.

Cualquier persona que sea sorprendida con un arma de fuego dentro de los límites de un parque nacional puede verse sentenciada a hasta 15 años de cárcel.

ALQUILER DE VEHÍCULOS

Un vehículo es indispensable para poder hacer un safari. El alquiler de vehículos en Kenia puede resultar muy caro, pero bastante más accesible si se comparten los costes con otros viajeros. Lo primero que debemos tener en cuenta es para qué queremos el vehículo, ya que las características del mismo dependerán del uso que queramos darle. Así, para hacer un viaje privado entre Nairobi y Mombasa, nos bastaría con un turismo normal. Si por el contrario, queremos hacer una gran ruta por el norte del país, necesitaremos por obligación un buen todo terreno 4x4 que se encuentre en perfectas condiciones.

Lo que sí es fundamental a la hora de alquilar un vehículo, sobre todo si pensamos hacer una ruta muy larga y dedicada exclusivamente al safari, es que nos serán muy útiles los conocimientos de mecánica. Hasta el vehículo más moderno que podamos encontrar puede sufrir un contratiempo al circular por las pedregosas pistas de algunos parques nacionales, y si no somos capaces de arreglarlo, nos quedaremos empantanados hasta que alguien pueda ayudarnos.

En principio, un vehículo con tracción en dos ruedas puede ser suficiente para visitar las principales reservas naturales del sur de Kenia, siempre y cuando no las visitemos durante la estación lluviosa, pero no será un buen transporte para llegar hasta los parques de la meseta central ni mucho menos del norte. Ya que se alquila un coche, al menos conviene que proporcione cierta seguridad, por lo que se debe elegir como mínimo un todo terreno que garantice un buen comportamiento durante los safaris ante la rudeza del entorno.

Permiso de conducir

Al alquilar un vehículo se exige una licencia internacional para circular por Kenia. Algunas compañías estipulan una edad mínima de 23 años y otras de 25 para el conductor.

Tarifas de alquiler

Comparado con España, alquilar un coche es muy caro en Kenia. Hay tres modalidades de tarifas:

- **tarifa base diaria** más kilometraje.
- **tarifa base semanal,** con kilometraje aparte.
- **tarifa base semanal,** con kilometraje ilimitado.

Dentro de la tarifa base semanal con kilometraje aparte, algunas compañías *regalan* a sus clientes un número determinado de kilómetros por semana libre de cargo. Otras compañías tienen este mismo concepto de lo que es un kilometraje «*ilimitado*», de modo que conviene asegurarse de qué entienden por «ilimitado» antes de hacer el pago por el alquiler. Sin embargo, las compañías más grandes cumplen a rajatabla esta modalidad: cobran inicialmente una tarifa semanal muy cara, pero ni un chelín más, independientemente de que se hayan recorrido con el vehículo 100 kilómetros o 10.000.

Por supuesto, la *tarifa base* está en consonancia con el tipo de vehículo que se pretenda alquilar: los turismos con tracción a dos ruedas, como los **Toyota,** son los más baratos; los vehículos todoterreno de dimensiones pequeñas, tipo **Suzuki**, tienen un precio intermedio; los grandes vehículos con tracción 4x4, **Nissan**, **Range Rover** o **Isuzu**, son los más caros y ocupan la categoría más alta.

Precios

Tarifas medias *por kilómetro (algunas compañías exigen un mínimo diario de kilómetros en esta modalidad):*

- Turismo tipo Toyota: **12-18** chelines por km
- Todo terreno tipo Suzuki: **12-16** chelines por km
- Todo terreno tipo Nissan: **25-35** chelines por km

***Tarifas base** por día para turismos tipo Toyota:*

- Diaria más kilometraje: **1.200-2.200** chelines
- Kilometraje ilimitado (por día): **3.200-5.500** chelines.

***Tarifas base** para todo-terreno tipo Suzuki:*

- Diaria más kilometraje: **1.200-1.800** chelines
- Kilometraje ilimitado (por día): **3.500-5.500** chelines.

***Tarifas base** para todo-terreno 4x4 tipo Nissan, etc.*

- Diaria más kilometraje: **4.000-6.400** chelines
- Kilometraje ilimitado (por día): **9.000-135.000** chelines.

Depósitos. Los depósitos que exigen las compañías por el alquiler de un vehículo varían de otra agencia. Muchas veces es una cantidad idéntica a la que se ha pagado por la contratación del servicio. Si se paga el alquiler con tarjeta de crédito, nadie nos pedirá un depósito suplementario.

Seguros

Todo vehículo de alquiler tiene que ser cubierto, como mínimo, con una póliza a terceros. Naturalmente, todos los desperfectos que sufra el autómovil correrán por nuestra cuenta, y si tenemos la desgracia de padecer un accidente grave, se nos reclamará por completo el importe del vehículo. Las compañías recomiendan a sus clientes la suscripción de una póliza llamada **Collision Damage Waiver** (**CDW**), que es algo así como un seguro *a todo riesgo* que responde de todos los daños que podamos causar al coche en caso de accidente (a excepción de los neumáticos y la herramienta). Incrementa los gastos por alquiler, pero ofrece bastante seguridad.

Precios del seguro **CDW** por día:

- Turismos: **600-900** chelines
- Vehículos todo-terreno pequeños: **600-900** chelines
- Vehículos todo-terreno grandes: **900-1.100** chelines

También es recomendable suscribir un seguro de robos, llamado **Theft Protection Waiwer (TPW)**. Si no se tiene y no está incluido en el

CDW –preguntadlo bien claro-, en caso de robo también estaremos obligados a pagar el importe total del vehículo, generalmente como si fuera nuevo. El coste para cualquier tipo de vehículo oscila entre los 600 y los 750 chelines diarios.

Como se habrá comprobado, alquilar un vehículo por cuenta propia en Kenia cuesta una fortuna por día. Y hay que tener en cuenta que los precios que hemos facilitado son los correspondientes al 2002.

Recomendaciones sobre el alquiler

Aunque en un momento determinado las condiciones de una pista en mal estado pueden causar un contratiempo a cualquier vehículo al margen del estado de conservación en el que se encuentre, lo habitual es que los coches más viejos y usados tiendan a sufrir más contratiempos que los más nuevos. Esta idea, que parece de perogrullo, es una verdad totalmente fiable a la que hay que aferrarse, ya que en algunas ocasiones podemos encontrarnos con algún empleado de una compañía de alquiler que se empeña en endosarnos un coche de sospechosa apariencia argumentando que «hasta los automóviles más modernos a veces tienen problemas». Eso es cierto, como también lo es que su índice de averías es muy inferior al de los coches más usados. Por lo general, los vehículos más nuevos costarán más caros, pero también resultarán más fiables a largo plazo.

Antes de firmar un contrato debemos enterarnos bien de cuál será la actitud de la compañía en el caso de que suframos una avería importante. Lo fundamental es saber si ellos piensan ocuparse de los gastos de la reparación y si pondrán a nuestra disposición un segundo vehículo en tanto el primero esté arreglado. Otro aspecto de interés es el referente a las herramientas. Conviene asegurarse de cuánta herramienta posee el vehículo a la entrega y de que toda ella funciona a la perfección. Un gato inservible puede arruinarnos con tranquilidad toda una jornada de safari.

Compañías de alquiler de vehículos

Las compañías más importantes pertenecen a los grandes grupos internacionales. Mantienen las tarifas más caras del mercado, pero a cambio poseen un amplio, surtido y fiable parque de vehículos. Todas tienen su oficina central en Nairobi, muchas también en Mombasa y en el aeropuerto Jomo Kenyatta.

AVIS. *Nairobi:* Koinange St. ☎ 02 33 67 94; Aeropuerto Kenyatta, ☎ 02 82 21 86. *Mombasa*: Moi Ave, ☎ 011 22 30

48. *Malindi*: Sitawi House, ☎ 0123 20 513.

BUDGET RENT-A-CAR. *Nairobi:* Hilton Hotel, Simba St. ☎ 02 44 03 33; Aeropuerto Kenyatta, ☎ 02 82 23 70. *Mombasa*: Saroya House, Moi Ave, ☎ 011 22 12 81. Aeropuerto Moi, ☎ 011 43 45 79.

EUROPCAR. *Nairobi:* Bruce House, Standard St. ☎ 02 33 47 22; Aeropuerto Kenyatta, ☎ 02 82 23 48. *Mombasa*: Nkrumah Rd, ☎ 011 31 24 61.

HERTZ. *Nairobi*: Muindi Mbingu St. ☎ 02 33 19 60; Aeropuerto Kenyatta, ☎ 02 82 23 39. *Mombasa*: Moi Ave, ☎ 011 31 63 33; Aeropuerto Moi. *Malindi*: Moi Ave, ☎ 0123 20 040.

NATIONAL CAR RENTAL. *Nairobi*: Woodvale Grove, Westlands. ☎ 02 44 03 33; *Mombasa*: Harbour House, Moi Ave, ☎ 011 22 13 58; *Kisumu:* Jovena Service Station, ☎ 035 41 747.

Otras compañías recomendables y además, más baratas son:

CENTRAL RENT-A-CAR. *Nairobi:* Fedha Towers, Standard St., ☎ 02 22 28 88.

GLORY. *Nairobi:* Diamond Bldg, Tubman Rd. ☎ 02 22 44 28 y 22 50 24; *Mombasa*: Moi Ave, ☎ 011 31 35 61. *Malindi*: Lamu Rd, ☎ 0123 20 065.

HABIB'S. *Nairobi:* Agip House, Haile Selassie Ave. ☎ 02 22 04 63.

MARKET CAR HIRE. *Nairobi:* Koinange esquina Banda St., ☎ 02 22 57 97.

ALOJAMIENTO

Casi todas las personas que hacen safaris por cuenta propia acampan en el interior de los parques y reservas. Por lo general, para ello no suele haber problema en la mayoría de las reservas y parques. Basta con llegar, pagar los derechos por las noches de cámping e instalarse en el *camp site* que se prefiera.

Quizá durante la temporada alta (enero-febrero y junio-septiembre) los campamentos estén un poco masificados, pero durante el día casi todos los vehículos recogen y continúan viaje hacia otro extremo del parque, por lo que siempre hay sitio disponible.

Si por el contrario se prefiere alojarse en *lodges*, es necesario hacer la reserva antes de emprender el safari. Esta opción resulta muy cara, pues estos establecimientos tienen unas tarifas altísimas para los viajeros individuales.

Casi todas las personas que se hospedan en *lodges* llevan incluido este alojamiento en un paquete turístico o participan en algún safari organizado. La reserva anticipada es totalmente necesaria, sobre todo en temporada alta, pues los establecimientos están abarrotados de grupos de turistas pertenecientes a agencias mayoristas europeas y es difícil encontrar una plaza. Nunca hay que aventurarse a llegar hasta un parque y ver si hay habitación en un *lodge*, porque en caso de que no la haya -lo más probable-, no habrá ningún lugar donde dormir, si no se dispone de material de acampada.

Las reservas para los *lodges* pueden hacerse a través de cualquiera de las agencias de viaje de Nairobi o Mombasa (ver Direcciones útiles en ambas ciudades) o directamente en las oficinas de las grandes cadenas hoteleras propietarias de la mayor parte de los lujosos hospedajes de los parques nacionales. Algunas de estas cadenas son internacionales (como **Block**, **Hilton** o **Serena**), por lo que una manera de asegurar la reserva sería hacerla desde España antes de emprender el viaje.

La información específica acerca de las características de los safaris de *lodge* y de cámping se encuentra más adelante, en el apartado de *Safaris organizados*.

ALQUILER DE MATERIAL DE CÁMPING

Si se elige un safari de cámping, lo mejor es alquilar el material en Kenia, salvo los artículos más personales, como el saco de dormir. Por mucho que se haya traído de España, se necesitarán elementos como lámparas de queroseno, una parrilla para cocinar, cazuelas y otros utensilios por el estilo. Nairobi es el sitio idóneo para conseguirlos. El lugar recomendado es **Atul's**, Biashara St. PO Box 43202 (Tel. 02 22 59 35). Aquí tenen una gran variedad de artículos de safari (para hacerse una idea de la indumentaria y equipo básico de safari ver más adelante el apartado en la sección *Safaris organizados*).

SAFARIS ORGANIZADOS

Casi todos los viajeros que visitan Kenia prefieren inscribirse en algún safari organizado. Es cómodo y la única molestia que debemos tomarnos por nuestra parte es la de elegir entre el sinfín de compañías turísticas que hay en Nairobi cuál es la que nos ofrece el safari más acorde a nuestros gustos y nuestros bolsillos. Si se viaja con un paquete turístico, esa elección la toma la agencia mayorista con la que se ha contratado el viaje.

En caso contrario, los safaris organizados son de dos tipos, en función del alojamiento donde nos hospedemos en los parques: **de cámping**, en los que tendremos que montar nuestro propio campamento antes de irnos a dormir, y en ***lodge***, que son preciosos hoteles o campamentos de lujo (**tented camp**) en parajes alucinantes.

En ambos casos la agencia suministra el medio de transporte para hacer el safari -vehículo todo-terreno, microbús o camión- y se ocupa del traslado al parque desde Nairobi, desde donde suelen partir casi todas las expediciones, o desde Mombasa. Una vez en las reservas, se hacen cada día dos o tres safaris con un guía-conductor, para ver la fauna en distintos momentos de la jornada. También en ambas opciones, el precio del safari incluye pensión completa, por lo que en la modalidad de cámping, un cocinero se suma al grupo y se ocupa de preparar los almuerzos y de vigilar el campamento cuando está instalado. Las tarifas de entrada a los parques, tanto de personas como de vehículos, están incluidas en el precio global del safari.

COSTES

En el 2002 el safari de cámping en Kenia costaba unos 50 dólares diarios con todo incluido. Más o menos la mitad del precio por el mismo servicio en Tanzania. Hay que dejar bien claro a la hora de contratar el safari que el precio incluya los desplazamientos, entradas al parque, comidas –pero cada uno deberá llevarse su bebida-, alojamiento en una tienda para dos personas y los safaris por el parque. Si se prefiere dormir solo en una tienda hay que pagar antes de salir un suplemento diario de alrededor del 20%.

Si se elige la posibilidad de alojarse en *lodges*, los precios son ya de lujo, un mínimo de más de 180 dólares diarios, que pueden llegar hasta los 350 cuando se trata de alojamientos fantásticos. Se duerme en estos hoteles situados en parajes generalmente maravillosos, desde los que se puede observar la vida salvaje mientras se cena o uno se baña en la piscina.

La propina. Conductor y cocinero esperan una propina al final del safari. No hay acuerdo sobre cuánto se les debe dar y depende un poco de lo satisfactorio que haya sido su servicio. Las agencias suelen sugerir que se les pague el importe de un día extra por cada cinco días de safari, pero a nosotros nos parece un poco exagerado y una excusa que sirve a estas compañías para pagar una miseria a sus empleados, con el argumento de que ya lo redondearán los turistas.

Nuestro criterio es que entre 20 y 30 dólares en total de propina por un safari de cuatro o cinco días debería ser suficiente.

SAFARIS DE *CÁMPING*

Este tipo de safari es el preferido por los que tienen un espíritu aventurero o no se quieren gastar mucho dinero. La mayoría de los viajeros quedan encantados. La sensación de dormir en plena sabana africana, escuchando los ruidos de los animales salvajes –a veces asusta un poco, aunque se asegura que nunca atacan a un ser humano, siempre que no salga de la tienda por la noche...- es verdaderamente maravillosa.

Entre los inconvenientes: las duchas suelen ser más que deficientes, no hay bebidas frías, si se viaja solo hay que compartir una pequeña tienda con otra persona –salvo que se pague antes de salir un suplemento-, etcétera.

Si no tenéis saco de dormir, muchas compañías os lo alquilarán u os lo prestarán.

Durante todo el tiempo que se permanece en la sabana se está rodeado de animales a veces irrumpen en el campamento para curiosear a sus huéspedes. Pero, en general, serán los monos, marabúes, buitres, etc, y no los animales peligrosos los que se acerquen. Las hienas y los cerdos salvajes –un tipo de jabalíes- sí suelen entrar en los campamentos por las noches para hurgar en las basuras. No son muy peligrosos, pues suelen salir disparados si se topan con un humano, pero en todo caso no conviene abandonar la tienda de noche.

Por lo general, las tiendas de campaña deben montarlas los viajeros, aunque algunas compañías dotan a sus safaris de un par de empleados que se encargan de instalar los campamentos. Del mismo modo, suele pedirse a los clientes una pequeña *colaboración* en ciertas labores, como cargar y descargar el vehículo.

En los safaris de cámping las compañías sugieren a sus clientes que carguen con la menor cantidad de equipaje posible. Cuantos menos bultos llevemos, mejor. Por un lado, porque se aliviarán mucho las labores de carga de los vehículos y, por otro, porque nos será más fácil organizarnos con el continuo montaje y desmontaje del campamento durante los traslados de un *camp site* a otro (las agencias turísticas pueden guardarnos en sus oficinas todo el equipaje que no queramos llevar).

El medio de transporte que habitualmente se utiliza para los safaris es un minibús con el techo abatible, para que los turistas puedan asomarse y contemplar la fauna con comodidad.

Otras agencias utilizan camiones, con posibilidades de observación más altas, por lo que es más fácil otear el horizonte en busca de cualquier animal. Además, mientras que en los microbuses, land-rovers y furgonetas hay que ir de pie para asomarse por el techo, la altura del camión permite ir sentado y mirar por sus laterales, lo que no sólo es más cómodo, sino que ofrece la posibilidad, al mantener una postura más estable, de tomar mejores fotografías.

SAFARIS EN *LODGE*

Los safaris en *lodge* son ideales para quienes quieran pasar unas vacaciones con todas las comodidades, e incluso los lujos, y además contemplar las maravillas de la fauna y los paisajes africanos.

El alojamiento puede ser de dos tipos: en ***lodge*** propiamente dicho o en **tented camp,** un cámping de lujo. Ambos rivalizan en precio: si uno es caro, el otro es más, y si uno ofrece buenos servicios, el otro aún mejores. Los refugios tienen unas tarifas muy altas que siempre incluyen un régimen de pensión completa. Todos tienen uno o varios restaurantes, un par de bares, piscina, sala de juegos, sala de vídeo, tiendas de souvenirs, etc., además de los servicios de habitaciones, aire acondicionado y todas las comodidades que ofrezca cualquier hotel de lujo de una gran ciudad.

Los *lodges* son edificios bien diseñados, de una o varias plantas, rodeados por jardines y paseos y que tratan de integrarse en el medio ambiente en que están ubicados. Algunos disponen de cabañas independientes dentro de su recinto. Los *tented camp,* o campamentos de lujo, están formados por enormes tiendas de campaña permanentes y que recrean el modo de vida de los cazadores blancos del primer cuarto del siglo XX. El interior de las tiendas es muy lujoso y cuenta con aire acondicionado, mobiliario, bar y todo lo que pueda tener un hotel de la más alta categoría, nada más que enmascarado tras las lonas de una tienda.

Todos los refugios están ubicados en las proximidades de una laguna, una salina o un abrevadero, de modo que desde la terraza del bar es posible contemplar a los animales mientras se saborea una bebida helada. Estas lagunas o salinas se iluminan con potentes focos durante la noche para que los clientes puedan disfrutar de la abundante fauna nocturna que se acerca a beber. En la mayoría de las ocasiones la afluencia de animales se debe a que sus empleados vierten por los alrededores restos de comida, desperdicios y sal, para disponer siempre de una fauna residente, que ha aprendido a mendigar lo que le da el hombre. A pesar de esta artimaña, asistir a una puesta de sol desde la terraza de un refugio es una experiencia inolvidable y el hospedaje en cualquiera de estos hoteles de lujo siempre es interesante, aunque sólo sea por un par de días.

Las compañías especializadas en este tipo de safaris tratan a sus clientes a *cuerpo de rey* (no es para menos con los precios que tienen). Los vehículos que se utilizan para las excursiones son furgonetas con techo practicable, tipo Nissan Urvan, o espléndidos todo-terreno (Isuzu, Nissan), todos muy nuevos y en perfectas condiciones. Las salidas para ver a los animales se hacen dos o tres veces al día y siempre se regresa al refugio entre una y otra escapada para almorzar o refrescarse. Generalmente, no hay ninguna restricción a la hora de llevar más o menos equipaje para el safari, pues los bultos permanecen en la habitación del *lodge.*

ELEGIR EL SAFARI

Tanto en la modalidad de safari de cámping como de lodge existe una variada oferta de posibilidades. La duración de los safaris programados oscilan entre un mínimo de dos días y un máximo de veinticinco, aunque pueden extenderse por más tiempo a criterio del cliente.

Cuanto más largo sea un safari, más posibilidades hay de observar una gran variedad de animales, más parques visitaremos y el precio global de la expedición resultará más barato por día que los que efectúan salidas más cortas (ver *Precios*). Por término general, un safari de siete días permite visitar a fondo los parques nacionales más importantes del país: **Masai Mara, Amboseli** y **Tsavo,** mientras que en uno de tres noches y cuatro días se pueden visitar bien los dos primeros.

Un safari de doce días, añade al viaje por los parques anteriores un recorrido muy amplio por alguna de las espléndidas reservas de la meseta central (**lagos salados**, **Aberdares** o **Mt. Kenya**) o los parques más meridionales del la región norte de Kenya: **Buffalo Springs**, **Samburu** y **Shaba**.

La frecuencia de salidas entre una u otra compañía es muy variable, si bien durante la temporada alta se suceden casi a diario, sobre todo para cubrir las rutas más clásicas que discurren a través de los parques situados en la franja sur del país. Los safaris que se dirigen a los parques de la meseta central, de los alrededores del lago Victoria, o del vértice meridional del norte de Kenia, salen en días alternos y, en ocasiones, incluso un poco más espaciados. Los que tienen un menor número de salidas son los que van al lago **Turkana**, cuya frecuencia raramente sobrepasa una vez por semana.

Si se pretende ir a los parques y reservas más populares, como Masai Mara y Amboseli, generalmente podremos partir al día siguiente de contratar un safari, si empezamos a buscar una agencia a primera hora de la mañana.

COMPAÑÍAS DE SAFARI

Nairobi está lleno de compañías turísticas que organizan safaris para los viajeros.

Por supuesto, muchas de estas compañías ofrecen unos servicios penosos: equipos de acampada deficientes, guías inexpertos o vagos, vehículos que se rompen continuamente, etcétera. Antes de inscribirse en un safari es conveniente hablar con algún viajero que venga de terminar uno y nos dé su recomendación. Se encuentran decenas de ellos en los hoteles baratos de Nairobi. También se puede preguntar en plena calle a algún grupo cuando se le vea abandonando un minibús de safaris, ya de vuelta, lo que es muy común por las tardes en las avenidas céntricas de Nairobi.

Nosotros facilitamos un listado que, al menos en el 2002, tienen buena reputación. Por las calles os veréis abordados continuamente por jóvenes que os quieren vender un safari. Si no pertenecen a una de las compañías fiables, no los escuchéis.

Compañías especializadas en safaris de cámping

PLANET SAFARI ADVENTURE. 9º piso, Sonalux House, Moi Ave, Nairobi. ☎ 22 97 99. Nosotros tuvimos muy buena experiencia con esta compañía, una de las más económicas. Los precios son de 50 dólares diarios y sus circuitos típicos son Masai Mara, Amboseli, etcétera. Si no tenéis saco os lo prestan. El campamento en Masai Mara es de tiendas grandes y fijas. El día antes de partir y entre dos safaris diferentes te permiten dormir gratis en su dormitorio y su caja fuerte en la oficina es segura para dejar dinero y documentos mientras se pasea por Nairobi.

BEST CAMPING TOURS. Norwich Union House, Moi Ave. ☎ 22 96 67. Nairobi. www.kenyaweb.com/bestcampingtours/. Cámping en los parques y reservas más conocidos por un precio de unos 80 dólares diarios, y tienen muy buena reputación.

YARE SAFARIS LTD. Windsor House, University Way. Nairobi. ☎ 21 40 99. Compañía clásica con muchos años de experiencia. Especializada en safaris combinados entre parques de la franja sur del país y reservas de la meseta central. Programa excelentes expediciones a Turkana y a países vecinos.

BUSHBUCK ADVENTURES. Peponi Rd. Nairobi. ☎ 53 20 90. De las mejores compañías para viajar de cámping, aunque los precios son de los más elevados: unos 185 dólares diarios. Tienen un campamento permanente en Masai Mara y entre sus mejores circuitos por casi todos los parques, destaca el combinado Masai Mara-Amboseli-Tsavo, que puede ampliarse hasta los parques del oeste del país.

SPECIAL CAMPING SAFARIS LTD. Kiserian Pipeline Rd. ☎ 35 07 20. Nairobi. Safaris por los lagos salados, el Mt. Kenia y las reservas de Samburu y Meru. También hacen combinados entre Masai Mara y Tsavo, terminando en la costa. Sus safaris de cuatro días cuestan unos 350 dólares.

SAFARI CAMP SERVICES. Barclays Plaza, Nairobi. ☎ 33 01 30. Nairobi. Especializada en salidas de duración de entre una y dos semanas. Tienen programas por todo el país, pero quizá el más interesante sea el que hacen hasta el lago Turkana. Son de los pocos que ofrecen cámping permanente en ciertos circuitos, atendido por empleados que cuidan de su mantenimiento. El precio es desde 75 dólares por día.

GAMETRACKERS CAMPING SAFARIS. Kenya Cinema Plaza, Moi Ave. ☎ 33 89 27. Nairobi. Con una larga tradición, safaris de ambos tipos, entre los que destacan los de larga duración, de hasta un mes.

EXOTIC SAFARIS. 1º piso, Uniafric House, Koinange St, PO Box 54483, ☎ 24 57 68. Nairobi.

Compañía recomendada para safaris convencionales por los parques del sur: Amboseli, Masai Mara y Tsavo. Algunos programas los combinan con una visita a los lagos del Rift Valley.

SAVUKA TOURS & SAFARIS. 3º piso, Pan African House, Kenyatta Ave., PO Box 20433, ☎ 22 51 08. Nairobi. Ofrece diversas opciones de safaris combinados y algunos muy interesantes de corta duración en un único parque (Tsavo, Amboseli, Nakuru, Samburu). De las más baratas.

FLIGHT CENTRES. Lakhamshi House, Biashara St, Nairobi. ☎ 21 00 24.

INTOAFRICA. PO Box 50 484 Nairobi. ☎ 35 09 78. Safaris de dos semanas muy recomendables. Hay que ser un mínimo de dos personas y cuestan 80 dólares diarios por cabeza. www.intoafrica.co.uk

KENYA TOURS AND SAFARIS. Jubilee Insurance Building, Wabera St, Nairobi. ☎ 22 36 99. Safaris también bastante baratos y con buenas referencias por parte de los viajeros. www.gorp.com/kenya

KETTY TOURS. Diamond Trust House, Moi Ave, Mombasa. ☎ 011 31 51 78. Safaris al cercano parque Tsavo desde Mombasa. Precios desde 70 dólares.

SAFARI EXPEDITIONS. Ocean View Plaza, Bamburi, Mombasa. ☎ 011 48 74 44. Otra agencia de Mombasa con muy buenas referencias. También van a Tsavo.

SAFARI SEEKERS. Jubilee Insurance Building, Kaunda y Wabera St. Nairobi. ☎ 22 62 06; Diamond Trust Arcade, Moi Ave, Mombasa. ☎ 011 22 01 22. Con muchos años de experiencia en safaris también en *lodges*. www.kenyaweb.com/safari-seekers

WORLD EXPLORERS. Kunde Rd 33. Nairobi. ☎ 57 20 10. Trabajan con agencias españolas y dos españoles están al frente de la misma. www.worldexplorers2.com/

Compañías especializadas en safaris en *lodges*

UNITED TOURING COMPANY (UTC). Fedha Towers, Kaunda St. Nairobi. ☎ 33 19 60.

ABERCROMBIE & KENT LTD. Bruce House, Standard St. Nairobi. ☎ 22 33 07; Palli House, Nyerere Ave. Mombasa.

INSIDE AFRICA SAFARIS. Jubilee Insurance Building, Wabera St, Nairobi. ☎ 22 33 04.

KOBO SAFAIRS LTD. PO Box 72 763, Nairobi. ☎ 02 57 03 33. Con un director español.

SOUTHERN CROSS SAFARIS. New Stanley Hotel, Nairobi. ☎ 22 52 55. Con delegación también en Mombasa.

Safaris organizados desde España de cámping o en *lodges*

VIAJES ORIXÀ. Gaztambide 31, 28015 Madrid. ☎ 91 550 01 86, madrid@orixa.com; Aragó 227, 08007 Barcelona.

☎ 93 487 00 22; orixa@orixa.com. www.orixa.com. Esta agencia de viajes de aventura en pequeños grupos tiene programados varios circuitos en Kenia. Uno de ellos es el *Kenia en cámping*, de quince días, alojamiento en campamentos y un precio de unos 1963 €. Se visita Nairobi y los parques nacionales de Masai Mara, Lago Nakuru, Amboseli y Tsavo West y Mombasa. Los vuelos salen de Madrid y Barcelona. En temporada las tarifas suben unos 90 €, y en todo caso no se incluye el precio del visado ni de las tasas de aeropuerto, pero sí el hotel de Mombasa y del Lago Nakuru (en Nairobi no se pernocta). Además, Orixa también programa el *Safari Kongoni*, de ocho días y unos 1.626 € por persona y que visita algunos parques nacionales, como el Masai Mara y el alojamiento es en *lodges* de primera categoría.

CLUB MARCO POLO. ☎ 902 101 200; Plaza Nueva, 10 - 1º, 48005 Bilbao, ☎ 944 169 016; Plaza Mayor, 1 - 2º, 28012 Madrid, ☎ 91 364 11 46; Via Laietana, 59 - 4º 2ª, 08003 Barcelona, ☎ 93 412 25 50. www.clubmarcopolo.es, mad@clubmarcopolo.es. Tiene paquetes de hasta quince días con visitas a los principales parques en los meses entre junio y noviembre.

TREKKING Y AVENTURA. Pez 12, 28004 Madrid. ☎ 91 522 86 81. www. trekkingviajes.com; mad@trekkingviajes.com; Gran Vía 523 08011, Bcna. ☎ 93 454 37 02. ; Herradores 7, La Laguna, Tenerife. ☎ 922 63 37 77.

KANANGA. Guillem 1, 08003 Barcelona. ☎ 93 268 77 95. www.kananga.com. Suele organizar circuitos de aventura por los parques nacionales en acampada durante 15 días a un precio de unos 1.807 €, más caro en temporada alta.

NUBA EXPEDICIONES. María de Molina 46, 28006 Madrid. ☎ 91 745 47 47. www.nuba.net Organiza expediciones de 15 días a caballo por un precio de 3.191 € y otro de la misma duración, con visitas a Masai Mara y varios días de *trekking* por unos 2.025 €.

INTERMUNDOS. Fuencarral 9, 28004 Madrid. ☎ 91 522 12 41; Ronda Universidad, 31 - 4º - 4ª 08007 Barcelona. www.intermun.com. Safaris sólo en *lodges.*

NOBEL TOURS. ☎ 902 130 902, www.nobel-tours.com/, organiza un buen número de circuitos por Kenia y lo más práctico es visitar su página web, donde están todos muy bien especificados. Para contratar estos paquetes se debe hacer en una agencia de viajes que trabaje con Nobel.

SAFARIS ESPECIALES

Unas pocas compañías ofrecen la posibilidad de hacer safaris no convencionales: en globo, en camello, a pie, etcétera.

SAFARIS A PIE O EN BICICLETA

BIKETREKS. PO Box 14237. Nairobi. ☎ 33 83 25. Entre sus safaris, que combina a pie y en bici, tiene uno muy popular de tres días en Masai Mara y el precio se acerca a los 300 dólares en total (los tres días), sin incluir las entradas diarias. También organiza otro de seis días a los montes **Loita** a pie (720 dólares).

HIKING AND CYCLING KENYA. Arrow House, Koinange St. Nairobi. ☎ 21 83 36. Safaris a pie por Turkana y Samburu.

Además, agencias ya citadas más arriba, como Gametrackers, también organizan este tipo de safaris.

SAFARIS EN CAMELLO

YARE SAFARIS LTD. Windsor House, University Way. Nairobi. ☎ 21 40 99. Organiza una salida a la semana de un safari en camello de cinco días de duración por el río Ewaso Nyiro, entre las reservas nacionales de Samburu y Buffalo Springs. Se utilizan guías nativos *samburus* y se pernocta en tienda de campaña. El precio de 500 dólares por persona (en el 2002) incluye la manutención, los transportes y el material de acampada.

Las compañías **Bushbuck Adventures** (Peponi Rd, Nairobi, ☎ 53 20 90.) y **Gametrackers** (Moi Ave, Nairobi, ☎ 33 89 27) hacen extensiones en camello en algunos de sus safaris convencionales.

SAFARIS EN GLOBO

Los safaris en globo se puede hacer sólo en la Reserva Masai Mara. Cuestan casi 400 dólares por persona por una hora y media de vuelo, lo que incluye un safari en vehículo. Los globos despegan al amanecer desde el Keekorok Lodge y del Mara Fig Tree Lodge.

La reservas pueda hacerse en ambos hoteles, una vez en la reserva, en la cadena Block Hotels de Nairobi, Standard St, ☎ 54 07 80.

Las compañías que lo organizan son **Ballon Safaris,** Wilson Airport, Nairobi, ☎ 02 50 28 50, y **Adventures Aloft**, Eagle House, Kimathi St, Nairobi, ☎ 02 22 14 39.

SAFARIS EN AVIONETA

Más que un safari, lo que la compañía **Lonhro Hotels Kenya** (☎ 02 21 69 40) propone son vuelos particulares entre Masai Mara y el lago Victoria, con paseo en barca y jornada de pesca, para regresar por la tarde al punto de partida. Son, como se imaginará, muy caros.

SAFARIS EN MOTO

La compañía **Fredlink Co. Ltd**, Bamburi Beach, Mombasa, ☎ 011 48 64 56, organiza safaris en moto desde la ciudad costera hasta Samburu. Las motos se alquilan a partir de unos 1.200 chelines las de 50 cc, hasta 2.100 las de 600 cc.

SAFARIS EN PAÍSES VECINOS

Cada vez hay más compañías en Nairobi que organizan safaris combinados entre las reservas naturales de Kenia y las de algún otro país limítrofe. La mayoría de estos safaris cruza la frontera con Tanzania y hacen visitas a los parques situados al norte de aquel país, como **Serengeti**, **Ngorongoro**, **Tarangire** o **Lago Manyara**.

Una de las mejores ofertas es la de **Yare Safaris** (ver apartados anteriores), que organiza viajes de casi un mes a través de Uganda, Ruanda y Tanzania, para regresar a través de la Reserva Masai Mara.

EQUIPAJE Y MATERIAL PARA UN SAFARI

Para visitar Kenia es recomendable llevar un equipaje lo más liviano posible. La mayor parte del tiempo vamos a estar de safari por los parques nacionales o tendidos al sol, en alguna playa del litoral costero, y ninguna de estas dos actividades requiere mucha ropa.

Tanto si nos alojamos en cámping como en *lodges*, el equipaje y la indumentaria que debemos utilizar durante un safari vienen a ser los mismos, con la única excepción de que el alojamiento en el segundo permite cargar con una cantidad mayor de bultos, puesto que no hay que trasladarlos continuamente de un campamento a otro, y que el alojamiento en cámping implica la utilización de algunos accesorios comunes a cualquier acampada.

Una camisa, unos vaqueros y unas zapatillas de deporte son más que suficiente. Otros accesorios deben ser:

Bolsas y maletas. Llevar maletas a Kenia puede resultar incómodo, pues su estructura rígida no es la más adecuada para soportar el duro trato que implica transporte terrestre e impide aprovechar al máximo el espacio de los maleteros. Las bolsas de viaje son mucho más agradecidas, así como las mochilas, que nos permiten cargar con el equipaje mientras mantenemos las manos libres. Lo fundamental es que sean de material resistente y que cierren herméticamente para impedir que entre el polvo, la humedad o los insectos. Es conveniente repasar que todas las correas, asas o cierres de las bolsas y mochilas estén fuertemente cosidas.

Bolsas de mano. Son muy prácticas, pues permiten guardar en su interior artículos personales de primera necesidad, un botiquín, un capote para la lluvia, un sombrero, la cámara, unos guantes o cualquier accesorio que podamos necesitar de improviso. Lo más adecuado parece ser una mochila pequeña.

Ropa. Todos los jerseys, camisetas, pantalones, faldas o *shorts* que utilicemos durante el safari deben ser amplios para permitir una buena ventilación de la piel. Las prendas ajustadas pueden provocar molestas rozaduras, que tienden a infectarse. A menudo los parques son muy polvorientos y el traqueteo de los vehículos puede producir enganchones o rotos en la ropa, por lo que conviene usar prendas que no nos importe demasiado que se ensucien o que, llegado el caso, se rompan.

Camisetas. Es recomendable llevar un buen número de camisetas (o camisas), pues se ensucian en seguida por el polvo y la transpiración. Como apenas ocupan espacio, es preferible llevar todas las que podamos, no quedará ninguna sin usar. También es conveniente llevar algunas camisetas de manga larga, pues durante el amanecer o por la noche podemos vernos envueltos en nubes de mosquitos ávidos de sangre, y cuanta más piel mantengamos oculta, mejor.

Prendas de abrigo. Un jersey o una cazadora nos protegerán de los fríos amaneceres y de las frescas noches de Kenia, sobre todo en los meses de junio, julio y agosto. Es conveniente llevar siempre a mano alguna prenda de abrigo, sobre todo durante los desplazamientos por carretera, pues a pesar de que la temperatura ambiente se mantenga suave, el aire producido por la velocidad del vehículo (si va descubierto) puede resultar muy molesto.

Pantalones y faldas. Cuanto más amplios sean, mejor, pues la sudoración puede producir irritación y enrojecimiento local, sobre todo en las ingles y en la parte posterior de las rodillas en el caso de los pantalones. Unos pantalones que se ciñan al tobillo con una goma pueden resultar muy útiles, sobre todo si se va a dormir de cámping y se va a caminar entre arbustos o maleza, y además evitan que los insectos trepen por las piernas. Por lo que respecta a las faldas, si son largas resultan más prácticas, pues permiten una mayor agilidad y posibilidad de movimientos a quien las usa. Un par de pantalones debieran ser más que suficiente para hacer un safari, aunque sea largo.

Pantalones cortos. Un *short* será muy útil si el calor aprieta, pero puede convertirse en un arma de doble filo si lo que nos aprieta son sus costuras o si los rayos del sol nos queman las piernas. Una vez más, si usamos pantalones cortos es preferible que sean anchos.

Impermeables. Al margen de que visitemos Kenia durante la estación húmeda o seca, siempre hemos de llevar con nosotros un capote para la lluvia, o algún impermeable tipo chubasquero, pues en ciertos parques llueve casi todo el año, como en el Aberdares. Si nuestro viaje coincide con los meses lluviosos, también conviene proveerse de un pantalón impermeable, pues los chaparrones tropicales son muy intensos.

Calzado. Cualquier calzado deportivo servirá para hacer un safari, a condición de que permita transpirar el pie. Mucha gente se compra en Nairobi unas botas de safari de marca Bata, que se ajustan al tobillo y son muy resistentes. Si se va de cámping son muy útiles para caminar entre la maleza y proteger los pies de las espinas. Sólo hay que llevar calzado especializado para caminatas, tipo bota de *trekking*, si se va a hacer algunas de las rutas que discurren por las laderas de los montes Kenya o Elgon.

Un par de sandalias es indispensable, no sólo para mantener el pie aireado durante los ratos de ocio en el campamento o en el *lodge*, sino para bañarse en algún río (si esto es posible) o en alguna de las duchas colectivas de los campings.

Traje de baño. Siempre que se viaje a Kenia hay que meter un traje de baño en la mochila. Tendremos muchas ocasiones de usarlo: por descontado, si nos alojamos unos días en la costa; si queremos bañarnos en la piscina de algún *lodge* o para ducharnos en los baños colectivos de los campings.

Gorros. Hay que llevar uno como mínimo. No sólo evitará que suframos una insolación, sino que además protegerá el cabello de las toneladas de polvo que hay en algunos parques, como Amboseli. Si es posible, conviene utilizar un sombrero de ala ancha, que nos proporcione sombra en la nuca y el cuello.

Gafas. Las gafas de sol son indispensables durante un safari. El calor, la luminosa claridad de la sabana, el polvo y el viento pueden irritarnos los ojos si no están protegidos. Es recomendable llevar dos pares de gafas, por si uno se rompe.

Pañuelos. Un par de pañuelos grandes son muy prácticos para absorber el sudor que resbala por la frente o el cuello e incluso para cubrirnos la cabeza en el caso de que no usemos sombrero. Sin embargo, su mayor utilidad es que pueden anudarse en torno a la cabeza para proteger la nariz y la boca de las polvaredas repentinas. En el parque de Amboseli surgen espontáneamente muchos remolinos de viento y si no estamos prevenidos, en seguida se nos llenará la tripa con arena para un mes.

CÁMARAS FOTOGRÁFICAS, VÍDEOS E INSTRUMENTOS DE ÓPTICA

El equipo fotográfico siempre debe estar preparado para su utilización. La cámara de fotos tiene que estar dispuesta en todo momento para captar las apariciones de algún animal o su comportamiento. Otro tanto podría decirse de los prismáticos. Resultan imprescindibles para vigilar los alrededores en busca de animales, para distinguir una especie de otra o para buscar en la lejanía hacia dónde dirigirnos. La videocámara permite obtener un recuerdo inolvidable del safari, sin embargo, a no ser que pensemos alojarnos en un *lodge*, no merece la pena llevarla a Kenia, puesto que en un cámping no tendremos posibilidad alguna de recargar las pilas que necesita para su funcionamiento y no podemos contar con la seguridad de que nuestro conductor permita hacer la alimentación mediante las baterías de su vehículo.

DURANTE EL SAFARI

La presencia del hombre siempre perturba el entorno salvaje de los parques nacionales, pero la agresión al ecosistema y medio ambiente depende de nuestro comportamiento durante el safari. Desde el momento en que se entra en una reserva hay que mantener unas estrictas normas de conducta reguladas por las autoridades responsables de la conservación de los parques. Si violamos estas normas, no sólo estaremos infringiendo unas leyes gubernamentales, sino que también actuaremos en nuestro perjuicio y los animales huirán a nuestro paso; y lo peor de todo, degradaremos irremediablemente el entorno y contribuiremos a la desaparición anticipada de algunos de los reductos naturales más maravillosos que aún quedan sobre la Tierra.

NORMAS GENERALES DE VISITA A LOS PARQUES NACIONALES

La **entrada** y la **salida** en los parques nacionales sólo puede hacerse a través de sus puertas (*gates*) oficiales. Normalmente abren a las **6.00** h de la mañana y cierran a las **18.00** h de la tarde.

Las **tarifas** de entrada son válidas por periodos de **24** horas. Todos los ocupantes del vehículo y el propio automóvil o camión necesitan el **recibo** correspondiente al pago de su entrada, así como, en su caso, los justificantes de acampada. Todos los recibos deben guardarse hasta la salida del parque, y en cualquier momento pueden ser requeridos por el personal de la reserva.

En el interior de los parques, la **velocidad** queda limitada a **50 km/h** (30 millas), por seguridad propia y de la fauna residente.

La circulación de vehículos está prohibida durante la noche, entre las **19.00** h de la tarde y las **6.00** h de la madrugada.

Durante el safari, hay que ceñirse a las **pistas principales** que discurren a lo largo del parque. Está prohibido conducir **campo a través**, fuera de los caminos marcados.

No está permitido **descender** del vehículo fuera de las áreas señaladas para tal fin. Asimismo, resulta peligroso asomarse o colgarse fuera de los coches en las proximidades de cualquier animal. No se puede viajar en el techo de los camiones.

Toda la fauna residente en el parque tiene absoluta **preferencia de paso**, ya sea en los caminos principales, o en las áreas reservadas para el descanso y alojamiento de los visitantes.

No se puede tomar **agua** de los arroyos, fuentes, ríos o manantiales de la reserva. Se pueden contaminar fácilmente.

Está totalmente prohibido arrojar **basura** o encender **fuego** fuera de los recintos autorizados para ello.

Está prohibido **remover** cualquier objeto (piedras, troncos, etc.) que se encuentre en el interior del parque, así como **quemar**, **talar**, **podar**, o **arrancar** vegetación.

Bajo ningún concepto debemos **recoger** un animal y llevarlo en el vehículo. Debemos **informar** a los guardabosques la situación de cualquier animal de apariencia enferma o que se encuentre herido, como por ejemplo, en caso de un **atropello**.

Del mismo modo, se nos insta a **denunciar** en los puestos de guardia a aquellos visitantes que incumplan las normas del parque. Si detectamos **cazadores furtivos,** tenemos la obligación de delatar su presencia a las patrullas de vigilancia.

Se prohibe terminantemente **alimentar** a los animales.

Se ruega especial precaución con el uso del **tabaco**. No se pueden arrojar colillas fuera de los vehículos.

No está permitido **introducir** en el parque ningún **animal** o **planta**, pertenezcan o no, al mismo ecosistema. Igualmente, tampoco pueden transportarse en los vehículos durante el safari **armas de fuego**, **explosivos**, **productos químicos, venenos**, **trampas de caza** o **instrumentos electrónicos o científicos**, capaces de perturbar el orden natural de la reserva, o que interfieran el sistema de comunicaciones entre los puestos de vigilancia.

Cualquier incidente o accidente que suframos por negligencia demostrada (exceso de velocidad, ataque de un animal tras haberlo provocado, etc.) deberemos asumirlo bajo nuestra propia responsabilidad, eximiendo de cualquier reclamación a las autoridades del parque.

Los incidentes que puedan producirse de forma fortuita con algún animal suponen un riesgo potencial asumido voluntariamente por el visitante.

No se debe obligar a los conductores a incumplir las normas de circulación del parque, pues serán responsables de todas las sanciones y acciones legales a que den lugar su comportamiento.

VIDA DE SAFARI

EN *LODGE*

Si nos alojamos en un *lodge*, la dinámica de safari es muy sencilla y se desarrolla dentro de unos horarios muy determinados. Por lo general, la primera excursión del día se hace poco después del amanecer. Se toma primero un desayuno ligero, tipo bufé, y en seguida se parte en busca de los animales. El vehículo utilizado en la mayoría de estos casos es una furgoneta Nissan Urvan, de techo abatible, con capacidad para seis u ocho personas. Dependiendo del éxito del safari matutino, éste se alarga hasta la hora de almuerzo, o se regresa a media mañana al hotel para hacer una segunda y corta salida hasta la hora de comer. Normalmente, el descanso del almuerzo se alarga hasta bien entrada la tarde, para que los turistas se bañen en la piscina o se relajen al sol. La última excursión del día se hace alrededor de las 16.00 h, para contemplar a la fauna antes del anochecer. Esta salida, como las anteriores, suele durar entre dos horas y dos horas y media.

De vuelta una vez más en el *lodge*, los turistas pueden disfrutar de la venida de animales en torno a la sempiterna charca o salina iluminada por focos que siempre está en las inmediaciones del refugio. Por las noches la gente se reparte entre la terraza orientada a la laguna y los salones de ocio del *lodge*, donde proyectan películas, o se improvisa una discoteca que ofrece en ocasiones actuaciones en directo.

Recomendaciones. Muchas de las personas que se hospedan en los *lodge*s son propensas a la propina fácil, destinada sobre todo a los conductores de las furgonetas, para que ignoren cualquier norma cívica o de circulación de las que rigen en el parque. Como el transporte se hace en furgonetas rápidas y manejables, la infracción más común es atravesar campo a través grandes extensiones de terreno, para disfrutar de la fauna en privado. Todavía peor es la costumbre de perseguir a los depredadores durante sus cacerías: no sólo se corre el riesgo de atropellar al animal, sino que es casi seguro que le espantaremos la caza. De hecho, esta actividad está tan extendida que, poco a poco, los depredadores de los parques más vistados (Masai Mara, Amboseli y Tsavo), están cambiando sus hábitos de caza, de modo que intentan abatir a sus presas durante las sofocantes horas del mediodía, que es cuando los adinerados turistas de los refugios se encuentran almorzando en el *lodge*.

Otro comportamiento absurdo detectable en los *lodges* es la cantidad de personas que tira comida a los animales. Como es muy sencillo permanecer en la terraza del *lodge*, a la vista de un buen número de ejemplares de varias especies, hay muchas personas que les arrojan pan, dulces, o restos de comida, para que se acerquen más, o ver tan sólo si el bocado les apetece. Está terminantemente prohibido dar de comer a los animales, ya que no sólo se les puede causar una indigestión, sino que podemos contagiarles alguna enfermedad con el alimento y provocar una epidemia.

Una última recomendación práctica es que no conviene dejar descuidado en las inmediaciones del *lodge*, y mucho menos en su terraza, ningún objeto de valor, como las gafas, la cartera, la bolsa del dinero, un reloj o cualquier otra cosa que no sea muy grande y brille bajo el sol. El motivo es que todos los refugios cuentan con una población propia de primates, normalmente babuinos, colobos o vervets, que son consumados ladrones de todo lo que encuentran a su paso. De todos modos, sus hurtos son disculpables, pues de algún modo se *cobran* el continuo entretenimiento que con sus gracias brindan a la concurrencia.

DE CÁMPING

La ventaja de los safaris de cámping sobre los de *lodge* es que el contacto con los animales no termina al caer la tarde. Las zonas reservadas para campamentos se encuentran en mitad de los parques, muchas veces junto a cañadas o senderos abiertos por los animales, por lo que se vive rodeado de fauna.

Las actividades de una jornada de safari comienzan al amanecer. Tras un desayuno liviano a base de café o té y galletas, se emprende la primera excursión del día. Durante todas las salidas el cocinero se queda al tanto del campamento, velando por su seguridad y preparando el almuerzo. La primera hora después del alba es la mejor del día para contemplar animales, pues las manadas de hervíboros se desplazan de un lado a otro en busca de alimento y los depredadores permanecen al acecho para cobrar una pieza. Alrededor de la nueve de la mañana, si no nos hemos alejado del *camp site*, se suele regresar para tomar un tentempié mas sólido, consistente en huevos revueltos, tostadas, salchichas y más café. La segunda salida de la mañana dura hasta mediodía, o hasta la hora que se prefiera, puesto que no se tiene obligación alguna de acudir a un turno de comidas. Generalmente se opta por volver de nuevo al campamento y almorzar, o si nadie tiene apetito, puede alargarse el safari, aprovechando que entre las 12.00 y las 15.00 h los parques quedan casi desiertos de vehículos. Cada vez es más frecuente que el cocinero haya preparado una bolsa de comida para tomarla sobre la marcha. Sin embargo, a esa hora hace mucho calor, y resulta complicado contemplar animales.

Antes de empalmar con el safari de la tarde, los conductores suelen llevar a sus grupos al *lodge* más próximo, para que se refresquen, estiren las piernas o tomen una cerveza. Por la tarde una última excursión nos lleva una vez más de vuelta al campamento, donde el cocinero tendrá a punto la cena para sus hambrientos comensales.

La vida en el campamento

La zona reservada para la acampada suele estar limitada por algunos hitos, troncos de árbol o piedras marcadas con alguna señal. Algunos campamentos tienen un alambre que lo rodea parcialmente, más que nada para evitar que los campistas instalen sus tiendas más allá de un área determinada. En la puerta de acceso al campamento hay en ocasiones una pequeña caseta donde suele dormir el encargado del recinto, que se encarga de controlar el tránsito de los visitantes, aunque su verdadero interés se centra más bien en que los turistas consuman los refrescos o cervezas calientes que guarda para su consumo.

De todos modos, en la mayoría de los campamentos nunca se encuentra personal del parque. A un extremo del recinto siempre hay un pozo de basuras, de cuya limpieza se encarga un servicio regular de la reserva. Muy pocos campamentos tienen duchas, ni lavabos, aunque siempre suelen contar con un par letrinas.

Aparte de las tiendas de campaña, las compañías de safari aportan mesas y sillas al material de cámping, que las más de las veces no son sino tablones desmontables que se ensamblan para formar bancos corridos y largas mesas en las que apoyarse para comer. Algunos camiones tienen una especie de añadido extensible en un lateral que hace las veces de cubierta protectora para la lluvia y el sol.

Higiene. En muchas ocasiones el estado de las letrinas es lamentable y las zanjas que se encuentran bajo ellas están cegadas, o hace semanas que no se limpian. Además, lo habitual es que las casetas que cubren las letrinas sirvan de alojamiento a miriadas de insectos, que se vuelven especialmente impertinentes cuando al mediodía las casetas se convierten en un horno, bajo los rayos del sol.

Para asearse, lo normal es recurrir a los cubos incluidos dentro del material de acampada.

Comidas. El cocinero se encarga de preparar en una parrilla colocada sobre una hoguera de carbón todas las comidas del día. Los menús suelen ser variados, si bien, empiezan a escasear en cantidad los últimos días de safari. La carne y el pescado siempre se consume en los dos días siguientes a la salida de una ciudad grande, pues es el tiempo máximo que pueden conservarlo las neveras portátiles que forman parte del equipo de acampada. Las comidas habituales consisten en huevos, sobre todo revueltos, patatas hervidas, verdura cocida, *chapatis*, ensaladas, carne picada, salchichas, guisos de carne con verdura, *ugali*, espaguetis, arroz aromatizado con hierbas y naturalmente, macedonia de frutas. En las cercanías del lago Turkana o en los parques del oeste del país se añade a la dieta algo de pescado, generalmente *tilapia o perca del Nilo.* El pan se compra con cuentagotas para que no se ponga duro. Siempre se lleva una buena provisión de leche, así como de té y café. Es habitual que los camiones llevan cajas de agua embotellada y, si no, el cocinero siempre tiene unos cuantos litros de agua hervida para que pueda ser consumida por los viajeros.

Comportamiento ante los animales. Lo más impresionante de hospedarse en un cámping en un parque nacional es que durante las 24 horas del día estaremos rodeados por la Naturaleza. Como mucho, sólo nos separará de ella la delgada tela de la tienda durante la noche.

Conviene recordar que una reserva de Kenia no es un zoo. Todos sus animales son salvajes y potencialmente, hasta el más pequeño de ellos, puede resultar peligroso. No conviene fiarse de las apariencias. Los accidentes provocados por los animales son muy raros, pero no inexistentes y casi todos ellos son resultado de alguna imprudencia por parte del hombre.

No debe extrañarnos que a la hora de montar el campamento seamos observados por un par de jirafas curiosas o que, de repente, una manada de cebras cruce a la carrera por las inmediaciones del campamento. En el momento que el cocinero comience a trabajar en la lumbre, es muy probable que aparezcan babuinos y otros monos por los alrededores, atraídos por el olor. Si acampamos cerca de una charca, es habitual que los hipopótamos abandonen el agua por la noche y salgan a pastar a escasos metros del campamento, sobre todo si lo hemos instalado en una zona de hierba. Los elefantes suelen ser muy curiosos y, aunque prudentes, no resisten la tentación de colarse entre las tiendas si algo les llama la atención (ver siguiente epígrafe).

Durante la noche, en casi todos los campamentos aparecen las hienas. Se han acostumbrado a la presencia del hombre de tal forma que se acercan sin recato hasta un par de metros de distancia, e incluso husmean con su hocico a las puertas de las tiendas. Más raramente, algún felino, sobre todo leones, se dejan caer por los recintos de los cámpings.

Los animales se acercan a los campamentos atraídos por el ruido de los humanos o el olor de la comida, pero nunca se aproximan a un cámping con intención de atacar. Conocen demasiado bien al hombre y aunque no pueden evitar la curiosidad de observarle, temen sus reacciones. Sea cual sea el animal que aparezca por el campamento, podemos estar seguros de que no nos hará ningún daño, a menos que le provoquemos, pero aún en ese caso, su primera intención será huir a la carrera. Si simplemente le observamos y no tratamos de intimidarle con gritos o amenazas, en seguida seguirá su camino como si nada hubiera pasado. De todas formas, los animales pueden reaccionar a veces de forma inesperada ante nuestra presencia. Si esto es así, podemos estar seguros de que de alguna manera les estamos provocando. Y para no cometer este error, más vale observar ciertas normas de seguridad.

Cómo NO provocar a los animales

No dejar nunca la tienda abierta. Supone una invitación para que se cuelen en su interior toda suerte de insectos y animales, sobre todo **vervets** y **babuinos**, que destrozarán nuestras pertenencias en cuestión de segundos y se llevarán cualquier cosa que les apetezca.

No alimentar a los animales. Nuevamente los **primates** son los más peligrosos. Si se les ofrece comida y es de su agrado, luego no habrá manera de quitárselos de encima, y no dudarán en dar un bocado a quien trate de arrebatarles el alimento.

No soprender a los animales. De madrugada, cuando nos alejemos del campamento para, por ejemplo, hacer nuestras necesidades, debemos llevar los ojos bien abiertos para no asustar o tropezar con algún animal que se encuentre agazapado entre la maleza. Los búfalos son los más susceptibles de atacar. Si molestamos a uno, emprenderá una rápida huida, para volverse poco después y cargar contra quien le haya perturbado. Y no es agradable empezar el día perseguido por un animal de 800 kilos...

No perder la calma si es el animal quien nos sorprende. Si al salir de la tienda nos encontramos con una hiena, un elefante, un hipopótamo, o incluso un león en el campamento, no debemos huir despavoridos, ni gritar a grandes voces, ni hacer gestos llamativos. El animal puede tomar como un reto estas acciones o, por el contrario, asustarse, y ya sea de un modo u otro, puede atacar para defenderse. Si logramos mantener la calma por unos escasos segundos, la única intención del animal será huir cuanto antes.

No dormir al aire libre. Pernoctar al raso en un saco de dormir le ha costado más de un disgusto a un campista, sobre todo porque las hienas no dudan en morder cualquier cosa que les huela a comida y que se encuentre inmóvil a ras de suelo.

No guardar nunca comida en las tiendas. Esto es algo que no debe hacerse bajo ningún concepto y, sin embargo, es el motivo que más sobresaltos produce habitualmente. El fino olfato de los animales les inducirá a curiosear donde huelan a comida. Como poco, podemos encontrarnos al volver del safari con una tienda desgarrada y, si estamos dentro, nos llevaremos un susto fenomenal al ver a una fiera al otro lado de la lona intentando abrirse camino. Los **elefantes** son especialmente peligrosos y su instinto les lleva a investigar todo aquello que les huela apetitoso. El cámping del parque de **Amboseli**, enclavado en mitad de una senda de elefantes, ha sido siempre muy famoso por los incidentes con los paquidermos. En la actualidad ha sido rodeado por una cable electrificado para evitar que estos grandes animales accedan a su interior, porque hace unos años, un cocinero que guardaba provisiones en su tienda fue lanzado a las ramas de un árbol por un elefante furibundo junto con su equipaje, su comida y la misma tienda.

No dejar víveres ni los recipientes que los han contenido al alcance de los animales. Toda la comida y las cazuelas, neveras, platos sin fregar, etcétera que haya en el campamento deben guardarse al caer la noche. El mejor sitio, sin duda, en el interior del vehículo, que siempre debe quedar cerrado. Si viajamos en camión, hay que desplegar los toldos y atarlos fuertemente por la noche para evitar que los animales se cuelen a husmear. Los felinos son especialistas en estos asaltos. En una expedición de hace años, un leopardo asaltó un camión mal cerrado a hurtadillas, se comió las provisiones y dejó como huella de sus fechorías bastantes cajas destrozadas y la marca de sus garras por todas partes. En otro safari, unas hienas se aprovecharon de unas neveras que estaban desprotegidas y se las llevaron hacia el interior del parque. Cuando las encontramos, estaban casi inservibles y mostraban la huella inconfundible de las poderosas mandíbulas de estos animales.

Observando la fauna

La mayor parte del tiempo que pasemos en las reservas lo invertiremos en la búsqueda de animales. Para que que un safari resulte satisfactorio no basta con salir a la sabana y esperar a que la fauna desfile ante nosotros. Kenia no es un *safari park*, lo que significa que los animales campean a su libre albedrío por todas partes. Ninguna compañía de safaris se comprometerá a mostrarnos sobre el terreno nuestras especies preferidas, pues es imposible aventurar si durante un día, dos, o incluso una semana, encontraremos a uno u otro animal. Lo que es evidente es que contra más largo sea el safari más posibilidades tendremos de ver un mayor número de especies. Así pues, mientras que las grandes manadas de cebras y ñus aparecen por todas partes, no será tan sencillo encontrar un leopardo y es muy difícil ver un licaón (perro salvaje). Esto es algo que debemos tener muy claro, pues no es difícil que terminemos un safari sin haber tenido un encuentro con ciertos animales. Habitualmente, éstos siempre están en constante movimiento, y por lo general, las especies favoritas de casi todos los visitantes (leones, guepardos, etc.) se encuentran ocultos entre la vegetación. Sin embargo, sí se puede asegurar que se va a ver leones si se va a Masai Mara y enormes manadas de elefantes en Amboseli, por ejemplo.

Si viajamos con un safari organizado, el guía-conductor conocerá todos los trucos necesarios para distinguir la posición de los animales, pero así y todo, somos nosotros quienes tenemos más posibilidades de otear el horizonte en busca de la fauna, pues no tenemos que estar atentos a la conducción. Si queremos que el safari sea un éxito, debemos observar ciertas normas de comportamiento y sobre todo seguir los instintos que nos marque el sentido común, pues nos ayudarán a mirar allí donde se encuentren los animales.

Hay que conducir muy **despacio** por el interior de los parques. La velocidad no sólo impedirá que nos fijemos en los alrededores, sino que espantará a muchos animales y a otros les hará ocultarse.

Durante los safaris es recomendable permanecer en **silencio**. A fuerza de costumbre, los animales se han habituado al ruido que producen los motores de los vehículos, pero la voz humana les intimida. Las risas, las exclamaciones o los gritos estridentes provocarán una estampida de la fauna que se encuentre cercana. Sólo nos daremos cuenta del escándalo fenomenal que supone una conversación en grupo cuando nos crucemos con otros vehículos y nos percatemos del alboroto que provocan. Por el mismo motivo, tampoco deben llevarse encendidas radios o casetes durante las excursiones.

Mientras que las manadas de hervíboros suelen mostrarse abiertamente, los carnívoros se ocultan entre los arbustos o la alta vegetación. Si sospechamos que hay leones en la zona, debemos fijarnos con detenimiento si sobresalen un par de orejas por encima de los matojos. Hay que fijarse bien, pues el mimetismo de los felinos entre la hierba es soberbio. Por ello, el uso de unos prismáticos resulta imprescindible para asegurarse de que no pasamos de largo ante algunos ejemplares.

Los árboles, y sobre todo las espinosas **acacias,** son el refugio predilecto de los **leopardos**. Deberemos buscar entre la frondosidad de sus ramas una cola colgando indolente que delate la presencia del animal.

En las calurosas horas del mediodía, sobre todo en parques como **Amboseli** o **Masai Mara**, donde hay sabana abierta, debemos fijarnos en todas las **sombras** que encontremos por el camino, ya sean producidas por un árbol, una piedra, o un matojo. Bajo ellas se refugian los animales del sol abrasador. Si descubrimos una hiena, un licaón, o incluso un león, hemos de permanecer muy atentos, pues como estas especies suelen ser gregarias, lo más probable es que haya otro especimen por los alrededores, probablemente bajo otra sombra cercana.

Los promontorios del terreno, como termiteros, islotes de piedras, o montículos de arena, son los miradores favoritos de los guepardos. Desde ellos vigilan el entorno y permanecen atentos a la aparición de caza.

Si observamos una manada grande de herbívoros (cebras, gacelas, etc.), en la que todos sus ejemplares miran hacia un punto fijo y hacen cortos y nerviosos desplazamientos, podemos dar por seguro que hay un carnívoro por los alrededores, que se encontrará preferentemente en la dirección que marcan los animales.

Los **buitres** volando en **círculos** en el cielo no implican necesariamente que bajo ellos se encuentre un animal moribundo o una carroña. Sin embargo, si permanecen apostados en un árbol y poco a poco van llegando más aves, es posible que en las cercanías haya muerto un animal o se haya producido una cacería por depredadores.

En zonas de frondosa vegetación, la presencia de **babuinos** u otros pequeños monos que trepen precipitadamente a los árboles y muestren síntomas de **excitación** suele indicar la presencia oculta de algún felino, por lo general, un leopardo.

Si nos aproximamos a cualquier animal, es conveniente apagar el motor. Mientras permanezcamos en silencio, no le pondremos nervioso y continuará indiferente. Si nos desplazamos en una furgoneta, basta advertir verbalmente al conductor que se detenga. Inmediatamente, quitará el contacto. Si viajamos en camión, lo normal es que tenga uno o dos pulsadores en el habitáculo de los turistas para indicar «alto» al chófer mediante una luz o *chicharra* en la cabina.

En las proximidades de una charca, lo mejor es mirar con detenimiento a ras del agua. Quizá afloren burbujas a la superficie o sobresalgan unos ojillos redondos y tras ellos un par de orejas, evidencias que delatan un **hipopótamo** sumergido. Otras veces, simulan ser enormes pedruscos en mitad de un charco. Si la *piedra* muestra terribles arañazos en su costado, es seguro que se trata del lomo de este orondo animal y los arañazos no son sino heridas producidas en sus combates jerárquicos.

En todo momento, la mejor recomendación es mirar, mirar y mirar. Tener los prismáticos siempre dispuestos y escudriñar hacia todos lados. Las copas de los árboles también pueden albergar buitres que parecen acumulaciones de vegetación, o cantidad de primates, que parecen frutos colgando.

Seguridad durante los safaris

Muy raramente se producen accidentes que impliquen a personas o animales durante los safaris. En realidad, y si nos atenemos al comportamiento de una buena parte de los visitantes, casi parece un milagro que no ocurran más a menudo. La norma fundamental para evitar incidentes es mantener una actitud de respeto absoluto hacia la fauna y el medio ambiente. Son los animales quienes están en su casa y nosotros somos los huéspedes, aunque a pesar de ello, será más fácil que el hombre dañe al animal que al contrario. Pero en cualquier caso, se puede convivir apaciblemente con la fauna (y ellos con nosotros) con tan sólo cumplir unas simples recomendaciones para mutua seguridad:

Todos los animales tienen un área de seguridad. Cuando nos detengamos junto a algún espécimen o manada, debemos comprobar que permanecen tranquilos e indiferentes. Si se alteran por nuestra presencia, en ocasiones es suficiente hacer avanzar el vehículo un par de metros para que todo vuelva a la calma.

Si hay uno o dos vehículos estacionados junto a algún animal, debemos detenernos a una distancia prudente de ellos y esperar a que se marchen antes de aproximarnos nosotros. Nunca hay que rodear a los animales.

Cuando encontremos una manada con crías de corta edad debemos extremar las precauciones. Los elefantes son quizá los animales más peligrosos en esta situación. Si se molestan por nuestra llegada, cierran filas en torno a los pequeños y en seguida plantan cara a los agresores. Una vez más, basta con alejarse unos metros para que no se produzca un ataque. Si estamos mal situados y no podemos huir con rapidez, un buen procedimiento es acelerar el motor del vehículo en punto muerto. El sonido desconcierta a los animales, que dudan en acercarse. Cualquier animal tratará siempre de escapar antes de decidirse a la lucha.

Si a pesar de estar bien situados y mantenernos a una distancia prudente, el animal que contemplamos se muestra nervioso, hay que marcharse sin demora lo más rápidamente posible.

No se debe jugar a héroes y llevar el cuerpo colgando por el exterior del vehículo. El peligro de esta actitud no reside únicamente en que un animal pueda atraparnos -lo que puede ocurrir-, sino que lo más probable es que a un movimiento brusco producido por un bache o un volantazo, salgamos despedidos y demos con nuestro huesos en tierra.

Nunca hay que salirse de los caminos marcados. En todos los cruces hay señalizadores que indican la ruta para acceder a las distintas áreas de la reserva, la dirección en que se encuentran los *lodges*, los campamentos y las puertas oficiales de entrada y salida del parque. Así pues, es muy difícil perderse. Pero si lo hacemos y optamos por acortar el recorrido circulando fuera de las pistas, no sólo nos perderemos más, sino que además degradaremos el terreno, aplastaremos nidos y vegetación y hasta es posible que atropellemos algún animal. Ciertas especies son muy peligrosas en campo abierto: los búfalos y los rinocerontes negros son extremadamente violentos si se sienten agredidos y cualquiera de ellos puede volcar un todo-terreno con facilidad si lo embiste de costado.

Si se tiene la inmensa fortuna de contemplar a unos depredadores de caza, debemos detener el vehículo y no interferir en sus acciones. Si se salen de nuestro campo visual, mala suerte, pero bajo ningún concepto hay que perseguirlos a toda velocidad. Si la cacería la hace un guepardo podemos dar por hecho que sólo podremos seguirla con unos prismáticos.

Cuando nos encontremos con un grupo o una manada de animales que estén cruzando nuestro camino, debemos cederles el paso y, mejor aún, detener el vehículo para evitar una estampida. Si algún ejemplar está acostado en mitad de la carretera hay que tratar de rebasarlo muy despacio, a una distancia prudente. Si se trata de un búfalo, conviene estar muy atento a sus reacciones, pues puede revolverse en un metro y embestir contra el vehículo.

En el caso de sufrir una avería, un pinchazo o si se siente la imperiosa necesidad de ir al baño durante el safari, hay que parar en un lugar que permita una excelente visibilidad en todas las direcciones. Si se trata de un problema mecánico, hay que solucionarlo cuanto antes y, si esto no es posible, hay que esperar a que aparezca otro vehículo para que nos eche una mano. Esta es una obligación de cortesía que acepta todo el mundo que va de safari. Nunca debemos marcharnos a pie en busca de ayuda. En cualquier caso, sólo deben echar pie a tierra las personas necesarias que participen en la reparación.

Algunos parques poseen ciertas zonas de descanso junto a ríos, charcas o arroyos, donde es posible estirar las piernas. Lo más conveniente es estos casos es no arrimarse mucho al agua, pues al fango no sólo puede contagiar bilarziosis, sino que a lo mejor oculta a algún cocodrilo a la espera del almuerzo. Estos saurios son muy prudentes y en cuanto huelen un humano huyen despavoridos; sin embargo, es preferible no bajar la guardia, sobre todo en las inmediaciones del lago Turkana, donde los nativos siempre nos contarán la historia de algún pescador que hace poco ha acabado en las fauces de un cocodrilo. Los hipopótamos también pueden resultar peligrosos si se les molesta. Durante las horas de sol suelen estar sumergidos, y escapan en seguida ante la vista del hombre. Sin embargo, los kenianos tienen un lema para el caso de que nos encontremos con uno de estos ejemplares en tierra firme: «Nunca te interpongas entre un hipopótamo y el agua». Si da la casualidad que vemos uno fuera de una charca o un río, más vale dejarle espacio libre para que vuelva al agua.

Fotografiando animales

Afortunadamente, las miras telescópicas de los rifles con las que los cazadores apuntaban a los animales en el pasado han sido reemplazadas por precisos instrumentos de óptica cuyo único fin es lograr soberbias instantáneas de la fauna africana.

La cámara fotográfica siempre debe estar lista para captar cualquier inesperado motivo que aparezca ante nosotros. Lo habitual es llevarla permanentemente preparada con el objetivo zoom de largo alcance y disponer de abundante cantidad de película (ver apartado de Fotografía, en *Información general*). Ciertos parques, como Amboseli, son muy polvorientos, mientras que otros se distinguen por su humedad, como el Aberdare, por lo que en ambos casos es conveniente mantener la cámara lo más protegida posible durante los traslados. Algunas personas la guardan dentro de una bolsa isotérmica de las que se utilizan en los mercados para transportar comida congelada, con un buen resultado. Si en mitad de un safari tenemos que reemplazar la lente o el objetivo, hemos de hacer el cambio con toda rapidez o el diafragma, el obturador y el visor interno de la cámara se llenarán de porquería. La misma precaución es recomendable a la hora de enganchar un carrete, si no queremos que el mecanismo de arrastre se obstruya con granos de arena.

Si efectuamos un safari de tres, cuatro o más días, no conviene precipitarse y gastar película a lo tonto durante los primeros encuentros con la fauna. Al principio, dispararemos la cámara sin ton ni son, aunque un animal se encuentre a un centenar de metros, de espalda y medio oculto por la vegetación. Este ansia fotográfica sólo conduce a gastar inútilmente carrete en instantáneas malas y pobres. La mejor recomendación es tener paciencia. Tendremos muchas y variadas ocasiones de retratar a las especies más comunes, cebras, gacelas, jirafas, ñus, facoceros, e incluso búfalos y elefantes tantas veces como nos dé la gana. Los carnívoros, y sobre todo los felinos, son más difíciles de localizar. No obstante, es curioso que cuando se da con ellos, suelen acercarse a escasos metros de los visitantes, lo que permite tomar excelentes fotografías.

Las mejores instantáneas se hacen a vehículo parado, evitando las vibraciones que entorpecen el enfoque con objetivos para largo alcance; ya no digamos si se usa un duplicador. El uso de minúsculos trípodes para que no tiemble el pulso reduce este problema, siempre y cuando encontremos en el techo de la furgoneta o en el lateral del camión un sitio donde apoyarlos. Los animales no son *vedettes* en una sesión fotográfica. Pueden darnos la espalda, mantener la cabeza agachada o moverse continuamente. Mucha gente se queja de que siempre se dan la vuelta cuando nos acercamos. Se trata de una cuestión de lógica: el animal se aleja sin mayor problema de esos pesados motorizados que le acosan continuamente, y al marcharse, lo normal es que nos muestre el trasero.

No se debe llamar la atención de los animales para que miren hacia el vehículo, ya sea con ruidos, gestos o chistándoles, como si fueran vacas en una granja. La mejor fotografía se obtiene, una vez más, con paciencia, y si esperamos un poco, será casi seguro que el animal mirará a la cámara, bostezará –en el caso de los leones- o adquirirá la postura precisa para tomar una excelente instantánea.

PARQUES Y RESERVAS NACIONALES

Los entornos naturales de Kenia figuran entre los más importantes del mundo debido a la riqueza de la fauna de sus parques nacionales y a la diversidad de sus paisajes. Algunas de sus reservas ocupan vastas extensiones de terreno que albergan gran cantidad de especies, varias de las cuales cuentan por sí mismas con más de un millón de ejemplares. Otras, por el contrario, son pequeños reductos naturales creados para la protección de un animal determinado o para la simple conservación del paisaje.

Medio ambiente. En cualquier caso, los parques y reservas de Kenia son los más visitados de África, y esta popularidad es la responsable al mismo tiempo de dos consecuencias opuestas para la conservación de la Naturaleza: por un lado, las divisas aportadas por los cientos de miles de visitantes permiten unas buenas condiciones para mantener los parques; pero, por otro, esa misma afluencia de turistas contribuye a la degradadación del medio ambiente.

La industria turística en Kenia sustenta la mayor parte de la economía del país, tras haber desbancado de ese primer puesto a la del café, y aporta anualmente algo más de 200 millones de dólares.

Los principales problemas medioambientales que causan los turistas en las zonas protegidas es el enorme consumo de leña para hacer fuego –se calcula que cada *lodge* y campamento en Masai Mara consume una media de cien toneladas de leña al año- y la irrupción de vehículos fuera de las rutas marcadas, para poder observar mejor la fauna.

Otro quebradero de cabeza para las autoridades medioambientales del país –o, más probablemente, para los expertos- es la caza furtiva. La abundante fauna de las reservas ha sido diezmada durante años por furtivos que, previo pago de un soborno a un funcionario corrupto, disparaban indiscriminadamente contra cualquier animal que encontrasen a su paso. Ciertas especies, como el rinoceronte, han sido llevadas al borde de la extinción para conseguir su preciado cuerno, que alcanza precios altísimos en algunos mercados de Asia y el Golfo Pérsico, donde se utiliza –erróneamente- machacado en polvo como afrodisiaco. De las dos especies que existían en Kenia, el rinoceronte blanco se encuentra en la actualidad totalmente extinguido, y un intento de repoblación de este animal que se efectuó hace unos años en el parque nacional de Meru, fue abortado rápidamente por cazadores furtivos, que asesinaron al poco tiempo al equipo de cuidadores y mataron a los animales.

Los pocos ejemplares que aún quedan de rinoceronte negro son tratados como reliquias vivientes, aunque la escasez de su número y sus delicadas pautas de reproducción no auguran por sí mismos un buen futuro para la perpetuidad de la especie.

El elefante, sin embargo, que era otro de los animales que había visto menguar su número de ejemplares en tres cuartas partes en la segunda década del siglo XX, en los últimos años ha experimentado una mejora considerable en África Oriental. Pero todavía se ve afectado por el furtivismo, ya que el marfil es muy codiciado en ciertos países árabes y de Extremo Oriente. Así, en algunos parques, como Tsavo, los elefantes se han vuelto ariscos ante la presencia del hombre, pues han aprendido con rapidez el riesgo que representa el ser humano, y no dudan en arremeter contra los vehículos de turistas que se les acercan inconscientemente.

Pero el elefante también representa un serio problema para la conservación en África, por sus hábitos destructores de plantas y árboles. Si observáis a uno de estos animales, pasa gran parte del día derribando árboles para alimentarse de las hojas y afilando sus colmillos contra la corteza de los troncos. Las toneladas de flora destruidas cada día son un número estremecedor, y ello favorece las teorías de quienes propugnan en lugares como Suráfrica que hay que establecer una cuota de animales para ser ejecutados cada año. Quienes replican que la naturaleza se ha regulado siempre por sí misma sin intervención del hombre y sin problemas, se encuentran con la respuesta de que hasta el siglo XX los elefantes se movían libremente por toda África Central y del Sur, pero desde entonces se ven confinados en determinados espacios naturales, cuyo entorno concentra toda la destrucción que los paquidermos provocan.

La población flotante de cazadores furtivos de Kenia aumentó vertiginosamente a finales de la década de los setenta, cuando las violentas guerras y sequías en los países del cuerno de África, Somalia y Etiopía obligaron a muchos de sus ciudadanos a buscar cobijo en las naciones vecinas. Los somalíes, armados con rifles automáticos, se asentaron en la vertiente oriental de Kenia y rápidamente se dedicaron a abatir animales de forma descontrolada, sumándose a las matanzas enloquecidas de los cazadores locales para conseguir, sobre todo, marfil y cuernos de rinoceronte. En un recuento por aquellas fechas, se estimó que había más de 1.500 furtivos operando a un tiempo en el parque de Tsavo. En su forma particular de salir de la pobreza, los desahuciados extranjeros hicieron tambalearse a las empresas turísticas y a las espectativas económicas del Gobierno.

Las drásticas medidas que tomaron las autoridades, que prohibieron el tráfico del marfil en Kenia en 1989 y dotaron a las zonas protegidas de tiradores experimentados, con buenos vehículos y armas equivalentes a las de los furtivos, comenzaron a equilibrar la *guerra del furtivismo*. Muchas naciones extranjeras se inmiscuyeron en estos planes proteccionistas y prestaron al país ayuda logística, a cambio de que las autoridades kenianas mantuvieran una actitud inflexible sobre la caza ilegal de animales. Los corruptos funcionarios que extendían licencias de caza irregulares fueron expulsados de sus puestos y patrullas especializadas de vigilancia, entrenadas en Occidente, comenzaron a recorrer las reservas en busca de los peligrosos furtivos.

Desde 1990, la situación ha mejorado bastante y la fauna goza de una protección como nunca antes había tenido. A pesar de ello, muchas especies, como los leones, han desaparecido de parques donde hace unos años podían verse a centenares.

El férreo control extendido por las reservas ha provocado, sin embargo, una consecuencia tan lamentable como la matanza de animales: el asalto a los turistas. Aunque fuerzas paramilitares nacionales velan por la seguridad de los visitantes, los parques de la región este del país, sobre todo Meru y Tsavo East, han adquirido fama de peligrosos debido a los asaltos que sufren los vehículos por parte de los bandidos.

Incidentes graves, como la muerte de algún extranjero, no han pasado de cotas insignificantes, pero han supuesto un nuevo revulsivo a las reticencias de los occidentales, bien a visitar el país, o bien a concentrarse únicamente en las zonas más seguras de Kenia: la costa y toda la franja sur comprendida entre Nairobi y la frontera tanzana. Esto implica una cierta masificación, sobre todo en temporada alta, de los grandes parques como Amboseli o Masai Mara.

Hacer un safari es mucho más que salir de viaje. Es permanecer en contacto continuo con la naturaleza y enfrentarnos tarde o temprano con una serie de incomodidades que nunca encontraríamos en la gran ciudad.

Es posible integrarse en el paisaje y su fauna sin apenas causar daño. Es labor de todos contribuir a que los parques, la vegetación, los animales y todo el entorno de las reservas naturales de Kenia permanezcan inmutables durante muchos años.

LOS PARQUES NACIONALES

ALOJAMIENTO

Debido a que se debe hacer una reserva previa para hospedarse en los *lodges* y los campamentos de lujo o *tented camp* de los parques antes de emprender el safari, todos los números de teléfono que se facilitan de estos alojamientos en el apartado *Dónde dormir*, pertenecen a las oficinas centrales de las cadenas hoteleras de Nairobi que administran estos establecimientos. Las tarifas orientativas de los *lodges* siempre reflejan el precio de estancia por noche en habitación doble y con pensión completa.

PARQUES Y RESERVAS DEL SUR

RESERVA NACIONAL MASAI MARA

Es la reserva más rica e interesante de Kenia. Situada en el extremo sudoccidental del país, se extiende sobre una superficie de 1.800 kilómetros cuadrados y su sector más meridional limita con Tanzania.

Masai Mara es, en realidad, la prolongación por el norte del inmenso parque de Serengeti, ubicado en territorio tanzano. Ambos entornos naturales comparten un mismo ecosistema y una fauna común, que en determinadas épocas del año se traslada de uno a otro país sin afectarle los ficticios límites fronterizos impuestos por los intereses políticos de los hombres.

Mara, como se la conoce popularmente, está enclavada en mitad del territorio tradicional de la tribu masai, de la que toma su nombre. Al no gozar del estatus de parque nacional, los guerreros pastores viven agrupados en sus *manyatas,* o poblados, en la misma reserva, a lo largo de la cual apacentan sus rebaños de vacas. Algunos de estos *manyatas*, sobre todo en el sector este de Masai Mara, han abierto sus puertas a los turistas y permiten a los visitantes el acceso a sus cabañas y el contacto con sus habitantes. Hay un poblado masai abierto de forma permanente para su visita, junto a la entrada Oloolaimutia, en el sector oriental de Mara, la zona que acoge a la mayor parte de los turistas que vienen de Nairobi por carretera.

Casi todos los viajeros que visitan Kenia pasan por Masai Mara, ya que en esta reserva puede contemplarse enormes concentraciones de animales, inexistentes en cualquier otro parque del país, y también porque hay una seguridad casi absoluta de ver leones.

En sus vastas sabanas pueden observarse a un tiempo grandes manadas de herbívoros de diversas especies junto a clanes de depredadores al acecho, desplazándose conjuntamente mientras completan su ciclo vital. Entre los animales más comunes que se ven en Masai Mara están los **ñus** y las **cebras** como grandes protagonistas. **Búfalos** y **elefantes** tienen una nutrida representación en Mara, así como las **gacelas de Grant** y **de Thomson**, los **alcélafos de Coke**, **impalas**, **oribís**, **topis**, **elands**, **duikers**, **cobos**, **jirafas masai**, **dik-**

diks, facoceros, **klipspringers**, **hiráceos**, **hipopótamos**, **cocodrilos**, **vervets** y **babuinos**. Sólo quedan menos de 40 **rinocerontes** en la reserva, y hay que ser muy afortunado para verlos.

Entre los carnívoros, destacan el **chacal rayado**, el **serval,** la **mangosta** y la **hiena moteada**. Los felinos suelen encontrarse en grandes grupos en Masai Mara, sobre todo los **leones**, a los que no es difícil verlos de caza. **Leopardos** y **guerpardos** resultan más escurridizos para su observación, si bien con tiempo suficiente, tendremos muchas posibilidades de encontrarlos. En lo que respecta a las aves, se calcula que hay algo más de 450 especies distintas en Mara, entre las que destacan los **avestruces**, **buitres**, **marabúes**, **turacos**, **calaos**, **gallinas de Guinea**, **águilas marciales**, **estorninos** y **avutardas kori**.

La migración anual de los ñus. Pero además de esta impresionante diversidad zoológica, la reserva acoge uno de los acontecimientos más fascinantes de todo el mundo animal: la migración anual de los ñus. Más de un millón y medio de estos animales se desplaza anualmente a las llanuras de Masai Mara en busca de pastos frescos procedentes de las desecadas tierras de Serengeti durante las meses de julio y agosto. El éxodo de estos animales es uno de los espectáculos más impresionantes que puedan imaginarse: filas de miles y miles de ñus que se pierdien de vista en el horizonte cruzan la polvorienta sabana para encontrar alimento. Otras especies, fundamentalmente cebras y gacelas, acompañan a los ñus durante su viaje en una cantidad estimada de medio millón de ejemplares.

Además, miles de carnívoros trasladan sus áreas de caza al seguir a los animales en su migración y, tras ellos, cerrando filas, les siguen los **carroñeros**, dispuestos a limpiar la llanura de todos los restos que se encuentren a su paso. Si la visita a Kenia se hace durante estos meses, no hay que desaprovechar la oportunidad de asistir a uno de los acontecimientos naturales más increíbles que nunca se haya visto.

En octubre, cuando los pastos de la reserva se han empobrecido y los ríos Mara y Talek son incapaces de mantenerlos verdes, los ñus regresan al sur, a Serengeti, donde las llanuras comienzan a recuperar su frescor. Allí darán a luz a sus nuevas crías y permanecerán hasta el año próximo, en que volverá a repetirse el ciclo.

En el extremo occidental del parque se encuentra la escarpadura de **Oloololo**, que sirve de límite a la reserva y es la zona más agreste y salvaje de todo su territorio. Las concentraciones de animales en este sector son elevadísimas y, debido a su lejanía con las principales puertas de acceso a Masai Mara, no son muchos los vehículos que se adentran hasta este área, cuyo terreno es tan abrupto que se vuelve intransitable durante la estación de las lluvias. Por el contrario, la franja oriental de la reserva, al encontrarse más cercana a las vías de comunicación que unen Nairobi y Mara, suele estar atestada de visitantes, y

R. N. Masai Mara

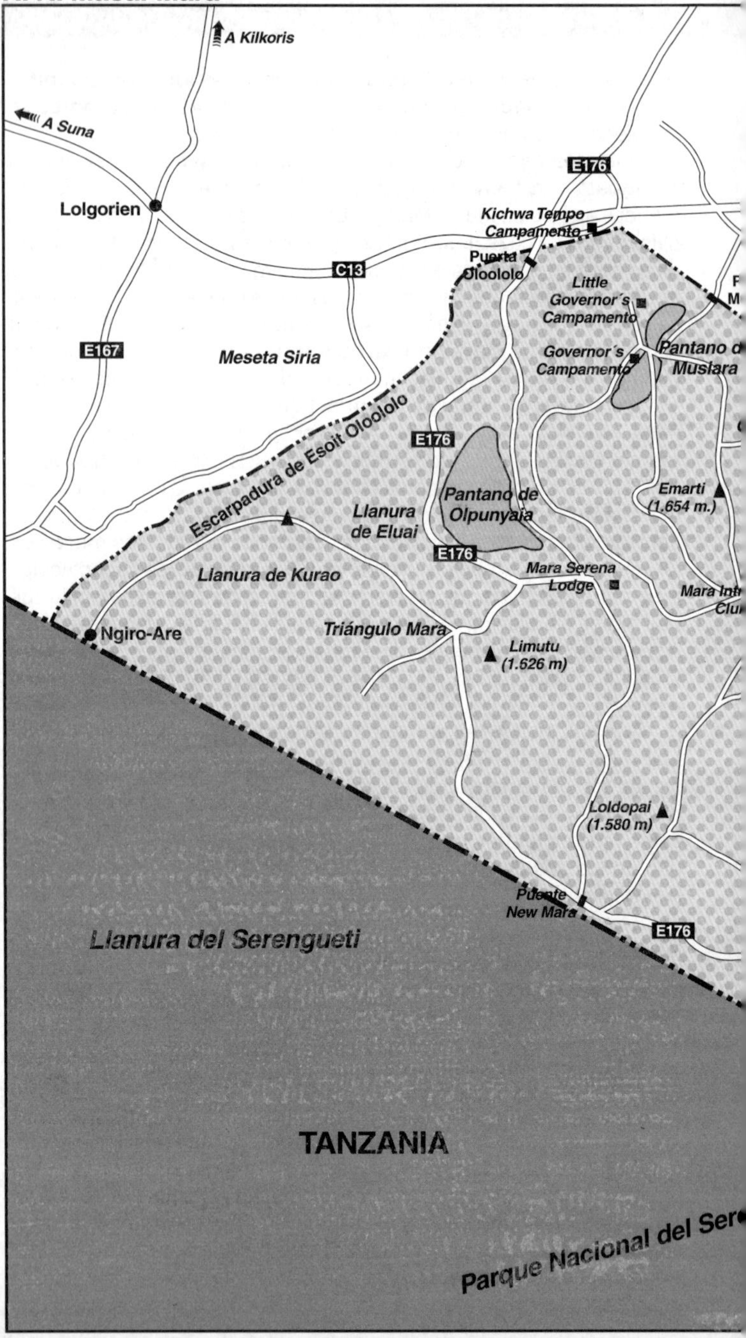

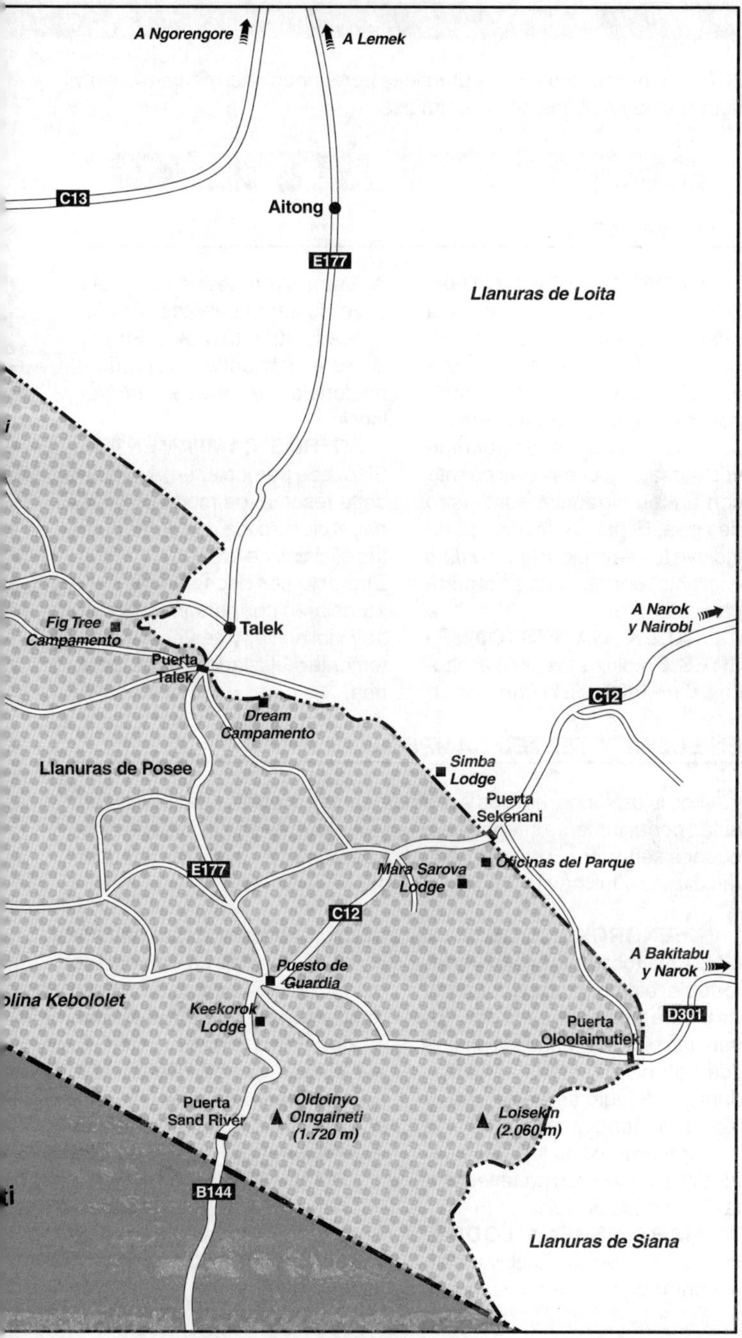

A Ngorengore
A Lemek
C13
Aitong
E177
Llanuras de Loita
Fig Tree Campamento
Talek
Puerta Talek
Dream Campamento
A Narok y Nairobi
C12
Llanuras de Posee
Simba Lodge
Puerta Sekenani
E177
Mara Sarova Lodge
Oficinas del Parque
C12
Puesto de Guardia
A Bakitabu y Narok
olina Kebololet
Keekorok Lodge
D301
Puerta Oloolaimutiek
Puerta Sand River
Oldoinyo Olngaineti (1.720 m)
Loisekin (2.060 m)
B144
ti
Llanuras de Siana

en ocasiones se producen auténticas peregrinaciones de camiones y land-rovers en busca de los animales.

DÓNDE DORMIR

EN CÁMPING

OLOOLAIMUTIEK CAMPSITE. Situado junto a la puerta del mismo nombre, en el vértice oriental de la reserva, este cámping es el más frecuentado por los viajeros de bajo presupuesto. Está regentado por nativos masai. En ocasiones cuenta con un muy irregular suministro de agua. El precio de acampada incluye los servicios de un *askari* (vigilante) permanente en el campamento.

TALEK GATE'S CAMPSITES. Emplazados junto al cauce del río Talek, en la franja norte de Masai Mara, se encuentra una serie de campamentos oficiales alineados uno tras otro. Su precio es el habitual en los parques nacionales, y carecen de vigilancia.

OTROS CAMPAMENTOS. Se puede pernoctar en el exterior de la reserva, de modo provisional, al pie de cada una de las puertas oficiales de acceso al parque. El precio por noche es de unos 15 dólares por persona, pero no hay vigilancia, y se ven frecuentemente molestados por los ladrones.

EN *LODGE* Y *TENTED CAMPS*

Los lujosísimos refugios y campamentos especiales de Masai Mara están perfectamente integrados en su medio ambiente y gozan de muy buenos servicios. El precio medio por persona es a partir de 100 dólares diarios y los hay mucho más caros.

KEEKOROK LODGE. ☎ 54 07 80, Nairobi. Muy lujoso y confortable, alojamiento en cabañas de piedra y madera de cedro. Posee una piscina y brinda la posibilidad de hacer safaris en globo. Junto al refugio se encuentra el Keekorok Tent, que es la versión en campamento de lujo del establecimiento. Ambos pertenecen a la cadena Block Hotels.

MARA SERENA LODGE. ☎ 71 10 77, Nairobi. Enclavado en el centro de la reserva, su construcción y decoración se han hecho a semejanza de un poblado masai. Dobles a partir de 100 en temporada baja y de 160 en alta.

MARA SAROVA LODGE. ☎ 71 33 33, Nairobi. Cerca de la puerta Sekenani, buenos servicios y piscina. Dobles a 120 dólares en temporada baja y 200 en alta.

SIANA SPRINGS. ☎ 75 02 98, Nairobi. A 15 kilómetros de Sekenani, un lujoso *tented camp* con tiendas a 180 dólares en baja y 280 en alta.

GOVERNOR'S CAMP. ☎ 33 18 71, Nairobi. Este campamento de lujo se encuentra en el límite superior occidental del parque. Es muy cómodo y entre sus servicios destaca el alquiler de canoas con guía para navegar por el río Mara. Dos personas tienen que pagar unos 400 dólares por noche.

Cerca de la Entrada Talek hay tres campamentos permanentes con tiendas que cuestan 110 dólares y 200 en alta, en el caso del **Fig Tree Camp** (☎ 22 14 39, Nairobi); 173 y 325 en el **Mara Intrepids Club** (☎ 71 66 28, Nairobi) o los 160 del **Dream Camp** (☎ 57 21 393, Nairobi).

Fuera de los límites de la reserva, al norte de la puerta Oloololo, se encuentran algunos *lodges* muy caros, como el **Mara River Camp** (☎ 33 16 84, Nairobi) y el **Kichwa Tembo Camp** (☎ 75 02 98, Nairobi).

Además, en **Narok**, un pueblo en la carretera y principal vía de acceso a Mara, se puede dormir en el **Hotel Spear** (☎ 22 035). Es un edificio blanco que provee agua caliente por las mañanas, con restaurante y cuyo director, Jonathan Munuve, os brindará toda la ayuda que pueda.

CÓMO LLEGAR

En avión. La compañía privada Air Kenya Aviation tiene dos vuelos diarios entre el Wilson Airport de Nairobi y Masai Mara. El precio aproximado en el 2001 era de 100 dólares o 170 ida y vuelta.

Por carretera. No existen servicios regulares de autobús entre Nairobi o cualquier otra ciudad y Masai Mara. Lo más recomendable es acceder a la reserva mediante un vehículo propio o inscrito en un safari organizado. Desde Nairobi hay que seguir la carretera B3 hacia el oeste, hasta llegar a la población de Narok. Desde allí hay que continuar hacia el sur por pistas de tierra que desembocan en Masai Mara. Otra opción es llegar al parque desde la región oeste del país. En ese caso la ruta pasa por la localidad de Kisii y prosigue por pistas terreras hasta alcanzar la reserva.

PARQUE NACIONAL AMBOSELI

El motivo principal que ha convertido a Amboseli en el segundo parque más visitado del país, después de Masai Mara, es el impresionante telón de fondo que constituye la majestuosa imagen del Monte Kilimanjaro (5.895 m) sobre el límite meridional de la reserva y al otro lado de la frontera tanzana.

La ilusión de casi todos los viajeros es plasmar en un solo encuadre la figura de un elefante o una jirafa con la silueta recortada ante la

P. N. de Amboseli

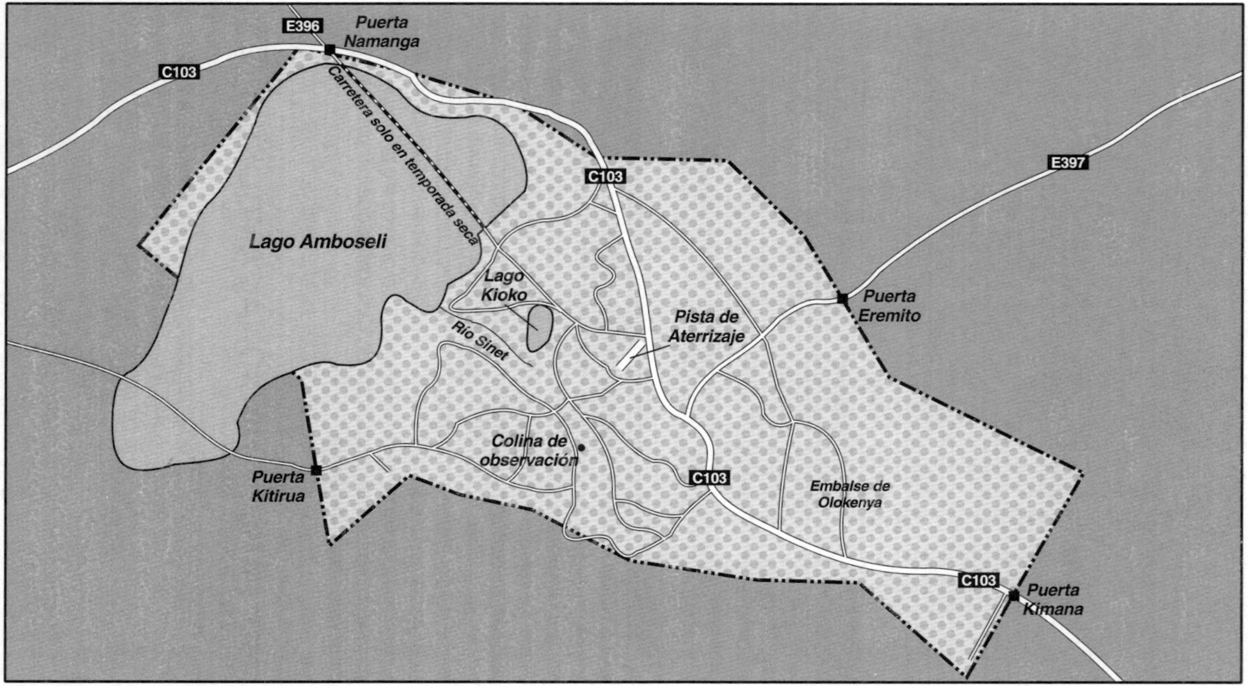

imponente mole de la montaña más alta de África, de cumbres siempre nevadas.

Pero en la mayoría de las ocasiones, la contemplación del volcán se reduce a un fugaz vistazo, pues su cumbre suele permanecer oculta por una tupida pantalla de nubes.

Amboseli es a un mismo tiempo parque nacional y reserva. Esta ocupa una extensión de 3.200 kilómetros cuadrados, de los cuales, 392 gozan de la condición de parque nacional. Los masai, tradicionales habitantes de este territorio, fueron expulsados de este pequeño reducto, si bien siguen pastoreando sus vacas, cabras y ovejas, por la restante superficie de la reserva. Algunos de sus *manyattas* (poblados) más próximos a las puertas del parque están experimentando una tímida apertura hacia la industria turística.

De momento, la visita a los poblados massai en Amboseli responde únicamente a acuerdos particulares convenidos entre un portavoz del *manyatta* y algún grupo de turistas que se haya detenido en los alrededores.

En lengua masai, *Amboseli* significa «viento del diablo», y esta denominación es debida a los continuos e inesperados torbellinos que surgen de la nada y se alzan rápidamente hacia el cielo. La extrema sequedad de esta reserva y el tremendo calor que suele asolarla, provocan estos fenómenos atmosféricos, que cobran más fuerza en las horas cercanas al mediodía.

El clima del parque es muy seco, por lo que su suelo sufre continuamente un alto grado de erosión. De hecho, el mismo lago Amboseli, situado en la vertiente occidental del parque, no es más que una llana, árida y salina extensión de terreno que sólo alcanza un mínimo nivel de agua los años en que las lluvias se precipitan en tormentas torrenciales. Como consecuencia de ello, Amboseli es también extremadamente polvoriento. Sin embargo, en los últimos años, un curioso fenómeno está haciendo aflorar nuevas ciénagas y lagunas en el corazón del parque. Parece ser que el motivo que produce estas filtraciones es el deshielo de los grandes glaciares del Kilimanjaro, cuyas aguas se canalizan en corrientes subterráneas que salen a la superficie en mitad del parque.

Naturalmente, estos cambios hidrológicos están cambiando lentamente el ecosistema de Amboseli, hasta el punto de que buena parte de su extensión podría quedar anegada.

La fauna de este lugar ha sufrido repetidamente los estragos de la caza, la sequía y la desidia del hombre. A pesar de ello, será fácil encontrar en el parque **elefantes** –enormes manadas-**, búfalos, gerenuks**, **reduncas**, **impalas**, **facoceros, jirafas**, **gacelas de Grant y de Thomson**, **oribís**, **antílopes jeroglíficos**, **cobos**, **dik-diks**, **cebras** y **ñus**. Desgraciadamente, el gran antílope **eland** y su pariente menor, el **kudú**, casi han desaparecido de este entorno.

En cuanto a los animales carnívoros, no tendremos problema alguno en toparnos con **chacales** o **hienas moteadas**. Sin embargo, habremos de buscar mucho para dar con algún **guepardo**. Los **licaones** o perros salvajes aparecen a veces en la franja meridional del parque, aunque esta especie se deja ver cada día en menor número. Por último, hay unos pocos **leones.** A pesar de los intentos de repoblación de estos grandes felinos que se han hecho regularmente, la caza furtiva y el desequilibrio ecológico subsiguiente no han permitido que fructificasen.

En lo que respecta a las aves, el parque también alberga un buen número de especies, entre las que destacan las **avestruces**, **grullas coronadas**, **garzas reales**, **garcetas**, **ibis**, **águilas, buitres, marabús, halcones**, **calaos** y **tejedores**.

En el área meridional de Amboseli se encuentra una colina de observación, al pie de la cual es posible abandonar los vehículos. El ascenso hasta la cumbre se hace por una escalinata excavada en la piedra, al final de la cual se accede a un mirador desde el que se obtiene una vista soberbia de los alrededores del parque, y sobre todo, de la enorme ciénaga denominada **Ol Tukai Swamp**.

DÓNDE DORMIR

EN CÁMPING

Amboseli posee sólamente un campamento en el interior del parque. Se encuentra muy cerca del límite meridional de la reserva, a pocos kilómetros del *lodge* Amboseli Serena. Se trata de un campamento muy básico y polvoriento, que carece de agua corriente y tiene por aseos un par de letrinas en muy mal estado. En una especie de bar se puede comprar cerveza o resfrescos calientes.

El recinto del campamento posee algunas acacias bajo las cuales se acampa para protegerse del sol. Como el cámping está situado justo en mitad de un senda de elefantes, ha sido rodeado por un alambre electrificado para evitar que los paquidermos accedan a su interior, ya que han causado en alguna ocasión algún accidente importante. Así y todo, lo habitual es encontrar alguno de estos grandes animales en los contornos.

Desde luego, es un lugar mágico y por la noche se duerme arrullado por las risas histéricas de las hienas y los rugidos de algún otro carnívoro, sin que nadie quiera realmente salir de la tienda a averiguar de qué especie se trata.

A veces, es posible ver desde el campamento la cubre nevada del Kilimanjaro, la imagen de África por antonomasia.

EN *LODGE*

Los refugios del parque están orientados hacia el monte **Kilimanjaro**, para que sus clientes puedan disfrutar de las magníficas vistas sobre el volcán. Sus instalaciones y servicios son de lujo. El precio medio por una doble en pensión completa se sitúa entre los 140 y los 200 dólares diarios.

AMBOSELI SERENA LODGE. ☎ 71 10 77 de Nairobi. De todos los *lodges* del parque, es el que mejor mantiene un equilibrio con el paisaje. Construido en las inmediaciones de la laguna Enkongo Narok, permite una contemplación casi continua de la vida salvaje desde sus instalaciones. Tiene piscina, bar y un servicio de vehículos de alquiler. Por las noches suelen ofrecerse representaciones de bailes rituales masais a cargo de individuos de esta tribu. La doble cuesta 110 dólares en baja y 166 en alta.

AMBOSELI LODGE. ☎ 22 71 36 de Nairobi. Situado cerca del anterior, alojamiento en cabañas bien distribuidas por el jardín y a un precio de 140 dólares en baja y 210 en alta. Como todos los *lodges* en los parques, tiene bar y restaurante.

OL TUKAI LODGE. ☎ 54 07 80 de Nairobi. Este *lodge* es el más pequeño del parque. Sin embargo, es muy bonito y acogedor. El alojamiento es en cabañas en un jardín y el edificio principal es de madera. Tiene piscina y el precio es 165 dólares.

TORTILIS CAMP. ☎ 74 83 07 de Nairobi. Dobles a 240 en temporada baja y 325 en alta.

En el exterior de la reserva es posible alojarse en otros dos refugios: **Kimana Lodge** (☎ 22 71 36, Nairobi), a 14 kilómetros de la Kelonyeti Gate, en la carretera a Tsavo, y el **Kilimanjaro Buffalo Lodge** (☎ 22 71 36, Nairobi), en la carretera que parte desde Lemito Gate hacia Emali, al nordeste de Amboseli. Ambos pertenecen al Kilimanjaro Safari Club y por ello tienen idéntico teléfono en Nairobi.

CÓMO LLEGAR

En avión. Air Kenya Aviation tiene un vuelo diario entre el Wilson Airport de Nairobi y Amboseli, a un precio de 70 dólares, sólo ida (en el 2001).

Por carretera. Para llegar en vehículo propio desde Nairobi a Amboseli hay que tomar la carretera principal A104 en dirección sur hasta Namanga, a 165 kilómetros de la capital. Desde allí hay que recorrer 80 kilómetros en dirección este por una pista de tierra hasta desembocar en la entrada del parque. En transporte público, el trayecto entre Nairobi y Namanga se hace en taxis compartidos y un servicio de microbuses (ver los apartados de Nairobi y Namanga). Otra posibilidad de acceder a Amboseli es desde el Parque Tsavo por la carretera secundaria C103.

PARQUE NACIONAL TSAVO

Con una extensión de casi 22.000 kilómetros cuadrados, el Parque Nacional de Tsavo es el más grande de Kenia y uno de los mayores del mundo. La carretera nacional A109 entre Nairobi y Mombasa, así como la vía férrea entre ambas ciudades, divide al parque en dos zonas distintas, tanto administrativa como geográficamente: **Tsavo West**, en realidad al suroeste, con una superficie de 8.500 kilómetros cuadrados, y **Tsavo East**, al nordeste, con un área de más de 11.500 kilómetros cuadrados.

La división administrativa del parque en dos reservas diferenciadas se debe al intento de gestionar y vigilar cada una de ellas de un modo conveniente, en vista de su amplia extensión. Mientras que todo el Tsavo West es asiduamente visitado por turistas, sobre todo en su área más meridional, Tsavo East no suele recibir a muchos viajeros, entre otras causas, porque las dos terceras partes de su superficie están cerradas al público, ya que están dedicadas en exclusividad al mantenimiento salvaje de la naturaleza y porque la enormidad de sus territorios se ha convertido en una de las regiones predilectas de los cazadores furtivos, que no sólo han hecho decrecer espectacularmente la fauna de la reserva, sino que en la actualidad suponen un peligro latente para los turistas que se internan por una zona tan aislada.

Históricamente el Tsavo no era más que un territorio hostil que separaba la esplendorosa franja litoral del país de los idílicos altiplanos de la meseta central de Kenia. Con la construcción del ferrocarril Mombasa-Uganda en 1898, este territorio dejó de ser un problema para los comerciantes y pioneros colonizadores europeos que en las décadas anteriores debían bordearlo para internarse en el continente, a fin de no atravesar su agreste geografía, repleta de peligrosas fieras y de más fieros masais.

En aquellos días Tsavo era especialmente temible por sus leones. Durante el tendido de la vía férrea, muchos trabajadores africanos, pero sobre todo indios, perdieron la vida en las fauces de estos animales, lo que extendió la leyenda de los leones devoradores de hombres de la región, los temidos *man eaters*. El terror y el tabú provocaron la desbandada de los obreros locales, por lo que los colonos ingleses recurrieron a la contratación de inmigrantes indios. En un par de semanas, 28 de los nuevos trabajadores habían perecido en las fauces de los leones, lo que provocó una violenta reacción de las autoridades británicas, que acometieron una matanza indiscriminada de felinos en Tsavo, hasta reducir su número a índices insignificantes.

Con la desaparición de los *devoradores de hombres*, la construcción del ferrocarril adquirió nuevos bríos y logró terminarse un año más tarde. Algo más de un siglo después las acciones criminales de los cazadores furtivos han masacrado las otras dos emblemáticas especies que solían abundar en Tsavo: los elefantes y los rinocerontes negros. La situación de estos últimos es angustiosa, pues su número ha decrecido desde los 8.000 ejemplares que había censados en 1970, a los escasos 80 que subsisten en la actualidad.

PARQUE NACIONAL TSAVO WEST

Tsavo West es un parque que ofrece variados paisajes. La mayor parte de su terreno está ocupado por colinas de abruptas vertientes que surgen como islotes en mitad de amplias mesetas. El río de lava de **Shaitani** y el cráter **Chaimu**, en la vertiente septentrional del parque, atestiguan con su presencia un reciente pasado volcánico, cuyo máximo exponente son unas grutas generadas por las erupciones que están enclavadas en la misma zona.

El río Tsavo cruza la reserva de oeste a este y alberga en sus orillas una nutrida fauna y vegetación que se extiende a lo largo de todo el parque. En el límite del mismo, este río une sus aguas con las del Athi, y entre los dos dan vida al río Galana, que sigue su curso hacia el oriente, hasta desembocar en el Océano Índico.

La sequedad relativa del parque, sobre todo en su zona sur, por debajo de las Serengeti Plains (no confundir este llano con el parque tanzano del mismo nombre), muy poco tiene que ver con los espléndidos abrevaderos que se encuentran en la parte superior de la reserva, entre las colinas de Ngulia y Chulyu. La extraordinaria corriente de agua que mana de las fuentes de Mzima (*Mzima Springs*), a razón de 10 millones de litros por hora, al margen de atraer a la mayoría de la fauna residente en el parque y convertir este lugar en el favorito de los visitantes, nutre de agua potable a la lejana Mombasa.

Se ha instalado una cámara de visión submarina en las cercanías de las fuentes para observar las evoluciones acuáticas de los hipopótamos y cocodrilos que viven en las orillas de Mzima Springs, además de las restante variedades de peces que habitan en el río, sobre todo percas y tilapias.

Las selvas arboladas de Tsavo albergan fascinantes especies vegetales. De todas ellas, quizá lo más destacable sea la presencia de **baobabs**, extraños árboles que a primera vista, dan la impresión de crecer al revés: con la copa bajo tierra y las raíces hacia arriba. Los habitantes nativos de la región, pertenecientes a la tribu *akamba*, creen que fueron los mismos dioses, disgustados por el comportamiento de los baobabs, quienes los plantaron boca abajo como castigo a su arrogancia.

La fauna del parque, a pesar de los desmanes del hombre, presenta un buen número de especímenes. Los **elefantes** continúan siendo uno de los platos fuertes de Tsavo. En los últimos años, la población de **leones** se ha recuperado de su lamentable situación y los **rinoceron-**

tes negros pueden ser observados tras una búsqueda paciente. Casi todas las especies de **antílopes** y **gacelas**, además de las consabidas **cebras**, **ñus**, **búfalos**, **facoceros** y distintas clases de **monos**, proliferan en la reserva, además de los anteriormente mencionados **cocodrilos e hipopótamos**. Conviene tener muy en cuenta la proporción de animales que habita en Tsavo en el momento de nuestra visita y en qué áreas se concentran especialmente. En el refugio **Kilaguni Lodge** podremos acceder a esta información, que nos será muy útil, pues muchos sectores del parque (Chaimu cráter; las grutas volcánicas de Shaitani; o las fuentes de Mzima) cuentan con itinerarios naturales que pueden recorrerse a pie y en los que es recomendable mantener una vigilancia permanente sobre los alrededores, ya que pueden estar infestados de fauna por todas partes, y la precaución es el único medio para evitar un accidente con los animales. Hay que recordar una vez más que durante un safari el riesgo para los turistas es muy limitado, pero todos los especímenes que veamos en Kenia se encuentran en estado salvaje y algunos pueden ser peligrosos.

DÓNDE DORMIR

EN CÁMPING

En el parque hay una serie de campamentos en cada una de las entradas principales a Tsavo West: **Tsavo**, **Mtito Andei** y **Chyulu**. Todos ellos están situados al norte de la reserva, donde generalmente se encuentran las mayores concentraciones de animales. Sus instalaciones son elementales y cuestan unos 10 dólares por persona y día.

El **Ziwani Campsite** tiene las mismas características, pero está bastante más al sur, en el límite occidental del parque.

Ngulia Safari Camp y **Kitani Safari Camp,** en el corazón de la reserva, ofrecen a los campistas la posibilidad de alojarse en *bandas* a un precio algo superior a la tarifa de cámping. Este hospedaje puede reservarse en Nairobi, en Let's Go Travel, en el teléfono 34 03 31.

EN *LODGE*

Los *lodges* disponibles en Tsavo West son más baratos que los restantes dispersos por los parques de la franja sur de Kenia. Casi todos ofrecen comodidad y un rancio sabor.

KILAGUNI LODGE. Tiene el honor de ser el primer *lodge* construido en un parque nacional de Kenia. La compañía hotelera African Tours, a la que pertenece en la actualidad, mantiene el alto nivel que corresponde a tan notable establecimiento. Su situación en el parque es privilegiada y permite espléndidas vistas sobre las colinas de Chulya y el Kilimanjaro. Tiene un servicio excelente y su abrevadero es frecuentado por fauna abundante. Dobles a 130 o 170 dólares, en función de la temporada.

NGULIA LODGE. ☎ 34 03 31. Erigido junto a las colinas del mismo nombre, la ubicación de este refugio es aún mejor, si cabe, que la del Kilanguni Lodge, pues no sólo posee un espléndido abrevadero al que acuden continuamente los animales, sino que los alrededores del *lodge* son los mejores lugares para la observación de las aves del parque, cuyas rutas migratorias pasan por encima. Por lo demás, sus servicios e instalaciones son muy lujosos. Tiene el mismo precio que el Kilaguni.

LAKE JIPE LODGE. ☎ 22 76 23, Nairobi. Mucho más modesto, este refugio se encuentra en el vértice inferior occidental del parque, junto a la frontera con Tanzania. Dobles a 160 dólares.

FINCH HATTON'S SAFARI CAMP. ☎ 60 43 21 de Nairobi. Muy alucinante y lujoso, junto a las charcas de hipopótamos del río Loolturesh. Dobles a unos 350 dólares.

A las afueras de Tsavo West, en la carretera Nairobi-Mombasa, hay dos buenos *lodges* mucho más baratos: **Tsavo Inn** (☎ 0302 30 217), junto a la entrada de Mtito Andei y con precios de 80 dólares; y **Hunter's Lodge** (☎ 0302 22 469), con muy buena relación de calidad y precio.

CÓMO LLEGAR

Por carretera. El acceso principal al parque se hace a través de la Mtito Gate, que se encuentra al lado de la carretera A109 entre Nairobi y Mombasa. Si la entrada a Tsavo West se hace en sentido contrario, desde Mombasa, puede hacerse por la Tsavo Gate, poco después de pasar la población de Manyani, o bien por la pista secundaria A23, que desemboca en la Maktau Gate, para lo que nos desviaremos hacia el sur en la localidad de Voi por la carretera C104. Si no se viaja en vehículo propio, cualquiera de los transportes públicos que cubren la línea Nairobi-Mombasa llega hasta las puertas de Mtito y Tsavo.

PARQUE NACIONAL TSAVO EAST

El poco conocido parque de Tsavo East está formado por suaves colinas onduladas que poco a poco van perdiendo su pendiente a medida que se deslizan hacia el este, en dirección a las llanuras que lindan con el Océano Índico.

El propósito del establecimiento de esta reserva es la preservación de la naturaleza en su estado más salvaje posible, por lo que tan sólo el tercio meridional puede ser visitado por los turistas.

La frontera natural que marca este límite es el río Galana, que cruza el parque de Tsavo de oeste a este. El acceso a los territorios que se extienden al norte de su cauce sólo está permitido a zoólogos, geólogos, botánicos y guardas forestales que se ocupan de la preservación del ecosistema de este área.

Siguiendo el mismo curso que el río Galana, el **Yatta Escarpment** constituye un segundo punto de referencia que indica que la región septentrional del parque está vetada a los viajeros. En realidad, la escarpadura está producida por una corriente de lava que tiene la fama de ser la más grande del mundo, pues se extiende a lo largo de muchos kilómetros desde su nacimiento, en la provincia de Thika, hasta las inmediaciones de Tsavo, donde finalmente desaparece.

Las mayores concentraciones de fauna de esta reserva se encuentran en los alrededores de la laguna **Kanderi**, cerca de la entrada principal de Voi Gate, y junto a la presa de **Aruba**, a orillas del río **Voi.**

Una vez más, los **elefantes** son la especie predominante en este ecosistema. Por lo general, pueden observarse en grandes manadas que se desplazan lentamente entre las colinas cubiertas de matorrales. Hay que tener bastante precacución a la hora de acercarse a los paquidermos, pues estos inteligentes animales han aprendido en muy poco tiempo que la presencia del hombre puede ser peligrosa y tienden a atacar los vehículos si se sienten amenazados. El motivo que provoca este comportamiento es la presencia de cazadores furtivos en la vertiente oriental de Tsavo. Esta reserva se ha convertido en un codiciado cazadero para los buscadores de marfil, que acaban cada año con miles de animales. Aunque la autoridades gubernamentales han adoptado medidas radicales para acabar con esta lacra y parece que están ganando esta guerra, lo cierto es que las bandas de furtivos siguen matando.

DÓNDE DORMIR

EN CÁMPING

Ndololo Campsite, junto a la laguna Kanderi, y **Makwaju Campsite**, a orillas del río Voi, son los dos campamentos más utilizados por los viajeros que se internan en el parque. Al lado de la puerta principal de Voi Gate también es posible plantar la tienda. Todos los campamentos son bastante seguros, pero muy elementales.

EN *LODGE*

VOI SAFARI LODGE. ☎ 34 08 94 de Nairobi. Instalado en un baluarte rocoso, se levanta sobre tres abrevaderos, lo que permite una excelente contemplación de la fauna. Junto a uno de ellos hay un puesto de observación camuflado, para ver de cerca a los animales. Sus servicios e instalaciones con correctos y las dobles cuestan 130 dólares en baja y 170 en alta.

TSAVO SAFARI CAMP. ☎ 33 88 88 de Nairobi. Este campamento de lujo de tiendas fijas se levanta a orillas del río Athi. Es uno de los alojamientos más bonitos, muy tranquilo y tiene piscina. Dobles a 100 y 160 dólares, según la temporada.

GALDESSA SAFARI CAMP. ☎ 89 21 10 de Nairobi. www.galdessa.com Cierra el mes de mayo. Sobre el río Galdana, un hotel que han definido como *ecológico*, cerca del santuario de rinocerontes y las dobles cuestan 450 dólares en temporada alta y 650 en alta.

CÓMO LLEGAR

En tren. Los tres trenes semanales que cubren el trayecto Nairobi-Mombasa en ambas direcciones tienen parada en Voi, desde donde se llega fácilmente a la entrada principal del parque.

Por carretera. La entrada a Tsavo East se hace pricipalmente por la Voi Gate, situada al lado de la carretera general A109 Nairobi-Mombasa. En esta misma carretera, en dirección a Nairobi, se encuentra la Manyani Gate, por la que se accede al parque por su vértice norte. Cualquiera de los transportes públicos (*matatus*, autobuses) que hacen el recorrido entre la capital y la costa pueden dejarnos ante estas puertas.

PARQUE NACIONAL NAIROBI

El Parque Nacional Nairobi es el parque más antiguo de Kenia. Fue creado en 1946 para proteger las especies amenazadas de extinción que aún subsistían en los alrededores de la capital. Su entrada cuesta 20 dólares y debido a su proximidad a Nairobi, nadie pretende dormir en el parque.

Sus 114 kilómetros cuadrados de superficie se extienden sobre una amplia meseta cubierta por sabana y bosques de acacias, si bien la llanura está cortada por abruptas depresiones, por las que discurren pequeños ríos y arroyos. Alberga un buen número de especies animales, más de 100, y más de 550 de aves.

Las reservas hidrológicas del parque se mantienen constantes debido a que se han construido diversas presas, sobre todo en el curso del río **Mbagathi**, para asegurar el abastecimiento de agua durante los meses de sequía.

P. N. de Nairobi

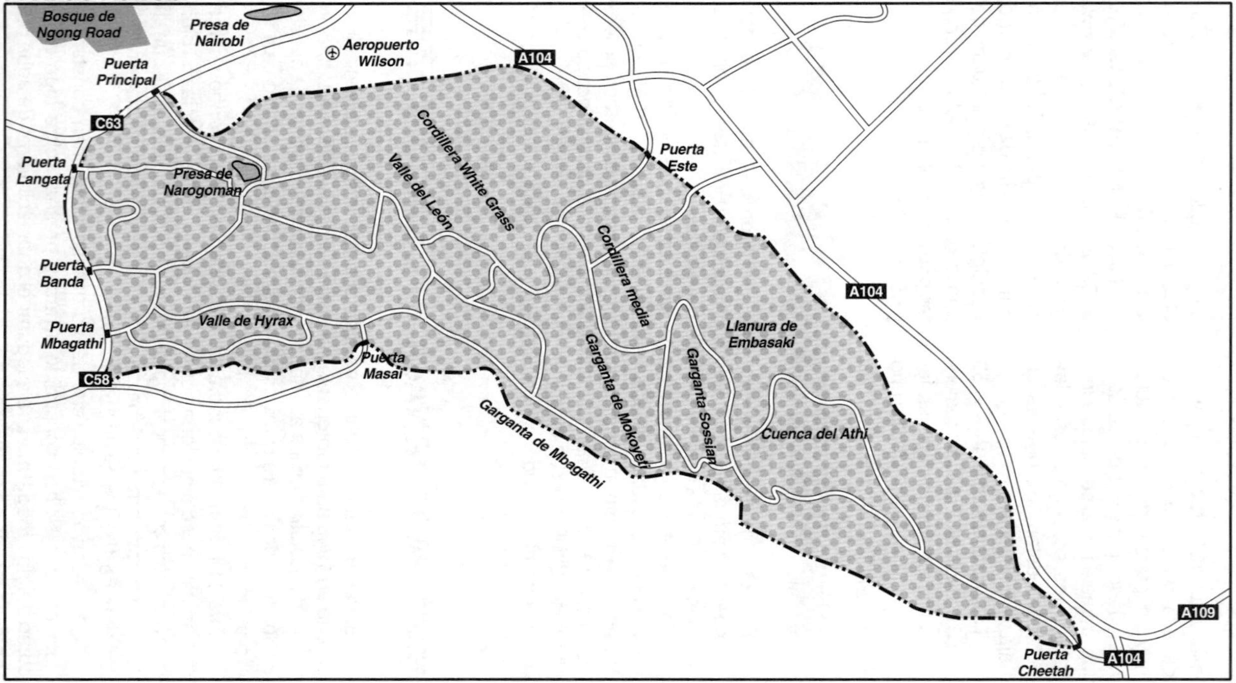

Por ello, las mayores concentraciones de fauna pueden observarse durante la estación seca. El parque acoge **jirafas**, **facoceros**, **gacelas de Thomson y Grant**, **orix**, **cebras**, **búfalos, hiráceos, hipopótamos**, **leones** y **guepardos** (estos últimos, difíciles de ver). Entre los reptiles, los **cocodrilos** son muy abundantes, y entre la aves destacan los **avestruces,** con un buen número de ejemplares. No viven aquí elefantes, pues no es su hábitat adecuadó.

Sin embargo, las pequeñas dimensiones de este parque y la facilidad con que los guardabosques pueden vigilarlo han convertido esta reserva en un santuario para sus 50 **rinocerontes**, cuya contemplación es uno de los mayores alicientes que ofrece el Nairobi Park.

La concepción de esta reserva resulta un tanto chocante en comparación con los demás entornos naturales del país: en ninguno de ellos podremos observar a un tiempo a un león y un reactor de pasajeros que va a aterrizar a un par de kilómetros. Igualmente, provoca una extraña sensación ver el estirado cuello de una jirafa sobre las siluetas de los altos rascacielos del cercano Nairobi. Esta proximidad con la ciudad y con el aeropuerto ha obligado a las autoridades a vallar los límites del parque, hecho insólito en cualquier otra reserva natural, más que nada para la propia seguridad de los animales.

En todo caso, el Nairobi Park es un lugar agradable que bien merece una visita durante nuestra estancia en la ciudad. Por lo general, media jornada suele ser suficiente para disfrutar de sus curiosos paisajes, de su fauna en general, de su estanque de hipopótamos, su terrario de pitones o del **orfelinato de animales** que, emplazado junto a la entrada principal del parque, se encarga del cuidado y reinserción en la vida salvaje de jóvenes especímenes heridos, enfermos o huérfanos que no podrían alcanzar la madurez por sí mismos.

CÓMO LLEGAR

El parque se encuentra a ocho kilómetros al sur de Nairobi. Para llegar hasta su puerta hay que tomar Uhuru Highway en dirección a la carretera de Mombasa, como si nos dirigiéramos al aeropuerto Jomo Kenyatta. La entrada principal se encuentra frente a Bomas de Kenia, en el barrio de Langata. El autobús número 24 que parte desde Moi Ave conecta el centro de la ciudad con las puertas del parque. Si no se tiene coche, hay muchas agencias de viajes y hoteles que hacen excursiones diarias de media jornada (unos 50 dólares) y que combinan el safari con una visita a la ciudad o con una pantagruélica cena en algún restaurante.

PARQUES NACIONALES DE LA COSTA

RESERVA NACIONAL DE LAS COLINAS SHIMBA

Esta pequeña reserva fue elevada al rango de parque nacional en 1974. Ocupa un reducido conjunto de colinas orientadas de norte a sur, con una altura máxima de 450 metros sobre el nivel del mar y que se yerguen detrás de la franja sur de la costa de Mombasa, justo a espaldas de las playas de Diani Beach.

El centenar de kilómetros cuadrados que ocupa el parque regala a la vista un paisaje forestal excelente, compuesto por frondosos bosques como los de **Makadara**, **Mwele Mdogo** o **Kwale**, separados entre sí por extensas praderas.

Sin embargo, la exuberante flora de esta reserva contrasta con la escasa variedad de animales que habita en Shimba Hills. En realidad, este entorno natural fue creado para la preservación de un par de especies de antílopes que se hallaban al borde de la extinción y que, afortunadamente, se han ido recuperando lentamente en los límites de este parque: el **antílope sable** y su pariente, el **antílope ruano**. Su adaptación a su nuevo hábitat ha sido ha sido muy buena y la supervivencia de ambas especies parece asegurada, a pesar de la perpetua amenaza de los cazadores furtivos, que tienen predilección por la suculenta carne del antílope sable. No obstante, el control de las autoridades del parque sobre este *furtivismo de subsistencia* está obteniendo aceptables resultados.

Pero la estrella de la reserva es el antílope **egócero negro**, con bonitos cuernos retorcidos en machos y hembras.

Algunos **elefantes**, **búfalos** y varias especies de **monos** también habitan en el parque, que en rasgos generales, carece de muchos más animales. Las espléndidas condiciones geográficas de la reserva indujeron a la varias sociedades kenianas especializadas en la preservación de la fauna salvaje a emprender distintos proyectos para procrear y proteger rinocerontes, elands y jirafas en este mismo entorno, pero las tentativas nunca prosperaron.

Y a pesar del nombre de la reserva -*shimba* en suajili significa «león»- en Shimba Hills no existe siquiera una pequeña comunidad de leones.

DÓNDE DORMIR

EN CÁMPING

Hay un único campamento en Shimba Hills y está provisto de magníficas *bandas* (10 dólares por persona). Está enclavado en la cima de un abrupta escarpadura con una idílica vista sobre Diani Beach y a tres kilómetros de la entrada principal al parque.

EN *LODGE*

SHIMBA HILLS LODGE. ☎ 54 07 80 de Nairobi o 0127 40 77. Pertenece a la cadena Block, este refugio se beneficia de la poca competencia en el parque, por lo que mantiene una tarifa demasiado elevada para los servicios que ofrece: 110 dólares y 174 en temporada alta y sólo con media pensión. Por algún motivo incomprensible, este alojamiento no admite huéspedes menores de siete años.

MUKURUMUJI TENTED CAMP. ☎ 0127 24 12. Dobles en tiendas de lujo a 180 dólares en un lugar donde se organizan excursiones.

CÓMO LLEGAR

Desde la población de Likoni, al sur de Mombasa, parte el autobús y *matatu* número 34 a Kwale, desde donde hay un corto recorrido hasta la puerta del parque. En coche hay que seguir desde Mombasa la carretera costera A14 en dirección sur, para luego tomar la vía secundaria C106 que conduce a través de Kwale hasta Simba Hills.

PARQUES NACIONALES DEL RIFT VALLEY

PARQUE NACIONAL MONTE LONGONOT

La ascensión al monte Longonot, en las inmediaciones del Parque Nacional de Hell's Gate y el lago Naivasha, implica una interesante caminata y unas espléndidas vistas panorámicas para los viajeros que recorren la ruta de los grandes lagos enclavados en la accidentada región del Rift Valley.

Desde el punto de vista geológico, el monte Longonot tiene un pasado reciente y de origen volcánico. Los cataclismos y las fuerzas telúricas hicieron alzarse la montaña hasta los 2.886 metros que tiene en la actualidad.

La excursión hasta la cima es accesible para cualquiera en condiciones físicas normales, y se necesita alrededor de una hora para coronar la cumbre. Una vez en lo alto, es posible circunvalar el cráter mientras se disfruta de las maravillosas vistas sobre los alrededores. Los más avezados pueden también descender al fondo del mismo por las empinadas laderas.

Precauciones. Debido a los atracos que han sucedido en los últimos años, es aconsejable contratar los servicios de un guía local en la base del volcán.

DÓNDE DORMIR

La única posibilidad es acampar junto a la estación de guardia, al pie de la montaña, o en Naivasha.

CÓMO LLEGAR

Si no se viene en vehículo propio, hay varios *matatus* que llegan hasta el cruce –a siete kilómetros de la entrada al parque- desde Nairobi y Naivasha.

PARQUE NACIONAL HELL'S GATE

El Parque Nacional de la Puerta del Infierno está encerrado en el fondo de una profunda garganta en la orilla sur del lago Naivasha. Su principal atractivo consiste en ser una de las dos únicas reservas de Kenia que puede ser visitada a pie (la otra es Saiwa Swamp, en la meseta occidental).

El recorrido se hace inmerso en las profundidades de un cañón que se eleva hasta 200 metros por encima del nivel del suelo. Las altas paredes de la garganta, en su mayor parte, basálticas, presentan interesantes y magníficas formaciones rocosas, en muchas de las cuales tienen sus nidos distintas especies de aves, como **buitres**, **vencejos** y **águilas**.

Para completar el circuito por el parque, el acceso a Hell's Gate se hace por su puerta oriental, **Elsa Gate**, a dos kilómetros al sur de South Lake Rd, la pista que circunvala el lago Naivasha. Una vez en la reserva, el camino principal se adentra en la garganta unos cuantos kilómetros, hasta llegar junto a un enorme pilar de lava conocido como la **Torre**

de Fisher, un fascinante monolito natural de 25 metros de altura. El nombre de esta formación volcánica proviene del explorador alemán Gustav Fisher, que llegó hasta este lugar en 1883.

Poco a poco, el circuito va volviéndose sobre sí mismo hasta avanzar nuevamente al norte, en dirección al lago. Es en este tramo donde se ha instalado una planta geotérmica para aprovechar la gran fuente de calor que brota del subsuelo en este área, debido al pasado volcánico de la zona. Aún hoy es posible observar chorros de vapor de agua, como fumarolas, surgiendo por las fisuras de las rocas. De ahí el nombre de Hell's Gate.

Durante el paseo se pueden contemplar **cebras, babuinos**, **gacelas**, **antílopes** y, con mucha suerte, hasta algún **leopardo**. Pero no hay que temer nada, a pesar de avanzar a pie, la excursión es totalmente segura.

Por fin, el recorrido termina en la **Ol Karia Gate**, la segunda puerta oficial del parque, situada a nueve kilómetros al oeste de **Elsa Gate**. En total, la pista que discurre por el fondo de la garganta tiene una longitud de 22 kilómetros, por lo que supone una buena caminata. Como mínimo hay que reservarse media jornada para hacer el circuito completo, y es conveniente llevar con uno mismo agua potable y algo para comer en el trayecto.

DÓNDE DORMIR

EN CÁMPING

En Hell's Gate hay cinco campamentos. Los más recomendables y mejor equipados son el **Ol Dubai** y el **Naiburta**, ambos cerca de la puerta Elsa. En el Lago Naivasha (ver su apartado correspondiente) hay otros alojamientos.

CÓMO LLEGAR

Desde la ciudad de Naivasha hay que tomar South Lake Rd, una pista de tierra que se dirige hacia el sur. Ella nos conduce al sector meridional del lago y a la misma puerta del parque.

PARQUE NACIONAL LAGO NAKURU

Esta enorme extensión de agua alcalina fue declarada parque nacional en 1961. Al principio el área protegida era mucho más pequeña que en la actualidad, ya que con el paso del tiempo se han agrandado sus límites hasta alcanzar 180 kilómetros cuadrados, en los que se

P. N. del Lago Nakuru

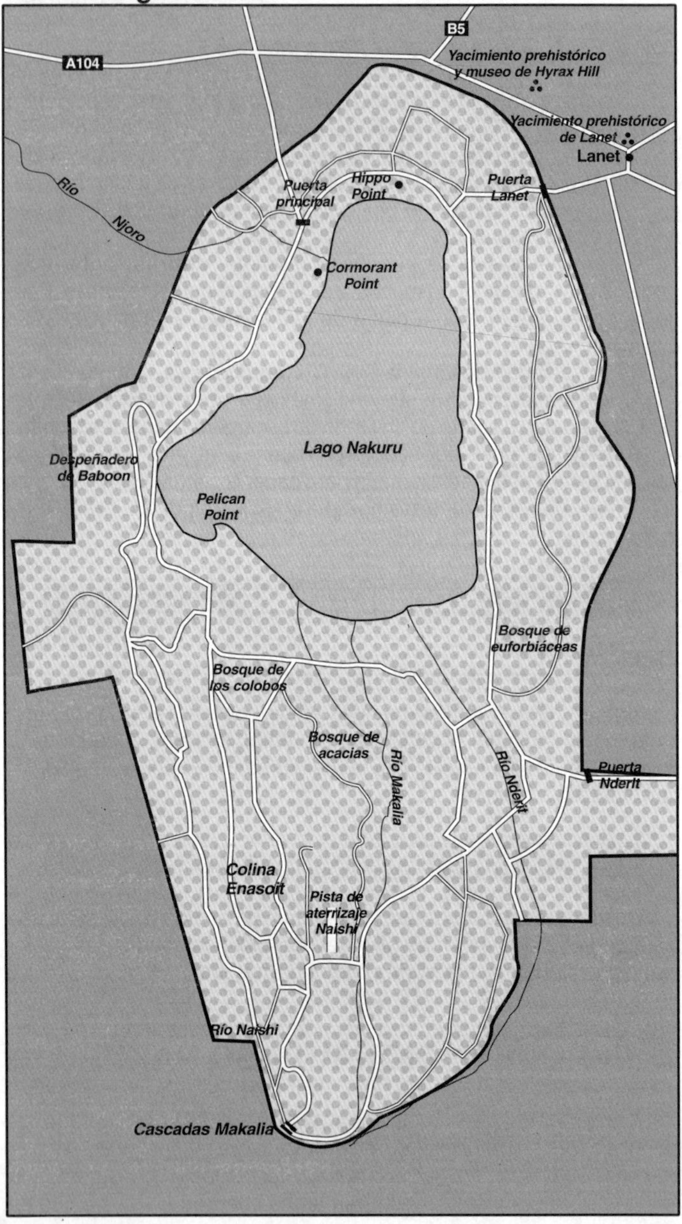

incluyen no sólo las aguas del lago, sino también amplias zonas de bosques, pastos y colinas rocosas.

El principal atractivo del lago lo constituyen las gigantescas concentraciones de aves acuáticas que pueblan sus orillas. El zoólogo Roger Peterson calificó este lugar como «el mayor espectáculo ornitológico del mundo», y con mucha razón, pues en ocasiones han llegado a concentrarse en el perímetro de Nakuru hasta dos millones de flamencos, tiñendo las aguas y el contorno del rosa pálido de su plumaje. Las dos variedades de esta ave, el **flamenco menor y mayor**, encuentran en el lago una fuente inagotable de alimentos, pues su composición sódica es ideal para el desarrollo de las diatomeas, unas microalgas que son el sustento idóneo para los crustáceos y las larvas de insectos, que a su vez alimentan a los bancos de peces y en conjunto constituyen la dieta perfecta para las aves acuáticas.

Son precisamente los peces autóctonos de estas aguas, las **tilapias *grahami***, los protagonistas de una enconada lucha a favor de la evolución, pues tuvieron que adaptarse rápidamente a los elevados índices de sosa en las aguas, cuando el nivel del lago empezó a decrecer hace milenios y provocó un aumento gradual de su índice de alcalinidad, hasta alcanzar el PH que tiene hoy en día.

Además de los mencionados flamencos, las especies de aves que habitualmente pueden verse en el lago Nakuru son **avocetas**, **garzas**, **martín pescador**, **cormoranes**, **pelícanos**, **águilas pescadoras**, **espátulas**, **ibis** y **somormujos**. Muchas aves migratorias europeas llegan hasta esta parte del mundo durante el invierno boreal, como **los patos, las cercetas** o las **cigüeñas**. Sin embargo, hay ocasiones en que la variedad y la cantidad de especímenes en el lago varía considerablemente, debido a bruscos descensos o elevaciones en el nivel del agua, que imposibilitan la obtención de alimento de una manera sencilla. Generalmente, cuando esto ocurre, las grandes bandadas de flamencos emigran masivamente a otros lagos salados, como el Bogoria, el Magadi, o el Natrón, ya en la frontera tanzana. Durante la década de los 50, el lago se secó por completo y sus contornos se convirtieron en una salina árida incapaz de albergar vida. Años después, el nivel del agua comenzó a crecer, y alcanzó una cota tan alta que también era inadecuada para la presencia de aves acuáticas, aunque por el motivo opuesto.

En las últimas décadas las aguas han descendido hasta un nivel aceptable, y una vez más el lago Nakuru se ha convertido en un paraíso ornitológico.

Los alrededores terrestres del parque nacional albergan también ciertas especies de mamíferos en abundancia, entre las que destacan los **facoceros**, **búfalos**, **babuinos**, **cobos**, **hiráceos**, **klipspringers**, **dik-diks**, **gacelas de Thomson**, **reduncas**, algún **leopardo** e incluso **rinocerontes blancos y negros**. Los **hipopótamos** cuentan con una limitadísima presencia en la parte norte del lago. Diversos miradores a lo largo de su orilla permiten echar pie a tierra para observar a los animales de cerca y entre ellos hay algunos cobertizos convenientemente camuflados, para espiar a las aves sin intimidarlas.

SANTUARIO DE RINOCERONTES

Quizá como consecuencia del buen resultado que obtuvo en 1974 la World Wildlife Foundation al aplicar un desesperado plan de salvamento para librar al lago Nakuru de los perniciosos vertidos contaminantes que envenenaban sus aguas, en 1986 la organización británica para la preservación de la naturaleza Rhino Rescue, decidió crear una reserva para la protección del rinoceronte negro de Kenia en el interior del Parque Nacional Nakuru.

El entorno geográfico del parque, así como sus expectativas futuras, presagiaban un buen desenlace en la elaboración del proyecto, y se aisló con una valla electrificada de 74 kilómetros de perímetro, circundada por más de 800 kilómetros de cable de alta tensión, un recinto frente a la orilla oriental del lago. A lo largo de este área se levantan torretas de vigilancia que facilitan un control continuado sobre los rinocerontes, de manera que un primer grupo compuesto por 19 ejemplares ha empezado una existencia segura, a salvo de los cazadores furtivos, y se espera que en un medio plazo el número de animales haya triplicado esta cifra.

DÓNDE DORMIR

EN CÁMPING

En el parque hay varios *campings especiales*, con tarifas más caras de lo habitual: 15 dólares por persona y día y una tarifa única de acceso de 5.000 chelines.

Entre los campamentos públicos y habituales están:

BACKPACKERS CAMPSITE. Este campamento situado en las inmediaciones de la puerta principal de entrada al parque tiene agua corriente y un par de aseos. Sus tarifas son las oficiales en los parques nacionales.

CÁMPING DE MAKALIA FALLS. En una buena situación, aunque las instalaciones son peores. Diez dólares por persona.

EN *LODGE*

LAKE NAKURU LODGE. ☎ 037 85 02 28 ó 02 21 24 05, de Nairobi. Es, en realidad, una granja rehabilitada. Está ubicado en el vértice oriental del parque, junto a la Ndarit Gate. Sus servicios e instalaciones resultan quizá un poco caros para su mediocre calidad, 180 dólares por dos personas.

SAROVA LION HILL LODGE. ☎ 02 71 33 33 de Nairobi. Enclavado sobre un risco, permite unas vistas excelentes sobre el lago y el imponente bosque de *árboles candelabro* que se encuentra a sus espaldas. Sus servicios son buenos: piscina, bar y restaurante y las dobles cuestan 180 dólares en temporada alta y 120 en baja.

CÓMO LLEGAR

La entrada principal al parque se encuentra a escasos kilómetros al sur de la población de Nakuru. Si no tenemos coche propio es posible alquilar un taxi en la ciudad para hacer el safari por su interior o hay que venir en un safari organizado. Otro punto de acceso al lago, si se llega hasta aquí por la carretera A104 desde Nairobi, es la entrada por Lanet Gate, más o menos a la misma altura del aeródromo de Nakuru.

RESERVA NACIONAL LAGO BOGORIA

Este lago sódico, al sur del lago Baringo, sí tiene el privilegio de ser reserva nacional. A pesar de ello, muy poca gente lo visita, debido quizá a que en los últimos años la mayoría de sus aves acuáticas ha abandonado este entorno para asentarse en los comederos mejor nutridos del lago Nakuru.

Está carencia de fauna y turistas convierte a este enclave en un lugar sumamente tranquilo e idóneo para descansar. En la parte occidental del lago hay fuentes termales y géiseres cuyo vapor de agua dotan al paisaje de un tono aún más íntimo y misterioso, envuelto en volátiles halos de bruma.

Toda esta vertiente del parque está ocupada por matorrales y terrenos de aspecto semidesértico. Sin embargo, en esta aparente desolación es posible encontrarse con algunas **cebras**, **impalas**, **klipspringers**, e incluso ejemplares de **gran cudú**, un enorme antílope no muy prolífico en Kenia. El sector oriental del lago limita con la franja superior del área de los Aberdares.

DÓNDE DORMIR

EN CÁMPING

En el sur del parque hay tres campamentos oficiales, todos ellos muy básicos y exentos de comodidades: **Riverside Acacia Campsite** y **Fig Tree,** mientras que el **Loboi Campsite** yace en su extremo norte, en la parte exterior de la puerta de acceso del mismo nombre.

EN *LODGE*

LAKE BOGORIA HOTEL. ☎ 037 40 748. Enclavado en el mismo borde la orilla occidental, es muy grande y tiene un amplio jardín, restaurante y piscina que se llena desde un manantial. Dobles a 120 dólares en baja y 160 en alta.

PAPYRUS INN. Junto a la puerta Loboi, dobles baratas y tiene bar y restaurante. Alquilan bicicletas.

CÓMO LLEGAR

Hay dos accesos al parque a lo largo de la carretera B4 en el tramo que discurre entre Nakuru y Marigat. El primero se encuentra a 38 kilómetros de Nakuru, a la altura de la aldea de Mogotio. Esta pista es muy dura incluso para el todo-terreno mejor preparado, por lo que no conviene internarse en ella sin repuestos suficientes.

El segundo acceso se halla unos kilómetros antes de llegar a Marigat. En este caso hay que recorrer hacia el este 15 kilómetros hasta la Loboi Gate por una pista asfaltada y bien señalizada.

PARQUES NACIONALES DE LA MESETA CENTRAL

PARQUE NACIONAL DE LOS ABERDARES

Creado en 1950, el Parque Nacional de los Aberdares está enclavado en un cadena montañosa de origen volcánico que se extiende sobre una superficie de 780 kilómetros cuadrados y que abarca de sur a norte el altiplano de Kinangop y hacia el este, las estribaciones de la meseta central en los alrededores de Nyeri. Entre sus cimas más elevadas destacan el Ol Doinyo Lesatima, de 4.000 m de altitud, la Table Mountain, de 3.791 m, y la Maratini Hill, de 3.698 m.

El altiplano alcanza en algunos puntos cotas de hasta 3.500 m, lo que confiere el privilegio a este parque de ser el más alto de todo el continente. El clima de esta reserva es extremadamente húmedo y se producen fuertes lluvias durante todo el año. Durante la estación de las lluvias la mayoría de sus pistas se convierten en lodazales intransitables para cualquier vehículo.

Este ambiente húmedo resulta incómodo para muchos viajeros, por lo que no hay muchas compañías de safaris que incluyan este parque en sus programas habituales. En consecuencia, hacer una excursión por los Aberdares resulta muy agradable, pues en ningún momento nos encontraremos con caravanas de microbuses, ni grupos de vehículos todo-terreno hacendo incursiones alocadas en busca de la fauna. Además, la contemplación de las abundantes y variadas especies animales que residen en el parque tampoco resulta tarea fácil, puesto que suelen permanecer ocultas tras la exuberante vegetación que florece por todas partes.

Los aficionados a la botánica encontrarán en los Aberdares un especie de paraíso terrenal donde crecen numerosas y raras especies de plantas. Inmensos bosques de **árboles del caucho** se extienden por las laderas de las montañas, que se transforman en selvas de **bambú** a medida que aumenta la altura. Por encima de esta franja, los prados alpinos, repletos de **brezales** y **lobelias gigantes**, abundan en las cumbres. No encontraremos otro lugar en Kenia donde la flora se encuentre en un estado más natural, pues la deforestación por causa del hombre no se ha cebado tanto en esta zona como en otras regiones del país.

El Parque Nacional de Aberdare está surcado por gran cantidad de ríos por los que fluyen importantes caudales. En el sector meridional de la reserva, el río Gura forma la espectacular cascada del mismo nombre que salta al vacío desde una altura cercana a los 300 m. Otras cataratas menos impresionantes son las de **Karuru**, a un par de kilómetros al norte de las anteriores, y las de **Chania**, en el mismo centro del parque.

El tránsito por cualquiera de los páramos que discurren entre las elevadas cumbres que coronan el corazón de la reserva facilitan algunas de las vistas más idílicas que puedan contemplarse en Kenia.

Y con detenimiento, buen oído y mucha paciencia es posible detectar entre la espesura boscosa muchos de los animales que componen la fauna de los Aberdares y cuya aparición, generalmente por sorpresa, hace sentir a los viajeros como auténticos exploradores de la jungla.

Los especímenes más comunes que pueden contemplarse son **elefantes, búfalos**, **jabalíes gigantes**, **cobos**, **elands** y **servales**. Es posible mantener un encuentro con algún **rinoceronte negro** y con una pequeña colonia de **leones**. Pero es muy difícil tener la oportunidad de ver dos de los animales más escurridizos del país: el huidizo antílope **bongo** y la **pantera negra**, que en realidad no es sino un leopardo cuya piel se ha oscurecido a consecuencias de la altitud.

Los bosques también albergan gran cantidad de aves, entre las que destacan varias especies de **águilas** y los vistosos **francolines**.

P. N. de los Aberdares

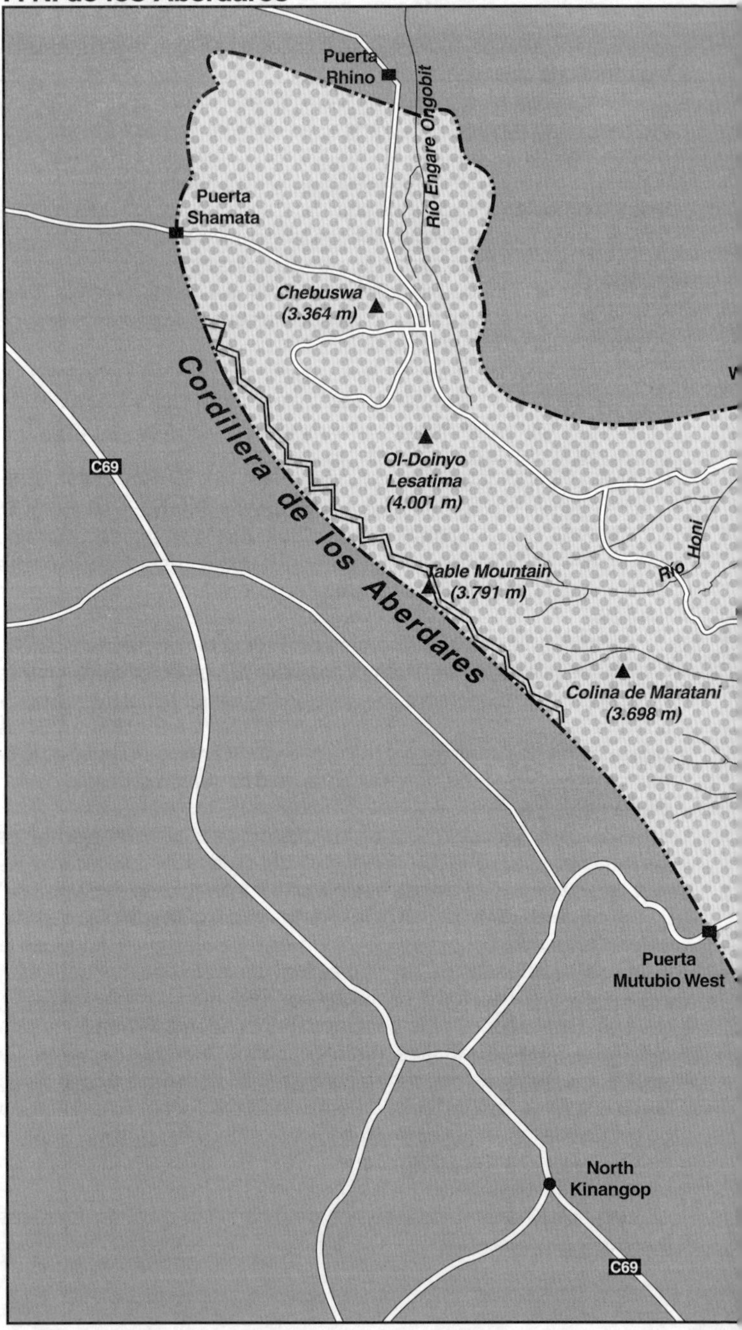

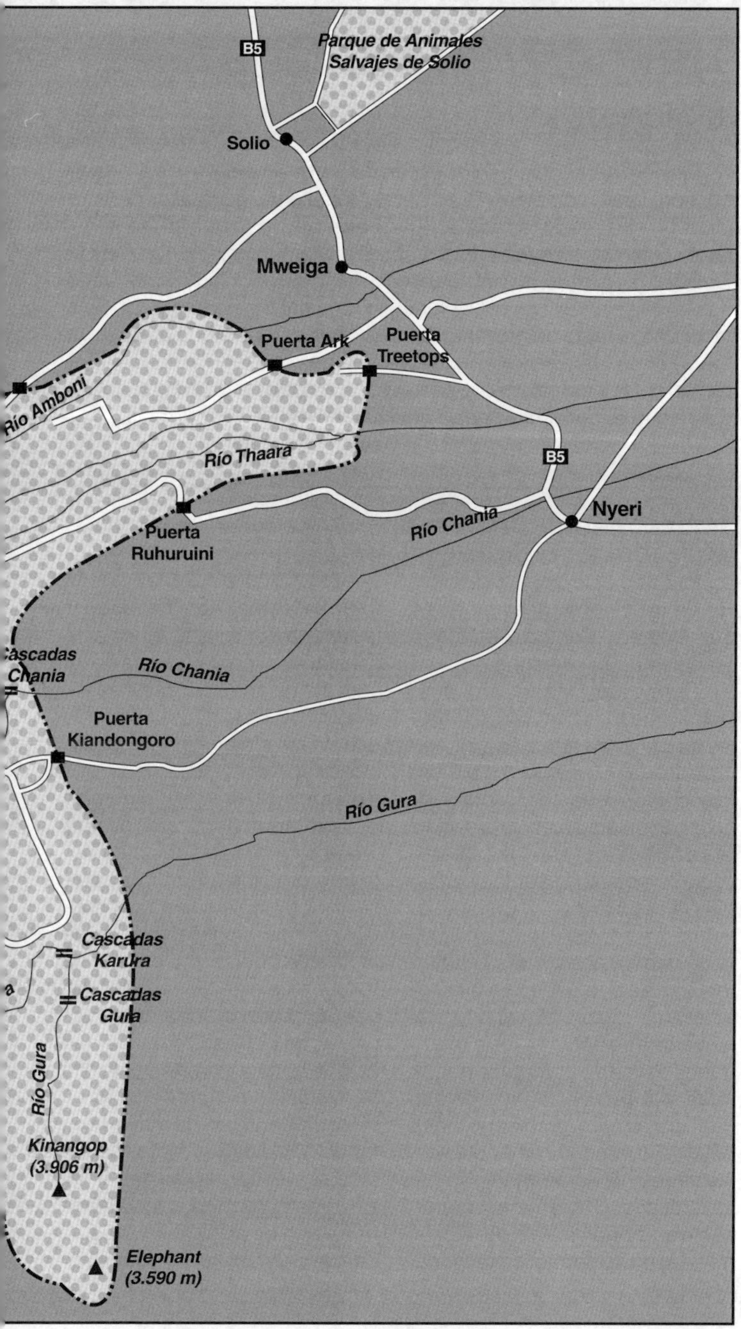
B5
Parque de Animales
Salvajes de Solio
Solio
Mweiga
Puerta Ark
Puerta
Treetops
Río Amboni
Río Thaara
B5
Nyeri
Río Chania
Puerta
Ruhuruini
Cascadas
Chania
Río Chania
Puerta
Kiandongoro
Río Gura
Cascadas
Karura
Cascadas
Gura
Río Gura
Kinangop
(3.906 m)
Elephant
(3.590 m)

DÓNDE DORMIR

EN CÁMPING

Existen tres campamentos dentro del parque, enclavados en los alrededores de las cataratas Chania, casi en el centro geográfico de la reserva. Sus instalaciones son muy, muy básicas, por lo que es recomendable contar con un equipo de acampada bastante completo. Debido a la humedad del parque, las noches pueden ser frías, por lo que no estará de más la utilización de un saco plumífero para dormir. Es imprescindible hacer una reserva de acampada en las oficinas del parque en Mweiga (Tel. 0171 55 024), al norte de Nyeri, más que por asegurarnos el alojamiento, por la información que puedan ofrecernos acerca de las condiciones en que se encuentra cada cámping y del estado de las pistas.

EN *LODGE*

KIANDONGORO FISHERMAN'S LODGE. Son *bandas* mal equipadas, por lo que hay que llevar de todo: ropa de cama, toallas, etcétera. Son muy baratas, diez dólares por persona.

Dentro del parque hay dos *lodges* que más bien son miradores de lujo enclavados en la proximidades de abrevaderos en los que cada noche se concentran decenas de animales para saciar la sed. Aunque estos establecimientos poseen unas inmejorables instalaciones y preciosas habitaciones, los clientes hacen poco uso de ellas, pues lo habitual es pasar la noche en blanco admirando la increíble cantidad de fauna que se acerca a los alrededores del refugio, atraída por el agua y la provisión extra de sal que vierten los empleados del hotel para asegurarse de que los visitantes nunca se marchen insatisfechos. Debido a estas peculiares condiciones de alojamiento, no se admite en ninguno de estos *lodges* a niños menores de 7 años.

TREETOPS LODGE. ☎ 54 07 80 de Nairobi. Administrado por la cadena Block, este *lodge* está construido sobre las ramas de un castaño gigantesco; casi parece la casa de Tarzán, por lo que es uno de los alojamientos más famosos de Kenia. Con anterioridad a este establecimiento, existió en este mismo lugar un primer *Treetops Hotel*, destruido durante la revolución Mau-Mau y que se hizo célebre al ser el lugar donde la entonces princesa Isabel de Inglaterra se convirtió en la reina Isabel II, al coincidir su visita al parque con la muerte de su padre, Jorge VI. Desde entonces, un halo de romanticismo ha envuelto al refugio, que se ha erigido en meta obligada para la mayoría de las personalidades o jefes de estado europeos que visitan Kenia. En la actualidad, sus instalaciones están un poco descuidadas, pero la charca aneja al refugio sigue poblándose noche a noche de docenas de animales, si bien el procedimiento artificial para atraer su atención está convirtiendo este lugar en un circo a pasos agigantados. Las dobles cuestan unos 250 dólares en temporada alta y la mitad en baja.

THE ARK. ☎ 21 64 90 de Nairobi. Pertenece a la cadena Lonrho Hotels. Construido en 1970, este refugio presenta la misma forma que, según su arquitecto, debió tener el Arca de Noé. Se encuentra en un área mucho más profunda del parque que el Treetops, y su ubicación junto a una charca, la salina artificial, y la tradición que obliga a sus clientes a pasar la noche en vela para contemplar la fauna, no difiere en absoluto del anterior establecimiento. Sin embargo, la calidad de su servicio, instalaciones y mobiliario, resulta muy superior. Para los más sibaritas, existe un equipo permanente de vigilancia nocturna que se encarga de despertar a los turistas cada vez que aparece un visitante de excepción por los alrededores, como podría ser un bongo o una pantera. Las dobles cuestan 320 y 173 dólares en las diferentes temporadas.

CÓMO LLEGAR

La puerta de acceso al Parque Nacional de Aberdare es la localidad de Nyeri, hasta donde llegan varios transportes públicos (ver Nyeri en su apartado correspondiente). La población de Mweiga, donde hay que presentarse si se forma parte de un grupo organizado de la cadena Lonrho Hotels, está 12 kilómetros más al norte, siguiendo por la carretera principal B5. A no ser que se visite el parque en un safari organizado, es imprescindible el uso de un vehículo propio para acceder a su interior, pues será casi imposible conseguir algún coche por los alrededores para hacer un safari privado, aunque el Outspan Hotel de Nyeri cuenta en ocasiones con *land-rovers* de alquiler para turistas independientes.

PARQUE NACIONAL MONTE KENIA

El Monte Kenia es la segunda montaña más alta de África, con sus 5.199 metros. Geológicamente joven, este volcán comenzó a formarse, como consecuencia de sucesivas erupciones hace unos tres millones de años y llegó a alcanzar una altura estimada en unos 6.000 metros, que posteriormente se fue reduciendo, debido a un continuo proceso de erosión fomentado, sobre todo, por la acción de los glaciares. Ello deformó el cono volcánico hasta transformar su característica cima de cráter en tres picos dentados que son hoy la cumbre de la montaña. Cada uno de ellos se corresponde con una antigua chimenea por la que en el pasado el volcán vomitaba fuego y cenizas.

P. N. del Monte de Kenia

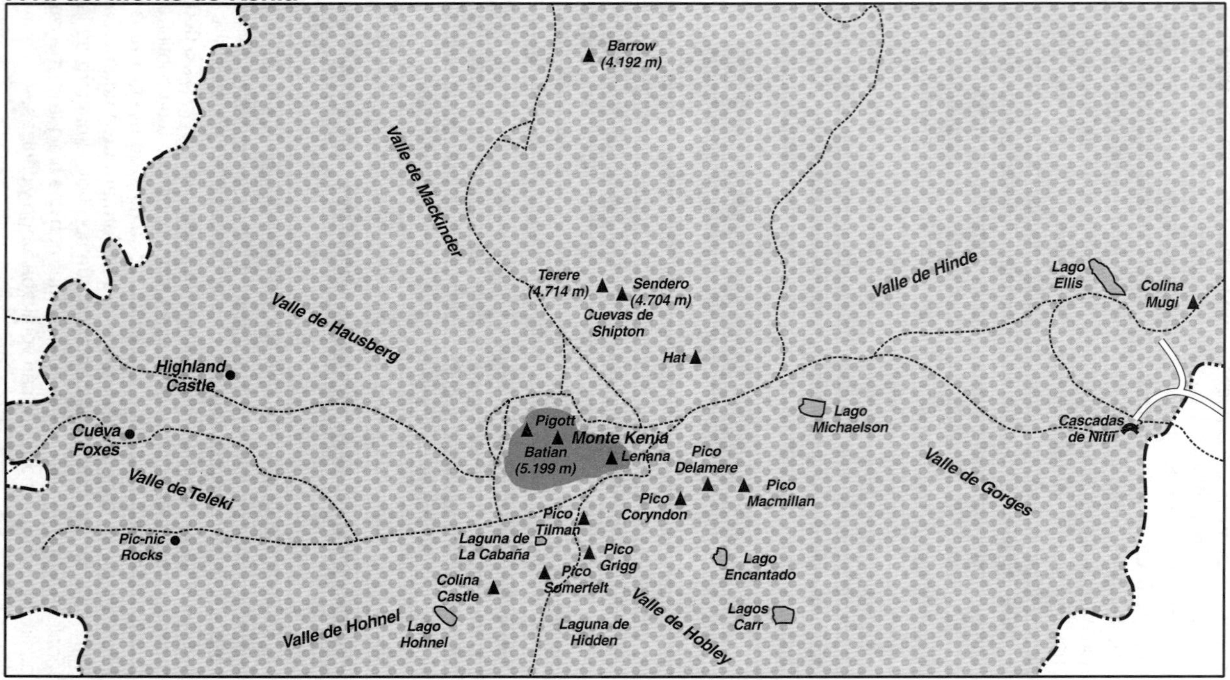

Las laderas del monte forman profundos valles excavados en forma de “U”, y en muchos de ellos es sencillo descubrir los restos de las *morrenas* (depósitos líticos empujados por los glaciares) arrastradas por los hielos desde la cumbre.

Se calcula que poco antes del periodo Holoceno –hace unos 150.000 años- los hielos cubrían casi por completo el cono volcánico. El calentamiento gradual del medio ambiente producido por un cambio climático comenzó a fundir los glaciares en un proceso que continúa en la actualidad. En los últimos cien años han desaparecido siete glaciares, y se calcula que durante las próximas tres o cuatro décadas podrían desintegrarse los once que aún permanecen cercanos a la cima.

Hoy, el Monte Kenia es uno de los enclaves más fértiles de todo el país, debido a las excelentes condiciones de su suelo volcánico y la esplendida irrigación existente en la zona. Por un lado, la mano del hombre se ha apoderado de las laderas de la montaña hasta una altura que ronda los 1.900 metros y lo ha explotado para la agricultura, sobre todo en sus vertientes sur y este, que son las que reciben mayor cantidad de lluvias. Por encima de este límite se extiende el bosque húmedo tropical, con una vegetación exuberante y densa compuesta a de **helechos**, **orquídeas**, **alcanfores**, **bosques de cedros**, **podocarpus** y variedades de **coníferas**, que crecen sobre todo en las laderas norte y este, las más áridas del monte.

La selva húmeda da paso, hacia los 2.500 metros, a frondosos bosques de **bambú**, que alcanzan en ocasiones hasta doce metros de altura. Más arriba, la vegetación se abre hasta formar sotobosques, detrás de los cuales aparecen amplias franjas de **brezos gigantes,** a los que siguen enormes prados alpinos dominados por **senecios** y **lobelias gigantes**.

A partir de los 4.500 metros empieza el límite de las nieves perpetuas y la presencia vegetal casi se desvanece, para mostrar apenas unos pocos **musgos** y **líquenes**.

Por supuesto, semejante entorno natural alberga una rica fauna que se distribuye a lo largo de los 400 kilómetros de circunferencia del enorme volcán. En las zonas de selva abundan los **elefantes** y los **búfalos**. Los elefantes selváticos tienen un tamaño menor que sus primos de las sabanas, a pesar de lo cual son mucho más violentos. Aparecen y desaparecen de vista en una fracción de segundo y abren enormes sendas a través de la vegetación. Diversas especies de **antílopes**, el temible **jabalí gigante** y variedad de **monos**, junto a innumerables **aves**, completan la riqueza de la fauna en los sectores más bajos de la montaña, donde en contadas ocasiones es posible sorprender algún **rinoceronte** errabundo por las empinadas laderas.

En las franjas superiores de bosques y prados es habitual contemplar **cebras**, **duikers**, **hiráceos** y **leopardos**. Estos felinos han sorprendido a más de un naturalista al ser hallados en ocasiones a más de

4.500 metros de altitud. El caso más famoso es el hallazgo de los restos completos de un leopardo en la helada cumbre del Kilimanjaro, detrás de la frontera tanzana, nada menos que a 5.800 metros. Entre las aves que sobrevuelan los brezales y la región de las lobelias, la más comunes son los **milanos**, los **quebrantahuesos** y las imponentes **águilas *verreaux***.

Pero el monte Kenia no sólo atrae a los visitantes por su maravillosa riqueza natural y sus paisajes asombrosos. La mayoría de los viajeros que se dirige al impresionante volcán tiene intención de ascender hasta su cumbre y gozar de la inenarrable sensación que produce otear sobre el horizonte desde sus 5.000 metros de altura, rodeado de lagos glaciares, hielos y de una densa bruma.

Desde la cima el mundo parece como algo ajeno e inexistente. Sin lugar a dudas, el ascenso a la montaña supone una de las mejores experiencias que pueden vivirse durante un viaje a Kenia.

ASCENSIÓN AL MT. KENIA

Una de las ventajas que ofrece el monte Kenia a sus escaladores es que no es necesario poseer ninguna capacidad física especial ni conocimientos técnicos de alpinismo para llegar a su cumbre.

La mayoría de los turistas que ascienden al volcán se dirige a su pico más bajo, el **Lenana**, que se yergue a 4.895 metros de altitud. La excursión suele hacerse en cuatro días, a través de paisajes fascinantes de selva y bosques de bambú, hasta alcanzar los hielos perennes. Los otros dos picos del monte, **Nelion** y **Batian** (5.199 m), sólo son accesibles para montañeros con experiencia, pues algunos de sus pasos están calificados hasta con Fuerza *6* (alta dificultad), que puede volverse mayor si las condiciones meteorológicas son adversas.

Los meses de enero, febrero, agosto y septiembre son los más adecuados para hacer la ascensión, debido a que el clima es más benigno y llueve menos.

CÓMO LLEGAR

Para emprende la escalada al monte Kenia, lo habitual es partir de alguna de las siguientes ciudades: Naro Moru, Nanyuki, Meru o Embu. El desplazamiento hasta estas localidades se detalla en los capítulos correspondientes.

PREPARANDO LA ASCENSIÓN

Aunque contemos con un guía que nos muestre el camino, no está de más documentarnos antes de la escalada con algunos libros o mapas que nos ayuden a situarnos en la montaña. Los dos siguientes son extraordinarios y, por lo general, pueden adquirirse en cualquier librería de Nairobi:

***Mt.* Kenia *Map & Guide*,** *de Mark Savage y Andrew Wielochowski*. Este estupendo mapa topográfico disecciona la cumbre del monte Kenia a partir de todas sus rutas posibles. Está confeccionado en escala 1:50.000 y contiene un extenso surtido de consejos prácticos y pormenores acerca de la flora, fauna y alojamientos del parque nacional.

***Guide to Mt.* Kenia *& Kilimanjaro*,** *del Mountain Club of Kenya (Editor: Ian Allan)*. Se trata de una guía muy práctica para montañeros avezados que señala especialmente los *asaltos* a los picos más inaccesibles de las dos montañas más altas de África.

Equipo. La ropa que se utilice para ascender al monte Kenia debe estar en consonancia con la extrema climatología existente en la montaña, sobre todo en las proximidades de la cumbre, donde los glaciares perpetuos mantienen habitualmente temperaturas muy inferiores a 0º. Algún chaquetón grueso, o un plumífero, serán buenos aliados contra el frío. Si su tela es impermeable, mejor, pues la lluvias torrenciales aparecen en cualquier momento durante la escalada. Gorro o pasamontañas y guantes de lana evitarán congelaciones en la cara y las manos, y un par de buenas botas nos librarán de resbalones innecesarios, caladuras en los pies y torceduras de tobillo. Sin embargo, esta indumentaria tan sólo es necesaria durante la última etapa, cuando nos hallemos cerca de la cumbre, pues el resto del trayecto puede hacerse con algún chubasquero ligero y zapatillas de deporte.

El material idóneo para la ascensión también debe ser resistente a las bajas temperaturas. Resulta fundamental que el saco de dormir sea lo bastante *caliente* como para evitar que durante la noche se sufran los rigores del frío. Una esterilla o colchón hinchable será imprescindible como aislamiento del frío suelo. Si se duerme en tienda de campaña, conviene asegurarse de que sea isotérmica y que sus juntas y costuras estén en perfecto estado.

La alimentación durante la escalada debe ser rica y abundante. Siempre que sea posible hay que comer caliente: sopas, guisos, acompañados por buenas tazas de café o té. La ingestión exclusiva de platos liofilizados o enlatados pueden dar al traste con la resistencia, al no disponer de suficientes calorías para soportar el ritmo de la ascensión. Una consideración importante que hay que tener muy en cuenta es la de beber la mayor cantidad de líquido posible, al menos, un par de litros diarios, que permitan reponer al instante las sales minerales perdidas con la sudoración. Además, es el mejor remedio para prevenir y evitar los (como mínimo) dolores de cabeza que produce el *mal de altura*.

El mal de altura puede afectar a cualquiera de forma súbita. Aunque la alimentación y el ritmo a que se suba la pendiente influyen proporcionalmente en la aparición de esta enfermedad, es curioso que en ocasiones se presente en personas perfectamente preparadas y con experiencia en alta montaña, mientras que a otros neófitos parece no atacarles. Lo mejor para prevenirse es ir aclimatándose poco a poco a la altura. Pero, si así y todo nos damos cuenta de que sufrimos dolores de cabeza, tos seca, naúseas, insomnio y nos cuesta respirar, será conveniente que detengamos la ascensión. Lo normal es que desaparezcan en unas horas, o quizá un día; pero si el mal persiste, la única solución es descender, y hay que hacerlo rápidamente para evitar males mayores. Unos centenares de metros cuesta abajo suelen ser suficientes para que el organismo se recobre y sus constantes vuelvan a la normalidad.

Alquiler de material. Si no se tiene saco de dormir, chaquetón plumífero o cualquier otra prenda de vestir, accesorio o material de acampada que necesitemos para el asalto al monte Kenia, se puede alquilarlo en dos tiendas especializadas, una en Nairobi, y otra en Naro Moru, al pie del volcán. La de la capital posee un surtido más amplio y sus precios son bastante más razonables que los que encontraremos en el segundo establecimiento:

Atul's, Biashara St., PO Box 43202, ☎ 02 22 59 35, Nairobi.

Naro Moru River *Lodge*, PO Box 18, ☎ 0176 22 018, Naro Moru.

Rutas de ascenso al Mt. Kenia. Hay siete alternativas distintas para llegar a la cumbre, pero habitualmente se utilizan tres vías principales: **Naro Moru**, **Sirimon**, y **Chogoria**.

El ***Naro Moru Trail*** comienza junto a la localidad del mismo nombre, en el sector occidental del volcán (ver el apartado de Naro Moru). Es la ruta más utilizada y popular y consiste en una ascensión de tres o cuatro días hasta la cima, dependiendo de que el primer tramo se recorra o no en coche. La primera jornada cubre el intinerario entre la falda del monte y la **Meteorological Station**, a 3.000 m de altura. El segundo día la expedición continúa a través del **Valle de Teleki** hasta el **Mackinders Camp** (4.160 m), o si se quiere, hasta **Austrian Hut** (4.790 m), si se desea llegar a la cumbre al día siguiente. En ese caso, al amanecer del tercer día se inicia el asalto final a **Point Lenana** (4.985 m). Si se llega a la cumbre muy temprano, es posible descender antes de caer la tarde hasta la Meteorological Station de una sola tacada.

El ***Sirimon Trail*** comienza a 13 kilómetros al noreste de **Nanyuki**, siguiendo la carretera A2 en dirección a Isiolo. Esta ruta es la menos utilizada de las tres principales y son necesarios cinco días para recorrerla. La primera jornada suele cubrir el traslado desde la carretera principal al inicio propiamente dicho de la vía, ya en el recinto del parque, a 3.150 m de altura. La segunda etapa se asciende por un cómodo sendero hasta **Liki North Hut** (3.993 m). El tercer día, la expedición continúa hasta el **Kami Hut** (4.433 m), donde se suele pernoctar, si bien puede continuarse camino por el valle **Mackinder** y desde allí alcanzar la cima mediante el **Chogoria Trail**. Siguiendo la ruta tradicional, el cuarto día se emplea en el trayecto entre Kami Hut y **Austrian Hut**, que es el mismo punto desde donde se ataca el tramo final a la cumbre si se sube por Naro Moru. Por fin, en el amanecer del quinto día se asciende a **Point Lenana**.

Una vez en el pico, puede circunvalarse la montaña y descender por las rutas de **Naro Moru Trail** o **Chogoria Trail**.

La vía de ***Chogoria Trail*** comienza en la vertiente oriental del monte Kenia, más o menos a la mitad de camino entre las poblaciones de **Embu** y **Meru.** Esta ruta es la más vistosa de todas y cuenta con la ventaja de que la inclinación de sus pendientes no es tan pronunciada como en las otras caras de la montaña. El primer día de excursión se asciende hasta las puertas del parque y se pernocta a 2.990 m de altura en el **Meru Mt. Kenia Bandas** o en **Urumandi Hut**, ligeramente más alto. La siguiente jornada, el recorrido hasta el punto de destino, **Minto's Hut,** por encima de 4.000 m, permite las vistas más espectaculares que pueden contemplarse durante la ascensión. El tercer día se cubre el trayecto entre Minto's Hut y **Austrian Hut** por un sendero perfectamente señalado. Los más entusiastas podrán ascender hasta **Point Lenana** ese mismo día, pero si se está cansado, o se ha hecho tarde, lo normal es llegar a la cumbre al amanecer del cuarto día, desde donde puede descenderse hasta las puertas del parque en tan sólo seis horas.

Dónde dormir durante la escalada. Hay muchos refugios en la montaña a lo largo de todas sus rutas de acceso. Sin embargo, la mayor parte de ellos son propiedad de algunos hoteles situados en las inmediaciones del parque y sólo pueden ser utilizados por viajeros inscritos en excursiones organizadas. Otros, pertenecen al conocido **Mountain Club of Kenya** y están reservados para el uso exclusivo de sus socios.

Los restantes refugios están disponibles para todos los turistas que asciendan al monte, pero en cualquier caso, debe hacerse una reserva anticipada para pernoctar en ellos antes de iniciar la escalada, y este trámite sólo puede hacerse mediante el Mountain Club o las cadenas hoteleras circundantes, con lo que de un modo u otro, podemos considerar que todos los hospedajes del monte Kenia están administrados por empresas particulares.

Las reservas de los refugios se hacen en

Mountain Club of Kenya (MCK), PO Box 45741, ☎ 50 17 47, Nairobi. Sus refugios son los más económicos en la ruta de Naro Moru. Es imprescindible reservar con mucha antelación. Cuestan sólo tres dólares por noche, porque, la verdad, es que son muy cutres.

Naro Moru River *Lodge*, PO Box 18, ☎ 0176-62 622, Naro Moru. Sus hospedajes, en la vía de acceso del mismo nombre, son relativamente caros. Probablemente, este hotel adquiera el monopolio de todos los refugios de la montaña.

Meru Mt. Kenia Bandas, en la Chogoria Trail, Chogoria. Este alojamiento está regentado por el consejo municipal de esta población, lo que hace que sus precios sean más asequibles.

Casi todos los refugios poseen letrinas o, en todo caso, están situados junto a corrientes de agua. Los dormitorios suelen ser colectivos.

En todas las rutas de ascenso a la cumbre se encuentran *camp sites* oficiales administrados por las ordenanzas de los parques nacionales y en los que se puede dormir si se cuenta con material de acampada.

Ascensiones organizadas. Si se quiere ahorrar tiempo y dinero en los preparativos para hacer la ascensión al Mt. Kenia, lo más recomendable es inscribirse en una excursión organizada. Un par de hoteles, una vez más el Naro Moru River Lodge, y el Mountain Rock Lodge (☎ 0176 62 625 y 02 24 21 33), en las inmediaciones del parque, organizan las expediciones.

Además, las principales agencias de safaris de Nairobi también organizan estos *trekkings.*

Excursiones por cuenta propia. Hay que plantearse seriamente si compensa hacer una excursión de este tipo por cuenta propia, no sólo por la cantidad de tiempo que se debe invertir en prepararla, sino porque puede resultar bastante más caro que en un viaje organizado.

Por una parte, habrá que hacer acopio de alimentos antes de emprender la ascensión, comprar o alquilar todo el material de acampada que sea necesario, formalizar las reservas de los refugios y contratar los servicios de un guía, varios porteadores y un cocinero. A éstos, no sólo habrá que darles de comer y pagarles un sueldo por su trabajo, sino que hay que proporcionarles todo el material necesario para la expedición: mochila, saco de dormir, tienda de campaña, etcétera.

Conviene tomar papel y lápiz y calcular cuánto puede costar una ascensión por libre al volcán: las tarifas de entrada al parque son diez dólares (en el 2002) por persona y día, si bien por los porteadores hay que pagar tan sólo 100 chelines. Cada noche de acampada cuesta ocho dólares por persona. Si se duerme en refugios, este precio se multiplicará como mínimo por cuatro. Los honorarios diarios de cada guía, porteador o cocinero, oscilan en torno a los 450 chelines por jornada, aunque algunas rutas pueden resultar algo más caras que otras.

Si las etapas diarias se alargan, hay que pagar el doble a los profesionales, aunque al día siguiente no se ascienda ni un metro. Estos gastos pueden aumentar si se cubre el primer tramo de cada ruta en un vehículo alquilado, que suele ser lo habitual, para no perder un día en subir hasta las puertas del parque.

A esto hay que añadir lo que haya que pagar por el material suplementario de escalada, los útiles para cocinar y las provisiones. Y las propinas a guías, cocineros y porteadores: más o menos 500 chelines para los dos primeros y 250 para cada porteador.

Si así y todo compensa hacer una excursión particular, se pueden contratar guías, cocinero y porteadores en los hoteles citados anteriormente.

La comida puede comprase en las poblaciones grandes que rodean al monte Kenia: Nanyuki, Nyeri, Embu y Meru. Para el alquiler de material o hacer la reserva de los refugios, ver los epígrafes anteriores.

PARQUES NACIONALES DEL OESTE DE KENIA

PARQUE NACIONAL SAIWA SWAMP

Este minúsculo parque de 26 kilómetros cuadrados fue creado exclusivamente para la preservación del antílope **sitatunga**, un asombroso y extraño animal, adaptado a la vida en zonas pantanosas. Así, la reserva circunda una amplia laguna. El principal aliciente de este parque radica en que la visita debe hacerse a pie, por senderos que conducen entre la vegetación hasta la orilla del agua, desde donde, en ciertos puntos, es posible continuar en inestables balsas de madera y navegar por el pantano.

El tímido sitatunga huye en seguida ante la presencia del hombre, por lo que las autoridades de la reserva han edificado unas torres de observación desde las que se puede disfrutar de la contemplación de este animal sin perturbarle. Poca fauna más vive en la reserva, a excepción de los **colobos**, unos vistosos monos arborícolas de largo y sedoso pelo, que pasan toda su vida en la copa de los árboles.

El ecosistema también es adecuado para unas cuantas especies de aves acuáticas, si bien son las **grullas coronadas** los especímenes más facinantes y bellos de todos los que habitan en Saiwa Swamp.

En conjunto, el parque es una maravilla, no sólo por su enclave, su hábitat y sus animales, sino por que, además, acoge anualmente un número muy pequeño de visitantes.

DÓNDE DORMIR

En cámping. El único alojamiento disponible en Saiwa Swamp es un campamento muy atractivo y dotado con lavabos, duchas y cocinas. Además, es muy barato (dos dólares por persona).

A cinco kilómetros desde la ruta de Kapenguria está la granja Sirikwa Safaris, que describimos en el apartado de Kitale, y donde también se puede acampar.

CÓMO LLEGAR

El parque se encuentra a 18 kilómetros al norte de Kitale, localidad que normalmente se utiliza como campamento base para visitar Saiwa Swamp. Los *matatus* que hacen el recorrido entre Kitale y Kapenguria, por la carretera A1, tienen una parada en el cruce del que parte la pista que conduce a la reserva.

PARQUE NACIONAL MONTE ELGON

Enclavado en mitad de la frontera con Uganda, este extinto volcán ofrece a los viajeros las mismas posibilidades que el monte Kenia: hacer un safari convencional por la franja inferior de la montaña o bien hacer un *trekking* hasta sus cumbres más altas.

El pico más elevado del monte Elgon es el **Wagagai**, situado en la vertiente ugandesa, que con sus 4.321 m es el cuarto mas alto de África. En el lado keniano del volcán, es el pico **Koitoboos** (4.187 m) el que se encuentra a mayor altura.

El fondo del cráter es igualmente accesible y lo cruza una serie de manantiales de aguas termales que surgen a más de 3.500 m sobre el nivel del mar. El parque nacional ocupa una superficie de 170 kilómetros cuadrados y se extiende desde las laderas más bajas de la montaña hasta el límite de la frontera. Así pues, goza de una frondosa vegetación, compuesta principalmente por espesos bosques primarios de **cedros** y **podocarpus**.

En una franja superior, el bosque se transforma en **bosques de bambú** que desaparecen a mayor altura para dar paso a los brezales y praderas alpinas, donde se encuentran enormes **zuzones** y **lobelias gigantes**.

Entre la fauna, los **elefantes selváticos** son los verdaderos protagonistas del monte Elgon. Más pequeños y ágiles que sus parientes de la llanuras, tienen un carácter más agresivo y desconfiado. La caza furtiva ha enseñado a estos animales a desconfiar del hombre y pueden volverse peligrosos si se sienten amenazados por su presencia. El lugar donde se les localiza con mayor facilidad es en las proximidades de una red de cuevas conocidas como **Kitum**, **Chepnyali** y **Mackingeny**, cuyas paredes son ricas en sal, un mineral muy apreciado por los elefantes. Las tres cavernas pueden visitarse a pie, y es muy probable encontrar en su interior manadas enteras de paquidermos en sus galerías. El techo de estas cuevas está infestado de enormes **murciélagos**, alguno de los cuales posee una envergadura cercana al metro de longitud.

Colobos blancos y **negros**, **antílopes jeroglíficos**, **cobos, búfalos** y **jabalíes gigantes** son otras de las especies que se encuentran en los bosques inferiores de la montaña.

ASCENSIÓN AL MONTE ELGON

En la vertiente keniana de la montaña sólo es posible ascender hasta el pico denominado **Lower Elgon**, si bien puede continuarse la escalada hasta el paso que conduce a la cumbre del **Koitobss.**

La ascensión al monte Elgon es mucho más sencilla que la del monte Kenia, entre otras causas porque su altura es mucho menor y sus condiciones climáticas menos extremas. Así y todo, en los alrededores de la cumbre puede hacer bastante frío y llover inesperadamente, por lo que conviene ir bien equipado.

La aislada situación geográfica de esta montaña hace que sea muy poco visitada por los turistas. La ruta de ascenso a los picos se hace en solitario, por lo que se goza de una mayor sensación de aventura, pero esto mismo obliga a marchar con precauciones, pues si hay dificultades, será complicado buscar ayuda.

En cualquier caso, el *trekking* hasta la cima del volcán no opone demasiadas dificultades, por lo que sería muy mala suerte sufrir un percance.

Ruta de ascenso. La vía más utilizada empieza en la población de **Kimilili**, al sur de Kitale, desde donde hay que trasladarse en matatu hasta **Kapsakwany**, que es el lugar del que parte, en realidad, la ruta hacia la montaña. Una caminata de cinco kilómetros conduce hasta el puesto forestal de Kimilili. Alrededor de 20 kilómetros más arriba se llega a otro puesto de guardia, **Cheptikale**, y siete kilómetros después se encuentra un refugio de montaña, a 3.650 m de altitud, donde generalmente se descansa hasta el día siguiente. Si no se ha podido llegar hasta aquí, es posible acampar en las inmediaciones de los puestos forestales, para lo que hay que disponer de todo el material necesario.

La segunda jornada se continúa camino por un sendero ascendente hasta llegar al lago **Lower Elgon Tarn**, desde donde parte la ruta que conduce hasta el pico de **Lower Elgon,** o bien hasta el paso de **Koitoboss** y los manantiales de agua caliente, al nordeste del cráter.

Es obligatorio hacer el descenso por el mismo sitio que la subida, ya que si se bordea la cima y se baja por el territorio del parque nacional, se comete una grave infracción, al caminar por una reserva, y los guardabosques pueden acusar a los senderistas de ser furtivos.

DÓNDE DORMIR

EN CÁMPING

La única posibilidad junto al parque es la acampada en la falda de la montaña junto al puesto de los guardabosques en la puerta Chorlim. El

Campamento Kapkuro es muy bueno, con agua corriente, lavabos y parrillas para cocinar. Cuenta con dos *bandas.*

EN *BANDAS*

DELTA CRESCENT FARM. ☎ 0325 31 462. A unos seis kilómetros de la entrada Chorlim, es la mejor opción para dormir. Es una granja con tres *bandas* bien acondicionadas y baratas. También tiene cámping y se puede comprar fruta, verdura, huevos, etcétera de la granja y cocinarlo allí mismo. Por si fuera poco, organizan excursiones y cursos de equitación.

EN *LODGE*

MT ELGON LODGE. ☎ 33 08 20 de Nairobi. A un kilómetro antes de llegar a la puerta Chorlin, la verdad es que no podemos recomendarlo. Cobran 80 dólares, 140 en alta, en un lugar que está hecho polvo.

CÓMO LLEGAR

La ciudad más próxima al monte Elgon y desde la que normalmente se hace su visita es Kitale (ver su apartado correspondiente). Para dirigirse al parque nacional hay que tomar en esta localidad una carretera hacia el oeste hasta la población de **Endebess**, desde donde parte una pista hasta las puertas de la reserva.

Si se va a escalar la montaña, hay que dirigirse a **Kimilili**, a 36 kilómetros al sur de Kitale por la carretera principal A1, y desde allí recorrer otros siete kilómetros hasta la aldea de **Kapsakwany**, donde se empieza la ascensión a pie.

PARQUES NACIONALES DEL ESTE DE TURKANA

RESERVAS NACIONALES SAMBURU, BUFFALO SPRINGS Y SHABA

Estas tres reservas nacionales al norte de Isiolo, en pleno corazón del territorio *samburu* y a orillas del río Ewaso Nyiro, pueden considerarse como un único enclave natural dividido en tres partes para garantizar un mayor control y conservación del hábitat y la fauna de cada parque.

Shaba se encuentra en el sector nororiental, Samburu ocupa el extremo opuesto, al oeste, y está separada de Shaba por la carretera general A2, y Buffalo Springs se extiende a lo largo del límite meridional de Samburu. Es decir, son adyacentes.

La extensión total de las tres reservas supera los 300 kilómetros cuadrados, ocupados en su mayor parte por sabanas abiertas cubiertas de matorrales cuya aridez contrasta con las orillas pobladas de verde vegetación del caudaloso Ewaso Nyiro, que mantiene prácticamente intacto su nivel de agua durante todo el año.

El territorio del entorno de Buffalo Springs cuenta, además, con una serie de manantiales de agua fresca que afloran a la superficie desde corrientes subterráneas que se forman en las laderas del monte Kenia, por lo que su reserva hidrológica siempre es muy elevada.

Las márgenes del río acogen gran variedad de fauna en todas las reservas, si bien la franja sur de Buffalo Springs es la más despoblada. Entre las especies más comunes se encuentran **elefantes**, **gacelas de Grant** y **Thomson**, **búfalos**, **orix**, **dik-diks**, **babuinos**, **cocodrilos**, **leones** y **guepardos**. Aunque con dificultad, es posible sorprender a algún **leopardo** en esta región, sobre todo en la reserva de Samburu.

Los **rinocerontes negros**, que hasta hace unos años abundaban en estos parques, han desaparecido por completo como consecuencia de la caza furtiva. Sin embargo, estas reservas albergan dos variedades excepcionales de otras tantas especies harto conocidas en Kenia: la **jirafa reticulada** y la **cebra de Grevy**.

Hay que sacar una entrada distinta para acceder a cada una de las tres reservas, aunque quieran visitarse dos en un mismo día, aunque, en ocasiones es posible pasarse de Buffalo Springs a Samburu sin tener que abonar nada más. Para intentarlo, lo mejor es cruzar de un parque a otro durante las horas de la tarde, a través de **Archer's Post**, que es el centro neurálgico donde confluye la carretera general A2 con las pistas que se internan en las reservas. Los guardas de la entrada suelen ser magnánimos con los viajeros y si se les pide claramente pero con cortesía, que nos dejen pasar a otra reserva, es posible que no pongan reparos.

DÓNDE DORMIR EN SAMBURU

En cámping. Hay varios campamentos públicos en las orillas del río **Ewaso Nyiro**, junto al refugio Samburu Lodge. Aunque su situación es buena, son muy básicos y carecen de aseos o servicios opcionales. Siguiendo el río hacia el oeste se encuentran un par de *camp sites* especiales, con letrinas y vigilancia permanente sobre todo el recinto.

EN *LODGE*

SAMBURU LODGE. ☎ 02 54 07 80 de Nairobi. Construido en piedra y madera de cedro, es un alojamiento bastante lujoso enclavado en la misma orilla del río de la cadena Block. Tiene algunos cocodrilos prácticamente domesticados que deleitan todas las noches a los clientes cuando surgen del agua para devorar los restos de comida que los empleados del hotel desperdigan por los alrededores. Habitaciones a 180 dólares en temporada alta y 120 en baja.

LARSENS. ☎ 02 54 07 80 de Nairobi. Perteneciente también a la cadena **Block**, se trata de un lujosísimo *tented camp* que incluye en sus tarifas excursiones diarias por la reserva. Dobles a 160 y 240 dólares, según la temporada.

SAMBURU INTREPIDS CLUB. ☎ 02 71 66 28 de Nairobi. Otro campamento con tiendas de lujo, el más bello de los tres *lodges*. Dobles entre 100 y 215 dólares en temporada baja o alta.

DÓNDE DORMIR EN BUFFALO SPRINGS

En cámping. Existen cuatro campamentos agrupados en el sur de la reserva, muy cerca de la puerta oficial de **Gare Mara**. Estos campings son muy elementales y su proximidad al límite del parque los hace un tanto inseguros. Los campamentos especiales, más al oeste, cuestan el doble.

EN *LODGE*

BUFFALO SPRINGS TENTED LODGE. ☎ 02 33 45 10 de Nairobi ó 0164 20 784. Administrado hace años por la African Tours & Hotels, este excelente *tented camp* está decayendo a marchas forzadas, aunque tiene piscina y un bar que domina la fuente natural que sirve de abrevadero a la fauna y tiendas bien acondicionadas, con baño privado y cubiertas con los tradicionales techos de palmera (*makuti*). Si los nuevos propietarios ponen orden puede volver a ser lo que era. De momento, los precios son 200 dólares en alta y 80 en baja.

SAMBURU SERENA LODGE. ☎ 02 71 10 77 de Nairobi. Reconstruido a finales del siglo que acaba de terminar, tras un incendio, cabañas muy buenas a 100 dólares en temporada baja y 150 en alta.

DÓNDE DORMIR EN SHABA

En cámping. Dos *camp sites* oficiales se encuentran en el vértice occidental de la reserva. Son básicos aunque bastante seguros.

EN *LODGE*

SHABA SAROVA LODGE. ☎ 02 71 33 33 de Nairobi. Enclavado en el centro del parque, este *lodge* es muy cómodo y agradable, y los precios son 110 dólares (la doble, como siempre) en baja y 165 en alta.

CÓMO LLEGAR

Isiolo es la población más cercana a las tres reservas (ver su apartado correspondiente). Desde esta localidad hay que seguir unos pocos kilómetros en dirección norte por la carretera general A2 (hacia Marsabit) hasta alcanzar el poblado de Archer's Post, desde donde puede accederse a todos los parques. Si no disponemos de vehículo propio, cualquier de los matatus que se dirigen al norte desde Isiolo pueden dejarnos en este mismo lugar.

También se puede venir en avión desde Nairobi y Nanyuki.

Sin embargo, no merece mucho la pena venir por cuenta propia, pues no se verá gran cosa si no se va acompañado de un guía experto en una excursión organizada.

PARQUE NACIONAL SIBILOI

Este extenso parque de 1.570 kilómetros cuadrados de superficie se encuentra aislado en los desérticos territorios del norte del país, junto a la orilla oriental del lago Turkana.

Se convirtió en una reserva protegida en 1970 para preservar la fauna terrestre de esta árida región, así como los animales y aves que subsisten en los contornos del lago. Una extensa variedad de **antílopes** habita en el parque, como **gacelas de Grant**, **topis**, **gacelas de Thomson**, **orix**, etc. Los **hipopótamos** también son muy comunes y también los **cocodrilos**, que se encuentran por decenas en los bancales arenosos próximos al agua.

Entre las aves destacan, cómo no, los **flamencos rosas**, **pelícanos**, **ibis sagrados**, **grullas**, **garcetas**, **cormoranes** y otras muchas especies migratorias procedentes del centro y sur de Europa, como **patos**, **gaviotas** y **cigüeñas** que llegan en bandadas hasta este lugar a principios de abril.

En el vértice más septentrional de la reserva, cerca de la frontera con Etiopía, se encuentra el pequeño asentamiento de **Koobi Fora**, uno de las más importantes y célebres enclaves arqueológicos del planeta y con un pequeño museo. El antropólogo Richard Leakey llevó a cabo en este lugar diversas excavaciones en el curso de varias campañas de trabajo desde 1969. Los resultados fueron magníficos, pues el desértico y abrasador terreno de este lugar albergaba multitud de fósiles de animales prehistóricos, que en seguida pasaron a un segundo término, en cuanto aparecieron a la luz restos de homínidos pertenecientes a los géneros *australopithecus* y *homo*, que transtornaron el mundo de la paleontología al mostrar nuevas evidencias sobre el pasado del hombre.

Hoy en día, siguen haciéndose excavaciones en Koobi Fora, aunque de un modo esporádico. Los yacimientos pueden visitarse, a condición de no alterar el entorno ni *guardarse* de recuerdo alguna piedra.

En términos generales, el mayor aliciente que posee este parque es su soledad, pues ninguna compañía de safaris llega hasta aquí, y, de hecho, no existen puestos de control, pistas señaladas ni cualquier servicio turístico en sus alrededores.

Cuándo ir. El tremendo calor que hace en esta zona, así como su aislamiento, son los principales elementos que contribuyen a la conservación de la reserva. Pero hay que evitar venir entre diciembre y marzo, cuando hace unas temperaturas elevadísimas. El clima más suave se da en junio y julio.

DÓNDE DORMIR

El parque de Sibiloi carece de alojamiento en toda su extensión. En todo caso, siempre es posible acampar en áreas próximas al Museo.

También se pueden alquilar unas *bandas* muy básicas en el Museo.

CÓMO LLEGAR

Para visitar el parque es necesario disponer de vehículo propio, con tracción en las cuatro ruedas y totalmente equipado para la vida de campamento, sin olvidar una buena provisión de víveres, agua y combustible. No hay transporte público hasta ninguna población cercana a Sibiloi. De hecho, ni siquiera existen carreteras, por lo que es conveniente contar con un buen mapa.

En avión. Es posible tomar un avión desde el aeropuerto Wilson de Nairobi hasta Loyangalani y desde allí continuar por carretera hacia el norte por la pista C77 hasta el cruce con North Horr. Desde ese punto parten hacia el noroeste unas rodadas en la tierra que conducen hasta el parque tras un durísimo recorrido.

Por carretera. La mejor ruta comienza en Isiolo. Hay que tomar la carretera principal A2 en dirección norte hasta la población de

Laisamis, desde donde se sigue por una pista secundaria hacia el oeste, hasta alcanzar South Horr. Una vez aquí, se toma la carretera C77, circulando de nuevo hacia el norte hasta Loyangalani. El resto del recorrido es idéntico a la explicación del anterior epígrafe "En avión". Hay que tener en cuenta que la última gasolinera está en Maralal.

PARQUE NACIONAL MARSABIT

El Parque Nacional de Marsabit está situado en el sector suroriental de la reserva del mismo nombre, que se extiende sobre una superficie de 592 kilómetros cuadrados.

Este entorno natural es un auténtico oasis, compuesto por suaves montañas repletas de frondosos bosques que contrastan poderosamente con las semidérticas llanuras que rodean el parque. Los recursos hidrológicos del área están asegurados por una serie de lagos enclavados en el fondo de antiguos cráteres volcánicos, cuyas laderas -cubiertas de exuberante vegetación- albergan las mayores concentraciones de fauna salvaje de Marsabit.

Los hervíboros más comunes en el parque son los **elefantes**, **búfalos**, **facoceros**, **orix**, **gacelas de Grant**, **jirafas reticuladas**, **cebras de Grevy**, **dik-diks** y **grandes cudús**. Entre los carnívoros y carroñeros, la **hiena moteada**, **el chacal rayado, el leopardo**, el **león** y **el guepardo**, son los más usuales. Mención aparte merece el **caracal**, una especie de *lince africano,* de porte majestuoso y afiladas orejas, que difícilmente se ve en otras reservas.

Marsabit tiene el honor de haber sido el lugar de nacimiento del famoso elefante Ahmed, un enorme paquidermo declarado por el gobierno keniano monumento nacional en vida y cuyos restos disecados pueden contemplarse en el patio interior del Museo Nacional de Nairobi.

Los espesos bosques del parque dificultan mucho la observación de animales, por lo que es conveniente pasar varios días en la reserva para hacerse una idea global de su fauna. No obstante, es recomendable permanecer a la espera durante las primeras horas de la mañana y últimas de la tarde, en las proximidades de los principales puntos de agua de Marsabit, como el lago **Paradise**, en el interior del cráter **Gof Sokorte Guda**, o en las cercanías del **Gof Sokorte Dika**, junto al Marsabit Lodge.

Si se dispone de tiempo suficiente durante la visita, resulta muy interesante recorrer la árida franja norte de la reserva, fuera de los límites del parque nacional, donde se pueden encontrar pastores nómadas de la tribu *rendille* mientras acarrean sus reatas de camellos o con miembros del pueblo *boran* con sus rebaños de cabras.

DÓNDE DORMIR

EN CÁMPING

LAKE PARADISE CAMPSITE. Situado junto al lago del mismo nombre, en el interior del cráter Gof Sokorte Guda, es un lugar espléndido para dormir en Marsabit, pues permite la observación de animales *in situ*. Carece de cualquier servicio o comodidad extra, a excepción de la abundante agua corriente que proporciona el lago.

También es posible acampar junto a la entrada principal del parque, en un recinto situado frente a las oficinas de los guardabosques.

EN *LODGE*

MARSABIT LODGE. ☎ 02 44 71 51. de Nairobi. Este lujoso y moderno refugio domina el lago interior del cráter Gof Sokorta Dika. Sus instalaciones son cómodas. www.letsgosafari.com

CÓMO LLEGAR

La puerta de acceso al parque se encuentra muy cerca de la carretera principal A2 de Isiolo a Moyale, a poco más de un kilómetro de la ciudad de Marsabit, que normalmente se utiliza como campamento base para visitar la reserva. Hay que repasar las Condiciones de Seguridad en el norte que hemos explicado en el capítulo del pueblo de Marsabit, pues las carreteras por aquí son muy peligrosas para viajar si no es en convoy.

PARQUES NACIONALES DEL NORDESTE DE KENIA

PARQUE NACIONAL MERU

La brutalidad de los cazadores furtivos y los frecuentes asaltos a viajeros por parte de los *shifta* (bandidos somalíes) ha convertido el maravilloso parque de Meru en una *reserva fantasma* que está viendo desaparecer el turismo y lo que queda de la fauna.

Sus 820 kilómetros cuadrados de superficie están cubiertos por terrenos pantanosos, altos pastos y grandes extensiones de bosques.

Esta abundacia de vegetación se debe al alto índice de precipitaciones que soporta el parque y a los quince ríos que surcan sus tierras y que permiten una excelente irrigación, sobre todo en la parte occidental de la reserva.

El sector meridional es de suelo volcánico junto a llanuras semiáridas en las que se levantan pequeños cerros graníticos, conocidos como *kopjes* («*pequeña cabeza*» en afrikaans), que surgen como islotes rocosos en mitad de la llanura. Así pues, el parque de Meru ofrece una gran variedad de ecosistemas que favorece la presencia de diversas especies animales agrupadas en un mismo entorno.

Las autoridades gubernamentales decidieron convertir este territorio en parque nacional en 1959, debido a sus espléndidas condiciones naturales. En aquel entonces ya no quedaba fauna salvaje en la zona, por lo que se emprendió una intensa labor de repoblación que, al cabo de pocos años, resultó un éxito. Grandes manadas de **búfalos**, **elefantes**, **jirafas reticuladas**, **gerenuks**, **orix**, **cudús menores**, **cebras de Grevy, babuinos**, y **vervets** se adaptaron en seguida a su nuevo ambiente. Los **cocodrilos**, los **hipopótamos** y una gran variedad de **aves**, como los **avestruces**, comenzaron a reproducirse con regularidad. Un buen grupo de **rinocerontes negros** y otro más reducido de **rinocerontes blancos** se sumaron a la fauna local. La abundancia de herbívoros propició la aparición de depredadores, y en poco tiempo **hienas**, **leopardos** y **leones** tomaron sus territorios en el parque.

Por aquellos años, los ya míticos Joy y George Adamson establecieron aquí su famosa granja para la cría de cachorros de león, que dio lugar a la archiconocida novela *Nacida libre*, en la que la mujer describía la vida de la popular leona *Elsa*.

Este paraíso terrenal se mantuvo en pie hasta mediados de de los años setenta, momento en que comenzó en Kenia la gran vorágine de la caza furtiva. Meru ha sido quizá el parque que más se ha resentido de esta lacra, pues su fauna ha decrecido paulatinamente hasta alcanzar cifras alarmantes. Aunque muchos de los animales residentes aún pueden ser contemplados durante un safari convencional y en los últimos años se observa una tímida recuperación, algunos otros han desaparecido por completo. Entre las especies más castigadas, los rinocerontes se han llevado la peor parte, pues han sido totalmente exterminados. De hecho, con la matanza de los rinocerontes blancos que vivían en Meru, este espécimen ha sido declarado oficialmente extinguido en Kenia.

En los últimos años, muchos guardas forestales han muerto protegiendo a los animales. El mismo matrimonio Adamson también fue asesinado por los cazadores furtivos, debido a su labor proteccionista: Joy en 1980 y George en 1989.

La insostenible situación en este parque ha obligado al Gobierno a adoptar medidas drásticas en sus territorios, así como en las vecinas reservas de Kora, Bisadani, Kutui y Rahole, situadas al este de Meru Park. Dichas medidas consisten en disparar sobre todo aquel que se encuentre dentro de un área natural protegida sin la acreditación correspondiente.

Sin embargo, el furtivismo no es el único peligro que amenaza con destruir el parque. Muchos cazadores han formado bandas armadas que se dedican a asaltar con violencia a los viajeros que visitan Meru o circulan por sus alrededores (ver Seguridad en el norte de Kenia). Estos bandidos, llamados *shifta*, han acabado prácticamente con la actividad turística en la reserva y pocas o ninguna son las compañías de safaris que se arriesgan en la actualidad a incluirla en sus programas.

Aunque la intervención del Gobierno ha resultado fructífera y esta región parece recobrar poco a poco la calma original de tiempos pasados, unos pocos extranjeros han resultado muertos en los últimos años por ataques de los *shifta*.

Por todo ello, si se pretende visitar este parque, hay que informarse previamente en Nairobi de la situación que presenta Meru en el momento de nuestro viaje. Un buen lugar para obtener información es la **East African Wildlife Society** de Nairobi.

DÓNDE DORMIR

EN CÁMPING

Hay varios campamentos en los alrededores de las oficinas del parque, pero sólo uno público, en las proximidades del llano de **Bwatherongi** y con este mismo nombre. Está bien equipado y dispone de *bandas* excelentes.

EN *LODGE*

LEOPARD ROCK LODGE. ☎ 02 24 68 92 de Nairobi. Son trece cabañas a orillas del río Murera y a 12 kilómetros de la puerta principal de entrada al parque. Tiene bar, restaurante y piscina, y las dobles cuestan 120 dólares en temporada baja y 200 en alta.

ELSA'S KOPJE. ☎ 02 74 83 07 de Nairobi. Cabañas muy buenas de piedra o de madera en Mughwango. Dobles a más de 500 dólares y organizan muchas actividades de safari o *rafting*.

CÓMO LLEGAR

La ciudad de Meru es la localidad más próxima al parque. No hay transporte público que se dirija a la reserva, por lo que será necesario disponer de un vehículo propio. En ese caso, hay que tomar la carretera C91 en dirección norte hasta la población de Kangeta, desde donde parte una pista de tierra que llega hasta la entrada de Murera Gate. Muy irregularmente, hay vuelos entre el Wilson Airport de Nairobi y el aeródromo del parque Meru. No se debe visitar la reserva en solitario mientras no mejoren (no se sabe cuándo) las condiciones de seguridad. La mejor opción para conocerla es recurrir a un safari organizado, si es que hay alguna compañía que lo incluya en sus programas en un momento dado.

RESERVA NACIONAL DE PRIMATES DEL RÍO TANA

Esta minúscula reserva está atravesada de norte a sur por el río Tana, cuyo caudal dota a los alrededores de una frondosa vegetación. Es, por lo tanto, el hábitat ideal para distintas especies de monos arborícolas, para los cuales ha sido creado este santuario. **Colobos**, **patas** y **cercopitecos** son algunos de los primates que abundan en este parque y constituyen, junto con algunas aves, la única fauna que se da en este paraje.

Esta reserva es muy poco conocida y se visita muy raramente. Esporádicamente, alguna compañía de safari recala en ella, pero sólo como un breve alto en el camino durante un viaje más largo. Debido a ello, sus instalaciones están en desuso y, a pesar de que el santuario tiene una zona de acamapda, no es recomendable contar con que esté abierta.

DÓNDE DORMIR

En cámping. Se puede acampar siempre y cuando se disponga de una tienda y de provisiones suficientes. En la reserva no es posible conseguir alimentos.

CÓMO LLEGAR

El santuario se encuentra al norte de la localidad de Garsen, siendo accesible por la carretera general B8 de Malindi a Garissa. Pero dadas las condiciones de inseguridad en el 2002, era absolutamente desaconsejable venir por cuenta propia y por carretera. Aparte de que el transporte público se había suspendido en la zona. Si hay un empeño especial en venir, es mejor asesorarse de todo, incluido el modo de transporte, en la sede de la Kenya Wildlife Service en Nairobi.

GUÍA DE ANIMALES

La fauna salvaje es la verdadera protagonista de un viaje a Kenia. Si queremos disfrutar plenamente de los safaris y de la contemplación de los animales, resulta conveniente conocer algunas características de las especies que nos encontraremos más comúnmente.

ANTÍLOPES

ALCÉLAFO O CAAMA (*Alcelaphus buselaphus*)
Nombre en inglés: *Bubal Hartbeest*
Nombre en suajili: *Kongoni*

El alcélafo es un antílope de tamaño medio, fácilmente reconocible por su cabeza larga y estrecha y sus pequeños cuernos anillados en forma de ángulo. La cruz del animal es considerablemente más alta que los cuartos traseros, lo que hace que el lomo descienda gradualmente hacia la grupa. Su coloración es marrón, si bien los matices se hacen más claros en los costados y las patas traseras. Suelen encontrarse en parajes abiertos, formando amplias manadas, donde se alimentan principalmente de pastos, de los que absorben gran cantidad de líquido, por lo que soportan muy bien la falta de agua. Las hembras paren crías durante todo el año, si bien son más prolíficas durante los meses de sequía. Habitualmente se desplazan junto a otros herbívoros, como las cebras o los ñus. Sus depredadores son los grandes felinos, sobre todo leones, y los perros salvajes.

ANTÍLOPE JEROGLÍFICO (*Tragelaphus scriptus*)
Nombre en inglés: *Bushbuck*
Nombre en suajili: *Pongo*

Este tímido y pequeño antílope puede llegar a medir entre 70 y 90 cm de alto, a pesar de lo cual su constitución es muy robusta. Su pelaje puede ser marrón oscuro, castaño e incluso parduzco. Se le distingue por un par de franjas paralelas de color blanco en la parte inferior de la garganta. En esta especie sólo los machos poseen cuernos, que son de tamaño medio y bastante rectos. Su hábitat se encuentra en torno a las malezas selváticas y a los bosques frondosos, donde vive solo o en pequeños grupos familiares. Su alimentación se compone de hojas y tallos tiernos, y ellos, a su vez, son presa predilecta de los leopardos y las serpientes pitón.

ANTÍLOPE RUANO (*Hippotragus equinus*)
Nombre en inglés: *Roan antelope*
Nombre en suajili: *Korongo*

Se trata de un antílope de gran tamaño, que puede medir hasta 160 cm de alto y tener un peso superior a los 270 kilos. En Kenia sólo es posible verlo en la minúscula reserva de Shimba Hills, adonde ha sido trasladado desde otras partes del país. Su coloración varía desde un rojizo amarillento hasta un parduzco claro. En la cara presenta una serie de manchas blancas y negras que le hacen fácilmente reconocible. Sus cuernos, fuertes y curvados hacia atrás, son quizá un poco cortos para el gran tamaño de este animal. El antílope ruano se encuentra en zonas abiertas o ligeramente boscosas y huye siempre de las áreas de frondosa vegetación, pues su dieta se basa en el consumo de hierba, despreciando hojas y frutos silvestres. Su carácter es violento y los machos luchan entre sí frecuentemente por el dominio de la manada, que generalmente se mantiene en movimiento, pues estos animales tienen una gran dependencia del agua.

ANTÍLOPE SABLE (*Hippotragus niger*)
Nombre en inglés: *Sable antelope*
Nombre en suajili: *Pala hala*

Es un poco más pequeño que su pariente más próximo: el antílope ruano. Su fisonomía es similar, si bien sus largos cuernos curvados hacia atrás son mucho más grandes, y su pelaje es siempre oscuro, manteniéndose en una gama de tonos marrones y negros. Su cara es de color blanco, a excepción de una amplia franja negra que le cubre el frontal, y de un par de rayas del mismo tono que le parten desde debajo del ojo. Las hembras son muy similares a los machos, aunque su pelo es un poco más pálido. Suele permanecer en áreas boscosas secas, siempre que se encuentren cerca de un curso de agua. Allí se agrupan en rebaños de hasta 20 ejemplares liderados por un fuerte macho. Los sables, como sus parientes ruanos, son unos antílopes batalladores, que luchan coti-

dianamente entre sí para defender sus territorios. Sus grandes defensas son armas terribles para sus principales depredadores, los leones, a los que pueden matar de un testarazo.

BONGO (*Boocercus eurycerus*)
Nombre en inglés: *Bongo*
Nombre en suajili: *Bongo*

A pesar de su aspecto inconfundible, el bongo es un animal difícil de ver, pues se trata de un antílope selvático que raramente sale de la espesura que le protege. Tiene una altura media de unos 120 cm y puede llegar a pesar hasta 220 kilos. Su aspecto más distintivo son las vistosas rayas blancas transversales, que en número de 12 ó 14, recorren el lomo rojizo brillante de estos animales. Sus patas presentan también llamativos dibujos en blanco y negro. Tanto los machos como la hembras poseen cuernos, que son bastante cortos y paralelos. Permanece toda su vida inmerso en profundas selvas o en frondosas regiones de montaña, donde mantiene una actividad eminentemente nocturna, que aprovecha para alimentarse fundamentalmente de hojas y tallos de arbustos. El bongo vive en parejas o pequeños grupos, si bien los machos adultos suelen vivir solos.

COBO O ANTÍLOPE ACUÁTICO (*Kobus ellipsyprimus*)
Nombre en inglés: *Waterbuck*
Nombre en suajili: *Kuru*

Este antílope acuático es muy común en las reservas de Kenia. Se le distingue por su abundante capa de pelo marrón, que contribuye a realzar la hermosa y robusta constitución de este animal. Suele medir más de un metro en la cruz y llega a pesar más de 100 kilos. Bajo el cuello muestra un manchón blanco, así como alrededor del hocico. Las hembras carecen de cuernos, que en los machos son grandes, gruesos y curvados hacia afuera y hacia arriba. El cobo vive siempre en las inmediaciones del agua, preferentemente en llanuras inundadas. Son excelentes nadadores y tienen un carácter altanero e intrépido. También les gusta mantenerse largas horas bajo el sol, incluso durante las abrasadoras horas del mediodía. Su dieta se constituye sobre todo de hierba y, en menor medida, de hojas y plantas acuáticas. Los rebaños suelen ser pequeños y están formados por un macho, sus hembras y sus crías. Los machos más jóvenes se agrupan por su cuenta en escuetos clanes. Ocasionalmente, el cobo se convierte en presa del leopardo, el león o el perro salvaje.

CUDU MAYOR (*Tragelaphus strepsiceros*)
Nombre en inglés: *Greater kudu*
Nombre en suajili: *Tandala mkubwa*

El cudu mayor o gran cudu es uno de los antílopes más grandes que existen. Los machos pueden medir hasta 160 cm de alto y tener un

peso superior a los 300 kilos. Poseedor de un porte muy elegante, tiene una coloración que va desde el gris claro al gris pardo. Sus costados muestran una serie de rayas blancas, normalmente de seis a diez, que los recorren verticalmente. Su largo cuello está dotado de un espeso fleco de pelos hasta la barbilla y termina en una hermosa cabeza, cuyo rostro está cruzado por una franja blanca tendida bajo los ojos. Sólo los machos tienen cuernos, que son largos, en forma de espiral y divergentes. El cudu mayor suele permanecer en terrenos montañosos o en zonas de vegetación espesa, y huye de las llanuras abiertas. Se agrupan en reducidas manadas de cuatro o cinco ejemplares, formadas sobre todo por hembras, pues los machos con solitarios. Son ramoneadores, por lo que se alimentan de hojas y casi nunca comen hierba. Sus fuertes patas les permiten dar prodigiosos saltos, pero no están muy capacitadas para la carrera.

CUDU MENOR (*Tragelaphus imberbis*)
Nombre en inglés: *Lesser kudu*
Nombre en suajili: *Tandala ndogo*

Este antílope mediano es una reproducción a escala de su pariente más cercano, el cudu mayor. Su altura media es de un metro, y su peso no suele ser mayor de 100 kilogramos. Carece de la abundante barba o mata de flecos que posee su pariente en el cuello, que, sin embargo, muestra dos manchas blancas en su parte inferior. Los cuernos de los machos son largos y en forma de espiral y su pelaje es gris azulado, pasando por una variedad de matices, hasta el gris pardusco. Tiene también rayas blancas en su lomo, pero el número de estas raramente baja de diez. Generalmente vive en parejas, oculto entre densos matorrales, por lo que resulta muy difícil de ver. Es, por encima de todo, ramoneador, por lo que se alimenta de hojas, ramas y tallos. Soporta muy bien la falta de agua y, al igual que el cudu mayor, es un buen saltador.

DIK-DIK (*Rhynchotragus kirki*)
Nombre en inglés: *Kirk's dik-dik*
Nombre en suajili: *Dikidiki*

El dik-dik de Kirk es la variedad más común que se encuentra en Kenia de este pequeño antílope. Mide tan sólo 35 cm de alto y su peso raramente supera los seis kilos. Es de color pardo rojizo, aunque el cuello y los flancos presentan uno tono algo más pálido. Su vientre es blanco y su cabeza presenta un par de minúsculos cuernos en ocasiones ocultos bajo una mata de pelo. A primera vista, el dik-dik se distingue perfectamente, debido al anillo blanquecino que le circunda el ojo, en cuya parte inferior tiene un pequeño lunar negro parecido a una lágrima. Estos animales son solitarios, huidizos y asustadizos. Viven sobre todo en zonas muy secas, alimentándose de hojas y ramas de arbusto. Tienen hábitos nocturnos y rígidas costumbres territoriales. El curioso nombre de este animal proviene del agudo silbido que emite cuando está alarmado («zic...zic»).

DUIKER (*Sylvicapra grimmia*)
Nombre en inglés: *Grimm's duiker*
Nombre en suajili: *Nsya*

También llamado duiquero, el duiker gris o de Grimm es el más común de las diez especies que existen de este animal. Se trata de un antílope mediano, que puede medir hasta 70 cm. Su lomo no está tan arqueado como en otras variedades de duiqueros y está cubierto por un pelaje corto, de color marrón, gris claro o pardoamarillento. El vientre es blanco y la cara del animal presenta una extensa banda negra o marrón oscuro entre la nariz y los cuernos. Estos últimos sólo se dan en los machos y son muy cortos y rectos. Este solitario animal habita en un buen número de ecosistemas, desde la sabana abierta hasta las selvas montanas, alimentándose de hojas, brotes jóvenes y gran cantidad de plantas, de las que absorbe su humedad, por lo que puede aguantar sin beber durante largos periodos.

ELAND (*Taurotragus oryx*)
Nombre en inglés: *Eland*
Nombre en suajili: *Pofu*

El eland es el antílope más grande que existe. Se le reconoce inmediatamente debido a su gran alzada: alrededor de 170 cm a la altura de la cruz, lo que quiere decir que la cabeza se encuentra a menudo por encima de los dos metros. Su corpulencia es similar a la de un buey y, de he-

cho, tiene una cierta apariencia bovina. El peso de un macho adulto puede llegar hasta los 1.000 kilos, lo que da una idea de su corpulencia. Su pelaje es raso, de color pardo amarillento o grisáceo, a menudo con rayas blancas en los flancos. Tiene una gran papada en mitad de la garganta y su cabeza presenta sobre la frente un erizado copete de pelos, detrás de los que surgen un par de gigantescos cuernos (en machos y hembras), gruesos y en forma de espiral, que, dirigidos hacia atrás, pueden medir más de un metro. Muy gregarios, los elands viven en grandes manadas en llanuras abiertas y sabanas, aunque también se les encuentra en prados montanos por encima de 4.000 metros. Son, sobre todo, ramoneadores, pudiendo comer frutos y raíces ocasionalmente. A pesar de su enorme peso corporal, son capaces de saltar hasta dos metros y medio de altura sin apenas tomar impulso. Tienen crías una vez al año, generalmente en la estación de las lluvias cortas, entre octubre y noviembre.

GACELA DE GRANT (*Gazella granti*)
Nombre en inglés: *Grant's gazelle*
Nombre en suajili: *Swala granti*

Esta gacela se encuentra en la mayor parte de los parques nacionales de Kenia. Tiene un aspecto armonioso, fácilmente distinguible debido a sus robustos cuernos anillados que presentan machos y hembras y que, curvados hacia arriba y hacia atrás, llegan a tener hasta 60 cm. La piel es de color marrón terroso y se aclara en los flancos. Tanto el vientre como las patas traseras están veteados de blanco. La cola, casi blanca también, termina en un gracioso mechón negro. Otro rasgo característico es la raya blanquecina que les recorre el rostro desde la base de los cuernos hasta el hocico. Las gacelas de Grant se agrupan en rebaños de 30 ejemplares liderados por un macho dominante. Permanecen en llanuras abiertas cubiertas de matorral, donde se alimentan de hojas y hierba de las que extraen todo el agua necesaria para su manutención, por lo que pasan largos periodos sin beber.

GACELA DE THOMSON (*Gazella thomsoni*)
Nombre en inglés: *Thomson's gazelle*
Nombre en suajili: *Swala tomi*

Conocidas popularmente como «Tommies», son las gacelas más comunes de todo África oriental. El mayor rasgo distintivo de este ani-

mal es la gruesa franja negra que recorre su costado y separa la piel marrón terrosa del lomo del blanco de su vientre. Su cola es negra y parece mantenerse en constante movimiento. En torno a los ojos posee un círculo de color blanco del que parte una fina raya que se extiende hasta el morro. Tiene unos cuernos finos y casi rectos, más largos en los machos que en las hembras. Se mueve de una manera característica llamada «*stotting*», que consiste en una serie de saltos arriba y abajo, con las patas rígidas, que los animales practican cuando están asustados. Viven en llanuras abiertas, que les proveen de su principal alimento: la hierba. Sus manadas se componen de 60, 80 ó más individuos. Debido a su pequeño tamaño (60 cm y unos 25 kilos) y abundancia, la gacela de Thomson es presa favorita de muchos depredadores, como el guepardo, el licaón, el león y la hiena.

GERENUK (*Litocranius walleri*)
Nombre en inglés: *Gerenuk*
Nombre en suajili: *Swala twiga*

La «gacela-jirafa» o gerenuk se identifica inmediatamente debido a su cuello extraordinariamente largo, que le permite ramonear las ramas más altas de los arbustos. Para llegar más arriba, esta gacela suele levantarse sobre sus patas traseras, con lo que consigue alimento a considerable altura. El color de su piel es pardo rojizo, algo más claro en los costados, manteniendo en la zona ventral un tono blanquecino. Sus ojos son muy grandes y los cuernos, que sólo poseen los machos, son anillados y robustos y están curvados hacia atrás; terminan en unas puntas que se vuelven hacia el frente o hacia arriba. Animal solitario, el gerenuk se ha habituado a subsistir en las zonas secas cubiertas de matorrales, y puede vivir incluso en regiones desérticas, pues apenas necesita beber. Las hojas y tallos de los arbustos espinosos son su principal alimento.

IMPALA (*Aepyceros melampus*)
Nombre en inglés: *Impala*
Nombre en suajili: *Swala pala*

Se trata de una gacela de tamaño medio muy extendida por todo el territorio keniano. Su fisononía es bastante parecida a la de la gacela de

Grant, con la que a menudo se le confunde. Sin embargo, si se observa con atención, presenta una serie de diferencias notorias con aquélla. La primera es la relativa a sus cuernos, que sólo poseen los machos y son largos, delgados y en forma de «lira». Por encima de los cascos de las patas traseras tienen una mata de pelos que los cubre por su mitad y, por último, muestran una raya negra vertical en la parte posterior de los muslos. Otras características propias son su color marrón castaño brillante, más claro en los flancos, para desaparecer por completo en el vientre, y una fina línea negra que recorre sus nalgas hasta la mitad de la cola, que es, a su vez, larga y de color blanco. Los impalas son muy gregarios y forman manadas de muchos ejemplares dominadas por un altanero macho. Su hábitat es la sabana y los bosques claros, donde mantienen una dieta mixta de hierba y hojas de arbusto. Lo más impresionante de estas gacelas son sus rápidos movimientos y poderosos saltos que les permiten sobrepasar obstáculos de hasta tres metros de altura y diez de longitud. Casi todos los felinos son depredadores suyos, sobre todo el león, el guepardo y el leopardo, además de los perros salvajes.

KLIPSPRINGER (*Oreotragus oreotragus*)
Nombre en inglés: *Klipspringer*
Nombre en suajili: *Mbuzi mawe*

El klipspringer o saltarrocas se mantiene en una curiosa posición que le hace parecer que se encuentre de puntillas, debido a que sus cascos han evolucionado para proporcionarle un buen agarre sobre los parajes rocosos en los que suele encontrarse. Las pezuñas tienen una textura similar a la de la goma dura, que le permiten agarrarse en cualquier apoyo, por precario que sea. Su pelaje es verdoso, habitualmente moteado. El vientre y el interior de sus patas es blanco y presenta un manchón oscuro en la coronilla de la cabeza y otro blanco bajo la garganta. Sólo el macho posee cuernos, que son minúsculos y rectos. Su ciclo reproductorio permite a las hembras parir un par de crías al año, que se integran a la pareja de ejemplares adultos o a los sucintos grupos en que se juntan ocasionalmente. Se alimentan principalmente de hierba y son una presa complicada para su principal depredador, el leopardo, pues su agilidad les permite encararmarse rápidamente a refugios rocosos de difícil acceso.

ÑU (*Connochaetes taurinus*)
Nombre en inglés: *Wildebeest*
Nombre en suajili: *Nyumbu*

El ñu es el antílope más abundante de África Oriental, donde se cuentan por millones. Su aspecto es inconfundible, pues tiene un perfil raro y primitivo, que algunos zoólogos han descrito como la combinación de un buey, un antílope y un caballo. De sus distintas variedades, el ñu taurino es el más común y extendido. Pueden pesar hasta 250 kilos, y presenta un color gris pizarroso, cruzado por líneas oscuras en sus cuartos delanteros. También es característica la barba peluda bajo las garganta, así como sus patas delgadas y sus cuernos curvados hacia arriba, transversales a la cabeza, al estilo de los que lucen los búfalos. Permanecen en amplias llanuras de hierba cubiertas de arbustos, generalmente secas. Sus manadas son gigantescas, de hasta decenas de millares de ejemplares. En principio, no obedecen a ningún tipo de orden o jerarquía, tan sólo comparten la necesidad de emigrar regularmente a zonas de abundante alimento, donde además existan reservas de agua, pues no resisten mucho tiempo sin beber. Este comportamiento les ha convertido en los protagonistas de la impresionante migración anual que se efectúa entre el parque de Serengeti en Tanzania y el de Masai Mara, en Kenia, en la que más de dos millones de animales cruzan de un país a otro en busca de pastos

frescos, huyendo de los rigores de la aridez de sus territorios durante la estación seca y a los que retornan meses más tarde, cuando vuelve la estación de las lluvias. Un rasgo característico de este animal es su comportamiento imprevisible, casi excéntrico, que en ocasiones le lleva a resoplar, correr en círculos, cocear o cabecear a su alrededor sin motivo aparente. Tiene muchos depredadores, entre los que destaca el león. La hiena supone para los ñus una especial amenaza, pues se han acostumbrado a capturar a sus crías recién nacidas.

ORIBI (*Ourebia ourebi*)
Nombre en inglés: *Oribi*
Nombre en suajili: *Taya*

El oribi es un antílope de pequeña alzada, que raramente supera los 50 cm de estatura. Es parecido al duiker, del que se diferencia principalmente por una mancha circular negra situada bajo la oreja y que es, en realidad, una glándula olfativa. El color de su pelaje es marrón brillante, con el vientre y la parte interior de las patas blanco. Sus orejas son ovaladas y grandes y entre ellas crecen un par de cuernos -sólo en los machos- rectos, delgados y anillados. Su cabeza es corta pero la sostiene un cuello bastante largo. Vive muy cerca del agua, oculto entre llanuras de hierba, a veces en parejas o en grupos pequeños. Su dieta principal la constituye la hierba. Las hembras paren, generalmente, un par de crías al año.

ORIX (*Oryx beisa*)
Nombre en inglés: *Oryx*
Nombre en suajili: *Choroa*

En Kenia conviven dos variedades distintas de este antílope mayor, que en conjunto, por su morfología y pelaje, se distinguen muy fácilmente. El orix beisa tiene un pelaje mayoritariamente gris, con matices pardo amarillentos, mientras que el orix *callotis* muestra un color pardo más vivo y de la punta de sus orejas surge un frondoso mechón de pelo negro. Este último tipo está más extendido. El orix es muy grande, su altura es de 120 cm y su peso puede superar los 200 kilos. Sus rasgos faciales son inconfundibles y tienen un aspecto similar al de un payaso, pues su rostro está cruzado por tres manchas

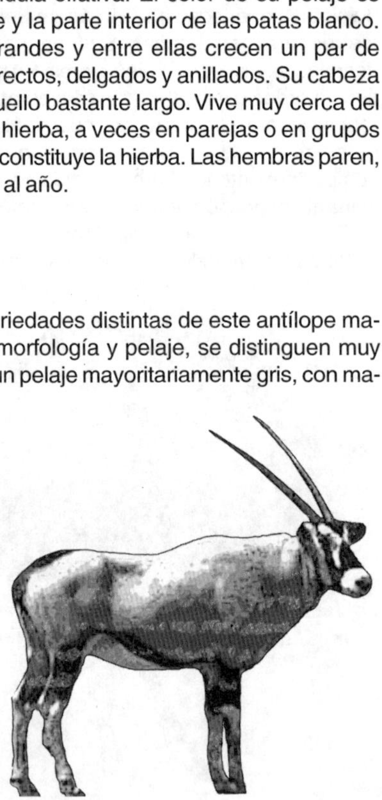

negras: una en la frente, que se une a un par de franjas del mismo color que recorren las mejillas y cruzan sobre los ojos, y una tercera línea, que tendida entre ambas orejas, pasa por debajo de la garganta. Desde este punto parte hasta el pecho otra gruesa raya negra, que se bifurca en dos y delimita el vientre blanco del animal. Su columna vertebral también está recorrida por completo por otro trazo negro, que termina en la base de una fondosa cola. Los cuernos de este antílope son enormes y crecen casi rectos, en paralelo, presentando en toda su longitud multitud de anillos. El orix habita en zonas de sabana, a veces en grandes rebaños, donde principalmente pacen, si bien se alimentan en ocasiones de ramas de arbustos. Son una presa difícil para los leones, pues su enorme cuerna les proporciona una defensa muy peligrosa para los depredadores.

REDUNCA BOHOR (*Redunca redunca*)
Nombre en inglés: *Reedbuck*
Nombre en suajili: *Tohe*

También conocido como redunca común, este antílope mediano se reconoce inmediatamente por sus cuernos anillados (sólo en los machos), de longitud mediana, curvados hacia delante y hacia arriba, como si fueran perchas. Mide hasta 90 cm y puede alcanzar 90 kilos. Su pelaje es espeso y de color pardo rojizo, a excepción de la zona ventral, que es blanca. Su cola, muy poblada, resulta muy vistosa en movimiento, pues por encima es rojiza y por debajo blancuzca. Muy territoriales, viven en soledad, en parejas o en grupos de cinco ejemplares. Permanecen cerca del agua, entre altos herbazales que les sirven para ocultarse durante las horas de calor. Se alimentan únicamente de hierba.

SITATUNGA (*Tragelaphus spekei*)
Nombre en inglés: *Sitatunga*
Nombre en suajili: *Nzohe*

Este tímido y huidizo animal es muy difícil de observar, incluso en el reducido parque de Saiwa Swamp, creado para su protección. Se trata de un antílope perfectamente adaptado en la vida en los pantanos, para lo que sus pezuñas han evolucionado volviéndose alargadas, puntiagudas y separadas, lo que le permite caminar con soltura por terrenos fangosos. Su pelaje es marrón oscuro o pardo amarillento y está cruzado a veces por tenues rayas blancas que se transforman en manchones claros bajo el cuello y la garganta. También presenta algunos lunares en los cuartos traseros, bastante más elevados que los delanteros, lo que le hace adoptar una curiosa postura jorobada. Los machos de esta especie poseen unos largos cuernos curvados hacia atrás, de hasta 80 cm. Nunca salen de los cañaverales, márgenes de pantanos o selvas inundadas, donde viven generalmente en solitario o en parejas.

El sitatunga tiene hábitos nocturnos y aprovecha la falta de luz para alimentarse sobre todo de plantas acuáticas, como papiros, cañas u hojas tiernas. Su adaptación al agua es prodigiosa y es un excelente nadador. Si se siente amenazado, su reacción habitual es zambullirse al instante y puede llegar a sumergirse por completo.

TOPI (*Damaliscus topi*)
Nombre en inglés: *Topi*
Nombre en suajili: *Nyamera*

La silueta de este animal puede confundirse en la lejanía con la del alcélafo, pero visto de cerca, la morfología de su cuerna, así como su pelaje, no deja lugar a dudas acerca de su especie. El topi tiene una coloración parda oscura con matices purpúreos que refulgen bajo el sol. En la cara, en la parte superior de las patas delanteras y en los muslos muestra unos amplios manchones oscuros que le hacen inconfundible. Su cara, muy alargada, termina en unos cuernos pequeños, gruesos y robustos, curvados hacia atrás en forma de lira. Es un animal gregario que normalmente forma grandes rebaños, en ocasiones de hasta 10.000 individuos. Tiene tendencia a emigrar en busca de pastos frecos, que constituyen su dieta, por lo que su hábitat específico son las llanuras cubiertas de abundante hierba. Es habitual verlos entremezclados con manadas de alcélafos, búfalos o cobos, con los que comparte su entorno. Durante la época de celo, los machos se vuelven territoriales para defender su acoplamiento con las hembras. Sin embargo, una vez culmina la reproducción, los topis se separan en dos grupos distintos, conforme a su sexo. Este antílope es una de las presas favoritas de los leones, aunque también son víctimas de leopardos, licaones y hienas.

AVES

ÁGUILAS
Nombre en inglés: *eagles*

En Kenia abundan las aves rapaces: águilas, de varias especies, entre ellas la pescadora, buitres, halcones, lechuzas y búhos.

Entre las diversas águilas africanas destaca el águila marcial o belicosa, una de las mayores rapaces, ya que su envergadura supera los dos metros y medio. Anida en planicies abiertas o semidesérticas, sobre árboles de amplia copa, donde construye un nido de casi cinco metros de diámetro en el que la hembra deposita un único huevo. Durante la incubación, el macho cazará para mantener a la hembra al amanecer y al atardecer. Después de su nacimiento, el pollo permanece en el nido 50 días.

Este águila caza preferentemente pintadas (gallinácea salvaje africana) y pequeños antílopes. Su plumaje es gris en las alas y espalda, pero blanco en las patas y vientre. Durante la caza vuela a gran altura y otea sin cesar los varios miles de hectáreas que componen su territorio. Divisada la presa, se lanza en un terrible picado que la lleva a velocidades cercanas a los doscientos kms por hora.

Otra especie bien conocida es el águila negra o de *Verreaux*, que contrariamente a la anterior, vive en las proximidades de formaciones montañosas. Su técnica de caza se encuentra perfectamente adaptada a su presa favorita: el damán, un roedor que habita en zonas rocosas. El águila negra suele otear desde una alta roca, para lanzarse a plomo pegada a la pared rocosa y girar en los últimos instantes. La especialización de este águila es tan acusada, que su área de dispersión coincide en Africa con la del damán.

En esta especie, la hembra alcanza un tamaño mayor que el macho, ya que típicamente posee una envergadura superior a los dos metros y un peso cercano a los seis kg., mientras que el macho raramente alcanza los 4 kg. Las águilas de Verreaux son fácilmente reconocibles por una mancha blanca en forma de "V" sobre su espalda y base de la cola, mientras que el resto del plumaje es completamente negro.

Por último, otra especie de águila bien conocida es el águila pescadora africana *(haliaeetus vocifer*), de cabeza y pecho completamente blancos y resto del plumaje negro, aunque con bandas pardas en alas y patas. Como su nombre indica, este águila se alimenta de peces y su presencia es habitual en lagunas y ríos con abundancia de alimento. El Parque Amboseli es uno de los mejores lugares para observar estas aves.

AVESTRUZ (*Struthio camelus*)
Nombre en inglés: *Ostrich*
Nombre en suajili: *Mbuni*

El avestruz es la mayor de todas las aves vivientes. Un macho adulto puede alcanzar dos metros y medio de altura y tener un peso de hasta 150 kilos. Su perfil es inconfundible, con su cuerpo poblado de plumaje, a excepción del cuello y las patas, que aparecen pelados. El avestruz macho tiene las plumas de color negro, que se transforma en

blanco en las inmediaciones de las alas y la cola, mientras que la hembra presenta unas plumas de color grisáceo, en tonos más o menos oscuros. Sus robustas patas están muy musculadas, permitiendo al animal avanzar a gran velocidad. La patada de un avestruz es tan potente que puede ser mortal para muchos depredadores, includo el hombre. Este ave vive principalmente en sabanas abiertas, alimentándose de hojas y semillas, y soporta muy bien la falta de agua. Socialmente son muy territoriales y raramente se reúnen en grupos mayores de cinco o seis individuos.

BUITRE (*Neophron pernopterus*)
Nombre en inglés: *Vulture*
Nombre en suajili: *Tai*

Los buitres pertenecen a la misma familia que los halcones y las águilas, y al igual que estas últimas, son unas aves muy grandes. La envergadura de sus alas llega a medir hasta tres metros y tienen un peso corporal que supera en ocasiones los cinco kilos. En Kenia hay tres variedades principales de buitre: el buitre egipcio, el buitre encapuchado y el buitre de cabeza blanca. Todos ellos son carroñeros. Para encontrar alimento confían en su espléndida vista, que es su sentido más desarrollado. Son capaces de descarnar unos restos a una velocidad sorprendente, si bien necesitan de la participación de algún mamífero carroñero para que «empiece el cadáver», pues no son muy hábiles a la hora de comenzar el festín. Una variedad de buitre, llamada torgo, especialmente grande y con un pico poderoso, suele ser el encargado de despiezar la carroña, de la que luego se alimentan sus congéneres. Un grupo de buitres comiendo ofrece un espectáculo ine-

narrable, por cuanto se ensañan en continuas amenazas y peleas para conseguir un bocado. Por lo general, se atracan de tal manera, que son incapaces de remontar el vuelo, por lo que tienen que esperar a hacer la digestión antes de marcharse. En cualquier caso, y debido a su envergadura, los buitres tienen problemas para volar, pues en realidad son planeadores, por lo que necesitan la ayuda de corrientes térmicas de aire para desplazarse y remontar el vuelo con soltura.

FLAMENCO (*Phoeniconaias minor y phoenicopterus ruber*)
Nombre en ingles: *Flamingo*
Nombre en suajili: *Heroe*

Los flamencos rosas, en sus variedades mayor y menor, se cuentan por millones en Kenia. Su hábitat son los lagos salinos de la región del Rift Valley y se deplazan de uno a otro dependiendo de las más favorables condiciones de alimento. Debido a la alta alcalinidad de las aguas de estos lagos, los flamencos se ven obligados a filtrar sus sustancias nutritivas, como las algas y las diatomeas, con rápidos y enérgicos movimientos de la cabeza hacia adelante y hacia atrás, con el pico sumergido bajo el nivel del agua, pues la ingestión excesiva de sales podría resultarles mortal. Las partículas alimenticias quedan retenidas en la parte inferior del pico, hasta que el ave las succiona con su lengua. El flamenco mayor amplía su dieta con la ingestión de pequeños moluscos que extrae del cenagoso fondo del lago al introducir ahí su prominente pico.

PRIMATES

BABUINO (*Papio anubis*)
Nombre en inglés: *Baboon*
Nombre en suajili: *Nyani*

Conocidos también como papiones y zambos, los babuinos se distinguen por ser simios grandes y terrestres. En Kenia hay dos variedades principales: el babuino cinocéfalo, de pelaje amarillento, con sus partes inferiores en blanco y una cola larga y delgada y el babuino perruno, de un color pardo oliva fuerte, con una cola más corta y una tupida melena larga sobre la cara y los hombros. Los babuinos se reconocen con sencillez debido a su «morro de perro», provisto de afilados colmillos; su crin más o menos poblada alrededor del cuello y su cola «quebrada», curvada primeramente hacia arriba y luego hacia abajo sin llegar a tocar el suelo. Abundan en las grandes sabanas y en territorios semidesérticos, pudiendo también encontrarse en zonas de selva abierta. Aunque fundamentalmente terrestres, son muy ágiles para trepar a los árboles. Son omnívoros, pues comen gran variedad de vegetales, así como de insectos, pájaros y huevos, llegando hasta a devorar algún pequeño mamífero que se encuentre a su alcance. Sin embargo, no practican la caza. Son bravos luchadores y no temen enfrentarse a su principal depredador, el leopardo, al que llegan a vencer en ocasiones. Los babuinos se agrupan en hordas de hasta 80 ejemplares, entre los que se establece una férrea jerarquía. Al ser animales muy sociales, cada uno cumple una función específica dentro del clan, y resulta asombroso verles marchar en «formación» por la llanura, con los machos rodeando por completo a las hembras y crías que caminan en el centro de la manada.

COLOBO BLANCO Y NEGRO (*Colobus guereza caudatus*)
Nombre en inglés: *Black & White colobus*
Nombre en suajili: *Mbega*

Es un primate arborícola, que muy raramente desciende a tierra. De hecho, tiene preferencia por las copas de los árboles, por lo que su observación resulta muy complicada. Sus desplazamientos por las ramas son de una agilidad sorprendente y suponen la mejor oportunidad para apreciar su coloración: sólo el rostro, la cola y una capa superior de pelo a ambos lados del lomo son blancos, el resto del animal es completamente negro. El colobo mide por término medio unos 70 cm, sin contar la cola, que es como mínimo tan larga como el cuerpo. Se agrupan en grandes colonias que per-

manecen bajo la autoridad de un macho dominante. Un buen lugar para localizar colobos son los frondosos árboles que crecen entre la vegetación a la orilla de los ríos o cualquier otro curso de agua que cruce una selva. Su dieta se compone fundamentalmente de hojas, si bien no desprecian algún que otro insecto.

GÁLAGO. *(galago senegalensis) (otolemur crassicaudatusk).*
Nombre en inglés: *Bushbaby.*

Este lemúrido que en inglés se conoce como *bushbaby*, es un mono nocturno emparentado con los lemures de Madagascar. Para adaptarse a sus condiciones de supervivencia en la oscuridad ha desarrollado grandes ojos y orejas y se alimenta principalmente de savia de los árboles, frutos e insectos. Hay dos tipos: el gálago menor *(galago senegalensis)* y el mayor *(otolemur crassicaudatusk)*. El mayor mide como máximo unos 80 cm, aunque la mitad de esta medida corresponde a su cola, y pesa alrededor de un kilo y medio, mientras que el menor puede alcanzar sólo los 40 cm y los 200 gramos de peso.

VERVET (*Cercopithecus aethiops*)
Nombre en inglés: *Vervet*
Nombre en suajili: *Tumbili*

Los divertidos y juguetones vervets forman parte de la especie, más amplia, de *totas* o monos verdes. Su tamaño es mediano, con una longitud de unos 50 cm, y su peso oscila entre los cuatro y los seis kilos. Se les distingue con facilidad por su pelaje gris amarillento y por su cara negra, bordeada por completo por una franja blanca. Sus extremidades son igualmente negras, así como el final de su cola. Viven siempre en áres boscosas o sabanas, y no habitan nunca en regiones áridas ni excesivamente húmedas. Aunque preferentemente vegetarianos, añaden a su dieta insectos y huevos de ave y, más raramente, pequeños mamíferos. Se juntan en bandas de veinte o más ejemplares y forman bulliciosas colonias. Son unos consumados rateros y tienen debilidad por las tiendas de campaña y los coches de los visitantes, en los que se introducen para llevarse todo lo que caiga en sus manos. Ampliamente difundidos, los vervets se encuentran en todos los parques de Kenia y grupos numerosos habitan, como residentes, en casi todos los *lodges*, alimentándose de los desperdicios de las basuras y entreteniéndose en robar gafas y cámaras de fotos a los turistas incautos. Sus depredadores habituales son el leopardo, el caracal y el serval.

REPTILES

COCODRILO *(Crocodylus niloticus)*
Nombre en inglés*: Crocodile.*

Los ejemplares mayores de cocodrilo del Nilo pueden llegar a vivir cerca de 70 años, y con sus más de cinco metros de envergadura y cerca de una tonelada de peso, se encuentran entre los mayores carnívoros de la Tierra.

Comen cualquier cosa que se encuentre a su alcance, desde pájaros a búfalos, pasando por todos los animales menores. Sin embargo, al igual que otros grandes reptiles de sangre fría, pueden sobrevivir largos períodos, hasta meses, sin comer, debido a su lento metabolismo.

Siempre difíciles de ver, acechan de forma silenciosa sumergidos en los ríos o lagos, manteniendo sólo las fosas nasales, ojos y orejas por encima de la superficie. Su momento de caza favorito es cuando los animales se acercan a la orilla para beber. Los dientes del cocodrilo no están diseñados para masticar, sólo para sujetar y desgarrar. De ahí que maten a sus presas arrastrándolas al fondo y ahogándolas, tras lo cual arrancan pedazos de carne que tragan sin masticar.

La mayoría de los ríos africanos se encuentran poblados por cocodrilos, así que es conveniente ser cuidadoso a la hora de acercarse a la orilla. Además, los cocodrilos son perfectamente capaces de salir del agua, en la mayor parte de los casos durante la noche, si huelen cualquier alimento, como carne, pescado, etc.. que haya sido dejado cerca de la orilla. Aunque la tierra no es su elemento idóneo, no hay que confiarse: pueden llegar a correr a la velocidad de un hombre adulto.

A pesar de la repugnancia que suele causar a los humanos, el cocodrilo parece ser uno de esos "buenos diseños" que ha producido la naturaleza: su especie no ha variado esencialmente desde hace decenas de millones de años.

Una vez fecundadas, las hembras cavan un nido poco profundo, donde entierran de 20 a 50 huevos, que eclosionan a los tres meses. Los recién nacidos miden 30 cm. y pesan 70 gr., y al salir del huevo emiten un

sonido agudo para que la madre los desentierre. Este sonido, que puede recordar el llanto de un niño, es el origen de la leyenda que atribuye a los cocodrilos la capacidad de imitar el llanto de un bebé, de ahí las famosas "lágrimas de cocodrilo", para así atraer a los humanos y devorarlos.

Además de estos saurios, otros reptiles que abundan en Kenia son las serpientes, algunas muy venenosas, como las cobras, las mambas verdes o negras, etcétera, y otras casi inofensivas, como las grandes pitones.

FELINOS

CARACAL (*Felis caracal*)
Nombre en inglés: *Caracal*
Nombre en suajili: *Simbamangu*

También llamado lince africano, se trata de un gato grande y robusto, de unos 45 cm de altura y 17 kilos de peso. Su pelaje es parduzo con matices rojizos y amarillentos, sin manchas. Como todos los linces, posee un fleco de pelos en la punta de las orejas, así como una cabeza aplanada cola corta y un cuerpo estilizado sostenido por dos pares de fuertes patas. Su hábitat natural es la sabana, donde caza antílopes jóvenes, liebres y aves, preferentemente durante la noche. Las hembras suelen alumbrar camadas de entre dos y cinco cachorros.

GUEPARDO (*Acinonyx jubatus*)
Nombre en inglés: *Cheetah*
Nombre en suajili: *Duma*

También conocido como onza africana, el guepardo es quizá el más elegante de los felinos, a pesar de que sus proporciones alargadas le confieren un cierto aspecto desgarbado. Su cuerpo tiene una longitud de 130 cm, a los que pueden añadirse unos 70 más pertenecientes a la cola. Su alzada es de 80 cm y su peso varía entre 45 y 60 kilogramos. Tiene un perfil sumamente esbelto, realzado por una cabeza pequeña y redonda, cuyo rostro posee dos pequeñas rayas negras que, a modo de lágrimas, resbalan desde el ojo hasta la boca. El pelaje corporal es áspero, de coloración amarillenta y cubierto por completo de manchas redondas y negras. La cola tiene esas mismas manchas, pero en forma anillada. El guepardo es animal de sabana, donde vive en solitario o en pequeños grupos de seis ejemplares. Las hembras tienen un periodo de gestación de 95 días, tras el que nacen dos o cuatro crías, si bien el índice de mortalidad en los cachorros es alto, lo que se agrava debido al carácter retraído de esta especie, que les hace vulnerables a cualquier cambio súbito o perturbación temporal de su medio ambiente. Lo más impresionante de este animal es su método de caza. Al contrario que el leopardo, suele cazar en compañía de otro u otros dos guepardos, con los que comparte una estrategia mortal para sus vícti-

mas. El guepardo es el animal terrestre más rápido del mundo; puede alcanzar 120 km por hora a plena carrera, aunque sólo puede mantener esta velocidad por pocos segundos. Por ello, se acerca a sus presas tanto como sea posible y emprende un veloz esprint hasta alcanzar a su víctima, a la que derriba de un zarpazo y muerde en la garganta. Antílopes jóvenes, liebres y aves son sus presas predilectas. La afluencia masiva de visitantes a los parques está cambiando los hábitos de caza de este animal, que debe arriesgarse a buscar alimento durante las duras y calurosas horas del mediodía, cuando no hay por los alrededores intrusos que le espanten las presas. Esto le crea un gran transtorno, pues el calor le afecta muchísimo durante sus rápidas carreras.

LEÓN (*Panthera leo*)
Nombre en inglés: *Lion*
Nombre en suajili: *Simba*

El rey de la selva tiene bien merecido su apelativo debido a su aspecto majestuoso y porte elegante. Su altura suele ser cercana a un metro y su peso suele rondar alrededor de los 200 kilos. Las hembras son algo menores. Su pelaje es corto, de una coloración parda oscura. El rasgo más distintivo del león es la frondosa melena que lucen los machos, que puede ser de color rubio u ocre, pero algunos ejemplares la tienen reducida y otros, incluso, carecen de ella. Su cola es larga y termina en una borla negra que oculta una uña. El león es un animal territorial y defiende extensas áreas, de hasta 400 kilómetros cuadrados. Normalmente se mueve en manadas compuestas por un gran macho adulto, un par de machos jóvenes y varias hembras acompañadas de sus crías. El periodo de gestación es de unos 100 días, al cabo de los cuales nacen entre dos y cuatro cachorros. Las manadas suelen descansar durante todo el día, para comenzar su punto álgido de actividad al caer la tarde. Por la noche también se mueven mucho y hacen largos desplazamientos hasta el amanecer. Siempre cazan en grupo: el macho dominante o algún ejemplar joven empuja la presa hacia las hembras, que esperan ocultas entre la maleza. Los leones hacen muchas cacerías en las proximidades de las charcas, donde saben que van a abrevar antílopes, cebras y gacelas. En ocasiones son capaces de abatir un búfalo, para lo que el macho más grande trata de inmovilizar al bóvido mediante un poderoso bocado en la nuca. Sus víctimas son muy variadas: ñus, alcélafos, topis, cebras, facoceros, gacelas de Grant, impalas, etc. El león es muy mal cazador y de cada diez intentos suele fallar en nueve. La leyenda que les atribuye el apelativo de «devoradores de hombres» no es, en realidad, cierta, y proviene de un puntual episodio del siglo pasado, durante la construcción del ferrocarril Mombasa-Uganda, en el que unas docenas de trabajadores perdieron la vida en las fauces de los leones, en la región que ocupa en la actualidad el parque de Tsavo. Generalmente, estos animales permiten que los visitantes se les acerquen mucho con sus vehículos y, en caso de sentirse alarmados, huyen rápidamente, sin plantar cara al intruso. Sin embargo, su aparente indiferencia es su estratagema, pues siempre están atentos a lo que ocurre a su alrededor, por lo que sólo a un loco se le ocurriría echar pie a tierra y aproximarse a un león.

LEOPARDO (*Panthera pardus*)
Nombre en inglés: *Leopard*
Nombre en suajili: *Chui*

La estampa inconfundible del leopardo es una de las más bellas de toda la fauna africana. Este gran felino tiene un pelaje corto y suave de color amarillo, en ocasiones con matices pardos, cubierto de numerosas manchas negras agrupadas en formas de rosetas a lo largo de todo el cuerpo, si bien su intensidad decrece en el vientre del animal, que es blanco. Algunos ejemplares son más oscuros, incluso completamente negros (denominados pantera negra). Un leopardo macho mide hasta 70 cm de altura y puede pesar hasta 90 kilos. Las hembras son más livianas. Son capaces de subsistir en gran variedad de hábitats, desde selvas cerradas hasta llanuras abiertas, pasando por terrenos semidesérticos de matorrales y altas montañas. Cazador nocturno, el leopardo es un depredador audaz. El sigilo y la sorpresa son su mayor arma. Su técnica consiste en acercarse mucho a la presa, acechándola sin ser visto, para saltar rápidamente sobre ella e inmovilizarla de un certero mordisco en el cuello. Por lo general, devora a sus víctimas en las ramas de un árbol a donde las encarama con increíble agilidad. Sus presas más comunes son liebres, damanes, facoceros, duikers, ñus, gacelas, impalas, muchos tipos de aves y babuinos, cuya caza les agrada mucho. También son hábiles a la hora de robar ganado: ovejas o cabras, e, incluso, perros. Pasan las horas del día relajados en las altas copas de los árboles, sobre todo en las espinosas acacias, por lo que no son fáciles de ver. Además, el leopardo es un animal solitario, que sólamente se junta en parejas durante las épocas de celo, tras la que las hembras tienen una camada variable de entre dos y tres cachorros.

SERVAL (*Felis serval*)
Nombre en inglés: *Serval cat*
Nombre en suajili: *Mondo*

Se trata de un gato grande y esbelto, de más de 50 cm de alto, que luce un pelaje raso y amarillento cubierto por manchas y bandas negras, sobre todo a la altura de los hombros. En su pequeña cabeza surgen dos largas y enhiestas orejas. Es un cazador principalmente nocturno, aunque también es muy activo durante las horas de sol. Sus presas son, preferentemente, liebres y aves, aunque pueden capturar a veces antílopes menores. Vive en sabanas despejadas y en selvas, con predilección por las zonas de vegetación densa junto a ríos y charcas. Aunque de condición terrestre, el serval es un gran trepador, pues su poderosa musculatura le dota de gran agilidad. Tras los periodos de reproducción, las hembras paren camadas de tres y cuatro cachorros.

PERROS

CHACAL (*Canis aureus*)
Nombre en inglés: *Jackal*
Nombre en suajili: *Bweha*

Este pequeño carnívoro está muy extendido por todos los parques de Kenia, en los que podemos encontrar sus tres variedades más conocidas: el chacal dorado o común, el chacal rayado y el chacal de lomo negro. El chacal dorado posee un pelaje amarillo sucio; el rayado es más bien pardoamarillento, incluso grisáceo, y tiene una línea blanca por los flancos en ocasiones remarcada en negro; el chacal de lomo negro tiene un pelo brillante, y como indica su nombre, muestra una ancha franja oscura en el dorso. Según su comportamiento, los tres son animales nocturnos, tímidos y asustadizos, a pesar de los cual cazan multitud de especies, como liebres, gallinas de Guinea, algunas serpientes, insectos, aves y crías de mamíferos, sobre todo pequeñas gacelas, como dik-diks e, incluso, lechones de facocero. Los chacales son carroñeros, por lo que se aprovechan de los restos de los festines de otros carnívoros mayores, como leones o guepardos. Prefieren vivir en sabanas abiertas, donde tras una corta gestación alumbran camadas de hasta seis ejemplares, que esconden en madrigueras.

LICAÓN (*Licaon pictus*)
Nombre en inglés: *Wild dog, hunting dog*
Nombre en suajili: *Mbwa mwitu*

El licaón tiene el tamaño y aspecto de un perro grande y llega a medir más de 70 cm en la cruz. Se le reconoce de inmediato debido a su pelaje áspero cubierto de manchas desiguales en distintos tonos de blanco, pardo, amarillo y negro. Su cabeza es robusta y está coronada por dos grandes y redondeadas orejas. Tiene el cuerpo fibroso, esbelto, sustentado por unas patas fuertes pero delgadas. Aunque al licaón también se le conoce por perro salvaje, la principal diferencia que tienen con los canes es que sus pies constan de cuatro dedos, en lugar de cinco como los verdaderos perros. Los licaones viven en amplias jaurías de hasta 25 ejemplares, aunque a veces pueden juntarse hasta 90 individuos. Se encuentran preferentemente en sabanas abiertas, si bien su hábitat también incluye regiones montañosas, siempre que no estén cubiertas de densa vegetación. Sus presas predilectas son los impalas, los reduncas y otros antílopes medianos. Cazan de un modo organizado y se distribuyen en parejas que acosan a la víctima por turnos, hasta que el animal, debilitado, es atrapado por la jauría al completo, que comienza a devorarla incluso antes de que esté muerta. Muy prolíficas, las hembras tienen un periodo de gestación corto, de unos sesenta días, pudiendo alumbrar hasta doce crías, si bien la mortalidad de los cachorros es alta. En los últimos años, el número de los licaones salvajes ha descendido espectacularmente, por lo que se han iniciado urgentes medidas para la conservación de esta especie, tal y como se ha hecho con otros felinos, los elefantes o los rinocerontes. El parque Tsavo es uno de los poquísimos lugares donde, con suerte, se puede observar.

GRANDES HERVÍBOROS

ELEFANTE (*Loxodonta africana*)
Nombre en inglés: *Elephant*
Nombre en suajili: *Tembo*

No es necesario hacer una descripción del elefante, pues se trata de un animal sumamente conocido. Su enorme mole, las grandes orejas y la trompa le hacen identificable en todo momento. Se trata en cualquier caso, del mayor mamífero terrestre que existe en la actualidad, pues los machos pueden llegar a medir hasta cuatro metros de altura y tener un peso cercano a las 6,5 toneladas. En Kenia conviven dos tipos de elefante: el elefante de sabana, que es el más común y el que se contempla con más asiduidad, y el elefante selvático, más pequeño que su pariente, con unas orejas menos aparatosas, colmillos más cortos y una estatura que raramente supera los tres metros. A cambio, esta especie es mucho más agresiva. Los elefantes son muy longevos y pueden llegar a vivir una media de unos setenta años, aunque algunos ejemplares han superado los cien. Durante su vida son auténticas máquinas de comer que necesitan consumir diariamente unos 250 kilos de forraje, aunque tampoco desprecian hojas, tallos, raíces, frutas y cualquier materia vegetal que encuentren a su paso. Los elefantes son tan potentes que derriban árboles enteros para devorar sus ramas y su corteza, por lo que se convierten en animales muy destructivos durante épocas de prolongada sequía, al contribuir a la destrucción entera de bosques en muy poco tiempo. Debido a que necesitan beber diariamente, nunca se alejan demasiado del agua, aunque son muy hábiles para extraerla de pozos subterráneos. También tienen por costumbre horadar el suelo en busca de materias minerales, sobre todo sales, indispensables para su dieta. Su estructura social es muy elaborada. Normalmente se reunen en grandes manadas comandadas por una hembra vieja que vela por el grupo y enseña a las hembras jóvenes a cuidar de sus retoños. Los machos se vuelven solitarios con el paso de los años e, incluso, los más jóvenes, una vez que abandonan la manada, sólo se reintegran a ella en época de celo. El periodo de gestación de esta especie es largo, entre 22 y 24 meses, después de lo que nace un sola cría de unos 130 kilos de peso. Su gran necesidad de alimento, que le obliga a deambular por amplios territorios, le ha llevado a enfrentarse con el hombre, que le ha robado muchas regiones de paso al dedicarlas al cultivo. Pero su principal amenaza es la caza furtiva, debido al alto precio que alcanza el marfil de sus defensas. Los colmillos de un macho adulto pesan unos 25 kilos, aunque se han encontrado colmillos excepcionales de hasta 90 kilogramos y hasta de 3,5 metros de largo. El

mercado del marfil suele mantenerse al alza, a pesar de las reivindicaciones conservacionistas de algunas naciones para la preservación de la especie, por lo que hoy en día siguen siendo muchos los elefantes sacrificados por el valor de sus defensas.

HIPOPÓTAMO (*Hippopotamus amphibius*)
Nombre en inglés: *Hippopotamus*
Nombre en suajili: *Kiboko*

El enorme y orondo hipopótamo es uno de los animales más representativos de la fauna africana. Con una altura en la cruz de hasta 160 cm, alcanzan un peso medio de unos 1.300 kilos, y los animales más grandes pueden llegar sin problemas a los 2.600 kilogramos. Su voluminoso cuerpo, de color gris oscuro, tiene forma de tonel y se sustenta sobre unas patas muy cortas. La cabeza es muy grande y presenta unas aberturas nasales, ojos y orejas muy bien situados para que permanezcan por encima del nivel del agua cuando el animal está sumergido. Sus grandes fauces están armadas con poderosos y largos colmillos que usan para defenderse y para intimidar a sus oponentes en las disputas cotidianas que mantienen los machos por el predominio de los grupos. Muy gregarios, los hipopótamos se juntan en manadas de hasta 30 cabezas organizadas por una rígida estructura jerárquica. La vida de estos animales es semiacuática, y permanecen en el agua durante las calurosas horas del día, en una prolongada inmersión. Esta adaptación anfibia es tan prodigiosa que las hembras paren indistintamente sus crías, tanto en tierra firme, como bajo el agua. Los lagos, charcas y lagunas son los hábitats fundamentales de esta especie. Debido a su peso, son capaces

de caminar sumergidos por el fondo y construyen verdaderas sendas subacuáticas. Al remover de este modo el limo del suelo, facilitan la dispersión de los nutrientes en el agua. Los hipopótamos son estríctamente vegetarianos, por lo que abandonan las charcas al anochecer para pastar en sus orillas. Por término general, un animal adulto puede devorar hasta 60 kilogramos de forraje en una noche. Su ciclo reproductor se extiende durante todo el año y las hembras dan a luz tras un periodo de gestación de 230 días. La cría pesa al nacer unos 45 kilos y es muy vulnerable a algunos depredadores, como el león o los cocodrilos. Si sobrevive a los primeros meses, será difícil que perezca en las fauces de algún otro animal una vez que aumente de tamaño. El hipopótamo es el animal salvaje que más muertes humanas causa en África, al atacar frágiles embarcaciones en los ríos o cuando algún incauto se interpone en su rutinario camino entre la charca y el pasto.

JIRAFA (*Giraffa camelopardalis*)
Nombre en inglés: *Giraffe*
Nombre en suajili: *Twiga*

De aspecto inconfundible debido a su largo cuello que proporciona a los machos una altura de hasta 5,5 metros -lo que les convierte en el animal más alto del mundo-, la jirafa también se distingue por su pelaje distribuido en forma de parches o manchas de color pardo castaño, bordeados por líneas de color amarillo pálido. Su cruz está muy por encima de sus cuartos traseros, por lo que el lomo del animal presenta un ángulo descendente hasta la grupa. Sus largas patas muestran menor cantidad de manchas y su cabeza está dotada de un par de cuernos frontales más unas pequeñas protuberancias recubiertas de pelo, como reminiscencias de lo que en el pasado fue una enorme cornamenta. Las jirafas se encuentran principalmente en parajes secos y despejados, cubiertos de matorral, aunque a veces se adentran en selvas claras, pero nunca en bosques cerrados. Son ramoneadoras y se alimentan sobre todo de hojas de acacias. A veces viven en pequeños grupos, mixtos o formados íntegramente por machos; otras veces son solitarias. Cuando caminan, su paso resulta muy singular, pues hacen avanzar a un tiempo ambas patas de un mismo lado. La jirafa más común y extendida de Kenia es la jirafa masai, que

ocupa la franja sur y central del país. Sólo posee dos cuernos y su piel presenta una coloración clásica, con abundancia de manchas en forma estrellada. En las tierras del norte se encuentra la jirafa reticulada, fácilmente identificable debido a su color castaño oscuro cruzado por una serie de líneas blancas que forman muchos parches geométricos, similares a la concha de una tortuga.

CEBRA (*Equus burchelli*)
Nombre en inglés: *Zebra*
Nombre en suajili: *Punda milia*

Probablemente sea el animal más conocido, común y popular de África. Todo el mundo conoce sobradamente su aspecto: un équido del tamaño de un asno cuya piel presenta una continuidad de franjas verticales blancas y negras. Sin embargo, ninguna cebra posee el mismo patrón de rayas que otra, por lo que si nos fijamos con detenimiento, nos daremos cuenta de que la cantidad de franjas de cada animal, su grosor o su distribución, totalmente vertical en los lomos, diagonal en la grupa y horizontal en las patas, varía mucho de un ejemplar a otro. Esto es especialmente notable cuando se comparan las dos principales variedades de cebras que hay en Kenia: la cebra de Burchell y la de Grevy. La primera es más común y ocupa todos los parques del sur y el oeste del país; por el contrario, la segunda habita las áridas regiones del nordeste y sus franjas son muchísimo más estrechas y numerosas, e inexistentes en el vientre, que es completamente blanco. Las cebras son muy sociables y se reúnen en grandes manadas junto con

ñus, antílopes y gacelas. Su hábitat específico son las llanuras herbáceas y las colinas cubiertas de hierba, que constituye su principal alimento. Es un hecho comprobado que aunque cebras de distintos tipos convivan en una misma manada, nunca se cruzan entre ellas. Su pelaje, en contra de lo que pudiera parecer, es un camuflaje perfecto ante su principal depredador, el león, pues durante las horas más peligrosas en que cazan los grandes felinos, al amanecer y al caer la tarde, los matices grises de la falta de luz ocultan a las cebras en la lontananza, siendo casi invisibles para los leones a cierta distancia.

BÚFALO (*Syncerus caffer*)
Nombre en inglés: *African buffalo*
Nombre en suajili: *Mbogo*

El búfalo africano se encuentra en todos los parques de Kenia formando grandes manadas de hasta cien o más ejemplares. Son muy robustos y pueden llegar medir hasta 170 cm de alto, alcanzando los machos más grandes hasta 800 kilos de peso. Su aspecto es inconfundible, con su fuerte constitución, cuello corto y grandes cuernos curvados, cuya base ancha y gruesa les corona la frente. El pelo de estos animales es raso y generalmente oscuro, desde el marrón rojizo al negro. El búfalo vive primordialmente en amplias sabanas cubiertas de matorral. Son muy territoriales y siempre mantienen el mismo radio de acción. Necesitan beber a menudo, por lo que no se separan del agua. A pesar de que su vista y oído son pobres, poseen un olfato muy desarrollado. Sus movimientos son mucho más cautelosos de lo que cabría esperar en relación a su tamaño y los machos solitarios y las hembras a cargo de algún retoño pueden resultar muy agresivos. De hecho, son los animales que más incidentes provocan con los visitan-

tes de los parques nacionales, pues cargan ciegamente contra aquello que les molesta. Muy voraces, se alimentan de todo tipo de hierbas y tallos jóvenes. Les gusta refregarse en pringosos baños de lodo, donde pueden retozar durante horas. El principal depredador del búfalo es el león, que sólo se atreve a atacarle tendiéndole una emboscada en grupo.

RINOCERONTE (*Diceros bicornis*)
Nombre en inglés: *Black rhinoceros, rhino*
Nombre en suajili: *Kifaru*

La caza furtiva ha diezmado la población de rinocerontes en un par de décadas de un modo tan brutal, que ha situado a esta especie al borde de la extinción: de los 20.000 rinocerontes que vivían en Kenia en 1970, en la actualidad quedan con vida poco más de 400, aunque los tremendos esfuerzo gubernamentales para garantizar su conservación parece que empiezan a tener un somero éxito. El rinoceronte blanco o chato (*ceratotherium simun*) ha sido declarado animal extinto en este país. En Suráfrica aún quedan algunos ejemplares de este inmenso acorazado, de más de 180 cm de alto y hasta cinco toneladas de peso. Hoy día, en Kenia sólo es posible contemplar ejemplares de rinoceronte negro o de labio ganchudo, considerablemente más pequeño, si es que podemos considerar así a un animal de 160 cm de alto que pesa entre 1.000 y 1.600 kilogramos. Su cabeza y orejas son pequeñas. Poseen una dura piel desprovista de pelo, de color gris. Tiene dos grandes cuernos, característicos de esta especie, que, como en todos los rinocerontes, crecen directamente sobre la piel, sin tener un soporte óseo. La longitud del cuerno anterior llega a ser de hasta 130 cm; el posterior es más grueso y pequeño. Presentan un hocico estrecho que finaliza en un labio ganchudo y prensil, muy útil para el ramo-

neo. En realidad, la verdadera clasificación entre los rinocerontes atiende a la estructura de su morro, ya sea ancho o estrecho. Los adjetivos de blanco y negro, respectivamente, son inadecuados, por cuanto ambos especímenes presentan casi idéntica coloración de la piel. Los rinocerontes viven en zonas de llanura recubiertas de matorral seco y pueden hallarse en alturas de más de 3.000 m en zonas montañosas. Son animales solitarios, aunque pueden ser vistos en parejas, cuidando de un retoño. Su vista es mala, pero tienen el olfato y el oído muy desarrollados. Muy nerviosos y excitables, los rinocerontes negros pueden ser peligrosos, pues tienen muy mal carácter. Aunque al sentirse amenazados suelen huir a la carrera, también pueden volverse con asombrosa agilidad y cargar contra lo primero que encuentren. En muchas ocasiones han topado violentamente con vehículos, incluso con trenes, por lo que más vale no provocarlos. Su dieta principal consta de ramitas, cortezas y hojas y soportan bastante bien la escasez de agua. Sedentarios y territoriales, los machos luchan con vigor en épocas de celo. Las hembras gestan durante 18 meses y paren un solo pequeño.

OTROS MAMÍFEROS

FACOCERO (*Phacochoerus aethiopicus*)
Nombre en inglés: *Warthog*
Nombre en suajili: *Ngiri*

El facocero, facóquero o jabalí verrugoso, es el más común de los cerdos salvajes de África. De tamaño medio, pesa entre 50 y 80 kilogramos. Subsiste en casi todos los parques, sobre todo en las zonas de sabana abierta, preferentemente donde hay agua disponible para beber y revolcarse en el barro. El facocero o jabalí verrugoso recibe su nombre de las cuatro protuberancias o verrugas que le surgen entre los ojos y el hocico, dos a cada lado de la cara. Sus colmillos son muy efectivos, sobre todo los superiores, que pueden medir hasta 60 cm y están curvados hacia arriba y hacia fuera. Uno de sus rasgos más característicos es que mientras trotan llevan enhiesta la cola, como un mástil. Se alimentan sobre todo de hierba que pastan arrodillados sobre sus patas delanteras. Suelen permanecer en pequeñas piaras

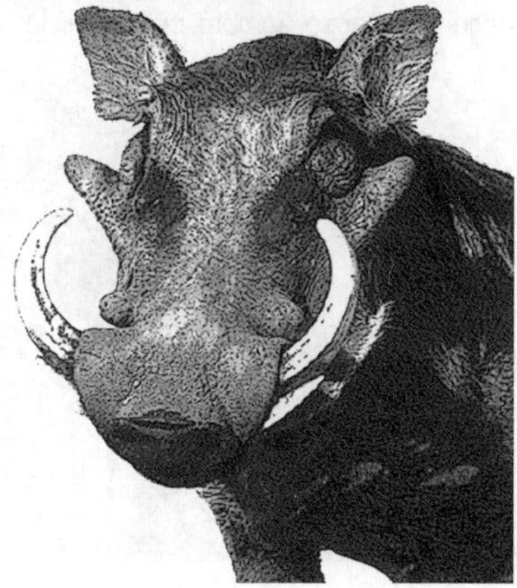

compuestas por un macho, una hembra y las crías de un par de camadas, que normalmente son de cuatro ejemplares. Sus depredadores principales son el león y el leopardo. Con este último puede mantener enconadas batallas, pues los temibles colmillos del facocero le convierten en una difícil presa.

HIENA (*Crocuta crocuta*)
Nombre en inglés: *Hyena*
Nombre en suajili: *Fisi*

La hiena es el mamífero carroñero por excelencia. Sin embargo, es al mismo tiempo un temible depredador. Su complexión es fuerte y muestra una cabeza grande, con grandes ojos y orejas redondeadas. Su lomo desciende bruscamente desde el cuello hasta los cuartos traseros, donde se haya una cola corta. Tiene el pelo muy corto, con un color variable que va desde el amarillo hasta el gris mate. La variedad más común de hiena en Kenia es la moteada, que se distingue por mostrar unas manchas redondas y negruzcas por todo el cuerpo. Sus mandíbulas son fortísimas, capaces de machacar huesos de cualquier tamaño, excepto los del elefante. Abunda en todo tipo de sabana, en regiones áridas e, incluso, en las altas laderas de la montaña. Aunque prefiere la nocturnidad para moverse, también es muy activa durante el día. Puede juntarse en grandes jaurías de hasta 30 individuos que carroñean o cazan juntos. La hiena es especialista en arrebatar a los antílopes y las cebras sus crías recién nacidas, pero muy a menudo cazan también a los adultos. Cuando inmovilizan al animal no lo estrangulan, sino que empiezan a morderle en sus partes blandas, por lo que la presa en realidad, es devorada viva. Cuando se alimentan de carroña, pugnan violentamente con los grandes felinos, en especial con los leones, que sienten por las hienas un odio visceral. Muchas hienas mueren o son mutiladas por leones enloquecidos que cargan contra ellas hartos de su insistencia por conseguir alimento. La hiena es uno de los pocos animales que puede ser perjudicial para el hombre, pues es un ladrón consumado que no dudará en destrozar lo que haga falta para conseguir algo de comida. Dormir al sereno en territorio de hienas es sufrir con toda seguridad un mordisco. Al contrario de lo que se cree, estos animales no son cobardes, sino muy audaces, pues tienen un grado de adaptación al medio excepcional. Durante la noche son muy ruidosas, bien por sus lastimeros aullidos o por sus incontenibles «risas», que no se detienen hasta el amanecer.

HIRÁCEO (*Procavia capensis*)
Nombre en inglés: *Hyrax*
Nombre en suajili: *Pimbi*

Este pequeño mamífero, también conocido por el nombre de damán, parece a primera vista una gran marmota o un enorme conejo. Sin embargo, nadie podría suponer que es el pariente más cercano del elefante. El hiráceo mide unos 30 cm de alto y pesa entre dos y cuatro kilos. El hiráceo más común de Kenia es el hiráceo de las rocas, llamado así porque habita zonas rocosas cubiertas de matorral, en mitad de la sabana. Su pelo es corto, de color pardo y entreverado en negro. Exclusivamente vegetariano, come bayas, frutos y hierba. Es un animal muy sociable, por lo que vive en colonias muy numerosas que suelen estar muy animadas durante las horas del día. Se reproducen durante todo el año, en camadas de hasta seis crías. Sus principales depredadores son el leopardo, el águila y la mangosta.

MANGOSTA (*Mungos mungo*)
Nombre en inglés: *Mongoose*
Nombre en suajili: *Nguchiro*

La mangosta rayada o listada es la variedad más común de Kenia. Tiene un pequeño tamaño (40 cm sin la cola) y está recubierta de abundante pelo de color gris pardo cruzado por bandas transversales de tono marrón oscuro. Su cola, ancha en la base, decrece hasta afilarse en una punta negruzca. Permanece cerca del agua, en zonas boscosas o sabanas secas. Muy gregarias, las mangostas viven en grupos numerosos de hasta 50 ejemplares. Se alimentan durante el día, sobre todo de insectos, gusanos, anfibios y roedores, pero incluyen en su dieta algunas frutas y bayas. Por la noche se refugian en amplias madrigueras, que en ocasiones acogen a toda una manada. Se estima que las hembras tienen un periodo de gestación próximo a los 60 días y suelen alumbrar de cuatro a seis crías. Sus principales predadores son las aves rapaces y el licaón. Como cualquier otra mangosta, pelea duramente con las serpientes, a las que vence a menudo, sobre todo porque en caso de peligro toda la manada se enfrenta al reptil.

VOCABULARIO PRÁCTICO Y GUÍA DE CONVERSACIÓN

Aunque en Kenia casi todo el mundo habla inglés, y en muchas compañías turísticas incluso un poco de castellano, resultará muy práctico conocer algunas palabras en *kisuajili* –el dialecto suajili del país-, no sólo para demostrar cortesía, sino porque además puede servirnos para abreviar cualquier trámite administrativo pesado, sobre todo en el aeropuerto, en los hoteles o en las puertas de entrada a los parques nacionales. A los kenianos les encanta escuchar a los extranjeros hablar en su lengua oficial y agradecerán esta deferencia cada vez que nos expresemos en su idioma.

Por otro lado, en las aldeas más aisladas del país, o cuando tratemos con miembros pertenecientes a tribus muy tradicionales, como los masai, *samburu* o *turkana*, el kisuajili nos ayudará a romper el hielo en nuestras relaciones, pues la mayoría de estos pueblos tan sólo habla su lengua nativa y generalmente desconoce el inglés.

NORMAS DE PRONUNCIACIÓN

Los españoles pronunciamos el kisuajili con mucha corrección, pues muchos de los sonidos de este idioma y del nuestro son casi idénticos y los que difieren equivalen a vocalizaciones que nos resultan muy fáciles de imitar. Así por ejemplo, las **vocales** simples podemos pronunciarlas exactamente igual que en castellano sin temor a equivocarnos. Sin embargo, en kisuajili no existen diptongos, por lo que cada vez que encontremos dos vocales seguidas, las pronunciaremos por separado, como en el siguiente ejemplo:

choo (*retrete*)	se pronuncia	***«cho-o»***
yai (*huevo*)	se pronuncia	***«ya-i»***

En cuanto a las consonantes, la mayoría de ellas también son equivalentes al sonido que empleamos en nuestra lengua, con unas pocas excepciones:

G, seguida de «e», «i», se pronuncia siempre como en «guerra»: p.e. **siagi** (*mantequilla*), sería ***«si-a-gui»***.

H, nunca es muda; su sonido es una «j» muy suave, como en la palabra inglesa «*house*»: p.e. **hatari** (*peligro*), sería ***«ja-ta-ri»***.

J, se pronuncia como «y»: p.e. **jambo** (*hola*), sería ***«yam-bo»***

M, siempre que aparezca antes de otra consonante y no forme con ésta una misma sílaba, debe pronunciarse por separado, forzando su sonido con la boca cerrada: p.e. **mdomo** *(boca*), sería ***«em-do-mo»***.

N, en las mismas condiciones que la letra anterior, sigue la misma norma: p.e. **ndefu** (*alto*), sería ***«en-de-fu»***.

Th, estas consonantes compuestas suenan como un «z» muy suave, al estilo de la palabra inglesa «*thin*»: p.e. **thelathini** (*treinta*), sería ***«ze-la-zi-ni»***.

W, tiene dos sonidos, como «u» y como «gu» muy suave: p.e. **kwaheri** (*adiós*) y **wanaume** (*hombres*), respectivamente, serían ***«ku-a-je-ri»*** y ***«gua-na-u-me»***.

Para hablar en kisuajili

Esta lengua se basa fundamentalmente en la adición de **prefijos** a los **nombres** (que son neutros, a excepción de los referidos a *cosas vivas*) y **adjetivos**. También se añaden a los **verbos**, para dotarles de la correspondiente *persona, número y tiempo*.

Prefijo pronominal		**Prefijo de tiempo**	
yo	*ni*	presente	*na*
tú	*u*	pasado	*li*
él/ella	*a*	futuro	*ta*
nosotros-as	*tu*	infinitivo	*ku*
vosotros-as	*m*		
ellos-as	*wa*		

Ejemplos: *verbo* **kwenda** («ir»), préf. pronominal + préf. tiempo + raíz del verbo

Tunakwenda (Vamos, o nosotros vamos)
Walikwenda (Fueron, o ellos fueron)
Nitakwenda (Iré, o yo iré)

VOCABULARIO Y FRASES ÚTILES

Expresiones básicas

Sí	*Ndiyo*
No	*Hapana (La)*
Por favor	*Tafadhali*
Gracias	*Asante*
Muchas gracias	*Asante sana*

De nada	*Si kitu*
De acuerdo	*Si neno*
Perdone	*Nisemehe*
No entiendo	*Sielewi*
Comprendo	*Naelewa*
Hable despacio	*Sema pole pole*
Repita, por favor	*Tafadhali, sema tena*
Estoy perdido	*Nimepotea*
Puede ayudarme, por favor	*Tafadhali, unaweza kunisaidia?*
Puede llevarme a...	*Unaweza kunipeleka...?*
¿Habla usted español?	*Unasema kispeni?*
¿Habla usted inglés?	*Unasema kingereza?*
¿Habla usted francés?	*Unasema kifaransa?*
No hay problema	*Hakuna matata*

Saludos y despedidas

Hola (en cualquier momento)	*Jambo (Salama)*
Hola (como respuesta)	*Jambo*
Hola (respetuoso a los ancianos)	*Shikamoo*
Hola (contestación al anterior)	*Marahaba*
Buenos días	*Habari ya asubuhi*
Buenas tardes	*Habari za jioni*
Buenas noches	*Lala salama*
Adiós	*Kwaheri*
Adiós (como respuesta)	*Kwaheri ya kuonana*
Hasta luego	*Tutaonana baadaye*

Presentaciones y cortesía

¿Cómo está usted?	*U hali gani?*
Muy bien, gracias.	*Mzuri sana, asante*
¿Y usted?	*Na wewe?*
Encantado de conocerle	*Nimefurahi sana kukutana na wewe*
Me llamo...	*Jina langu...*
¿Cuál es su nombre?	*Jina lako nani?*
Este es el señor...	*Huyu ni bwana...*
Esta es la señora...	*Huyu ni bibi...*
Esta es la señorita...	*Huyu ni bi...*
Le presento a mi mujer...	*Huyu ni mke wangu...*
¿Qué tal le va?	*Habari ya siku nyingi?*
Bien	*Njema*
¿Se puede?	*Hodi?*
Adelante	*Karibu*

Siéntese	*Kaa kitako*
Su ciudad es muy bonita	*Mji wenu ni mzuri sana*
Me agrada mucho su familia	*Napenda watu wa kwenu nyumbani*
¿Nos veremos de nuevo?	*Naweza kukuona tena?*
¿Cuál es su número de teléfono?	*Nambari ya simu yako ni nini?*
Buena suerte	*Bahati njema*

Deseos y peticiones

Quisiera...	*Ningependa...*
Quiséramos...	*Tungependa...*
Por favor, deme...	*Tafadhali, nipe...*
Tráigame...	*Tafadhali, niletee...*
¿Tiene...?	*Kuna...?*
No hay...	*Hakuna...*
¡Dése prisa!	*Harakisha!*

A la llegada

Este es mi pasaporte	*Hii hapa pasi yangu*
Estoy de vacaciones	*Nipo hapa kwa likizo*
No tengo nada que declarar	*Sina kitu cha kutangaza*
Este es mi equipaje	*Hii ndiyo mizigo yangu*
¿Está todo en orden?	*Ni sawa sawa*
Soy español	*Nipo kispaniola*
España	*Uspeni*

Cambio de divisas

¿Dónde está la oficina de cambio más cercana?	*Ni wapi karibu pa kubadilishia fedha?*
¿Dónde puedo cambiar?	*Naweza kugeuza pesa wapi?*
¿Cuál es la cotización del dólar?	*Dola moja ni pesa ngapi?*
¿Puede cambiarme cheques de viajero?	*Unaweza kubadilisha hizi cheki za safari?*
Por favor, cámbieme ésto	*Tafadhali, wageza pesa hii*

Taxi

¿Dónde hay un taxi?	*Wapi nitapata teksi?*
Consígame uno.	*Tafadhali, niletee teksi*
¿Cuánto cuesta ir al hotel...?	*Nauli ni kiasi gani kwenda... hoteli?*
Lléveme al hotel...	*Nipeleke kwa...hoteli.*

En el hotel

Tengo una reserva	*Nimethabitisha agizo*
Soy el señor...	*Bwana...ni mimi*
¿Tiene habitaciones?	*Una nafasi?*
Quiero una habitación doble	*Ningependa chumba cha watu wawili*
¿Tiene ducha?	*Iko nyumba ya kuoga?*
¿Cuánto cuesta por día?	*Ni bei gani kwa siku?*
Nos quedaremos unos días	*Tutakaa siku chache*

En el restaurante

Tengo hambre	*Nina njaa*
Tengo sed	*Nina kiu*
Comida	*Chakula*
Quisiéramos unas mesa para...personas	*Tungependa meza kwa...*
Tráigame el menú	*Nipe orodha ya vyakula*
Quiero pedir ya	*Ningependa kuagiza sasa*
Quisiera...	*Ningependa...*
Vaso	*Glasi*
Taza	*Kikombe*
Cuchara	*Kijiko*
Tenedor	*Uma*
Cuchillo	*Kisu*
Plato	*Sahani*
Servilleta	*Kitambaa*
Asado	*Choma*
Frito	*Kaanga*
Hervido	*Chemka*
Caliente	*Moto*
Frío	*Baridi*
Picante	*Hoho*
Pan	*Mkate*
Sal	*Chumvi*
Azúcar	*Sukari*
Pan indio	*Chapati*
Huevos	*Mayai*
Curry	*Mchuzi*
Arroz	*Wali*
Sopa	*Supu*
Guiso de carne	*Karanga*
Kebabs	*Mushkaki*
Verduras	*Mboga*
Berenjena	*Biringani*

Tomate	*Nyanya*
Cebolla	*Vitunguu*
Lechuga	*Salad*
Patatas	*Viazi*
Alubias	*Maharagwe*
Espinacas	*Sukuma wiki*
Carne	*Nyama*
Ternera	*Nyama ya ngombe*
Cerdo	*Nyama ya ngurugwe*
Cordero	*Nyama ya mbuzi*
Pescado	*Samaki*
Cangrejo	*Kaa*
Langosta	*Kamba*
Fruta	*Matunda*
Plátanos	*Ndizi*
Coco	*Nazi*
Uva	*Madanzi*
Naranjas	*Machungwa*
Fruta de la pasión	*Pasheni*
Sandía	*Tikiti*
Papayas	*Paipai*
Chirimoyas	*Stafeli*
Piña	*Mananasi*
Mango	*Maembe*
Guayaba	*Pera*
Lima	*Ndimu*
Agua	*Maji*
Té	*Chai*
Café	*Kahawa*
Leche	*Maziwa*
Refrescos	*Soda*
Cerveza	*Bia*
Vino	*Divai*

Comidas africanas

Puré de maíz	*Ugali*
Puré de llantenes y maíz	*Matoke*
Albóndigas	*Kababu*
Carne picada	*Nyama ya kuponda*
Carne picada al curry	*Mchuzi wa kima*
Ternera asada	*Ndama aliyechomwa*
Rosbif	*Ngombe aliyechomwa*
Curry de cordero	*Mchuzi wa kondoo*
Curry de cabra	*Mchuzi wa mbuzi*

Callos en salsa	*Matumbo*
Brocheta de hígado	*Mshakiki wa maini*

En el médico

Doctor	*Daktari*
Estoy enfermo	*Ni mgonjwa*
Llame a un médico	*Tafadhali, nipatie daktari*
Me duele aquí	*Naumia hapa*
Tengo fiebre	*Nina homa*
Tengo diarrea	*Ninahara*
¿Puedo seguir viaje?	*Nitaweza kusafari?*

Urgencias

¡Policía!	*Polisi!*
¡Fuego!	*Moto!*
¡Alto!	*Simama!*
¡Ayúdenme!	*Nisaidie!*
¡Fuera!	*Simile!*
¡Cuidado!	*Angalia!*
¡Peligro!	*Hatari!*
¡Me han robado!	*Mtu aliniibia!*

Colores

Negro	*Nyeusi*
Blanco	*Nyeupe*
Rojo	*Nyekundu*
Azul	*Buluu*
Marrón	*Kunde*
Gris	*Giree*
Amarillo	*Majano*
Naranja	*Machungwa*
Rosa	*Sharubati*
Verde	*Kijani*
Dorado	*Dhahabu*
Plateado	*Fedha*

De compras

¿Puede atenderme?	*Unaweza kunisaidia?*
Quiero...algo	*Nataka...iliyo*
Grande	*kubwa*
Bueno	*bora*

Pequeño	*ndogo*
¿Cuánto cuesta esto?	*Bei gani hii?*
Escríbamelo	*Tafadhali, andika bei*
Es demasiado caro	*Hii ni bei ghali sana*
Caro	*Ghali*
Barato	*Rahisi*
Esto es lo que me gusta	*Hiyo ndiyo hasa ninayoitaka*
Me lo llevo	*Nitaichukua*

Números

Cardinales

0	*Sifuri*
1	*Moja*
2	*Mbili*
3	*Tatu*
4	*Nne*
5	*Tano*
6	*Sita*
7	*Saba*
8	*Nane*
9	*Tisa*
10	*Kumi*
11	*Kumi na moja*
12	*Kumi na mbili*
13	*Kumi na tatu*
14	*Kumi na nne*
15	*Kumi na tano*
16	*Kumi na sita*
17	*Kumi na saba*
18	*Kumi na nane*
19	*Kumi na tisa*
20	*Ishirini*
21	*Ishirini na moja*
22	*Ishirini na mbili*
23	*Ishirini na tatu*
30	*Thelathini*
31	*Thelathini na moja*
40	*Arobaini*
50	*Hamsini*
60	*Sitini*
70	*Sabini*
80	*Themanini*
90	*Tisini*

100	*Mia*
101	*Mia na moja*
102	*Mia na mbili*
110	*Mia na kumi*
120	*Mia na ishirini*
130	*Mia na thelathini*
200	*Mia mbili*
300	*Mia tatu*
400	*Mia nne*
500	*Mia tano*
1.000	*Elfu moja*
1.100	*Elfu na mia moja*
2.000	*Elfu mbili*
5.000	*Elfu tano*
10.000	*Elfu kumi*
50.000	*Elfu hamsini*
100.000	*Laki moja*
1.000.000	*Milioni moja*

Ordinales

1º	*Kwanza*
2º	*Pili*
3º	*Tatu*
4º	*Nne*
5º	*Tano*
6º	*Sita*
7º	*Saba*
8º	*Nane*
9º	*Tisa*
10º	*Kumi*

Días y fechas

Lunes	*Jumatatu*
Martes	*Jumanne*
Miércoles	*Jumatano*
Jueves	*Alhamisi*
Viernes	*Ijumaa*
Sábado	*Jumamosi*
Domingo	*Jumapili*
Día	*Siku*
Mes	*Mwezi*
Año	*Mwaka*
Ayer	*Jana*

Hoy	*Leo*
Mañana	*Kesho*
Semana	*Wiki*
Vacaciones	*Siku za likizo*

Meses

Enero	*Januari*
Febrero	*Februari*
Marzo	*Machi*
Abril	*Aprili*
Mayo	*Mei*
Junio	*Juni*
Julio	*Julai*
Agosto	*Agosti*
Septiembre	*Septemba*
Octubre	*Oktoba*
Noviembre	*Novemba*
Diciembre	*Desemba*

Preguntas habituales

¿Dónde?	*Wapi?*
¿Dónde está?	*Iko wapi?*
¿Qué?	*Nini?*
¿Cuándo?	*Lini?*
¿Cómo?	*Vipi?*
¿Cuánto es...?	*Bei gani...?*
¿Cuántos?	*Ngapi?*
¿Por qué?	*Kwa nini?*
¿Quién?	*Nani?*
¿Cuál?	*Ipi?*
¿Cómo se llama esto?	*Hii inaitwa nini?*
¿Qué significa esto?	*Maana ya hii ni nini?*

Palabras habituales

Viaje/safari	*Safari*
Hospital	*Hospitali*
Escuela	*Shule*
Pasaporte	*Pasipoti*
Información	*Maelezo*
Oficina	*Afisi*
Retrete	*Choo*
Hombres	*Wanaume*

Mujeres	*Wanawake*
Hombres blancos	*Wazungu*
Entrada	*Mlango*
Salida	*Nje*
Abierto	*Fungua*
Cerrado	*Funga*
Izquierda	*Kushoto*
Derecha	*Kulia*
Grande	*Kubwa*
Pequeño	*Ndogo*
Rápido	*Upesi*
Lento	*Pole pole*
Cerca	*Karibu*
Lejos	*Mbali*
Caliente	*Moto*
Frío	*Baridi*
Fácil	*Rahisi*
Difícil	*Gumu*
Viejo	*Nzee*
Nuevo	*Mpya*
Bueno	*Bora*
Malo	*Mbaya*
Pesado	*Nzito*
Ligero	*Nyepesi*
Dentro	*Ndani*
Fuera	*Nje*
Arriba	*Juu*
Debajo	*Chini*
Delante	*Kabla ya*
Detrás	*Baada ya*
Aquí	*Hapa*
Allí	*Kule*
Ahora	*Sasa*
Después	*Kisha*

ÍNDICE

INTRODUCCIÓN

Introducción 7

ANTES DEL VIAJE

Cómo ir 9
Requisitos de entrada 15
Datos geográficos 16
Cuándo ir 17
La salud 18
Qué llevar 23
Historia 24
Gobierno 33
Economía 33
Geografía 35
División administrativa 38
Flora 38
Fauna 38
Parques nacionales y reservas 39
Población 42
Sociedad 49
Religión 50

INFORMACIÓN PRÁCTICA

Direcciones útiles en Europa 53
Direcciones útiles en España 53
Moneda y cambio 54
Precios 55
Vídeo y fotografía 57
Publicaciones especializadas 59
Idioma 60
Librerías en Kenia 61
Fiestas nacionales 61
Electricidad 61

Hora local 62
Correos 62
Internet 62
Teléfonos 63
Radio 63
Televisión 63
Seguridad 63
Alojamiento 66
Gastronomía 67
Medios de transporte 71
Actividades 77
Compras 78

LO IMPRESCINDIBLE

Lo que no hay que perderse 83

NAIROBI

Introducción 85
Historia 89
Orientación 90
La visita 91
Parques y jardines 95
Museos 96
Actividades 98
Direcciones útiles 98
Librerías 100
Comunicaciones 100
Transportes urbanos 101
Alojamiento 103
Campings 110
Dónde comer 110
Copas 117
Espectáculos 119
Compras 119
Llegar y partir 121
Alrededores de Nairobi 126

LA COSTA

Introducción 127
Historia 127
Mombasa 130
Parques Nacionales de la costa 151

Las playas de Mombasa 151
Shelly Beach 152
Tiwi Beach 153
Diani Beach 154
Nyali Beach 157
Kenyatta-Bumburi Beach 158
Shanzu Beach 158
Kikambala Beach 159
Kilifi 159
Watamu 161
Ruinas de Gedi 165
Malindi 168
Lamu 176
Islas de Lamu 189
Manda 190
Paté 190
Kiwayu 191
El Rift Valley 192
Entornos naturales del Rift Valley 193
Naivasha 194
Lago Naivasha 195
Lago Elmenteita 198
Nakuru 198
Lago Baringo 201
Lago Magadi 202

LA MESETA CENTRAL

Entornos naturales de la meseta central 205
Los Aberdales 208
Nyeri 209
NYAHURURU 210
El Macizo del Monte Kenia 212
Naro Moru 213
NANYUKI 214
Meru 216
Embu 218
Isiolo 219

EL OESTE DE KENIA

Entornos naturales del oeste de Kenia 223
El lago Victoria 223
Kisumu 224
La meseta occidental 228

Kisii ... 229
Kericho ... 230
Kakamega ... 231
Eldoret ... 233
Kitale ... 235

EL NORTE DE KENIA

Entornos naturales del norte de Kenia ... 243
El Lago Turkana ... 243
Oeste de Turkana ... 244
Lodwar ... 245
Kalekol ... 246
Eliye Springs ... 247
Este de Turkana ... 247
Maralal ... 248
Loyangalani ... 250
Matthew's Range ... 251
Marsabit ... 252
Moyale ... 253
El nordeste ... 254
Garissa ... 255

EL SUR DE KENIA

Namanga ... 258

EL SAFARI

Planeando el safari ... 261
Norma general de acceso a los parques ... 262
Safaris por cuenta propia ... 262
Safaris organizados ... 269
Equipaje y material para un safari ... 278
Durante el safari ... 281
Vida de safari ... 282

PARQUES Y RESERVAS NACIONALES

Los Parques Nacionales ... 297
Parques y reservas del sur ... 298
Reserva Nacional Masai Mara ... 298
Parque Nacional Amboseli ... 303
Parque Nacional Tsavo ... 308
Parque Nacional Nairobi ... 313

Parque Nacionales de la costa 316
Reserva Nacional de las Colinas Shimba 316
Parque Nacionales del Rift Valley 317
Parque Nacional Monte Longonot 317
Parque Nacional Hell´s Gate 318
Parque Nacional Lago Nakuru 319
Reserva Nacional Lago Bogoria 323
Parque Nacionales de la Meseta Central 324
Parque Nacional de los Aberdales 324
Parque Nacional Monte Kenia 329
Parque Nacionales del Oeste de Kenia 337
Parque Nacional Saiwa Swamp 337
Parque Nacional Monte Elgon 338
Parque Nacionales del este de Turkana 340
Reservas Nacionales Samburu, Buffalo Springs y Shaba 340
Parque Nacional Sibiloi 343
Parque Nacional Marsabit 345
Parque Nacionales del nordeste de Kenia 346
Parque Nacional Meru 346
Reserva Nacional de Primates del Río Tana 349

GUÍA DE ANIMALES

Antílopes 351
Aves 362
Primates 365
Reptiles 368
Felinos 369
Perros 372
Grandes hervíboros 373
Otros mamíferos 380

VOCABULARIO

Vocabulario práctico 383

CARTOGRAFÍA

Situación de Kenia 14
Kenia 36
Parques y reservas nacionales de Kenia 40
Nairobi 86
Centro de Nairobi 92
Westlands 108
Alrededores de Nairobi 124

KENIA

Costa de Kenia 128
Mombasa 132
Centro de Mombasa 134
Casco antiguo de Mombasa 138
Ruinas de Gedi 168
Malindi 170
Archipiélago de Lamu 178
Lamu 180
La meseta central 206
Oeste de Kenia 222
Norte de Kenia 240
P. N. Masai Mara 300
P. N. Amboseli 304
P. N. Nairobi 314
P. N. Lago Nakuru 320
P. N. Aberdales 326
P. N. del Monte Kenia 330

ÍNDICE DE LUGARES DE INTERÉS

Astilleros de dhows, 187

Bamburi Quarry Nature Trail, 150

Cráter Menengai, 200

Diani Beach, 154

Eldoret, 233
Eliye Springs, 247
Embu, 218

Garissa, 255

Homa Bay, 228

Isiolo, 219
Isla de Mfangano, 228
Isla de Rusinga, 228
Islas de Lamu, 189

Kakamega, 231
Kalekol, 246
Kendu Bay, 228
Kenyatta-Bumburi Beach, 158
Kericho, 230
Kikambala Beach, 159
Kilifi, 159
Kisii, 229
Kisumu, 224
Kitale, 235
Kiwayu, 191

Lago Baringo, 201
Lago Elmenteita, 198
Lago Magadi, 202
Lago Naivasha, 195
Lago Turkana, 243
Lago Victoria, 223
Lamu, 176
Lodwar, 245
Los Aberdales, 208
Loyangalani, 250

Malindi, 168
Mamba Crocodile Village, 150
Manda, 190
Maralal, 248
Maralal Game Sanctuary, 249
Marsabit, 252
Matthew's Range, 251
Meru, 216
Mombasa, 130
Montes Cherangani, 234
Montes Ngong, 126
Moyale, 253

Nairobi, 85
Naivasha, 194
Nakuru, 198
Namanga, 258
Nanyuki, 214
Naro Moru, 213
Nyahururu, 210
Nyali Beach, 157
Nyeri, 209

Parque Nacional Marino de Malindi, 175
Parque Nacional Marino Watamu, 162
Parque Nacional Nairobi, 126
Paté, 190

Reserva Forestal Kakamega, 232
Reserva Nacional Shimba Hills, 151
Ruinas de Gedi, 165

Shanzu Beach, 158
Shela, 188
Shelly Beach, 152

Tiwi Beach, 153

Watamu, 161

Yacimiento Prehistórico de Hirax Hill, 200

ÍNDICE DE PARQUES NACIONALES Y ENTORNOS NATURALES

Parque Nacional Amboseli, 303
Parque Nacional de los Aberdales, 324
Parque Nacional Hell's Gate, 318
Parque Nacional Lago Nakuru, 319
Parque Nacional Marsabit, 345
Parque Nacional Meru, 346
Parque Nacional Monte Elgon, 338
Parque Nacional Monte Kenia, 329
Parque Nacional Monte Longonot, 317
Parque Nacional Nairobi, 313
Parque Nacional Saiwa Swamp, 337
Parque Nacional Sibiloi, 343
Parque Nacional Tsavo, 308
Parque Nacional Tsavo East, 311
Parque Nacional Tsavo West, 309

Reserva Nacional Buffalo Springs, 340
Reserva Nacional de las Colinas Shimba, 316
Reserva Nacional de Primates del Río Tana, 349
Reserva Nacional Lago Bogoria, 323
Reserva Nacional Masai Mara, 298
Reserva Nacional Samburu, 340
Reserva Nacional Shaba, 340

NOTAS